narrativa best seller

Della stessa autrice in edizione TEA:

La trilogia « Venti di tempesta »
1. *Venti di tempesta*
2. *Profumi perduti*
3. *Una difficile eredità*

Altri romanzi
La casa delle sorelle
La donna delle rose
Alla fine del silenzio
L'uomo che amava troppo
La doppia vita
L'ospite sconosciuto
Nemico senza volto
L'isola
L'ultima traccia
Nobody
Quando l'amore non finisce
Il peccato dell'angelo
Oltre le apparenze
L'ultima volta che l'ho vista
Giochi d'ombra
L'inganno
La scelta decisiva
La palude
Senza colpa

Charlotte Link

Senza colpa

Romanzo

Traduzione di
Alessandra Petrelli

TEA

Per informazioni sulle novità
del Gruppo editoriale Mauri Spagnol visita:
www.illibraio.it

Prima edizione italiana presso Corbaccio, gennaio 2021

TEA - Tascabili degli Editori Associati S.r.l., Milano
Gruppo editoriale Mauri Spagnol
www.tealibri.it

Titolo originale
Ohne Schuld

Prima edizione Narrativa Best Seller febbraio 2023
Prima ristampa Narrativa Best Seller settembre 2023

West Bromwich, venerdì, 3 novembre 2006

La centralinista che rispose alla chiamata di emergenza alle ore 17:02 faticò molto a capire le parole di chi stava chiamando. Era una donna, e ansimava così tanto da stentare a esprimersi. Doveva aver corso molto veloce, oppure si trovava in uno stato di grande agitazione, o magari entrambe le cose. Quest'ultima ipotesi era la più probabile. «Si calmi» la esortò l'agente. «Faccia un bel respiro profondo. Cerchi di calmarsi, per favore.»

La donna all'altro capo del telefono si sforzò di riprendere fiato, ma senza successo. Sembrava essere allo stremo delle forze.

«Lui… lui ha con sé… una bambina» riuscì a balbettare alla fine.

«Chi? E da dove chiama?»

«West Bromwich. Shaw Street. Ma la polizia deve andare a Harvills Hawthorne. In fondo… nell'area industriale…» boccheggiò.

«Si calmi, per favore» la invitò nuovamente la centralinista, anche se nella sua testa si erano accesi tutti i campanelli d'allarme. C'era di mezzo una bambina, che si trovava in pericolo. Tuttavia non aveva alcun senso fare una serie di domande a raffica proprio in quel momento. Doveva evitare che la donna si facesse prendere dal panico, altrimenti avrebbe riagganciato. Se non altro aveva dato qualche vaga indicazione geografica.

«Ci sono dei box lì. Sono quasi tutti vuoti. Lui è in uno di quelli. Ha con sé una bambina.»

«Di quanti anni?»

«Non so… Tre o quattro…»

«E lui non è il padre?»

«No. No, non ha bambini, è ancora troppo giovane. Ma è malato mentalmente ed è pericoloso. Deve aver preso la bambina da qualche parte e l'ha portata lì. La prego, dovete fare in fretta!»

«Mando subito qualcuno» disse la poliziotta. Alzò lo sguardo. Una collega che aveva ascoltato la telefonata le bisbigliò: «Un'ora e mezzo fa ci è arrivata una denuncia di scomparsa. Una bambina di tre anni, sparita dal giardino della casa dei genitori. A West Bromwich».

La poliziotta che era al telefono rivolse un cenno alla collega che annuì. Avrebbe inviato sul luogo la pattuglia più vicina.

«Conosce il nome del rapitore?»

«Ian Slade.»

«E lei chi è?»

Invece di dire il proprio nome, la donna fece un risolino disperato. «Non posso dirglielo. Non deve diventare pubblico. Altrimenti mi ucciderà.»

«La metteremo sotto protezione.»

«Non potete.»

«Dalla voce mi sembra molto giovane. Quanti anni ha?»

«Non ha importanza.»

«Chiama da una cabina telefonica?» C'erano ancora quei residuati qua e là. In quel momento si udì nitido il tintinnio di una moneta che scivolava nell'apparecchio.

«Sì.»

«Mi stia a sentire, posso mandare qualcuno da lei così potrà riferire ogni cosa e…»

«No.»

«Capisco la sua paura. Magari potremmo…»

«Paura?» esclamò la donna con un singhiozzo. «Paura? Sono *terrorizzata*. Forse mi ha visto e mi ha addirittura riconosciuto.»

«Come possiamo proteggerla se non…»

Si udì uno scatto quando la cornetta fu riagganciata all'apparecchio.

La conversazione era terminata.

Prima parte
Tredici anni dopo

Venerdì, 19 luglio 2019

L'inquilina di un appartamento per le vacanze aveva telefonato alla polizia.

«Nel mio palazzo stanno sparando. Credo nell'appartamento accanto al mio. Per favore, venite subito!»

Immediatamente dopo la telefonata c'era stato un altro sparo, come dichiararono gli altri abitanti del luogo agli agenti appena arrivati. L'appartamento nella palazzina affacciata sulla spiaggia della baia settentrionale di Scarborough da dove provenivano gli spari era stato affittato per due settimane da un certo Jayden White.

Tutti gli altri occupanti erano stati fatti allontanare, anche i negozi e i bar al pianterreno del complesso residenziale erano stati evacuati, il lungomare e la porzione di spiaggia antistante l'edificio transennati. Sebbene fossero solo le undici di mattina, l'aria brulicava di bagnanti, dato che era una giornata calda e le vacanze erano appena iniziate. Con la massima velocità erano state applicate tutte le misure per garantire l'incolumità delle persone, ma la presenza di un uomo armato e probabilmente deciso a tutto nel bel mezzo di una località di villeggiatura era un incubo per qualunque poliziotto. Per sicurezza era stato avvisato il CID, il dipartimento di indagini criminali. Nessuno sapeva quale esito avrebbe avuto la storia. Nessuno voleva essere accusato di negligenza in seguito.

L'ispettore capo Caleb Hale arrivò insieme al suo più stretto collaboratore, Robert Stewart, che, da quando era stato nominato ispettore investigativo due settimane prima, mostrava un atteggiamento piuttosto inorgoglito. Secondo Caleb il salto di carriera lo aveva reso più arrogante, ma qualcun altro lo avrebbe definito più sicuro di sé. Di certo Caleb aveva l'impressione che qualcosa fosse cambiato tra di loro, in misura impercettibile e difficile da definire a parole. Uno di quei giorni avrebbe affrontato il discorso con Robert.

Quello non era sicuramente il momento adatto.

Caleb esaminò la facciata della casa. Il complesso era formato da due grandi edifici di cui il primo aveva una forma a semicerchio. All'interno erano distribuiti appartamenti per le vacanze di tutte le dimensioni e per tutti i gusti: monolocali, bi o trilocali, con vista mare o, nella variante più economica, sul cortile. Gli alloggi anteriori, tutti con balcone, godevano di un panorama sul mare e sul castello, che sorgeva fiero sull'istmo che divideva la città in una baia meridionale e una settentrionale. Tuttavia si affacciavano proprio sopra a numerosi negozi e bar, a una tavola calda e una gelateria. E sopra la folla ondeggiante di bagnanti. Quanto meno in estate. D'inverno regnava il vuoto assoluto.

Uno dei poliziotti arrivato tra i primi sulla scena si avvicinò a Caleb e Robert e fece loro rapporto.

«Diversi testimoni hanno dichiarato che gli spari provengono da un appartamento al terzo piano. È quello che si vede da qui, sopra la friggitoria.» Indicò verso l'alto.

Caleb seguì con lo sguardo il dito proteso. Un appartamento come gli altri, un balcone come gli altri. L'unica differenza erano le tapparelle abbassate a tutte le finestre. Non si muoveva una foglia. Sul balcone non c'era nessuno. Caleb strizzò gli occhi. Solo un tavolo e tre sedie.

«L'inquilino si chiama Jayden White» proseguì l'agente. «Ha prenotato per due settimane con la moglie Yasmin e due figlie piccole. Il padrone di casa non ha saputo dirmi l'età precisa delle bambine. Dovrebbero avere tra i sei e i sette anni.»

«È la prima volta che la famiglia viene qui?» s'informò Caleb.

«No. È il quinto anno consecutivo. Sempre d'estate. Il padrone di casa ha detto di aver avuto qualche problema con la carta di credito di Mr. White, ma, dato che lo conosce bene, ha accettato che White lo paghi alla fine della vacanza senza cauzione.»

«Dove abitano i White?»

«Nei pressi di Sheffield. Mr. White è proprietario di un bar.»

«Che cosa dicono gli altri villeggianti della famiglia? Ammesso che ci siano contatti.» Era importante farsi un'idea, ma Caleb sapeva anche di dover intervenire al più presto. Qualcuno stava sparando dentro un appartamento. C'erano anche due bambine piccole.

«Non ci sono stati molti contatti, ma i testimoni hanno dichiarato che non sono persone antipatiche. Una famiglia tranquilla. Cortese, molto riservata. È la descrizione che ne ha fatto anche il padrone di casa.»

«Ha detto che ci sono stati problemi con la carta di credito di Mr. White?» intervenne Robert Stewart.

L'agente esitò. «Non direttamente. Il padrone di casa sostiene che negli anni precedenti Mr. White aveva sempre lasciato il numero della carta, ma quest'anno gli ha detto di avere un problema. Però non è entrato nei dettagli. Pagherà in contanti alla fine della vacanza. Dato che non ha mai avuto difficoltà in passato, il padrone di casa ha accettato.»

«Vorrei parlarci direttamente» disse Caleb.

«Deve essere ancora qui da qualche parte» rispose vago l'agente, e Caleb si trattenne dal fargli osservare che sarebbe stato più opportuno trattenerlo.

«È possibile mettersi in contatto con Mr. White?» chiese Robert. «O con sua moglie?»

L'agente scrollò le spalle rassegnato. «Nell'appartamento c'è un telefono fisso. Abbiamo provato diverse volte, ma non risponde nessuno.»

«Come è possibile avere la certezza che ci sia qualcuno dentro l'appartamento?» osservò Caleb. Al terzo piano era tutto immobile. Tutto quel dispiegamento di forze di polizia, e alla fine tenevano d'occhio un appartamento vuoto i cui occupanti erano andati a fare il bagno chissà dove.

«Due spari» disse l'agente. «Li hanno sentiti diversi coinquilini, interrogati separatamente. Tutti li hanno localizzati al terzo piano. L'appartamento dei White è l'unico dove nessuno è venuto ad aprire. Tutti gli altri sono stati evacuati e messi in sicurezza da noi. Se hanno sparato da qualche parte, può essere stato solo lì.»

«Hm» fece Caleb. Sapeva che era facile sbagliarsi nell'indicare la provenienza di un rumore. Tornò a fissare la palazzina, come se la facciata liscia e il balcone silenzioso potessero rivelargli qualche indizio. Che cosa stava succedendo dietro quelle tapparelle abbassate?

«Signore, che cosa facciamo ora?» chiese Robert Stewart.

Caleb si asciugò la fronte sudata. Faceva un caldo micidiale e lì sulla passeggiata non c'era un briciolo d'ombra. Lanciò un'occhiata anelante agli ombrelloni di un bar in fondo al complesso residenziale. Sarebbe stato molto meglio se il tutto fosse successo laggiù, almeno si sarebbero potuti mettere al fresco. In realtà non gli sembrava che gli altri sudassero quanto lui. Robert Stewart aveva un aspetto invidiabilmente fresco e impassibile, nonostante il completo grigio scuro e la cravatta. Caleb si era tolto la giacca già da un pezzo e continuava a grondare. Non avrebbe dovuto bere quel whisky alle nove di mattina, quando, seduto alla scrivania del suo ufficio, non era più riuscito a smettere di pensare alla bottiglia nascosta nel cassetto di destra chiuso a chiave. Con quel caldo…

In genere nessuno dovrebbe bere il primo whisky della giornata alle nove di mattina. Sperava che Robert non ne sentisse l'odore. Gli stava così addosso. Arrivò un altro poliziotto che porse un biglietto a Caleb. «Signore, la figlia del gestore della gelateria aveva il numero di cellulare di Mrs. White. Fa la baby-sitter e la scorsa settimana ha tenuto le bambine una sera che i White sono usciti a bere qualcosa. Ha detto di non aver ricevuto la somma pattuita. Mrs. White non aveva contanti al momento, ma le ha promesso che l'avrebbe pagata il giorno successivo. Finora non è accaduto.»

«Un problema con la carta di credito, niente contanti per la baby-sitter» osservò Robert. «Strane coincidenze, non trova? Forse i White hanno difficoltà economiche?»

«È possibile» disse Caleb. Non era una bella prospettiva. Purtroppo erano spesso i problemi economici a far perdere il controllo, anche ai padri di famiglia. Prese il foglietto con il numero di cellulare. «Provo a chiamare.»

Tirò fuori il telefono, inserì il numero e attivò il vivavoce, in modo che anche Robert potesse ascoltare la conversazione. Era una sua impressione o il suo collaboratore lo osservava con aria sospetta?

Non era il momento giusto per pensarci, si disse.

Il cellulare continuò a suonare a lungo, e Caleb stava per riattaccare quando all'improvviso una vocina tremante rispose. «Sì?»

«Mrs. White?»

«Sì.» Era poco più di un sussurro.

«Mrs. White, sono l'ispettore capo Caleb Hale del CID di Scarborough. In questo momento lei si trova in un appartamento degli Scarborough Beach Chalets a Peasholm Gap?»

«Sì.»

«Ci sono anche le sue due bambine?»

«Sì.»

«E suo marito?»

Yasmin White trattenne un singhiozzo. «C'è… anche lui…»

«Mrs. White, lei e le bambine siete in una situazione di pericolo?»

«Sì.»

«Suo marito è armato?»

«Sì.»

Caleb si asciugò nuovamente il sudore dalla fronte. Non vedeva l'ora che arrivasse il sergente Helen Bennet, che aveva una specifica formazione come psicologa. Era più adatta di lui a condurre conversazioni come quella che stava affrontando. Si era presa un giorno di ferie per passare un weekend lungo con sua madre che viveva a Saltburn-by-the-Sea. L'avevano contattata e aveva promesso di arrivare il prima possibile, ma al momento della telefonata si trovava in un caffè con sua madre e doveva riportare l'anziana donna nel suo appartamento. Se tutto fosse andato bene, avrebbe impiegato all'incirca un'ora per arrivare a Scarborough. Di solito, però, ci si metteva di più, perché il traffico lungo la litoranea era sempre molto intenso e rallentato.

A quanto sembrava avrebbe dovuto gestire la situazione da solo.

«Mrs. White, gli inquilini della casa hanno sentito degli spari. È stato suo marito a sparare?»

«Sì.»

«Qualcuno è rimasto ferito?»

«No. Ma…» Abbassò ulteriormente la voce. Caleb dovette fare uno sforzo per capire le sue parole. «Deve aiutarci. Per favore. Lui… non è più lo stesso. Vuole ucciderci tutte.»

«Mrs. White, la prego di mantenere la calma e di non farsi prendere dal panico. Siamo qui per aiutarla. Mi può dire in che stanza si trova dell'appartamento? In quella anteriore verso il balcone?»

«No. Sono in una delle camere da letto. Dà sul cortile sul retro.»
«Bene. Le bambine sono con lei?»
«Sì.»
«E suo marito dov'è?»
«Non lo so. Credo in salotto.»
«Ha qualche possibilità di uscire dall'appartamento insieme alle bambine?»
«No. La finestra è troppo in alto. Non possiamo saltare.»
«Capisco.» Caleb indicò a gesti che Robert Stewart si spostasse sul retro dell'edificio. Lì c'erano già altri agenti, ma Robert doveva farsi un'idea della situazione. Si sentì subito riavere non appena il suo collaboratore si fu allontanato da lui.
«Ha chiuso a chiave la porta della camera?»
«Lui ha tolto la chiave.»
«Riesce a incastrare qualcosa sotto la maniglia? Una sedia? Un mobile?»
Udì un pianto soffocato. «No, se ne accorgerebbe.»
«Potrebbe spostarsi in bagno con le bambine? E chiudersi lì dentro?»
«No. No, è troppo pericoloso. Dovremmo attraversare tutto il corridoio.» Si capiva che era paralizzata dal terrore. Caleb se la immaginava rannicchiata da qualche parte in camera da letto, le bambine strette contro di lei, che trattenevano il fiato, perfettamente immobili.
«Vi tireremo fuori da lì. Mantenga la calma.»
Uno scatto e la conversazione fu chiusa. Yasmin White aveva riattaccato. Forse aveva sentito il marito che si avvicinava. Oppure era stata assalita dal panico.
Robert Stewart spuntò accanto a lui. «Dietro c'è la rampa di accesso ai box con il cancello automatico, signore. Molte piante e anche dei balconi. Ma non nell'appartamento dei White, che il balcone ce l'hanno sul davanti.»
«E gli appartamenti vicini? Ci sono balconi da cui raggiungere la finestra della camera da letto?»
Robert scosse la testa. «No. Sono troppo lontani. Se vogliamo mandare qualcuno nell'appartamento, dovremo farlo dall'alto. Con una fune dal tetto. A mio avviso è un po' meno pericoloso e più realistico.»

«Se almeno riuscissimo a portare fuori le bambine in questo modo...»

Il suo cellulare suonò. Sul display apparve il numero di Yasmin White. Rispose subito. «Mrs. White?»

«Sono Jayden White. Ha parlato con mia moglie.»

«Sì, Mr. White, sono l'ispettore capo Caleb Hale. Mi fa piacere parlare con lei. Molto piacere.» Non gli era mai capitato di desiderare così ardentemente la presenza di Helen. Non c'erano dubbi, avrebbe gestito la cosa molto meglio di lui.

«Che cosa voleva da mia moglie?»

«Volevo sapere come stesse. E le bambine. Le vostre due bambine.»

«Stanno tutte bene.» Jayden White parlava con voce monotona, senza alti e bassi. Quanto meno *in quel momento.* Caleb intuiva che normalmente aveva un altro tono di voce. Sembrava una persona del tutto fuori di sé. O in un profondo stato di shock. Coprì il telefono con una mano e sibilò a Robert: «Ci serve uno psicologo. Quest'uomo mi sembra in trance».

«Helen è in viaggio.»

«Ci vorrà troppo tempo. Cerchi qualcun altro!»

Robert alzò leggermente gli occhi al cielo. Caleb comprese all'istante il messaggio: *Deve cavarsela anche così, capo!*

«Mr. White, vuole spiegarmi che cosa è successo?»

«Non è successo niente.»

«I vicini hanno sentito che...»

«Non hanno sentito un cazzo!» rispose Jayden del tutto apatico. «Un cazzo! Dovrebbero farsi gli affari loro.»

«Mr. White, la capisco benissimo se non ha voglia di discutere le sue faccende private con il vicinato. Per questo le propongo di parlare con me. Noi due soltanto. A quattrocchi.»

«A che cosa servirebbe?»

«Parlare è sempre utile. Serve a chiarire le cose.»

«Nessuno mi può aiutare.»

«Sono sicuro che noi possiamo farlo.»

Non ci fu risposta. «Mr. White, è ancora lì?» chiese Caleb.

«Sono ancora qui.»

«Che ne direbbe di far uscire sua moglie e le bambine? C'è un tempo magnifico, potrebbero andare in spiaggia. Io poi verrei da lei. Io da solo, nessun altro. Potremmo parlare con tutta calma.»

«La mia famiglia non uscirà da questo appartamento!»

«Va bene. Ma io potrei raggiungervi?»

Un altro lungo silenzio.

«Non ha senso» dichiarò infine Jayden. Aveva il respiro affannato.

«Qualunque sia il suo problema, troveremo una soluzione» disse Caleb. Si rendeva conto di sembrare insistente. Doveva essere cauto. Se Jayden si fosse sentito sotto pressione, la situazione sarebbe potuta degenerare. Gli individui che mettevano se stessi e la propria famiglia in una condizione come quella erano già schiacciati da una pressione pazzesca, erano con le spalle al muro.

«Se vuole» aggiunse poi. Gli tornò in mente ciò che Helen gli aveva detto una volta a proposito di un sequestratore, e in un certo senso White era un sequestratore: *Deve dargli l'impressione di poter scegliere. Deve lasciargli spazio di manovra. Non deve incalzarlo per nessun motivo.*

«Non c'è via d'uscita» disse Jayden.

Sembrava essere questa l'idea che si era radicata nella sua testa, e che da quel momento in poi avrebbe obiettato a qualunque cosa Caleb avesse proposto o detto o domandato: non c'era soluzione, non c'era via d'uscita, niente aveva più senso, era tutto finito.

«So di non poterla convincere in nessun modo adesso» disse Caleb. «Ma la prego di credermi che anche nelle situazioni più difficili la vita non è finita. Dia a sua moglie e soprattutto alle sue bambine la possibilità di continuare a vivere. Lei non è il genere di uomo che fa certe cose. Che spara a una donna e a due bambine piccole.»

«Lei non immagina nemmeno» disse Jayden.

Caleb sperava di non commettere un errore, ma decise di affrontare l'unico argomento di cui era a conoscenza sulla base delle informazioni raccolte. «Se si tratta di difficoltà economiche, Mr. White, allora penso...»

«Io non ho difficoltà economiche» replicò Jayden.

«Tanto meglio allora...»

«La mia è una catastrofe finanziaria» aggiunse.

Poi riattaccò.

Mezzo minuto più tardi risuonarono numerosi spari.

Sabato, 20 luglio

1

Il treno della North Eastern Railway era partito puntuale alle nove dalla stazione londinese di King's Cross diretto a nord. Fuori dal finestrino le città si succedevano a paesi e prati, boschi e campi. Su tutto splendeva il sole estivo. Nel cielo azzurro non si vedeva neppure una nuvola. Una giornata perfetta da trascorrere seduti in terrazza ideale per andare in bicicletta fino a un lago o per scendere in spiaggia armati di asciugamano e cestino da picnic.

Xenia Paget sospirò, consapevole che dopo il suo arrivo a Leeds non avrebbe potuto dedicarsi a niente del genere. E non dipendeva solo dal fatto che nei pressi di Bramhope, dove abitava, non ci fossero né mare né laghi; dopotutto aveva un giardino e un terrazzo. Purtroppo, però, anche un marito che avrebbe considerato come un gesto di imperdonabile pigrizia se lei, dopo quasi tre giorni di assenza, si fosse concessa anche qualche ora di pace su una sdraio. Mentre era stata via di casa, di certo si era ben guardato dal passare l'aspirapolvere o accendere la lavatrice o bagnare i fiori. Erano faccende che toccavano a lei. E ovviamente si aspettava che si mettesse subito al lavoro.

Xenia si appoggiò all'indietro sul sedile. Meglio godersi il viaggio. Dopo tutto era stata una piccola vacanza in libertà. Sarebbe passato del tempo, prima che le capitasse un'altra occasione del genere.

Se solo non ci fosse stato quel tizio seduto dall'altra parte del corridoio del vagone che continuava a fissarla con insistenza. Non l'aveva mai persa di vista. Da Londra. Lei guardava fuori dal finestrino, guardava il soffitto, guardava il libro che si era portata dietro, mandava messaggi su WhatsApp all'amica Maya che era stata a trovare... Ma, tutte le volte che gettava un'occhiata in avanti, incontrava i suoi occhi. Occhi neri. Scurissimi, vuoti. Assolutamente inquietanti. Era un uomo giovane, avrà avuto al massimo venticinque anni, e di certo non era interessato a lei. Una trentasettenne, in forte sovrappeso con un ampio vestito hippy con il quale cercava di nascondere il corpo formoso. Del resto non erano occhiate di desiderio quelle che le lanciava. Troppo fisse.

Minacciose.

Chi era e che cosa voleva?

Si era guardata intorno per la carrozza, ma non c'era nessun altro posto libero dove spostarsi. Era andata al bagno, cercando un'alternativa, ma non aveva trovato nulla. Il treno era al completo. E poi non osava allontanarsi troppo dal bagaglio, per questo non si era spinta nei vagoni di testa. D'altronde, non osava prendere la valigia: sarebbe stato troppo evidente. Qualcosa le diceva che l'uomo l'avrebbe seguita, se avesse capito che voleva cambiare posto.

Bene, non mancava più molto a York, dove avrebbe preso la coincidenza per Leeds. Era improbabile che quel tipo bizzarro fosse diretto lì. E in ogni caso lei avrebbe scelto un posto migliore. Era pieno giorno, non poteva succederle niente. Alla stazione di Leeds ci sarebbe stato Jacob, suo marito, ad aspettarla. In circostanze normali la cosa non l'avrebbe esaltata, ma questa volta le faceva comodo.

Chiuse il libro e lo infilò nella borsa. Tanto non riusciva a concentrarsi. Alzò cauta lo sguardo. L'uomo continuava a fissarla. Aveva un'aria scaltra. Insidiosa. Aggressiva. E sembrava malato. Mentalmente disturbato.

Xenia rabbrividì. Se solo fosse stata più sicura di sé. Avrebbe potuto fissarlo a sua volta, fino a metterlo in imbarazzo. Oppure l'avrebbe apostrofato apertamente. Ma gliene mancava il coraggio. Come sempre.

Guardò il soffitto, poi sentì la donna che era seduta accanto all'inquietante individuo lanciare un grido soffocato. Xenia guardò istintivamente verso lo sconosciuto.

Stringeva in mano una pistola. Così, era spuntata dal nulla.

Xenia non dubitò neppure per un istante che l'avrebbe utilizzata. E che lei sarebbe stata la vittima.

Afferrò la borsa, balzò in piedi e si mise a correre.

Che bella giornata d'estate, pensò Kate, invece devo stare seduta per ore su questo treno con l'aria condizionata!

Era stanca e di pessimo umore, ma sapeva di non averne motivo. Il viaggio fino a Leeds, compreso il cambio a York, durava due ore e mezzo, quindi non avrebbe passato l'intera giornata in treno. E il fine settimana di benessere nelle Yorkshire Dales, che i colleghi di Scotland Yard le avevano regalato per il suo trasferimento, non avrebbe dovuto rappresentare un dramma, almeno per una persona normale. Ma a volte Kate, autocritica com'era, aveva il sospetto di non essere del tutto normale. Avrebbe dovuto essere contenta di trascorrere un weekend in un hotel di lusso, dopotutto si trattava solo del sabato pomeriggio e di mezzo domenica, con buon cibo, massaggi, impacchi di fango e fette di cetriolo in viso. Con bagni di fieno e altri trattamenti bizzarri che le avrebbero fatto bene. Non aveva mai provato niente del genere. Temeva che non lo avrebbe sopportato per più di mezz'ora.

Il giovedì sera aveva dato una piccola festa d'addio per i colleghi, con due casse di spumante e un buffet. Sapeva che nel suo dipartimento era sempre stata considerata un po' originale e che gli aggettivi *chiusa*, *introversa*, *impenetrabile* erano i più simpatici tra quelli usati per descriverla. Il fatto era che dopo vent'anni a Scotland Yard continuava a essere un'emarginata, e nonostante l'elevato numero di successi era arrivata solo al grado di sergente investigativo. Era consuetudine che il superiore consigliasse ai suoi collaboratori l'esame per passare al grado successivo e li incoraggiasse a provare. Il suo capo non l'aveva mai fatto. Kate aveva affrontato gli esami di sua iniziativa, senza il minimo incentivo, con la sensazione che gli altri si facessero beffe di lei. Della serie *ma che presuntuosa. Senza l'appoggio del capo.* E pensare che Kate era tutt'altro che presuntuosa, anzi, spesso il difetto che le veniva rinfacciato di più era proprio la mancanza di autostima.

Un circolo vizioso. Privo di qualunque logica e senza via d'uscita.

Fece un profondo respiro e guardò fuori dal finestrino. Era un capitolo chiuso. Davanti a lei se ne apriva un altro. La domanda era se sarebbe stato meglio.

«A Scarborough c'è stato un brutale delitto ieri.» Kate sussultò e si girò verso il suo vicino di posto. Colin Blair. Era forse l'unico amico che aveva, anche se il termine *amicizia* era esagerato rispetto a ciò che li legava. Più che altro erano una specie di associazione di mutuo soccorso, due persone che non riuscivano a gestire il problema dei contatti sociali e s'incontravano occasionalmente nei fine settimana per non rimanere del tutto soli. Si erano conosciuti due anni prima attraverso un sito di appuntamenti on-line. Tra di loro non era scoccata nessuna scintilla, non erano diventati una coppia, ma le loro anime solitarie in qualche modo avevano stabilito un contatto. Kate non sapeva neppure se provasse sincera simpatia per Colin. Se non altro però lo capiva. E aveva l'impressione che per lui fosse lo stesso.

Il regalo di addio dei colleghi era destinato a due persone. Kate si era chiesta se fosse stata un'ingenuità oppure un perfido scherzo per sottolineare ancora una volta la sua solitudine. Tutti sapevano che nella vita di Kate non c'era nessuna relazione stabile. Né amici, e neppure un partner o un marito. Dove avrebbe trovato qualcuno che l'accompagnasse in un hotel per un weekend di benessere? In effetti l'unica persona che le era venuta in mente era stato Colin e alla fine glielo aveva chiesto, se non altro per stupire i colleghi. Allora c'era qualcuno! Avrebbe poi pagato di nascosto un supplemento affinché Colin avesse una camera per sé, ma non c'era bisogno che venisse a saperlo nessuno. In effetti la sua collega Christy McMarrow, alla quale aveva portato la sua gatta Messy la sera prima perché se ne prendesse cura, si era dimostrata decisamente sorpresa.

«Porti davvero qualcuno con te?» le aveva chiesto perplessa.

«Sì» aveva risposto Kate. «Un amico.» E aveva lasciato Christy a bocca aperta.

Ecco perché sul treno aveva al seguito Colin, e forse i bagni di fieno in due sarebbero stati più sopportabili.

Per tutto il viaggio Colin era stato con il cellulare davanti agli occhi e doveva aver trovato una notizia interessante.

«Un delitto?» chiese Kate. «A Scarborough?»

«Un uomo ha ucciso tutta la famiglia a colpi di pistola. La moglie e le due figlie ancora piccole. La polizia era stata chiamata dai vicini di casa che avevano sentito degli spari. In quel momento erano ancora tutti vivi, l'uomo aveva sparato solo al soffitto. Il tuo nuovo capo lo ha poi contattato telefonicamente.»

«Caleb Hale?» Kate aveva fatto domanda per essere trasferita presso il suo dipartimento e la sua richiesta era stata accolta. Ovviamente nessuno del suo ambiente aveva compreso quella decisione: una funzionaria di Scotland Yard, una delle istituzioni più prestigiose del mondo, che si trasferiva presso la North Yorkshire Police, al CID di Scarborough, in una delle zone più depresse dell'Inghilterra nordorientale e in un ufficio pressoché sconosciuto. Non aveva importanza. Kate sapeva perché lo faceva. Lei e Caleb avevano risolto due casi insieme. Lui era forse l'unica persona di tutto l'apparato investigativo della Gran Bretagna che la considerasse un elemento geniale.

«Sì, l'ispettore capo Caleb Hale. Ma non è riuscito a evitare il peggio. L'uomo ha interrotto la conversazione e subito dopo ha sparato alle bambine e alla moglie. 'Una vera esecuzione' scrive il *Daily Mail*.» Colin scosse la testa. «Che roba.»

«E lui non si è sparato?» domandò Kate. Era una storia agghiacciante, ma non si trattava di un fenomeno così insolito. Gli uomini che non vedevano più un senso nella loro vita, che si sentivano schiacciati dal peso dei loro problemi e volevano mettere fine a ogni cosa avevano la tendenza a portare con sé anche i familiari. Così come erano in prevalenza uomini coloro che decidevano di farla finita imboccando contromano un'autostrada e causando la morte di persone innocenti. Tra le donne capitava molto di rado: in generale si limitavano a suicidarsi.

«No» rispose Colin. «Pare di no. Qui sta scritto che è stato arrestato e ha dichiarato che si sarebbe voluto uccidere ma non ci è riuscito. Buon Dio, che vigliacco!»

«È agghiacciante» disse Kate, «assolutamente agghiacciante.»

«Per la stampa è un ghiotto boccone, ovviamente» proseguì Colin. «Una donna morta. Due bambine morte. E la polizia che è stata per tutto il tempo fuori dalla casa. 'L'intervento è stato troppo tardivo?' sta scritto qui. Ci scommetto che il tuo Caleb Hale si troverà nei guai fino al collo.»

Kate annuì. Era ciò che temeva anche lei. In casi del genere c'era bisogno di un capro espiatorio. Ovviamente era il padre di famiglia, ma senza dubbio sarebbero state trovate delle attenuanti per lui. Molto meglio e molto più d'effetto era colpire la polizia. C'era spazio per speculazioni in ogni direzione. E ovviamente valutare una situazione a posteriori era sempre molto più semplice. Se la polizia avesse fatto irruzione e le bambine fossero rimaste uccise, si sarebbe levato un coro di critiche. Nel caso specifico Caleb Hale, che dirigeva l'operazione, aveva optato per una trattativa, ma c'erano state comunque delle vittime. Adesso si sarebbe scatenata contro di lui una bufera di rimproveri. Capitava continuamente che in casi di questo genere fosse negato un fatto che Kate riteneva tanto triste quanto inevitabile: c'erano situazioni nella vita che escludevano una soluzione positiva. Qualunque cosa si facesse e comunque la si facesse.

«Per Caleb non sarà facile» osservò. «Ma ce la farà. Fa parte del suo lavoro affrontare critiche ed essere osteggiato.»

Di gran lunga peggiore sarebbero stati i rimproveri che si sarebbe fatto da solo. Una famiglia indifesa, trucidata in camera da letto e lui, a pochi metri di distanza con i suoi uomini, non era stato in grado di aiutarla. Kate lo conosceva e sapeva quanto l'avrebbe perseguitato tale immagine, quanto l'avrebbe tormentato l'interrogativo su un suo eventuale fallimento. Purtroppo conosceva anche il modo con cui reagiva allo stress, alle crisi, ai dubbi: era un alcolizzato. Da molti anni. Qualche tempo prima si era sottoposto a un trattamento di disintossicazione in una clinica e da allora si definiva *ex alcolista*, ma Kate sapeva che non era la verità. C'era ricaduto. La domanda era per quanto tempo ancora avrebbe resistito.

«Adesso però avrà te al suo fianco» osservò Colin. «Non potrà più andare storto niente.»

Lei gli sorrise. A volte Colin sapeva essere decisamente affascinante.

Guardò l'ora. Tra pochi minuti sarebbero arrivati alla stazione di York dove avrebbero preso la coincidenza. Si alzò.

«Faccio un salto al bagno. Tieni tu d'occhio la mia borsa?»

«Ma certo.» Colin annuì.

Kate imboccò il corridoio tra i sedili rossi della carrozza e poi superò un vagone con scompartimenti separati. Era quasi arrivata alla porta del bagno quando udì dei passi alle sue spalle, passi frettolosi. Qualcuno arrivava di corsa dal corridoio. Kate si voltò.

Una donna si precipitava verso di lei. Ansimava. Aveva la faccia coperta di sudore. Gli occhi spalancati. Barcollò a pochi passi da lei e riuscì a mantenere a stento l'equilibrio mentre Kate reagiva istintivamente e la sosteneva.

«Oddio. Mi aiuti. La prego, mi aiuti!»

«Che cosa succede?»

«È… lì dietro!» Indicò verso il corridoio dal quale era arrivata. Kate seguì con gli occhi il suo indice puntato. Il corridoio era vuoto.

«Di chi parla? Si calmi.»

«Non so chi sia» bisbigliò la donna. «Non ne ho idea. È armato.»

Kate stava per iniziare un discorso per cercare di tranquillizzare la donna, informandosi se avesse parenti o amici sul treno, perché credeva di aver a che fare con una psicopatica, quando la porta a vetri automatica della carrozza si aprì. Spuntò un uomo. E un attimo dopo uno sparo sibilò vicinissimo alle due donne.

La sconosciuta gridò: «No! No!»

Kate, che stringeva sempre il braccio della donna, con la spalla aprì la porta del gabinetto, ci spinse dentro la sconosciuta, la seguì, richiuse la porta e la bloccò. Da fuori si sentì un secondo sparo. La donna cominciò a urlare come una pazza. Kate la spinse nell'angolo morto laterale all'ingresso e le si mise davanti. Aveva calcolato bene: un attimo dopo un proiettile perforò la porta.

«Calma, resti calma.» Kate prese per mano la donna. «Come si chiama?»

L'altra la guardò con occhi pieni di panico. «Xenia.»

«Molto bene, Xenia. Io sono Kate. Qui dentro siamo al sicuro. Si calmi.»

Un altro proiettile attraversò la porta. L'uomo armato non poteva colpire direttamente le due donne nell'angolo in cui si erano rannicchiate, ma sarebbe bastato che una pallottola rimbalzasse dalla parete di fronte e sarebbero state spacciate.

Altri due spari in rapida successione.

Kate guardò l'ora. Mancavano ancora due minuti a York. Il treno aveva già rallentato. I passeggeri si sarebbero riversati nei corridoi preparandosi a scendere. Poteva solo sperare che qualcuno avesse già sentito gli spari e che nessuno si fermasse davanti alla toilette. Magari si trattava di uno squilibrato che sparava a caso a qualunque cosa in movimento. Kate si tastò le tasche dei jeans e lanciò un gemito quando ricordò di aver lasciato il cellulare nella borsa. E la borsa era rimasta sul sedile accanto a Colin. Non poteva mettersi in contatto con nessuno.

Un altro sparo. Xenia tremava come una foglia.

«Xenia, ha con sé il cellulare?»

«Ho perso la borsa quando mi sono messa a correre. Ero in uno degli ultimi vagoni… Non so dove sia.» Scoppiò a piangere.

«Non c'è problema. Stia tranquilla.» In realtà era un problema eccome. Erano bloccate nel gabinetto di un treno, e subito fuori c'era un uomo armato. Non potevano chiamare aiuto per telefono, ma di lì a qualche istante il treno si sarebbe fermato, e gli altri viaggiatori dovevano aver sentito gli spari. Forse la polizia era già stata avvisata.

Lo sguardo di Kate andò al finestrino sulla parete esterna. Non sapeva se sarebbe stato possibile aprirlo, ma valeva la pena tentare. Mentre armeggiava per sbloccarlo, sarebbe stata il bersaglio perfetto per il pazzo di fuori. Se avesse sparato, avrebbe potuto colpirla direttamente alla schiena. Però doveva provarci lo stesso.

«Resti immobile» bisbigliò a Xenia. «Non deve accorgersi che mi sono spostata dal nostro angolo. Cercherò di aprire il finestrino.»

Xenia le afferrò subito la mano. «La prego. Resti qui. La prego.»

«Voglio solo aprire il finestrino. Così potremo calarci fuori.»

Xenia annuì, sebbene tremasse ancora più forte. Kate si avvicinò al finestrino restando il più possibile accucciata. C'era uno spazio di due passi al massimo in quell'ambiente angusto. Alla sua sinistra il lavandino d'acciaio con il piccolo specchio. Di fronte a lei la tazza del gabinetto. Subito sopra la finestra. Dietro di lei, in linea diretta, la porta con il cecchino dall'altra parte. Kate cominciò a sudare copiosamente. Per fortuna lo sferragliare delle ruote era abbastanza forte da mascherare eventuali cigolii del finestrino. Kate afferrò la maniglia e tirò. Il vetro scese silenzioso e senza grosse difficoltà, ma si abbassò solo in parte: poi era bloccato.

Nel gabinetto entrò un'aria calda e carezzevole.

Non voglio morire, pensò Kate, non voglio morire per nessun motivo.

Osservò la stretta fessura. Forse con un po' di fatica lei sarebbe riuscita a passare dal momento che era minuta e molto magra, ma per

Xenia non c'era alcuna possibilità che ce l'avrebbe fatta. Era piuttosto formosa, a volerle fare un complimento.

Non sarebbe stato possibile spingerla fuori.

Anche Xenia riconobbe il problema. «La prego, non mi lasci sola. Per favore!»

«Certo che no.» Questo era evidente. Kate era una poliziotta, anche se in quel momento non era in servizio: si era dimessa da Scotland Yard due giorni prima. E avrebbe iniziato a lavorare a Scarborough in agosto. In quel periodo si trovava tecnicamente in una specie di terra di nessuno professionale. Tuttavia non avrebbe mai abbandonato una donna in quella situazione per mettersi al sicuro. Era del tutto escluso.

In quell'istante fu sparato un altro colpo e quasi contemporaneamente il treno si fermò cigolando in maniera assordante nella stazione di York. Kate avvertì una fitta al polpaccio destro, intensa e penetrante, ma durò solo un istante e un attimo dopo pensò di essersela immaginata. Strisciò sul pavimento per tornare da Xenia. L'uomo era sempre nel vestibolo.

Dal finestrino aperto arrivavano gli annunci degli altoparlanti. Un altro treno passò sferragliando. Si sentiva il rumore delle valigie a rotelle sui marciapiedi. Voci lontane.

I suoni di una stazione.

«È ancora davanti alla porta» sussurrò Xenia.

«È probabile. Ma nel frattempo qualcun altro deve essersi accorto degli spari. Di sicuro la polizia è stata già avvisata. Verranno a tirarci fuori. Non abbia paura.»

Si domandò che cosa stesse facendo Colin. Si era accorto che la sua assenza stava durando un po' troppo? Aveva sentito gli spari? Chissà com'era nervoso. In fondo dovevano scendere proprio a York, la coincidenza per Leeds sarebbe partita dopo venti minuti. Si augurò che non venisse a cercarla. Sarebbe caduto proprio tra le braccia dello squilibrato.

All'improvviso Xenia lanciò un grido sgomento indicando la gamba di Kate. «Sanguina!»

Kate si accorse che la stoffa dei jeans all'altezza del polpaccio destro era sporca di rosso. La macchia sembrava diventare sempre più grande. Allora si ricordò della fitta lancinante. Era stata colpita. Stranamente non le faceva male: effetto dello shock, dell'adrenalina che aveva in circolo.

«Un colpo di striscio» bisbigliò, pur non avendone la certezza, «niente di grave.»

«Ci ucciderà. Oddio, ci ucciderà!»

«Ha idea di chi possa trattarsi? E del perché dia la caccia proprio a lei?»

«No. Ero seduta nell'ultimo vagone. Lui era seduto di fronte a me dall'altra parte del corridoio e continuava a guardarmi, una cosa molto spiacevole e inquietante.»

«Non lo aveva mai visto prima?»

«No.»

«Hm, questo è strano.» Esistevano gli squilibrati, che sparavano all'impazzata senza badare a chi colpivano. L'importante era fare il maggior numero di vittime possibile. Quell'uomo invece aveva preso di mira solo Xenia e ciò lasciava supporre che tra di loro ci fosse qualche legame.

«Non sento più niente» bisbigliò Xenia. «Dal treno.»

In effetti erano rimasti i rumori della stazione, ma il treno sembrava deserto.

«Crede che sia ancora là fuori?»

«Non saprei. Preferisco non sporgere la testa per controllare. In realtà dovrebbero salire altri viaggiatori, e ce ne dovremmo accorgere. Se non è così, vuol dire che la polizia ha preso il controllo della situazione.»

Xenia si rilassò appena. Non tremava più così forte, aveva il respiro un po' più tranquillo. Poi le due donne sussultarono bruscamente quando qualcuno prese a pugni la porta.

«Polizia! Chi c'è lì dentro?»

Kate trattenne Xenia, che voleva subito precipitarsi verso la porta. «Sergente investigativo Kate Linville. E una viaggiatrice.»

Xenia la guardò sbigottita. «Lei è...?»

«Qui parla il sergente investigativo Jenkins della North Yorkshire Police. Potete aprire? È tutto sotto controllo.»

«E se fosse *lui*?» chiese Xenia sottovoce.

«Avrebbe provato questa strategia già prima» rispose Kate. Zoppicò fino alla porta. La gamba cominciava a farle male e non riusciva a caricarci più il peso. Sganciò il chiavistello. Davanti a lei comparve un uomo con un completo scuro.

«Sergente Linville?»

«Sì.»

«Qualcuno è ferito?»

«Io ho una ferita di striscio alla gamba» spiegò Kate. «Per il resto siamo illese.»

«Dunque è una collega?» chiese Jenkins.

«Sì, ma non sono in servizio. Sono finita in questa situazione per caso.» Guardò su e giù nel corridoio. Poliziotti dappertutto. Anche fuori sul marciapiede.

«Diversi passeggeri hanno chiamato il 999 segnalando gli spari sul treno. Pochi secondi dopo che il convoglio si è fermato in stazione, siamo intervenuti insieme alla polizia ferroviaria.» Esitò. Kate intuì che cosa volesse dire.

«Non l'avete preso?»

«No. Tantissime persone sono scese in massa allontanandosi di corsa e i due agenti della polizia ferroviaria non hanno potuto fare niente. Poi abbiamo cercato di bloccare le uscite, ma molti passeggeri si erano già allontanati. Alcuni stanno ricevendo assistenza in una sala della stazione. Altri si sono dileguati. Prima abbiamo dovuto isolare i binari e mettere in sicurezza la stazione. Poi perquisire il treno.» Si passò la mano sulla fronte. L'intervento non era andato in maniera ottimale. Là fuori c'era un uomo armato. Era in fuga. Non aveva raggiunto l'obiettivo.

Xenia era ancora più pallida. «E se lo facesse di nuovo?» bisbigliò. «Che cosa faccio se ci riprova?»

2

Il sergente Paul Jenkins sembrava sopraffatto dalla situazione, ma si sforzava di mettere almeno un po' d'ordine nella faccenda. Era seduto con Kate Linville e Xenia in una stanzetta messa a disposizione dalla polizia ferroviaria. I suoi collaboratori stavano interrogando altri passeggeri che erano stati a bordo del treno da Londra a York. Almeno quelli che si trovavano ancora in stazione. Molti avevano approfittato della confusione per allontanarsi, soprattutto per non perdere le coincidenze e mandare all'aria gli impegni della giornata. Kate era scesa zoppicando dal treno aiutata da un paramedico e sul marciapiede si era imbattuta in Colin. Era rimasta commossa dalla sua reazione sollevata quando si era accorto che era incolume. Teneva stretta la sua borsa e aveva avuto anche la prontezza di spirito di portare fuori le loro due valigie.

«Grazie al cielo stai bene!» esclamò. «Ho avuto una gran paura. Appena sei uscita dal vagone per andare alla toilette una donna è passata di corsa inseguita da un uomo. Poi abbiamo sentito degli spari. Ho pensato… Oddio…» Non trovò le parole per descrivere il suo pensiero. Un poliziotto gli toccò la spalla e lo fece scostare. «Vorrei fare qualche domanda anche a lei» gli disse.

«Ma certo, ma certo!» Colin non aspettava altro. Kate sospettava che avrebbe dato una versione decisamente abbellita degli avvenimenti.

Lo pregò di non allontanarsi dalla stazione e di tenere d'occhio le due valigie. Prese con sé la borsa, mentre il paramedico le medicava la ferita. In effetti si trattava di un colpo di striscio.

«È stata fortunata» disse l'uomo. «Sembrava più grave a causa del molto sangue. Adesso le disinfetto la ferita. Poi gliela fascio e le darò un antidolorifico. Però dovrebbe farsi visitare da un medico.»

«Lo farò» promise Kate.

Il sergente Jenkins avrebbe voluto portare via Xenia per interrogarla, ma lei aveva reagito in maniera isterica. «Non vado da nessuna parte senza Kate!» Kate le aveva salvato la vita ed era una poliziotta. Nel marasma da incubo di quella giornata Xenia sembrava vedere in lei l'unica ancora di salvezza.

Sedevano insieme nella stanzetta soffocante. Il sole di luglio ardeva dalla finestra rivolta a sud, facendo luccicare la polvere sul vetro, e aveva trasformato in un forno la stanza con gli schedari di metallo e la scrivania ordinata. Non c'erano veneziane, né tende e nel giro di pochi minuti Kate si sentiva come un uovo al tegamino su una piastra rovente. Davvero una situazione fantastica. Il treno per Leeds era ormai partito. Ammesso di riuscirci, il fine settimana di benessere sarebbe cominciato con un bel po' di ritardo. Fosse stato per lei, sarebbe andata a casa, si sarebbe seduta con una bibita fresca sul balcone, tenendo in alto la gamba dolorante. E si sarebbe finalmente tolta i jeans incrostati di sangue.

Ma il sergente Jenkins doveva fare il suo lavoro. Anche lei lo sapeva bene.

Registrò le generalità di Xenia. Xenia Paget. Residente a Leeds-Bramhope, Yorkshire. Sposata. Senza figli. Nata il 10 maggio 1982.

«Dove è nata?» chiese Jenkins.

Xenia esitò. «A Kirov in Russia. All'epoca Unione Sovietica.»

Jenkins alzò la testa. «È russa?»

«Ho la cittadinanza britannica.» Xenia allungò la mano accanto a sé, dove in genere teneva la borsa. Poi si ricordò di averla persa in treno scappando dal suo inseguitore. «La mia borsa! È rimasta sul treno. Ci sono i miei documenti. Il passaporto. Ho un passaporto britannico!»

«Non si preoccupi, il treno è sigillato, i miei uomini lo stanno perquisendo. Troveranno la sua borsa e gliela restituiranno» disse Jenkins in tono accomodante. Tirò fuori un fazzoletto, se lo passò sulla fronte, poi si allentò la cravatta. «Dio, che caldo fa qua dentro.»

«Ho sposato un cittadino inglese» spiegò Xenia. «Jacob Paget. Per questo ho potuto chiedere la cittadinanza.»

Per lei era importante, molto importante affermarlo, pensò Kate. Non voleva suscitare il sospetto di vivere da clandestina in Inghilterra. Parlava un inglese quasi perfetto. Sapendo che era nata in Russia, si percepiva in effetti un lievissimo accento; in caso contrario sarebbe sfuggito completamente e nessuno si sarebbe accorto che non era inglese.

«Da quando vive in Inghilterra?» chiese Jenkins.

«Dal 2006. Mi sono sposata nel giugno 2006.»

«Come vi siete conosciuti...»

«Ho conosciuto mio marito attraverso un'agenzia» spiegò Xenia. «Cercava una moglie russa. Non aveva avuto fortuna con le donne inglesi, perciò voleva cambiare.»

«Qual era il suo nome all'epoca?»

«Xenia Petrowa Sidorowa.»

Jenkins scrisse il nome, sillabando l'inconsueta successione di lettere.

«Molto bene, Mrs. Paget» disse poi. «Ciò che mi interessa in modo particolare è ovviamente quanto accaduto in treno oggi.

Un uomo le ha sparato. Potrebbe raccontarmi nei dettagli lo svolgimento dei fatti?»

Xenia ripeté ciò che aveva già spiegato a Kate, di come lo sconosciuto l'avesse fissata ininterrottamente dalla stazione di King's Cross a Londra.

«Mi sono sentita sempre più a disagio. Ma non c'erano altri posti liberi, perciò non potevo spostarmi. E poi, poco prima di York, all'improvviso ha tirato fuori una pistola. Io allora mi sono alzata di scatto e sono scappata. Ho lasciato la valigia sul portabagagli.» Si interruppe. «La mia valigia...»

«Le verrà riconsegnata anche quella» la tranquillizzò Jenkins.

«Mi sono allontanata sempre più in fretta. Nel vagone successivo mi sono girata. Mi stava seguendo. Ho accelerato. Anche lui.»

«In pratica ha continuato a correre per tutto il treno?»

«Sì. Ero salita molto in fondo. Poco prima di arrivare al vagone dove ho incontrato Kate, mi sono girata un'altra volta. Quell'uomo era a mezzo vagone di distanza da me. Stringeva sempre in pugno la pistola. Io sono stata presa dal panico, perché sapevo che il treno era quasi finito e non potevo andare oltre. Ho corso. Poi ho incontrato Kate. E lui ha sparato.»

«Mrs. Paget, se ho capito bene, è rimasta per diverso tempo seduta di fronte allo sconosciuto. Lui la fissava, ovvero tutte le volte che lei alzava lo sguardo, incrociava il suo. Immagino che possa fornircene una descrizione dettagliata?»

Xenia sospirò. «Ero così terrorizzata e confusa... Comunque era piuttosto giovane, l'ho notato subito. Come minimo aveva dieci anni meno di me. E non era neppure il genere d'uomo che mi avrebbe guardato perché mi trovava interessante come donna.»

«È una conclusione che non ritengo obiettiva» commentò Jenkins. «Ma in questo caso non mi sembra che fosse interessato a conoscerla.»

«No. Voleva uccidermi.»

«Ha detto che doveva avere all'incirca venticinque anni. Che cosa può dirmi della sua statura? Colore degli occhi e dei capelli?»

«Era molto alto. Muscoloso. Folti capelli neri. Mossi. Non aveva una pettinatura definita. Sembrava trascurato.»

«Solo per via dei capelli? O in generale?»

«Portava un paio di jeans logori e sformati. Mi sembra che avesse una felpa. Grigia. Macchiata.»

«Il colore degli occhi?»

«Non lo so. Forse marrone scuro. Ma può darsi che fossero anche le pupille dilatate. Aveva gli occhi sbarrati. Non sembrava affatto normale.»

«Se non le dispiace con il suo aiuto vorremmo disegnare un identikit.»

«Certo. Farò del mio meglio.»

«Molto bene» disse Jenkins. Poi rimase pensieroso per un istante. «Lei ha detto di abitare a Leeds. Che lavoro fa?»

«Al momento sono disoccupata. Una volta a settimana tengo un corso gratuito di inglese per i rifugiati, per il resto non faccio niente. Mio marito non vuole che lavori.»

«Che lavoro fa suo marito?»

«È amministratore di condomini. Per diverse proprietà immobiliari di Leeds e dintorni.»

«Capisco. Ma di sicuro lei avrà svolto una qualche professione in vita sua.»

«In Russia avevo iniziato a studiare lingue orientali. So parlare piuttosto bene cinese e coreano.»

«È un vero talento» osservò Jenkins. «Anche il suo inglese è impeccabile.»

Xenia arrossì di gioia. «Grazie.»

«Però non si è mai laureata?»

«No. La mia famiglia è caduta in rovina. Mio padre lavorava nell'industria degli armamenti e alla fine della guerra fredda riusciva a mantenersi solo con lavoretti occasionali. Lo stesso mia madre. Poi entrambi hanno perso anche queste occupazioni. Io ho altri quattro fratelli più piccoli. Perciò ho interrotto gli studi e ho iniziato a lavorare per mantenere la famiglia. Ho fatto la cameriera e la donna delle pulizie. Ma a un certo punto volevo...»

«Sì?»

«Volevo solo andarmene dal mio paese. Non vedevo più nessun futuro possibile per me. All'epoca ero giovane e carina. Quindi mi sono iscritta a un'agenzia matrimoniale inglese specializzata in donne dell'est. L'ho considerata come la mia unica possibilità.»

«Non deve giustificarsi» la tranquillizzò il sergente Jenkins.

Kate osservava Xenia di sottecchi. Che tragica vicenda, pensò. Una donna intelligente, che probabilmente parlava diverse lingue e tuttavia aveva dovuto lavorare come donna delle pulizie e cameriera e che poi si era sposata con un uomo che non voleva che avesse un lavoro. Forse era quello il motivo della sua pinguedine? Compensava la frustrazione, il vuoto della sua vita in quel modo?

Si richiamò all'ordine. Stava divagando. Non sapeva niente di preciso su Xenia e non poteva permettersi di dare un giudizio sulla sua vita.

«Che cos'era andata a fare a Londra?» chiese Jenkins.

Xenia lo guardò per un attimo, confusa. «A Londra?»

«Be', sì, stamattina presto è salita sul treno a King's Cross.»

«Ah, sì. Ero andata a casa di un'amica. Sono arrivata giovedì e sono ripartita oggi. Mio marito verrà a prendermi alla stazione di Leeds.» All'improvviso assunse un'espressione spaventata. «Oddio. Adesso arriverò troppo tardi. Devo assolutamente avvisarlo.»

«Vuole chiamarlo con il mio telefono?» si offrì Kate.

«Sì, grazie.» Xenia si alzò di scatto. «Posso uscire un attimo?»

«Ma certo» disse Jenkins.

Xenia uscì con il cellulare che Kate le aveva sbloccato.

«Che ne pensa di questa situazione? Da collega?» domandò Jenkins, una volta rimasti soli.

Kate ci pensò su. «In questo momento trovo difficile esprimere un giudizio. L'uomo sul treno non era un semplice squilibrato, altrimenti avrebbe fatto un bagno di sangue a caso tra i viaggiatori. Aveva chiaramente preso di mira solo Xenia. Io mi sono trovata sulla linea di fuoco perché mi sono barricata in bagno con lei. Sembra un gesto premeditato, nel senso che tra lui e Xenia deve esserci qualche rapporto.»

«Potrebbe riguardare la Russia? Secondo lei sarebbe il caso di verificare la sua storia?»

«Temo che sarebbero ricerche molto costose e difficili. Quanto meno per quel che riguarda la parte russa. Forse avrebbe più senso parlare con l'agenzia che all'epoca la mise in contatto con il marito.»

«È probabile che abbia contratto un debito con quelle persone. I russi sono famosi per i loro drastici metodi di incasso.»

«Però si trattava di un'agenzia inglese.»

«Che potrebbe comunque avere soci d'affari in Russia. Con una partecipazione agli utili e quindi una provvigione.»

«Ma ormai sono passati tredici anni. A quanto ha dichiarato, si è sposata nel 2006. Ammesso che la provvigione non fosse stata versata o solo in parte e che qualcuno in Russia si fosse sentito ingannato, non sarebbe intervenuto prima?»

«Forse l'ha fatto. Ma senza risultato. Per questo è passato a metodi più estremi.»

«Mi sembra tanto la trama di un film sulla mafia russa» disse Kate.

Jenkins si strinse nelle spalle. «Non dimentichiamoci che Xenia Paget è nata in Russia.»

«Ma un matrimonio combinato di questo genere non può costare una fortuna. Se tredici anni fa Jacob Paget è stato invitato a saldare il debito e se ora la pressione fosse stata aumentata… Secondo lei non avrebbe preferito pagare invece che mettersi contro gente del genere?»

«Io non so che genere di uomo sia» obiettò Jenkins. «Forse è dell'idea che pretendono troppo e preferisce farsi squartare piuttosto che cedere.»

Kate ci pensò su. «In ogni caso sarebbe opportuno parlare con Mr. Paget. Riterrei plausibile che ci sia qualche problema. Ma non so se sia legato a quanto avvenuto oggi sul treno.»

«Che genere di problema secondo lei?»

«Non voglio spingermi a dire che Xenia Paget abbia paura del marito. Ma di sicuro mi dà l'impressione di esserne intimidita.»

Jenkins reagì con sorpresa. «Che cosa glielo fa pensare? Perché non vuole che lei lavori?»

«Potrebbe essere un indizio. Se quello che ci ha raccontato è vero, lei è una donna molto portata per le lingue, che potrebbe lavorare con successo come traduttrice o interprete. Perché si è lasciata mettere fuori gioco da questo punto di vista?»

«Potrebbero esserci validi motivi. Forse desidera avere dei figli, forse per questo non vuole stressarsi. Non ne ho idea.»

«D'accordo. Ma non è sembrato anche a lei che abbia reagito in maniera esagerata, quasi terrorizzata, quando si è resa conto che non arriverà puntuale a Leeds e che suo marito aspetterà invano alla stazione?»

«Io ho avuto l'impressione che non volesse farlo preoccupare.»

«È possibile» disse Kate.

Xenia tornò e restituì il cellulare a Kate. «Grazie.» Si mise seduta. Non sembrava sollevata, al contrario appariva più ansiosa di prima. «Mio marito voleva sapere a che ora arriverò. Ci vorrà ancora molto?»

«No» rispose Jenkins. «Capisco che voglia tornare a casa. Mi dica ancora il nome della sua amica di Londra. E come vi siete conosciute.»

«Maya Price. Era la nostra vicina di casa a Leeds. Eravamo amiche. Un paio di anni fa si è trasferita a Londra. Più precisamente a Southend-on-Sea, nei pressi di Londra. Mi manca molto. A volte vado a trovarla.»

«Perché è stata da lei solo giovedì e venerdì ed è tornata a casa il sabato, invece di fermarsi per tutto il weekend?»

Xenia esitò. «Mio marito vuole che nel fine settimana sia a casa. Così possiamo passare del tempo insieme.»

Kate e Jenkins si scambiarono un'occhiata. *Cosa avevo detto?* rimarcava quella di Kate.

E allora? diceva quella di Jenkins.

«Molto bene, Mrs. Paget, ricorda se le è accaduto qualcosa di strano a Londra? O magari durante il viaggio di andata?»

«Qualcosa di strano?»

«Magari si è sentita osservata. Non in maniera così netta ed evidente come in treno. Ma a volte ci si accorge di essere tenuti d'occhio. Oppure qualcos'altro. Qualunque cosa a cui non ha prestato troppa attenzione, ma che adesso, alla luce degli avvenimenti odierni, le risulta inspiegabile?»

Xenia si sforzò visibilmente di riflettere. «No» rispose. «Non mi viene in mente niente. Proprio niente.»

«A proposito di quest'uomo: è sicura di non averlo mai visto prima?»

«Sicurissima.»

«Potrebbe esserci qualcosa legato al suo passato? Qui o in Russia? Qualche avvenimento che avrebbe potuto indurre qualcuno a inseguirla per tutto il treno e poi a spararle?»

«No» rispose Xenia. Per un attimo nei suoi occhi si accese un lampo. Brevissimo. Kate lo vide perché la stava fissando. Jenkins non parve accorgersi di niente.

Le è appena venuto in mente qualcosa, pensò Kate. Ma non vuole parlarne.

3

Il risultato del test era stato inequivocabile: 0,7 per mille.

Dopo l'operazione alla baia che si era conclusa tanto tragicamente con una donna e due bambine morte, un colpevole seduto sul pavimento della camera da letto dell'appartamento per le vacanze che singhiozzava a dirotto impugnando ancora l'arma, avevano chiesto a Caleb se volesse sottoporsi a un prelievo del sangue volontario.

«Non ce l'ho fatta» aveva piagnucolato l'omicida. «Non ci sono riuscito.» Si riferiva al suo proposito di togliersi la vita.

Un'ora più tardi Caleb si era dovuto presentare dal soprintendente capo.

«Che cosa è andato storto?» aveva latrato il suo superiore. «Tre morti. Le bambine avevano sei e sette anni. Buon Dio! I suoi uomini avevano circondato la casa, c'erano già stati degli spari, era chiaro che all'interno uno squilibrato minacciava tutta la famiglia. E lei che cosa fa?... Niente. Aspetta con tutta calma che l'uomo elimini la moglie e le figlie. Poi fa irruzione nell'appartamento!»

Non era giusto. Caleb lo sapeva e lo sapeva anche il suo soprintendente. Ma era schiacciato dalla pressione dell'opinione pubblica. Avrebbe dovuto far fronte all'ondata di indignazione sui media, ed era chiaro che sarebbe stata violentissima. Due bambine morte. Era la cosa peggiore. Anche perché, cavalcando la notizia nella maniera più drammatica, i quotidiani avrebbero avuto una tiratura maggiore.

«Signore, data la natura della situazione, ritenevo troppo rischioso fare irruzione nell'appartamento» si difese Caleb. «Sicuramente avrebbe provocato un bagno di sangue.»

«Ah, e così invece lo ha evitato?»

«Purtroppo no. Ma era l'unica possibilità di far ragionare quell'uomo, di appellarmi alla sua coscienza. Al principio aveva sparato al soffitto e contro il muro, non aveva mirato subito alla famiglia.»

«Bisogna elogiarlo per questo?»

«È significativo. Inizialmente non era determinato al cento percento. Al contrario, sparando a caso in un condominio, era probabile che qualcuno avrebbe chiamato la polizia.»

«E?»

«Credo che volesse parlare. Che cercasse aiuto, in realtà.»

«Poi però le cose sono precipitate. Evidentemente quando gli ha parlato al telefono ha detto qualcosa che lo ha mandato in cortocircuito da un momento all'altro.»

«Io...»

Il soprintendente esaminò gli appunti che aveva sulla scrivania. «Mi è stato riferito che lo ha interpellato in maniera offensiva a proposito dei suoi problemi finanziari. E allora lui ha perso la testa.»

«Volevo solo indicargli che esisteva una via d'uscita. Che anche i problemi finanziari si possono risolvere.»

«È evidente che non è riuscito a comunicarglielo in maniera convincente. Al contrario. In pratica ha fatto scattare la molla per tutto il resto. Ottimo lavoro, Hale!»

Lo aveva detto in tono caustico rabbioso, spietato.

Chi gli ha riferito il contenuto della mia conversazione con Jayden White? si domandò Caleb. L'unico che gli era stato vicino e aveva ascoltato era l'ispettore Robert Stewart. Il suo collaboratore fidato. Viceversa, se il soprintendente glielo aveva chiesto, Robert non aveva avuto altra scelta che di riferire in maniera oggettiva i fatti. Ma c'era qualcosa che faceva rabbrividire Caleb.

«Signore, non so...» esordì, ma fu interrotto.

«Che fine aveva fatto il sergente Helen Bennet?»

«Aveva preso un permesso. Era andata a trovare sua madre a Saltburn. Ma era stata avvisata e stava tornando a Scarborough.»

«E lei non è riuscito nemmeno a trattenere Jayden White il tempo necessario per poterlo affidare nelle mani di una *collaboratrice competente*?»

«No» rispose Caleb.

Il soprintendente lo guardò con gli occhi socchiusi. «Mi sono giunte all'orecchio altre informazioni, Hale. Ovvero che era piuttosto ubriaco quando ha guidato l'operazione.»

Caleb pensava di non aver capito bene. «Come dice?»

Il suo superiore si era schiarito la voce imbarazzato. «Ispettore, posso dirle che si sente dall'odore. Ho capito che era vero dal momento in cui è entrato nel mio ufficio.»

«Signore, io...»

«Cristo santo!» Il soprintendente diede un pugno sulla scrivania. «Pensavo che avessimo superato la cosa. Pensavo che *lei* l'avesse superata. È stato a disintossicarsi e ha dichiarato in maniera convincente che era tutto a posto. Ha quasi cinquant'anni, maledizione, e *non riesce a dominarsi*? Non riesce a superare questo problema del cavolo?»

Mancavano ancora un paio d'anni prima che Caleb ne compisse cinquanta, ma effettivamente non era più così giovane. Questo però non c'entrava niente, una dipendenza restava tale, a qualunque età.

«Mi sono esposto per lei, quando si è trattato di reintegrarla nella sua vecchia posizione» proseguì il soprintendente. «Ho creduto in lei e adesso vengo a sapere che ha avuto una ricaduta. Che ha ricominciato a bere già sei mesi dopo la cura. Che beve regolarmente e molto. In servizio!»

«Chi glielo ha detto?»

«Non ha nessuna importanza. La domanda è, accetta di fare un esame del sangue? Non è tenuto, lo so.»

«Signore, io...»

«Se non lo farà, troverò il modo di sbarazzarmi di lei, Hale. Non è più sostenibile. Lo racconterò a chiunque mi capiti di incontrare, e darò ordine a tutti di denunciarla quando beve. Se invece collabora...»

«Allora?»

«Verrà sospeso, se il test risulterà positivo come immagino. Ma ricondurrò la sua sospensione alle conseguenze di quest'ultima operazione nella quale sono morte due bambine. Il fatto che fosse ubriaco rimarrà tra di noi. Così avrà la possibilità di risolvere questo problema. Una volta per tutte. Mi auguro.»

«E poi?»

«Non posso prometterle niente, ma è una possibilità.»

«La cosa rimarrà tra di noi» disse Caleb amareggiato. «Ma là fuori c'è qualcuno a cui evidentemente piace rendere la cosa di pubblico dominio.»

«In questo non posso aiutarla.»

«Capisco.»

«Accetta di fare il test?»

«Sì» rispose Caleb, sfinito e rassegnato.

«Molto bene.» Il soprintendente appariva sollevato. «A proposito, le indagini sul caso White passano all'ispettore Stewart. Inoltre sarà lui a tenere la conferenza stampa che abbiamo fissato per domattina alle dieci. La prego di non presentarsi.»

Robert, aveva pensato Caleb. La cosa in realtà non lo stupiva. Ma lo feriva profondamente. Robert Stewart. Finalmente era arrivato dove avrebbe voluto sempre essere.

Quel sabato la valanga si era staccata. La stampa era in fibrillazione. Una madre morta. Due bambine morte. La polizia avvisata per tempo che era rimasta *passiva* per strada davanti alla palazzina.

«Perché non avete fatto niente?» chiedeva lo *Yorkshire Post* in prima pagina.

Sotto c'erano le fotografie delle vittime: Yasmin White, una giovane donna dall'aria fragile con grandi occhi scuri e un viso serio. Ava White, sette anni. Sina White, sei anni. Allegre bambine dai riccioli castani e gli occhi scuri. «Sono morte perché la polizia ha aspettato troppo?» insinuava più sotto l'articolo che parlava anche dell'assenza di una psicologa («sarebbe riuscita a dissuadere il padre disperato dal suo tragico gesto?») e infine analizzava il ruolo del capo delle operazioni, l'ispettore Caleb Hale: «Le sue mani sono sporche del sangue delle piccole vittime» sosteneva l'articolo e due frasi dopo dichiarava che Hale avrebbe condotto la telefonata con il padre di famiglia in maniera così offensiva e maldestra da aver causato la successiva escalation. Dell'alcol non si faceva parola. Non ancora. Caleb sapeva che le cose sarebbero potute cambiare in qualsiasi momento.

Caleb Hale e Robert Stewart non si erano più incontrati il venerdì pomeriggio, ciascuno impegnato in altre cose, Caleb, in particolare, a incassare in silenzio i rimproveri e a vedere fatta a pezzi la sua carriera. Il sabato sera, nella sua casa vuota e silenziosa, Caleb aveva l'impressione di non sopportare un'altra ora senza parlare con Robert Stewart. Doveva sapere se era stato lui a pugnalarlo così alle spalle.

Prima di uscire ascoltò i messaggi in segreteria. Nel corso del pomeriggio il telefono aveva suonato un paio di volte, ma non aveva risposto, perché non aveva voglia di parlare di quella situazione ingarbugliata. Riconobbe la voce di Kate Linville: «Salve, Caleb. Ho sentito e letto del suicidio allargato avvenuto ieri a Scarborough. Certo che la definizione suicidio allargato non è puntuale, l'uomo non si è tolto la vita. Spero che la cosa non le provochi troppi problemi». Una pausa. «Lo *Yorkshire Post* non si esprime in termini molto amichevoli. Se ha voglia di parlare, mi chiami pure a qualunque ora. Sono raggiungibile al cellulare. Devo passare un orribile fine settimana di benessere nelle Dales, regalo di commiato dei colleghi di Scotland Yard. Temo di non essere il tipo giusto per gli impacchi di fango e cose del genere. In compenso ho avuto un'accoglienza decisamente turbolenta. Di sicuro domani sarà sui giornali.» Un'altra pausa. «Allora, ci sentiamo.»

C'erano anche due messaggi della sua ex, ma Caleb non li ascoltò nemmeno, cancellandoli direttamente. Di sicuro anche lei aveva letto lo *Yorkshire Post* e gli avrebbe chiesto se durante l'operazione fosse stato sobrio. Era stato per colpa della sua dipendenza che lei l'aveva lasciato molti anni prima.

Caleb valutò brevemente se fosse il caso di richiamare Kate, ma poi decise che il confronto con Robert Stewart doveva avere la precedenza. Aveva bisogno di fare chiarezza.

Robert abitava in centro, in un piccolo appartamento al terzo piano di un palazzo situato in una via a traffico limitato parallela alla rumorosa Victoria Road. Arrivò casualmente insieme a Caleb, parcheggiarono addirittura uno dietro l'altro sul ciglio della strada. Scesero dalla macchina. Robert arrivava dall'ufficio, perché nonostante il caldo portava giacca e cravatta. A causa degli avvenimenti aveva dovuto rinunciare a un tranquillo fine settimana. Quel mattino aveva presenziato alla conferenza stampa. Il pomeriggio, come supponeva Caleb, aveva interrogato Jayden White. Aveva l'aria stanca.

Per un attimo si guardò intorno, come se cercasse una via di fuga, poi raddrizzò le spalle e alzò la testa. Non sarebbe stato possibile svignarsela. Robert Stewart era pronto ad affrontare la situazione.

«Ispettore Stewart» disse Caleb formale.

«Signore» replicò Robert.

Erano in piedi l'uno di fronte all'altro nella luce del crepuscolo. C'era odore di asfalto caldo e profumo di rose che proveniva da uno dei giardini lì accanto. L'aria sapeva anche un po' di sale e di mare. L'aroma di una serata estiva. La città era stata sconvolta da un dramma di cui tutti parlavano ma in quella tiepida atmosfera serale non se ne trovava traccia.

«Perché?» chiese Caleb dopo qualche istante di silenzio.

Robert capì a che cosa si riferiva.

«Non è più tollerabile» rispose. Poi, dopo un attimo di esitazione, aggiunse: «*Lei* non è più tollerabile».

«Secondo lei ieri ero ubriaco? E per questo non sono stato all'altezza della situazione?»

«Ho sentito dall'odore che aveva bevuto. E mi sono accorto che fisicamente non stava bene. Sudava e continuava a cercare disperatamente un po' d'ombra. Dava l'impressione di reggersi a stento sulle gambe.»

Difficile controbattere. Caleb ricordava fin troppo bene quanto avesse sofferto sotto il sole. E anche la sensazione di avere la lingua incollata al palato. Era tormentato da un malessere fisico ma, ciò nonostante, era sicuro al cento percento che le cose non sarebbero andate diversamente se non avesse bevuto. Avrebbe preso le stesse decisioni, anche se fosse stato sobrio.

«È vero, non mi sentivo bene. Ma la prego di spiegarmi quando *questo* mi avrebbe fatto commettere un errore imperdonabile. Un errore qualunque.»

«Lei non ha commesso errori, signore.»

«Ma...»

«Non ci sono ma. Non ha commesso errori. Non ha aspettato troppo a lungo ed era perfettamente legittimo stabilire dapprima un contatto telefonico, invece di fare irruzione subito nell'appartamento, date le circostanze. Il fatto che l'uomo all'improvviso abbia riattaccato e abbia perso la testa è stata una tragica svolta purtroppo imprevedibile.»

«Tuttavia ha ritenuto necessario denunciarmi per ubriachezza al soprintendente. Non riesco a capire.»

Robert fissò la punta delle sue scarpe nere perfettamente lucidate, poi alzò la testa, guardò il suo capo e sbottò: «Non era più sostenibile. Per me. L'ho sempre saputo, sempre. La bottiglia nella sua scrivania. Le bevute precipitose. Tutto l'ufficio che puzzava. Anche il suo alito. E tutte le volte dovevo fare buon viso. Fingere che non fosse niente. Ero complice di qualcosa che avrei dovuto denunciare subito. A lei non ha mai dato fastidio che coprissi qualcosa che ritenevo intollerabile. Come mi sentivo non me lo ha mai chiesto.»

Caleb trasalì sotto le accuse incalzanti di Robert. La cosa peggiore era che non poteva ribattere. Non c'era niente di assurdo o di esagerato o di tirato per i capelli in quello che diceva Robert Stewart. Lui… lo capiva.

«Non potevo…» esordì, ma Robert lo interruppe. «Certo che non poteva. L'argomento per lei non esisteva. Neppure il problema esisteva, ufficialmente. Come avrebbe potuto parlarne con me? Il tacito patto era che io non vedessi, non sentissi, non annusassi niente. Per lei era una splendida condizione.»

Caleb non avrebbe usato l'espressione *splendida condizione*. Si era sentito perennemente sotto pressione. In colpa. In balia della sua dipendenza e a volte esageratamente stressato nello sforzo di nascondere agli altri il suo stato. Ora che finalmente poteva lasciarsi andare, perché era successo: il suo superiore era stato informato e lo aveva sospeso, ora che non c'era più niente da dissimulare, si rendeva conto di quanto fosse stato stremato. Di quanto fosse stato pesante il fardello.

«La situazione di ieri è stata mostruosa per tutti noi» proseguì Robert. «Un uomo armato che perde il controllo e spara in un appartamento delle vacanze. Che chiaramente vuole mettere fine alla propria vita portando con sé la famiglia del tutto indifesa. Che alla fine uccide moglie e figlie con un colpo alla testa. In tutti gli anni di servizio mi è capitato raramente un caso così drammatico. Vedere quelle due bambine morte…»

«Lo so» disse Caleb.

Robert gli puntò addosso un dito accusatore. «E noi siamo lì fuori con un capo delle operazioni alcolizzato. Dove troviamo la forza per affrontare certe operazioni, per prendere decisioni difficili, per tenere a bada l'indignazione dei media, quando le cose degenerano come ieri? È possibile solo se ci comportiamo in maniera impeccabile almeno in servizio. Se non abbiamo niente da farci rimproverare.»

Caleb annuì lentamente. Era difficile obiettare qualcosa.

Tuttavia alla fine disse: «Avrei trovato più corretto se ne avesse parlato con me. Prima. Se mi avesse informato. Mi avesse concesso una via d'uscita. Se tutto quello che mi ha detto ora me lo avesse spiegato ieri. Come ultimo avvertimento nei miei confronti. Come possibilità».

Robert guardò oltre lui. «È un'idea che ho accarezzato fin dall'inizio» disse, «per anni. Ma non ho mai osato farlo. Lei era il mio superiore. Un'autorità che non avevo il coraggio di mettere in discussione.»

«Be', adesso la situazione è cambiata» disse Caleb. «Non sono più il suo superiore. Vedremo chi otterrà la direzione del dipartimento. Forse daranno addirittura il mio posto a lei!»

Robert Stewart cercò di assumere un'espressione indifferente, ma fu troppo precipitoso. A Caleb fu tutto chiaro.

«Ho capito. Ha già il posto. Allora ne è valsa la pena. È proprio sicuro che il pensiero di una promozione non l'abbia influenzata quando ha deciso di intervenire per salvaguardare il morale della truppa e liberarsi dell'elemento disturbatore, nella fattispecie la mia persona?»

Robert avrebbe voluto obiettare, ma Caleb non gliene diede la possibilità. Risalì in macchina, girò la chiave, accese il motore. Forse non era stato del tutto equo.

Ma anche lui aveva avuto bisogno di sfogarsi.

Forse sto diventando un po' stravagante. È una cosa che ho sempre temuto. A gennaio ho compiuto sessantacinque anni e da dodici vivo da solo. Sei mesi fa sono andato in pensione dal mio lavoro di consulente fiscale. Non avevo più voglia e ho raggiunto un'età in cui anche altri smettono. Non ho problemi economici. Non posso concedermi grandi cose, ma non sono nemmeno il tipo.

Non ho tenuto in considerazione che senza il lavoro mi sarei sentito molto più solo.

Mi mancano gli amici e un hobby. È buffo che non sia riuscito ad avvicinare a me nessuno, né a creare qualcosa che adesso possa darmi sostegno. Sono sempre stato così? Così poco socievole? Così apatico?

Da giovane no, a quanto ne so. È stata colpa di quella storia, quella terribile storia. Mi ha fatto deragliare. Né io né la mia vita siamo più stati gli stessi da allora.

A sessantacinque anni sono un uomo estremamente solo. Se mi soffermo a riflettere troppo sul bilancio della mia vita, divento malinconico. Meglio distrarmi. Ma come? Al mattino mi alzo e faccio colazione e, dopo aver lavato i piatti e spazzato la cucina, mi domando già per quale motivo mi sia alzato.

La giornata mi si spalanca davanti. Interminabile.

Non ha più alcuna struttura. L'unica persona che vedo con regolarità è la mia donna delle pulizie. Isla. Viene tutti i martedì e tira a lucido l'appartamento. È una persona semplice, ma simpatica. In realtà non mi servirebbe una donna delle pulizie, ho più che abbastanza tempo per tenere in ordine da solo l'appartamento. Ma, se licenziassi Isla, nessuno verrebbe più a trovarmi e sarebbe ancora più spaventoso.

Sono arrivato a questo punto: anelo alla presenza della donna delle pulizie.

Sono divorziato da dodici anni. Il matrimonio con Alice non ha superato la tragedia che ci ha colpiti. Spesso si dice che i colpi del destino saldano le coppie. Noi siamo l'eccezione che dimostra che non sempre è questo il caso. L'ansia, i sensi di colpa, le recriminazioni... Tutto questo ci ha consumato, entrambi, sempre di più. E ha ucciso il nostro amore. Alice non si è più fatta vedere né sentire neppure una volta dopo il divorzio. Una volta dei conoscenti mi hanno raccontato di aver sentito che vive insieme a una donna in Cornovaglia. Nessuno ha saputo dirmi se sono una coppia o soltanto due amiche. Possibile che il matrimonio con me le risultasse così difficile da indurla a rinnegare gli uomini in generale? Non lo so.

Credo di essere diventato una persona molto lamentosa. Sono convinto che la vita non mi abbia trattato bene. Forse al massimo fino ai quarant'anni. Ma poi è andato tutto a rotoli e non si è più aggiustato niente.

Ma c'è un'altra faccenda. Qualcosa che mi inquieta molto. Va avanti all'incirca da tre settimane. Mi sento osservato. Spesso, guardando la strada dalla finestra della cucina, ho visto un uomo fermo sul marciapiede di fronte. In un punto dove non c'è niente, né una fermata dell'autobus, né un posteggio di taxi, niente che giustifichi la presenza di una persona. Dapprima ho pensato che aspettasse qualcuno. Ma poi mi sono reso conto che guardava verso casa mia. Non guardava la via su e giù, come si fa quando si è in attesa di qualcuno. No, fissava la mia palazzina.

Il giorno dopo l'ho visto di nuovo. Poi è sparito per due giorni e allora ho riso di me e delle idee che mi ero fatto. Ma in seguito è ricomparso. Per più giorni di fila. Poi è sparito di nuovo, ma questa volta non mi ha lasciato respiro. Perché naturalmente è tornato. Se ne stava lì a fissare la casa.

Mi sono domandato se fosse il caso di uscire e affrontarlo, ma ci ho rinunciato. Che cosa avrei dovuto dirgli? «Perché è qui? Tiene forse d'occhio casa mia?» Temevo di rendermi ridicolo. Dopotutto non fa niente di proibito. È consentito starsene fermi a guardarsi in giro. Nessuna legge lo vieta.

Sono rimasto dov'ero. Lo tenevo d'occhio da dietro la tenda della cucina. Non l'avevo mai visto prima, ma, data la distanza, non lo distinguevo con precisione. In ogni caso la sua fisionomia, i capelli neri, l'altezza, le spalle larghe, non mi richiamavano alla memoria nessuno.

Che cosa vuole?

Probabilmente c'è una banale spiegazione.

Ne parlerò con Isla martedì prossimo. Forse a lei verrà in mente qualcosa. Come ho detto, è una persona semplice, ma ha i piedi ben saldi per terra. È sempre molto serena.

Tuttavia non conosce fino in fondo la mia vita. Per fortuna. Altrimenti non lavorerebbe più per me. Ma per lo stesso motivo non è in grado di giudicare se l'uomo fuori... se ha qualcosa a che fare con gli eventi del passato. Proprio per questo, però, avrà un effetto tranquillizzante su di me. È paradossale. Una grande illusione. Mi faccio tranquillizzare da qualcuno che non conosce i fatti. Che non mi tranquillizzerebbe se mi conoscesse.

Sono fatto così. Rigiro le cose finché vanno bene. O sembrano andar bene. È questo il motivo più profondo delle tragedie della mia vita.

Lunedì, 22 luglio

La cosa più bella dell'estate erano le mattine piene di luce. La seconda le lunghe vacanze.

Sophia Lewis, che fin da bambina era appartenuta alla categoria di chi si alza presto e viveva l'oscurità invernale come un peso utile solo a frenare il suo dinamismo, durante la stagione calda saliva in bicicletta puntuale alle sei del mattino. Faceva parte di lei, non esisteva un modo migliore per iniziare la giornata. Fare un lungo giro in bicicletta, respirare l'aria fresca, affaticare per bene il corpo, e poi tornare a casa, fare una doccia caldissima, bere una grossa tazza di caffè. Questo per lei era la quintessenza del buon vivere.

Sophia aveva trentun anni, era magra e scattante, una donna a cui piaceva fare movimento. Lo sport era il suo elisir. Era professoressa di matematica e fisica alla Graham School di Scarborough. Era molto amata dagli studenti, e molto apprezzata dai colleghi, nonostante la giovane età.

Mentre saliva in bicicletta in quella splendida mattina che preannunciava un'altra giornata calda, fu assalita da un improvviso pensiero: è bella. La mia vita è bella.

Stainton Dale era un villaggio costituito da numerose fattorie sparse su un altopiano affacciato sul mare, in mezzo a prati attraversati da recinzioni, siepi e muri a secco. C'erano boschetti, viottoli, ruscelli. Un luogo sperduto alla fine del mondo. Per Sophia semplicemente il paradiso.

Il centro del paese poteva essere considerato il piccolo ufficio postale su Prior Wath Road, all'angolo della chiesa. Ci si potevano trovare francobolli, biglietti dell'autobus e qualche genere alimentare. A poca distanza c'era una cabina telefonica rossa che fungeva anche da fermata dell'autobus, peraltro non contrassegnata.

Sophia abitava lungo Prior Wath Road, in pratica quasi in centro. Il suo giardino, pieno di fiori e meli, confinava con pascoli e campi.

Sophia salì in bici, pedalò oltre l'ufficio postale e imboccò la provinciale. Era una strada poco trafficata a quell'ora, e ancor meno durante le vacanze estive. Sophia spingeva con forza sui pedali. Faceva ancora fresco, l'aria del mare accarezzava il terreno. Lei indossava una maglietta e un paio di calzoncini da bici neri aderenti e all'inizio aveva provato un certo freddo, ma andava bene. Sapeva che ben presto le sarebbe venuto caldo.

Dopo alcuni minuti lasciò la strada e imboccò un ampio viottolo di campagna sulla destra. Il fondo era sconnesso, la bicicletta sobbalzava e ondeggiava. La strada passava davanti a una fattoria un po' nascosta in un avvallamento del terreno. Il contadino era sull'aia e osservava distrattamente le galline che razzolavano ai suoi piedi.

«Salve, Miss Lewis!» la salutò con un cenno della mano. «Come al solito spacca il minuto!»

«Del resto sono una professoressa!» rispose Sophia ricambiando il cenno. Qui la conoscevano quasi tutti. Pur essendo cresciuta in un sobborgo di Birmingham e avendo studiato a Manchester, dove aveva anche insegnato, era stata accolta a braccia aperte dopo il suo trasferimento un anno prima in quella remota località di campagna. Era benvoluta. Ed era ammirata per la sua sportività.

«È sempre in movimento!» diceva la gente.

Ed era proprio così.

Sophia entrò in un bosco. Il sentiero lì era molto stretto e in ripida salita. La ricompensa però sarebbe giunta presto perché la discesa era altrettanto ripida e poi il bosco si apriva e la strada attraversava un prato da cui si vedeva il mare. Era il punto che Sophia amava di più.

Arrancò su per la salita: sentiva molto caldo e lo sforzo le provocava una gradevole contrazione ai muscoli delle gambe. Proprio come piaceva a lei. Per l'ultimo tratto si alzò in piedi sui pedali, doveva mettercela tutta. Colpa anche del fondo irregolare, su una strada asfaltata sarebbe stato molto più semplice. Ma poi raggiunse la cresta della collina e si trovò davanti la discesa che avrebbe percorso a tutta velocità. Tutt'intorno a lei gli alberi e la pace di una mattina d'estate. Un cinguettio di uccelli, in lontananza il martellare di un picchio. Per il resto silenzio. A parte gli animali, sembrava di essere soli al mondo.

Diede un'ultima energica spinta sui pedali, poi si piegò leggermente in avanti e partì. C'erano radici e sassi, ma Sophia era così pratica del percorso da conoscerne ogni dosso, ogni ostacolo. Poteva permettersi di sfrecciare a forte velocità giù per il pendio. Su un tracciato meno noto non si sarebbe azzardata a farlo, ma lì si abbandonò completamente all'estasi della velocità. Era fantastico. Semplicemente fantastico.

Per una frazione di secondo, prima di cadere, vide il cavo teso di traverso sulla strada. Era sottile, ma riconoscibile. Inoltre i primi raggi del sole che filtravano tra le fronde lo facevano luccicare argenteo.

Troppo tardi. Non c'era più tempo per reagire. Non poteva frenare. Men che meno a quella velocità.

Sophia volò in aria. Vide sfrecciarle accanto in un ammasso confuso alberi, scorci di cielo azzurro, sole, sentiero, felci. Fece una capriola ed ebbe il tempo di pensare che forse avrebbe fatto meglio a indossare il casco. Poi si schiantò a terra. Provò un breve dolore, meno intenso di quanto avesse temuto, quasi innocuo, niente di tragico... Poi tutto si fece nero e perse i sensi.

Lo sparo non lo sentì nemmeno.

Martedì, 23 luglio

1

Mancavano ancora tre giorni al trasloco. Il camion sarebbe arrivato a prendere la roba il venerdì. Kate si guardò intorno nell'appartamento. Il fine settimana al centro benessere, per quanto i colleghi avessero avuto le migliori intenzioni, le aveva scombussolato i piani. Anche se nell'ultimo anno aveva riordinato e smistato, aveva buttato via tantissime cose e ne aveva già imballate molte altre, il grosso del lavoro avrebbe dovuto essere sbrigato il sabato e la domenica precedenti, che invece aveva trascorso sul treno per Leeds, minacciata da uno squilibrato, e poi in interminabili colloqui con la North Yorkshire Police. Come ciliegina sulla torta, si era poi ritrovata in hotel, spalmata di fango e con una maschera non meglio definita sul viso e sul punto di perdere la testa. Aveva rinunciato agli altri trattamenti compresi nel pacchetto che faceva parte del regalo di addio – c'era un limite a tutto – e si era seduta su una panchina nel parco dell'hotel con Colin tenendo la gamba ferita sollevata. Colin non aveva smesso un attimo di parlare dell'esperienza sul treno, imbastendo assurde teorie, ma era stato tutto sommato sopportabile, perché anche Kate continuava a pensarci.

«Dovremo indagare per conto nostro» aveva dichiarato infine Colin, al quale piaceva considerarsi un abile investigatore, ma Kate aveva scosso la testa.

«Il caso è sotto la giurisdizione dei colleghi di York. Ce la faranno anche senza il nostro aiuto.»

Una volta tornata a casa, aveva passato tutto il lunedì fino a sera a preparare scatoloni e al mattino si era alzata di buon'ora e aveva proseguito nell'impresa. Era a buon punto, anche se le restava molto lavoro da fare prima di venerdì. La gatta Messy era accovacciata in un ripiano vuoto della libreria e la guardava offesa. Non le piaceva per niente ciò che Kate stava facendo al loro domicilio condiviso.

«Conosci già la casa di Scarborough» le disse Kate, «e ti piaceva stare lì. Avremo molto più spazio. Ricominceremo daccapo.»

Messy miagolò piano e cominciò a lavarsi le zampe.

Sarebbe tornata nella casa dei suoi genitori, la casa della sua infanzia. Kate aveva ereditato la villetta nel quartiere di Scalby a Scarborough cinque anni prima e da allora aveva accarezzato ripetutamente l'idea di venderla. Ma in realtà non c'era mai riuscita. Alla fine l'aveva affittata a una coppia che tuttavia se n'era andata da un giorno all'altro lasciando le stanze in condizioni disastrose. In mezzo al caos era acciambellata una gattina che aveva guardato Kate con occhi disperati. Kate l'aveva presa con sé e da allora erano inseparabili.

Il suo cellulare suonò. Kate, che era inginocchiata davanti a uno scatolone, si alzò trattenendo un grido di dolore. La ferita alla gamba le dava ancora problemi. Per un istante sperò che fosse Caleb Hale, il suo nuovo capo, che si era deciso a richiamarla. Gli aveva lasciato già diversi messaggi in segreteria, ma lui non si faceva sentire. Anche stavolta non conosceva il numero sullo schermo.

«Kate Linville» rispose.

«Buongiorno, sergente Linville. Sono il sergente Jenkins della North Yorkshire Police. Sicuramente ricorderà...»

«Ma certo, sergente. Che cosa c'è?» Kate si augurava che non ci fossero ulteriori sviluppi che la coinvolgevano. Non aveva proprio tempo.

Jenkins sospirò. «Sta diventando tutto sempre più incomprensibile. Ha saputo dell'attentato compiuto ieri ai danni di una giovane donna a Stainton Dale nei pressi di Scarborough?»

«No.» Era stata così occupata con il trasloco che avrebbe ignorato persino la notizia dello scoppio di una guerra. «A Stainton Dale, dice?» Conosceva a menadito la zona. Stainton Dale era una località idilliaca. Un attentato?

«Si tratta di una professoressa che abita lì. Tutte le mattine percorre in bicicletta lo stesso tracciato. All'altezza di una discesa che probabilmente ha affrontato a notevole velocità, era stato teso un cavo d'acciaio.»

«Santo cielo!»

«Ha fatto una caduta paurosa. Adesso è ricoverata in ospedale. È viva, ma è sedata. Frattura della colonna vertebrale. Potrebbe rimanere tetraplegica, ma i medici per ora non si pronunciano.»

«È spaventoso. Potrebbe essere stato uno dei suoi studenti? Ha detto che è un'insegnante? A volte gli studenti fanno cose di una stupidità inconcepibile.»

«Anch'io indagherei in questa direzione, in circostanze normali. Ma la cosa è più complicata. Un contadino che lavorava in un campo e che l'aveva vista passare un paio di minuti prima ha sentito improvvisamente uno sparo. Si è preoccupato ed è andato a cercarla sulla strada che percorreva sempre. Per questo l'ha trovata piuttosto in fretta dopo la caduta. Forse le ha salvato la vita. Altrimenti sarebbe potuta rimanere lì per un'eternità prima che qualcuno se ne accorgesse.»

«Le hanno veramente sparato? Oltre al cavo?»

«Non ha ferite d'arma da fuoco. Ma i colleghi di Scarborough hanno trovato una pallottola. A poca distanza dalla sua testa, conficcata nel tronco di un albero. Evidentemente chi ha sparato aveva una pessima mira. Strano, perché avrebbe potuto puntarle la pistola direttamente alla tempia, dato che era svenuta. Ma la cosa veramente strana, e per la quale la sto chiamando...» Fece una pausa.

«Sì?»

«Confrontando il proiettile con quelli di sparatorie recenti, è stato chiaro fin da subito che il calibro e la marca erano gli stessi dell'arma con cui hanno sparato a Xenia Paget e a lei. L'esame balistico l'ha confermato: la pistola usata sulla donna di Stainton Dale è la stessa dell'agguato di sabato alla stazione di York.»

«Non è possibile!»

«Non ci sono dubbi.»

«Allora deve esserci un legame tra Xenia Paget e questa...»

«Sophia Lewis.»

«Sì. C'è qualcosa?»

Jenkins sospirò di nuovo. «Su richiesta del CID di Scarborough ho già parlato con Xenia Paget. Non ha mai sentito il nome Sophia

Lewis. Non conosce nessuno a Scarborough, men che meno un'insegnante. Anche il marito lo ha confermato.»

«E tra gli amici e i colleghi di Sophia Lewis? Qualcuno conosce Xenia?»

«Se ne stanno occupando gli agenti di Scarborough. Non ho ancora nessuna risposta in proposito. In ogni caso le due indagini si sovrappongono. Deve trattarsi dello stesso autore.»

Mentre Kate rifletteva, Jenkins proseguì. «Lei ha detto che a partire dall'inizio di agosto entrerà nel CID di Scarborough. L'ispettore Stewart, che dirige il caso, me lo ha confermato, e allora gli ho proposto che...»

«Un momento» lo interruppe Kate. «È l'ispettore Stewart a condurre le indagini? Non l'ispettore capo Caleb Hale?»

Jenkins esitò. «Non l'hanno informata?»

«Di che cosa?»

«L'ispettore capo Hale è momentaneamente sospeso dal servizio.»

«Per quale motivo? A causa della storia con il padre di famiglia?»

«Ufficialmente sì. Ma non solo per i tragici sviluppi della vicenda. Si dice... Ma sono soltanto voci...»

«Che voci?»

Jenkins sospirò per la terza volta. «Si dice che Hale fosse ubriaco quando ha contattato l'uomo telefonicamente. È per questo. Quindi può dire addio alla sua carriera.»

Kate era sconvolta. Era passata un'ora dalla telefonata di Jenkins ed era ancora seduta in mezzo agli scatoloni, a fissare le pareti, dove rettangoli ingrigiti indicavano i punti in cui erano stati appesi dei quadri.

Caleb Hale.

Era forse l'unico funzionario di polizia che la considerava una geniale investigatrice, che vedeva il suo potenziale, sebbene lei fosse incapace di mostrare all'esterno i propri successi e presentarsi con la sicurezza dell'abile poliziotta qual era. Fin da quando era venuta al mondo, Kate inciampava nei suoi stessi piedi, nella sua introversione, nella timidezza, nella diffidenza. Aveva contribuito in maniera decisiva alla risoluzione di diversi casi molto complessi a Scotland Yard, ma alla fine il successo era sempre stato attribuito ai colleghi, perché Kate stava sempre così in disparte che nessuno era consapevole fino in fondo di quanto fosse prezioso il suo contributo. Se riceveva un complimento dal suo superiore, reagiva in maniera così scostante che persino il suo capo alla fine si era ricreduto nel suo giudizio su di lei. Nessuno la considerava una cattiva poliziotta. Semplicemente nessuno si preoccupava di chi fosse e di quali fossero i suoi punti di forza. Era invisibile.

Tranne che per Caleb. Si era ritrovata coinvolta per caso in due delle sue indagini e aveva risolto entrambi i casi, affiancandolo, ma sempre sulla pista giusta, mentre lui si era impegolato in ipotesi sbagliate che l'avevano sviato. La maggior parte dei superiori si sarebbe ben guardata dal collaborare nuovamente con lei. Caleb Hale non l'aveva fatto. Al contrario. Non si era dato pace finché lei non aveva accettato di fare domanda di trasferimento presso il CID di Scarborough da lui diretto.

«Ho bisogno di persone di prim'ordine» aveva detto durante una delle loro conversazioni. «E lei lo è, Kate.»

E ora l'aveva fatto, aveva cambiato direzione alla sua vita, pregustando la collaborazione con Caleb Hale. E invece lui era stato sospeso. A causa del suo fatale alcolismo. Non era detto che potesse ricominciare a lavorare. Lei sapeva che dopo la cura disintossicante cinque anni prima c'era ricaduto. Aveva sempre sperato, in maniera del tutto irragionevole, che nessuno se ne fosse accorto a parte lei, ma ora si rendeva conto che era stata un'illusione idiota: lei che non lo vedeva tanto spesso ne era stata al corrente. Intorno a lui ruotavano tantissime persone con cui aveva contatti quotidiani. Primo fra tutti Robert Stewart.

Che adesso sarebbe stato il suo nuovo capo. Al posto di Caleb. Kate cercò di ricordare che tipo fosse. Aveva avuto così poco a che fare con lui, da non saperlo giudicare. Non le era sembrato antipatico, ma non lo conosceva abbastanza da valutare se sarebbero andati d'accordo. Se non altro Jenkins le aveva detto che l'ispettore Stewart la voleva coinvolgere fin da subito nel caso, dato che comunque ci avrebbe lavorato a partire da agosto.

«Visto che è ancora a Londra» le aveva detto, «l'ispettore e io abbiamo pensato che potrebbe andare a parlare con la ex vicina di casa di Xenia Paget. La donna che è andata a trovare la settimana scorsa. Ci servono più informazioni su Mrs. Paget. È possibile che nel suo passato russo ci sia qualcosa che ci ha taciuto ma che ha confidato alla sua amica. Oppure lei ha notato qualcosa di particolare durante la visita. Qualcuno di sospetto intorno a lei. Oggi avrei mandato un agente da lei, ma siccome collaboriamo insieme con Scarborough, dove lei inizierà a lavorare tra due settimane, e dato che lei è a Londra e inoltre è stata coinvolta direttamente nell'agguato in treno… È la persona più adatta.»

Kate capì che aveva ragione. Si sarebbe potuta rifiutare, non era in servizio, doveva pensare al trasloco, ma sarebbe stato un pessimo modo di iniziare la collaborazione con il pressoché sconosciuto ispettore Stewart. La prima impressione a volte condizionava in misura decisiva i rapporti successivi tra due persone.

Sospirò piano. «Dove abita questa signora?»

«Maya Price abita a Southend-on-Sea.»

«Sì, giusto. Non è a Londra, è parecchio fuori, verso la foce del Tamigi.»

«Ma per lei è comunque più vicino che da York.»

«Venerdì farò il trasloco. Sono in mezzo al caos e ho ancora mille cose da portare a termine.»

«Ci sarebbe di grande aiuto» dichiarò Jenkins, senza la minima traccia di comprensione per il suo stato nella voce.

Alla fine aveva accettato. Ma poi era rimasta troppo a lungo a fissare il muro. Aveva cercato due volte di raggiungere Caleb, ma, come nei giorni precedenti, trovava sempre la segreteria telefonica.

Alla fine si alzò furibonda, andò in camera da letto, si cambiò la tuta macchiata che indossava con un paio di jeans e una maglietta, e si mise un paio di scarpe da tennis. Di solito si vestiva in maniera più formale quando era in servizio, ma aveva già messo via tutti i vestiti, le erano rimasti a portata di mano solo jeans, due magliette e un pullover. Non poteva immaginare che le cose avrebbero preso quella piega. Uscì dall'appartamento zoppicando.

2

Maya Price abitava in una graziosa casetta bifamiliare a Southend-on-Sea, in una via fiancheggiata da numerose villette identiche a poca distanza dal fiume. I giardini erano pieni di fiori e un vento leggero agitava le foglie degli alberi. Un luogo idilliaco, a quaranta minuti da Londra. La maggior parte degli abitanti probabilmente lavorava nella capitale, ma aveva scelto di crescere lì i figli e godeva del verde, del ritmo comodo della vita, dei molti locali pittoreschi sulle rive del fiume e della vicinanza alle spiagge della costa dell'Essex.

Kate era arrivata in macchina. Parcheggiò davanti alla casa e scese. L'afa che ammantava Londra e rendeva faticoso ogni movimento qui era più sopportabile. Spirava sempre un po' di vento e l'aria sapeva di sale.

Kate aveva già riconsegnato il distintivo di Scotland Yard ma aveva ricevuto quello del CID di Scarborough e così le era possibile identificarsi. Suonò il campanello. Sperava quasi che Maya Price non fosse in casa. Sarebbe potuta tornare indietro per continuare i preparativi del trasloco pur dimostrando buona volontà.

Nel giro di un minuto, però, la porta fu aperta e una giovane donna comparve sulla soglia. Teneva in braccio un neonato e aveva l'aria provata.

«Sì?»

Kate le mostrò il distintivo. «Sergente investigativo Kate Linville, North Yorkshire Police, CID di Scarborough. Avrebbe un momento da dedicarmi? »

«North Yorkshire Police? Riguarda la storia sul treno per York? Xenia me ne ha parlato. È stato spaventoso!»

«Posso entrare?»

«Sì, prego...» Maya fece un passo indietro. «Vado a mettere a letto mio figlio. Si accomodi pure in soggiorno. Torno subito.»

Il soggiorno si trovava sul retro della casa e si affacciava sul giardino, che appariva meno curato di quelli a destra e a sinistra. L'erba era troppo alta, le aiole erano piene di erbacce, la sabbia che avrebbe dovuto riempire la cassetta al centro del prato era sparsa in giro. Sulla terrazza c'erano alcune sedie da giardino in disordine, in mezzo un tavolino con diverse candele incollate al piano e numerose formine per la sabbia. Anche il soggiorno era in disordine: giocattoli dappertutto, cuscini e coperte stropicciate sul divano, un biberon e una scodella di purè di carote sul tavolo da pranzo. La televisione era accesa. Una trasmissione di televendite, che offriva gioielli.

Maya entrò. Aveva un'aria profondamente sfinita, come Kate notò di nuovo. Capelli ispidi e fronte imperlata di sudore. «Tre figli» spiegò. «Due all'asilo, il piccolo ancora con me. Ha solo otto mesi.» Spense il televisore, arrossì leggermente. «Mi dà un sacco di problemi a mangiare. E mentre me ne sto seduta qui cercando di imboccarlo, per ore, devo guardare qualcosa alla tivù, altrimenti impazzisco.»

«È perfettamente comprensibile» la tranquillizzò Kate. Lo stress di Maya si toccava con mano. Si manifestava in ogni angolo della stanza e del giardino.

Maya liberò le sedie da tutine e giocattoli. «Si accomodi. La storia di Xenia è spaventosa. Mio Dio, chissà che paura deve aver avuto.» Fissò Kate. «Lei è la poliziotta che si è barricata insieme a Xenia nel bagno?»

«Sì, sono io.»

«Mio Dio, deve essere stato un colpo anche per lei, no? Xenia mi ha detto che è stata colpita a una gamba? Come poliziotta forse è abituata a certe cose, ma...»

«In effetti non succede tutti i giorni che mi sparino» disse Kate. «Ho avuto davvero molta paura.»

Le due donne si erano sedute a tavola, una di fronte all'altra. Maya aveva un baby phone davanti a sé. «Spero che ci lascerà tranquille per un po'. È... Un neonato lega parecchio.» Aveva gli occhi cerchiati. Kate sospettava che non dormisse molto.

«Mrs. Price, nei giorni immediatamente precedenti alla vicenda del treno, Xenia Paget era stata in visita qui da lei. Riesce a ricordare se ha notato qualcosa di insolito? Qualcosa a cui sul momento magari non ha dato peso. Una persona che avete incrociato spesso. Oppure se ha avuto la sensazione che qualcuno vi osservasse. Un particolare qualunque.»

Maya si concentrò prima di rispondere. «Mi spiace» disse infine, «ma non ho notato niente. Del resto non abbiamo fatto molte cose. Per me è difficile con i bambini. Siamo andate a camminare lungo il fiume un paio di volte. Ma più che altro siamo state qui a casa. Il tempo era splendido, ci siamo godute il sole in terrazza. Abbiamo cucinato insieme. E chiacchierato molto.»

«Suo marito non c'era?»

«Mio marito ha un ambulatorio di osteopatia qui in paese. Ma la settimana scorsa ha partecipato a un corso di aggiornamento a Brighton. Per questo ho chiamato Xenia e le ho chiesto se aveva voglia di venire. A mio marito Xenia è simpatica, non è questo il problema, ma da sole eravamo più libere di fare come ci pareva.»

«Come mai si è trasferita da Leeds, se posso chiedere?»

«Perché mio marito ha ricevuto quest'offerta di lavoro. A Leeds era un dipendente, qui è in proprio.»

«Capisco. In precedenza ha abitato a lungo accanto a Xenia e Jacob Paget?»

Maya ci pensò su. «Accanto a Xenia undici anni. Accanto a Jacob molto di più. Lei è arrivata dopo.»

«Si sono conosciuti tramite un'agenzia matrimoniale?»

«Sì, non è un segreto che Jacob aveva problemi con le donne e così gli venne l'idea di trovarne una dell'Est. Perché erano più riconoscenti, secondo lui.» Maya aveva pronunciato l'ultima frase con evidente disprezzo nella voce.

Kate la incalzò. «Non mi sembra che nutra particolare simpatia verso Jacob Paget.»

«Mi rattrista non vedere Xenia tutti i giorni. Ma per Jacob non verso nemmeno una lacrima. Figuriamoci!» rispose di slancio.

«Perché non le piace? E cosa intendeva dire prima accennando ai suoi problemi con le donne?»

«È pedante, spilorcio, non gli va mai bene niente. Cerca la lite sempre e comunque. Ha sempre da ridire, perché qualcuno fa troppo rumore o non si attiene a questa o quella norma. Non saluta mai. È possessivo, lunatico e cattivo. Ama ferire gli altri con affermazioni denigratorie.» Maya fece una pausa. «Questo è Jacob Paget. In sintesi.»

«Non è un bel ritratto» riconobbe Kate. «Spiega anche i suoi problemi con le donne.»

«Ha avuto qualche breve relazione, ma nessuna donna lo ha sopportato per più di qualche giorno. Sono scappate subito.»

«Xenia invece sta con lui da tredici anni.»

«Che cosa potrebbe fare? Lui è stato la sua unica possibilità di sottrarsi a condizioni di vita miserevoli e senza prospettive. Grazie al matrimonio ha potuto richiedere la cittadinanza britannica. Per ottenerla ha dovuto dimostrare di essere sposata con lui da parecchio tempo.»

«Questo è comprensibile» osservò Kate. «Nel frattempo però ha ottenuto la cittadinanza. Potrebbe andarsene.»

Maya si strinse nelle spalle. «Non immagina nemmeno quante volte ho cercato di convincerla. Ma per qualche motivo…»

«Sì?»

«Ho sempre l'impressione che abbia paura di lui.»

«Che abbia paura *di lui*?»

«Più che altro di ciò che potrebbe fare se lei se ne andasse. Come ho detto è molto possessivo. Tratta Xenia come una sua proprietà. Non può fare niente senza il suo permesso. Penso che darebbe in escandescenze se lei chiedesse il divorzio.»

«Hm» fece Kate. L'impressione che aveva avuto durante l'interrogatorio alla stazione di York non era sbagliata: Xenia era intimidita dal marito.

Dobbiamo assolutamente parlare con lui, si appuntò mentalmente. Forse Xenia accarezzava davvero l'idea di separarsi, ma il marito non era d'accordo. Che avesse potuto assoldare un sicario per farla fuori poteva sembrare esagerato, ma durante la sua carriera alla omicidi Kate ne aveva viste davvero di tutti i colori.

«Però le ha permesso di venire a trovarla per qualche giorno» osservò.

Maya scoppiò a ridere. «Ma è stato un vero calvario. Nelle settimane precedenti ha cancellato la visita della moglie almeno cinque volte. Xenia lo ha implorato e ha fatto del suo meglio e alla fine lui ha acconsentito a denti stretti. In realtà il giorno prima della sua partenza non era ancora sicura che sarebbe venuta.»

«Sabato mattina ha accompagnato Xenia alla stazione?»

«No. Il piccolo piangeva molto e Xenia ha detto che era meglio se restavo a casa. Ha preso il treno da qui a Londra e poi a King's Cross è salita su quello per York.»

In questo caso Maya non poteva aver notato niente di strano alla stazione.

«Il nome Sophia Lewis le dice qualcosa?» chiese.

«Sophia Lewis? No. Mai sentita. Chi è?»

«Insegna in una scuola di Scarborough e vive da quelle parti. Ieri è rimasta vittima di un attentato.»

«Oddio. È morta?»

«No, ma è rimasta gravemente ferita. È sicura che il nome non le dica niente?»

«Purtroppo no.»

«Non ricorda neppure se tra le conoscenti di Jacob Paget ce ne fosse una con questo nome?» Jacob Paget che, respinto da tutte le donne, dava la caccia spietata a tutte quelle che l'avevano deluso e, a suo parere, anche umiliato... Kate non ci credeva fino in fondo. Ma era l'unica pista che finora era uscita da quell'intricata matassa.

Maya aggrottò la fronte da quanto era concentrata. «Mi spiace molto, però non mi viene in mente proprio niente. Del resto però avevo pochissimi contatti con Jacob, soprattutto prima che arrivasse Xenia. Quindi non conosco il nome di nessuna delle donne che aveva passato una notte a casa sua.»

«Mrs. Price, Xenia le ha mai raccontato qualcosa che possa giustificare il fatto che qualcuno volesse spararle? Magari qualcosa del suo passato russo?»

«No. Niente. In Russia viveva in completa miseria, ma non è successo niente di particolare.»

«Secondo lei potrebbe esserci qualcuno che ce l'aveva con lei perché si è trasferita in Occidente e si è sposata? Magari un ex fidanzato?»

«Non mi ha mai accennato a niente del genere.»

«Molto bene.» Kate si alzò. Era delusa, perché la conversazione non aveva fornito elementi davvero utili. Se non altro adesso sapeva che il matrimonio dei Paget era tutt'altro che uno zuccherino per Xenia e che Jacob doveva essere un individuo estremamente sgradevole. Non era molto, ma sempre meglio di niente.

Porse a Maya il proprio biglietto da visita. «La prego di chiamarmi, se dovesse venirle in mente qualcosa.»

«Lo farò.» Anche Maya si alzò. Dal baby phone uscì un lieve vagito che nel giro di pochi secondi si trasformò in un pianto assordante.

«Vada pure» disse Kate. «Trovo la strada da sola.»

«Piange molto» disse Maya. «Gli altri due non erano così. È...» Fece una breve pausa, poi aggiunse con un'amarezza che nel tono rasentava quasi la collera e che colse Kate di sorpresa: «È un tabù, vero? Non traboccare di gioia come madre, non essere piena di esaltazione, amore e gratitudine. Vede, sono riconoscente di avere tre bambini sani, ma sono così stanca che non sono più me stessa.

Arranco faticosamente ogni giorno e guardo stupide trasmissioni in tivù e mi ripeto in continuazione che, per la miseria, devo essere felice, ma provo solo vuoto e...» Si interruppe e si passò una mano sugli occhi. «Le chiedo scusa. Non volevo importunarla.»

«Non mi sento affatto importunata» le assicurò Kate. Più che altro si sentiva impotente. Non aveva figli, ma aveva sempre sognato di mettere su famiglia. Di avere un marito, dei bambini, una villetta bifamiliare. Adesso aveva di fronte una donna che aveva tutte le cose che a lei erano rimaste precluse, ma sembrava tutt'altro che felice. Nel frattempo il pianto del bambino aveva raggiunto un livello insopportabile. Se era così continuamente, giorno e notte...

«D'accordo» disse Maya che aveva ritrovato un contegno. «Ora devo andare. Mi farò viva, se mi venisse in mente qualcosa.» Detto questo sparì. Kate uscì dalla villetta richiudendosi la porta alle spalle. Chissà se Maya Price avrebbe avuto il tempo e la voglia di pensare a Xenia e ai particolari della sua vita? Sembrava intrappolata in un gorgo di sovraffaticamento e usava tutte le sue forze per evitare di sprofondare.

Io però ho fatto il mio dovere, pensò Kate.

3

L'ispettore Robert Stewart era stato occupato tutta la mattina con l'interrogatorio conclusivo di Jayden White, l'uomo che aveva ucciso la moglie e le figlie ancora piccole con un colpo alla testa, e alla fine non aveva potuto fare altro che uscire all'aperto e tirare lunghe boccate di sigaretta, anche se da tempo ormai aveva deciso di smettere di fumare. Ma si sentiva contemporaneamente così teso, frustrato, sfinito, furibondo.

Jayden White non aveva fatto altro che lamentarsi, per tutto il tempo. Non soffriva per aver tolto la vita a tre persone, ce l'aveva con il destino che continuava a giocargli brutti scherzi. L'infanzia difficile, la paura del fallimento fin dai tempi della scuola, la morte precoce del padre, l'abbandono degli studi. Infine, il locale che aveva comprato chiedendo un prestito estremamente oneroso. E poi la mancanza di una clientela sufficiente.

«Le cose sono andate sempre peggio. Già le due estati scorse sono state difficili. Ma quest'anno... Lo dicono anche altre persone. Il caos della Brexit... Nessuno sa più come andranno le cose. Quegli idioti a Londra...»

Robert si era sporto in avanti. «*Gli idioti a Londra*» aveva detto scandendo le parole «non si sono barricati in un appartamento con tre persone disarmate, delle quali due ancora bambine, per poi ucciderle deliberatamente con un colpo alla tempia. Vorrei sapere, vorrei cercare di *capire* come si possa fare una cosa del genere. Come ha potuto farlo?»

Jayden si era quasi messo a piangere. «Volevo risparmiare a mia moglie e alle nostre figlie il calvario del declino. Da mesi ricevo solleciti dalla banca. Non ho più soldi. Non posso nemmeno pagare il personale del bar. Figurarsi poi pagare le rate del mutuo del nostro appartamento. E del caffè.»

«Perché ha deciso di comprare un caffè *e* un appartamento di proprietà nello stesso momento? Non è un po' troppo?»

«Perché all'inizio le cose sembravano messe bene. Pensavo di farcela. Volevo qualcosa di nostro per la famiglia. Un nido dal quale nessuno avrebbe potuto cacciarci. Poter abitare tra le quattro mura della propria casa...» La voce di Jayden si incrinò di autocommiserazione.

«E allora per risparmiare alla famiglia l'imminente bancarotta ha preferito eliminarle a sangue freddo. Lei invece voleva affrontare il disastro con virilità?»

«Volevo mettere fine anche alla mia vita. Mi deve credere. Volevo che lasciassimo tutti insieme questo luogo spaventoso, questo mondo orribile. Ma...» La voce gli mancò di nuovo, «è stato troppo difficile. Non ci sono riuscito. Non ce l'ho fatta a premere il grilletto. Volevo, volevo farlo con tutto me stesso, ma...»

«Be', posso capirla. Di sicuro è molto più facile conficcare una pallottola nella testa a due bambine indifese che rivolgerla contro di sé» disse Robert.

Jayden singhiozzò. «Ho sbagliato tutto. Tutto. Non avrei dovuto mettere al mondo quelle creature, in un mondo che sapevo già essere spietato.»

Robert non ne poteva più. Terminò l'interrogatorio. Jayden fu riportato in cella. A parte i suoi piagnistei, non aveva tirato fuori nient'altro. Si considerava una vittima, lui soltanto.

Robert buttò la cicca per terra, la schiacciò. Doveva staccarsi da quell'uomo, gli risucchiava troppe energie. Il caso era lampante, non c'era bisogno di indagare oltre. Tutto era documentato, gli atti potevano essere consegnati al pubblico ministero. Lui e sicuramente anche Caleb Hale si sarebbero dovuti presentare a testimoniare, ma per il resto le cose avrebbero seguito la strada prevista. Jayden White sarebbe finito in prigione a vita, ma questo non avrebbe cambiato le cose per la sua famiglia. Pensò ai cadaveri avvinghiati che lui e gli altri agenti avevano rinvenuto nella camera da letto dell'appartamento. Yasmin White sdraiata sopra le figlie, nel disperato tentativo di proteggerle con il proprio corpo. Nessuna di loro aveva avuto la minima possibilità.

A volte Robert capiva perché Caleb bevesse.

Tornò in ufficio. C'era Helen Bennet ad aspettarlo. Al momento erano drammaticamente sotto organico, a causa della sospensione di Caleb e del fatto che Kate Linville avrebbe iniziato a lavorare solo dal 1° agosto. E proprio adesso gli era piombata addosso quella storia di Stainton Dale. Una vicenda che si intrecciava ai drammatici fatti del sabato precedente, su un treno in arrivo alla stazione di York. Per questo doveva indagare con i colleghi di York. Forse non era poi così male, visto che al momento aveva troppi pochi uomini a disposizione.

Il sergente Helen Bennet aveva acquisito una specializzazione come psicologa, ma in quella situazione fungeva più che altro da factotum. «Ci è arrivato il rapporto del sergente Linville» riferì. «Stamattina è andata a parlare con Mrs. Maya Price, l'amica di Xenia Paget che vive a Southend-on-Sea. Purtroppo non ha ottenuto nuove informazioni. Miss Price non si sa spiegare per quale motivo qualcuno dovrebbe prendere di mira Xenia Paget, né ha mai sentito il nome Sophia Lewis in qualche modo collegato all'amica. Non sembra una pista utile.»

«Hm» fece Robert. Nemmeno lui si era aspettato granché. Nel corso della carriera aveva sviluppato un certo intuito per i casi più facili e più difficili. Questo era complesso e intricato, lo sentiva già.

«Novità da Sophia Lewis?»

Helen scosse la testa. «Ho telefonato all'ospedale. Ha ripreso conoscenza, ma non è in grado di parlare. Sospetto ictus. Può succedere con un trauma del genere. Pare che abbia colpito la regione del linguaggio. E con il passare del tempo si rafforza l'ipotesi che rimarrà tetraplegica.»

«Sopravvivrà?»

«Il dottore mi ha detto che non è più in pericolo di vita. Tuttavia non si può sapere quando ritroverà la parola. E non potrà più camminare né muovere le braccia.» Helen rabbrividì. «È spaventoso. Forse avrebbe preferito...»

«... essere morta?» Per quanto lo riguardava, Robert era sicuro di sì. «Chiunque sia stato non poteva decidere in anticipo la gravità delle lesioni.»

«Ho parlato di nuovo con il contadino che l'ha trovata» proseguì Helen. «Sophia Lewis prendeva la bicicletta tutte le mattine alla stessa ora per compiere il suo giro, molto presto, sia nel periodo scolastico che durante le vacanze. Quanto meno a partire dall'inizio della primavera e fino ad autunno inoltrato, fintanto che le condizioni di luce lo permettevano. Era puntuale come un orologio, ha detto.»

«Chi era al corrente di questa sua abitudine?»

«Molti a Stainton Dale, non solo quanti abitavano lungo il percorso. Sophia Lewis si è trasferita lì da appena un anno, ma in una comunità così ristretta un forestiero fa presto a essere notato. Sophia Lewis è benvoluta, la conoscono tutti, magari solo perché scambiano un saluto al volo. All'ospedale continuano ad arrivare fiori e biglietti indirizzati a lei.»

«Il contadino ha parlato di potenziali nemici?»

«A suo dire non c'è nessuno che non le voglia bene.»

«Non serve a niente, dobbiamo indagare nell'ambiente professionale» disse Robert. «Normalmente direi che le modalità dell'agguato con un cavo potrebbero essere ricondotte a uno studente che voleva farle uno scherzo. Un'autentica follia, ma certe volte gli adolescenti non si rendono conto di quello che fanno. Ma il colpo di pistola esula da questo scenario. Una cosa è tirare un cavo e trovare incredibilmente divertente che l'insegnante voli a testa in giù tra i cespugli. Ma sparare... è tutt'altra cosa.»

«Soprattutto» aggiunse Helen, «se la stessa pistola è stata usata qualche giorno prima contro una donna su un treno da Londra a York. Non mi sembra una faccenda da studenti.»

«Piuttosto da ex studenti. Qualcuno che ce l'ha con lei perché non lo aveva promosso alla maturità?»

«E che per questo tenta di ucciderla?» chiese Helen scettica. «E che cosa c'entrerebbe Xenia? Non è un'insegnante.»

«Tuttavia agli occhi di qualche squilibrato potrebbe essere una tessera del puzzle» disse Robert. «Faremmo un enorme passo avanti se stabilissimo un legame tra Xenia Paget e Sophia Lewis. Deve esserci un punto di contatto, nonostante le differenze tra le due donne e le loro vite.»

«Purtroppo per il momento non possiamo parlare con Sophia Lewis.»

«Ma possiamo sentire i suoi colleghi. È stata rintracciata la famiglia?»

Helen si strinse nelle spalle. «Ci sto ancora lavorando. Una vicina ha detto che il padre è ancora vivo mentre la madre è morta. Non ho avuto notizie di altri parenti per il momento.»

«Sono stati mandati degli agenti a casa sua?»

«Sì, fin da ieri. Stanno esaminando tutte le tracce. Indirizzi, dati di contatto. Ma sembra che Sophia Lewis vivesse da sola. Una persona socievole ma senza una grande cerchia familiare.»

«Un fidanzato? Un compagno? Un ex marito?»

«Nessuno ne è al corrente.» Helen gli porse un elenco. «Questi sono i nomi dei suoi colleghi a scuola. Ovvero di coloro che siamo riusciti a rintracciare perché non sono partiti per le vacanze.»

«Non sono molti» osservò Robert. Era proprio un bel casino. Anche il periodo dell'anno con la gente partita per le vacanze estive era contro di loro. «Parlerò con i colleghi. Forse qualcuno è al corrente di una storia, un episodio per il quale Sophia Lewis si è fatta dei nemici. Magari scopro qualcosa anche su altri parenti e amici. In questo momento non possiamo fare altro che raccogliere tutti gli indizi che incontriamo sul nostro cammino e sperare di trovare qualcosa che ci faccia andare avanti.»

È martedì. È venuta Isla. Non fa in tempo a entrare che già le parlo dei miei timori.

«Là fuori c'è sempre un uomo che tiene d'occhio il mio appartamento!»

Mi guarda stupita. «Un uomo?»

«Sì. Capelli neri. Alto. Se ne sta fermo sul marciapiede di fronte a guardare da questa parte.»

«Io non ho visto nessuno» dice. Va in cucina e guarda fuori dalla finestra. «Non c'è nessuno.»

«Sì, adesso.»

«Ma lei ha detto che c'è sempre!» Isla è il genere di persona che pesa ogni parola con la bilancia. Perché non riesce a capire che a volte si esagera per enfatizzare una circostanza estrema o particolare. Quando io descrivo qualcosa come «gigantesco» non lo faccio perché ha le dimensioni di un gigante, ma perché è di una grandezza insolita. E con «sempre» volevo intendere che c'è qualcuno fuori dalla finestra con una frequenza insolita. Ma non avrebbe senso provare a spiegarglielo.

«Va bene, non sempre. Ma molto spesso.»

«Adesso però no.»

Sospiro. «Sì, ma l'ho notato molto spesso. Davvero.»

Nei suoi occhi vedo lampeggiare il dubbio. Secondo lei sto troppo da solo. Ed è convinta che questo probabilmente mi renda un po' bizzarro.

«Pensavo che magari lei potesse avere un'idea su chi fosse» dico. «E perché se ne stia lì a osservarmi.»

«Come fa sapere che guarda proprio lei? Magari guarda la casa e basta.»

«Sì, però...»

«Nel palazzo vivono molte altre persone» prosegue Isla.

Ci penso su un attimo. Ha ragione, come mai non ci sono arrivato anch'io? Nel condominio ci sono sei appartamenti, tre dei quali si affacciano sulla strada, mentre gli altri tre – più belli e per me un po' troppo costosi – danno sul giardino. Quel tipo guardava davvero la finestra della mia cucina o semplicemente il palazzo in generale? Da lontano in realtà non sono riuscito a stabilirlo con precisione. Ho subito concluso che ce l'avesse con me. Forse sto diventando un po' paranoico?

«Potrebbe essere un ammiratore segreto della bella signora che abita sotto di lei» dice Isla.

È vero, qui abita una signora molto attraente e relativamente giovane dall'aria sempre un po' triste perché ha divorziato da poco e non ha ancora elaborato la separazione dal marito. Forse quello là fuori è addirittura l'ex marito? Nemmeno lui riesce a darsi pace? Sono il testimone di un caso di stalking, vivo in prima persona un dramma sentimentale?

«Sì, è possibile» riconosco.

«Visto» dice Isla condiscendente.

Non mi piace quando mi parla con quel tono bonario da infermiera o da assistente geriatrica. In maniera amichevole e un po' come se non ci stessi del tutto con la testa.

La lascio alle sue pulizie che partono dalla cucina e vado in salotto dove mi abbandono in poltrona. Dalla cucina mi giungono lo scroscio dell'acqua e il rumore delle sedie intorno al tavolo da pranzo. È così bello sapere di avere una persona vicino, sentire qualcuno che armeggia, che va su e giù con qualcosa da fare… È così quotidiano, così normale, familiare, domestico. Prima, quando c'era Alice, era così. È impossibile pensare che un tempo fossimo in quattro, addirittura in cinque, considerando anche Xenia. Quanta vita c'era intorno a me. Quanta felicità. L'abbiamo distrutta volontariamente, tutti insieme? No, è stato il destino, un incidente, uno spaventoso incidente.

Ho una paura tremenda che lo sconosciuto là fuori abbia a che fare con quell'incidente.

Mercoledì, 24 luglio

1

«Vorrei tanto sapere come hai potuto coinvolgere te e noi in questa storia!» disse contrariato Jacob Paget. Aveva appena finito una telefonata e aveva sbattuto il cellulare rabbiosamente sul tavolo. «Era quel Jenkins della North Yorkshire Police. Vuole venire di nuovo a parlare con noi.»

Xenia era in cucina a pelare le patate. Guardò il marito con aria infelice. «Non lo so nemmeno io. Non so perché sia successo.»

«Se ti sparano addosso, devi avere un'idea del perché» dichiarò Jacob, come se fosse qualcosa di ricorrente che tuttavia altre persone erano in grado di spiegarsi, invece di piombare nell'angoscia e nell'incomprensione come Xenia.

«Non lo so, Jacob.»

«Sei sicura di non aver avuto una relazione con quel tipo?» chiese Jacob guardandola con gli occhi socchiusi. «E, siccome hai troncato, lui vuole vendicarsi?»

A Xenia venne quasi da ridere. Quando e come avrebbe potuto allacciare una relazione, visto com'era tenuta sotto sorveglianza? Per fortuna riuscì a trasformare appena in tempo la risata in un colpo di tosse. A Jacob non piaceva quando qualcuno gli dava l'impressione di non prenderlo sul serio.

«In ogni caso è l'ultima volta che sei andata a trovare Maya a Southend» disse lui. «Ero contrario fin dal principio. Da quella gente non viene mai niente di buono!»

«È impossibile che sia stata Maya. Nemmeno suo marito. Non è colpa loro.»

«Non importa» ringhiò Jacob. Subito dopo aggiunse: «E quell'altra donna, su cui continuano a fare domande: Sophia Lewis. È proprio vero che non la conosci?»

«No. Lo giuro, Jacob. Non ho mai sentito il suo nome prima d'ora. Non so chi sia.»

«Hm» fece Jacob come se non credesse nemmeno a una parola. Del resto era quasi sempre così.

«Fatto sta che quel Jenkins arriverà intorno alle due e mezzo per riesaminare tutto quanto con noi. Non so che cosa pensa di ottenere, abbiamo già detto quello che sapevamo. Insomma, l'unica spiegazione è che la polizia creda che tu nasconda qualcosa.»

«Che cosa dovrei nascondere?»

«Lo sai. Lo sai benissimo» disse Jacob.

«Ti riferisci...?»

«Non fare la tonta. Non fare come se non ci avessi pensato anche tu!»

«Ma è passato tanto tempo... E ti giuro che non conoscevo quell'uomo. Non lo avevo mai visto prima.»

«Potrebbe essere cambiato. Proprio perché sono passati tanti anni.»

Lei scrollò la testa. «Gli occhi. Non erano i suoi occhi.»

Jacob si strinse nelle spalle. «Fatto sta che tutta questa seccatura è solo colpa tua.»

Sapeva che non aveva senso appellarsi alla sua compassione – era un uomo senza cuore, non sapeva neppure dove stesse di casa –, però mormorò piano «potresti essere anche riconoscente per una volta. Che sono ancora viva. Ho rischiato di morire!»

«Riconoscente? Di tutto questo casino? Polizia e tutto il resto?»

«Riconoscente che sono ancora qui.»

Lui sbuffò sprezzante. «Non sei insostituibile, Xenia. Davvero.»

Lei si sentì salire le lacrime agli occhi e le trattenne a fatica. Com'era possibile che lui riuscisse ancora a ferirla? Dopo tutti quegli anni le sarebbe dovuta crescere una bella corazza intorno al cuore per quanto riguardava il marito. Ma probabilmente dipendeva dal fatto che era la sua unica persona di riferimento. Aveva solamente lui. Per quanto la prendesse a calci, gli rimaneva attaccata come un cane all'uomo a cui appartiene e per il quale non ha alternative.

«Guardati» proseguì Jacob. «Quando ti ho conosciuta eri ancora graziosa, ma adesso sei solo grassa, ti vesti in maniera inguardabile ed è impossibile farsi vedere in giro con te senza vergognarsi.»

Xenia non riuscì più a trattenere le lacrime. «Mi sono messa a dieta.»

«Per la millesima volta? Non ha mai funzionato. Diventi sempre più grassa. Non hai la minima forza di volontà!»

«Non ho abbastanza distrazioni, Jacob, sono sempre sola. Me ne sto seduta qui. Se potessi lavorare...»

«Mangeresti allo stesso modo. Sono solo stupide scuse.»

«Ma io...»

Avanzò minaccioso verso di lei che ammutolì. «Ti ho tirato fuori dai guai, Xenia, non lo dimenticare» disse sottovoce. «E se ti lasciassi cadere precipiteresti di nuovo molto in basso.»

Lei deglutì.

Lui la fissò. «So che cosa è successo all'epoca. E tu sai che finiresti in prigione se andassi a raccontarlo. Magari potrei dirlo al sergente Jenkins oggi pomeriggio, per esempio?»

Lei lanciò un'esclamazione spaventata. Jacob sorrise beffardo. «Ma come, non hai voglia di finire in galera? Allora non provocarmi, ok? Sono quasi sicuro che il tipo del treno abbia a che fare con quella storia. Puoi ritenerti fortunata se non verrà a galla niente. La polizia scaverà e scaverà. Non provocarmi, Xenia. Altrimenti potrei lasciarmi sfuggire qualcosa oggi. Potrei dire qualcosa che non dovrei dire. È un attimo. Basta un momento di distrazione.»

«Jacob...»

«Stai attenta» disse sorridendo. «Stai molto attenta. Non farmi arrabbiare. Hai capito?»

«Sì» bisbigliò lei.

«Lo spero per te, non dimenticarlo.»

2

Sophia Lewis era una persona estremamente benvoluta, socievole, ma molto riservata per quanto riguardava le informazioni su se stessa. Era ciò che il sergente Stewart aveva constatato parlando con i suoi colleghi. Robert aveva battuto coscienziosamente l'elenco che gli aveva dato Helen: conteneva i nomi di tutti gli insegnanti della Graham School di Scarborough, quanto meno quelli che trascorrevano a casa le vacanze ed erano pertanto raggiungibili. Purtroppo non erano molti.

Robert registrò senza eccezioni incredulità e sgomento tra i colleghi di Sophia. Una giovane professoressa era scoppiata ripetutamente a piangere durante il colloquio. «La prego di scusarmi» aveva singhiozzato, «ma non riesco a smettere di pensare a Sophia da quando l'ho saputo. È terribile. Una persona così piena di vita. Per lei lo sport e il movimento erano tutto. Immaginare che forse dovrà trascorrere il resto della vita su una sedia a rotelle...»

Nessuno è in grado di immaginare una cosa del genere, pensò Robert. Finché non diventava la dura realtà per qualcuno, era impossibile figurarsi un simile destino.

Aspettò che la giovane si calmasse poi le rivolse la domanda che aveva fatto a tutti gli altri: «Sophia Lewis ha dei nemici? Magari tra gli studenti? Insegna matematica e fisica. Non sono materie che piacciono a tutti, sono molto impegnative. Ci sono studenti che attribuiscono all'insegnante il loro personale fallimento?»

Tutti avevano riflettuto su questa domanda.

«Certo, ci sono studenti del genere» aveva risposto un collega che insegnava le stesse materie, «ma nessuno arriverebbe a commettere un crimine del genere per questo.»

Era questo il punto. Il colpo di pistola. Per quanto riguardava il cavo tutti ritenevano plausibile che ci fossero studenti inclini a trovare spiritoso un simile gesto, o che addirittura pensassero che l'insegnante si meritasse di cadere rovinosamente perché aveva messo un brutto voto in pagella.

«Era qui con noi da un anno. Ma ovviamente ci sono studenti che hanno grandi difficoltà nelle sue materie. Tuttavia...»

Per tutti restava inspiegabile che qualcuno avesse tentato di spararle. Un conto era tendere un cavo sulla strada. Tutt'altro utilizzare un'arma da fuoco.

Che tra l'altro era stata usata due giorni prima già a bordo di un treno da Londra a York, pensò tetro Robert. Secondo le testimonianze rese dal sergente Linville e Xenia Paget e dagli altri viaggiatori interrogati, il colpevole era un uomo giovane, ma non più uno studente. Ovviamente poteva trattarsi di un ex studente. Ma perché avrebbe dovuto sparare a Xenia Paget, una casalinga di Leeds emigrata dalla Russia?

Robert poneva a tutti anche questa domanda. «Il nome Xenia Paget le dice qualcosa? Ha mai sentito Sophia Lewis fare riferimento a qualcuno con questo nome?»

Tutti ci pensavano su e dopo un po' scuotevano la testa. «Mai sentita. Chi sarebbe?»

Alla domanda se ci fosse un uomo nella vita di Sophia, Robert non ottenne nessuna risposta utile.

«Attualmente non c'è nessuno» disse la giovane collega emotiva. «Altrimenti non saprei. Era single.»

Robert aveva visto delle foto di Sophia. Una donna molto carina. «Però deve aver avuto degli uomini in vita sua, no?»

«Da quando si è trasferita qui, è sempre stata sola. Ma è arrivata solo l'anno scorso. Prima è probabile che abbia avuto qualcuno. Ogni tanto parlava di vecchi *amici* ma non era mai chiaro se si riferisse a legami sentimentali o semplici amicizie. Credo che sia una persona molto indipendente.»

C'era da diventar matti. Una donna che era conosciuta e apprezzata da tutti, che aveva molti contatti, ma la cui vita restava imperscrutabile. Sulla base dei documenti che gli agenti avevano rinvenuto a casa di Sophia, sapevano che aveva insegnato alla Chorlton High School di Manchester prima di trasferirsi a Scarborough. Manchester era un ambiente difficile. Interi quartieri erano in mano a gang militanti, che spadroneggiavano nelle scuole. Avrebbero dovuto indagare anche lì. E verificare se in quella città ci fosse un legame con Xenia Paget.

A mezzogiorno Robert si recò in ospedale, dove Sophia Lewis era sempre ricoverata in terapia intensiva, e chiese un colloquio con il medico che l'aveva in cura. Il dottor Dane aveva l'aria sfinita, stravolta e stressata, ma condusse Robert nel suo minuscolo studio e lo fece accomodare alla scrivania. Lui rimase invece in piedi appoggiato alla finestra.

«Dieci minuti al massimo, ispettore» disse. «Mi rincresce molto, ma qui il tempo non basta mai.»

Robert annuì. «So di seccarla. Ma abbiamo a che fare con un crimine davvero raccapricciante...»

Il dottor Dane annuì. «Ma certo. Quello che è stato fatto a questa donna è inconcepibile. La sua vita non sarà più quella di prima. Nemmeno lontanamente.»

«Il problema è che in questo momento non sappiamo in quale direzione indagare» riconobbe Robert. «Abbiamo passato al setaccio la vita di Sophia Lewis, ma non abbiamo trovato punti di riferimento. E intanto il tempo stringe. I primi giorni dopo un reato sono i più importanti e li stiamo sprecando perché non possiamo parlare con l'unica persona che potrebbe farci progredire nelle indagini. Sophia Lewis.»

«Capisco» disse il dottor Dane. «Ma Sophia Lewis non può essere interrogata. La caduta le ha provocato un ictus con conseguente afasia.»

«Sì, la mia collega me lo ha riferito. Ma come è possibile che una caduta provochi un ictus?»

«Non è affatto insolito. Il violento impatto ha causato una dissezione dell'arteria carotidea. Significa che la parete interna del vaso sanguigno si è lacerata. Il sangue così è penetrato nell'interstizio e ha dato origine a un coagulo. Sophia è stata colpita da una embolia cerebrale che ha interessato l'area del linguaggio.»

«È spaventoso.»

«Sono sicuro che prima o poi riacquisterà la parola. Invece la frattura della settima vertebra cervicale è molto più problematica.»

«La tetraplegia? È sicuro che non ci siano speranze?»

«Molto probabilmente no. Non potrà più muovere né braccia né gambe, questo è quasi sicuro.»

«Mio Dio» mormorò Robert. Provò un impulso irresistibile di allentarsi il nodo della cravatta, ma si trattenne. Non voleva fare la figura dello smidollato con questo dottore che tutti i giorni aveva a che fare con le cose spiacevoli di cui stava parlando. «Come possiamo procedere? Attualmente non esiste proprio la possibilità che possa comunicare con lei?»

«Mi rincresce doverglielo dire, ma non c'è. Non è in grado di parlare, né di scrivere, né di mandare altri segnali. I suoi parametri vitali sono critici. Non potrei autorizzare nessun interrogatorio nella situazione attuale, sotto qualunque forma.»

Robert lo capiva. Si alzò. «La ringrazio, dottore. Mi spiace aver insistito. È solo che vorrei tanto acciuffare chi l'ha ridotta in questo stato.»

«È comprensibile» disse il dottor Dane. «Anch'io sarei contento se ci riuscisse. Chiunque sia stato, non avrebbe potuto distruggere in maniera più completa la vita di un altro essere umano.»

Tranne che sparando un colpo di pistola più preciso, pensò Robert mentre usciva dall'ospedale, cosa facilissima, dal momento che lei doveva essere stata a terra svenuta. A quest'ora sarebbe stata morta. Perché il proiettile non l'aveva colpita? Si fermò nel parcheggio rovente a riflettere.

Perché il colpevole sapeva che l'avrebbe colpita più duramente condannandola a una vita su una sedia a rotelle invece di ucciderla subito?

Ma allora perché sparare?

Aveva incontrato difficoltà a sparare alla testa di qualcuno?

Se si tratta dello stesso individuo del treno, è un uomo. E in treno non aveva mostrato alcuna inibizione.

Tuttavia c'è differenza tra sparare da qualche metro di distanza oppure puntare un'arma alla tempia e poi premere il grilletto.

Robert pensò inevitabilmente alla donna e alle bambine uccise nell'appartamento al mare. Jayden White non aveva avuto problemi a sparare alla testa.

Nonostante il caldo, fu scosso da un brivido. Tutto a un tratto sentiva la mancanza del capo. In segreto continuava a chiamarlo così. Ispettore capo Caleb Hale. Il capo. Anche se adesso era lui al comando in questa inchiesta. Ma non si sentiva tale. Per qualche ragione aveva creduto che il fatto di essere in prima fila e di poter segnare il passo gli avrebbe conferito quella disinvolta sicurezza necessaria in una posizione come la sua. Invece non era così, si sentiva incerto e confuso e avrebbe dato molto per avere Caleb al suo fianco e potersi consultare con lui, come in passato. In realtà erano stati una squadra ben affiatata.

Si asciugò il sudore dalla fronte. Improvvisamente avrebbe voluto con sé anche quella Kate Linville che sarebbe entrata in servizio il 1° agosto, sebbene la conoscesse appena e la trovasse così anonima da non ricordarne neppure il viso. Non era stato lui ad assumerla, ma il capo ne aveva parlato con grande ammirazione. D'accordo, aveva risolto due casi di omicidio a Scarborough, tuttavia senza averne l'autorità e con metodi decisamente poco ortodossi. In ogni caso sarebbe diventata una sua collaboratrice e anche una collega dalle capacità discutibili sarebbe stata comunque meglio di niente. Su Helen Bennet non poteva più contare: ormai si dedicava così tanto alla psicologia che aveva perso dimestichezza con il lavoro di indagine quotidiano.

Fece un profondo respiro. Non c'era niente da fare, per il momento doveva cavarsela da solo. Tirò fuori il cellulare. Avrebbe chiamato il sergente Jenkins a York. Sapeva che quel giorno si sarebbe recato di nuovo da Xenia Paget. Doveva controllare se esistesse un legame con Manchester.

3

«Desidera?» chiese amichevole l'agente Mia Cavendish. Era quasi felice che qualcuno si fosse presentato alla stazione di polizia di Camborne. Quel giorno regnava la calma assoluta. A Londra il primo ministro aveva annunciato le sue dimissioni, ma, quali che fossero le conseguenze di tale passo, a Mia non toccavano. La Cornovaglia era intrappolata in una cappa di calura, come gran parte del paese, e c'erano in giro tantissimi turisti, ma tutto era tranquillo.

Forse faceva troppo caldo.

La donna sulla cinquantina si avvicinò esitante. «Io... ecco...»

«Per quale ragione è venuta qui?»

«Forse è ridicolo, ma la mia compagna è sparita. Da domenica.»

«Da domenica? E in che senso scomparsa?»

«È uscita da casa nostra domenica mattina. A Redruth.»

Redruth era il paese più vicino. L'agente Cavendish annuì. «Dov'era diretta?»

«Doveva andare a Barnstaple. Si era iscritta a un seminario di tre giorni. Sulle costellazioni familiari, l'autocoscienza... cose del genere.»

Dal modo in cui la donna aveva pronunciato le parole *cose del genere,* Cavendish intuì che non condivideva l'opinione della compagna in merito all'utilità dei gruppi di autocoscienza.

Prese in mano una penna. «Per prima cosa mi dica come si chiama.»

«Munroe. Constance Munroe.»

«Abita a Redruth?»

Constance Munroe le fornì l'indirizzo esatto.

«E la sua compagna?»

«Alice Coleman. Cinquantasette anni. Vive insieme a me.»

L'agente Cavendish annotò tutto con cura. «Domenica mattina Mrs. Coleman è partita per andare a Barnstaple?»

«Sì. Dopo un acceso litigio.»

«Capisco. Lei non ha una grande opinione di certi seminari?»

Constance Munroe si morse le labbra. «In tutta sincerità… no. È Alice a dedicarsi a certe cose. Non è mai a casa perché ha sempre qualcuno di questi seminari da seguire. Se sono fortunata, è organizzato relativamente vicino casa, come stavolta a Barnstaple. Ma a volte le è capitato di andare persino in Scozia, con tutto il viaggio che ne consegue. In realtà non abbiamo più una vita insieme.»

«Che professione svolge Mrs. Coleman? Immagino che abbia orari molto flessibili.»

«Ha lavorato in un laboratorio medico, ma è andata in prepensionamento due anni fa, perché non era più in condizioni fisiche di svolgere il suo lavoro. Le tremano le mani…»

«Parkinson?» domandò Mia con partecipazione.

«No, nel suo caso è un disturbo psicosomatico. Deve sapere che Alice soffre di depressione, da tantissimo tempo, ma con il passare degli anni si è aggravata sempre di più. Prende regolarmente dei farmaci per curarla, ma non servono granché.»

«Ecco spiegati i numerosi seminari per ritrovare se stessa» ragionò Mia. Sperava che Alice Coleman si fosse soltanto allontanata dopo un litigio e non avesse compiuto qualche gesto estremo. Con i soggetti depressi, purtroppo, non si poteva escludere mai del tutto.

«Lei che lavoro fa, Mrs. Munroe?» chiese.

«Insegno in una scuola per sordi a Truro. Non guadagno molto, ma mantengo entrambe. L'esigua pensione di Alice finisce tutta nei seminari e nei viaggi. Personalmente non posso più permettermi niente, perché fatico a pagare l'affitto e le spese.» Constance Munroe sembrava prossima alle lacrime. «Ma la cosa peggiore è che lei non c'è mai e io sono sempre da sola. Stavolta…»

«Sì?»

«Ecco, abbiamo litigato e lei è partita per Barnstaple. Con la mia macchina.»

«Generoso da parte sua. Date le circostanze.»

«Ecco, Alice soffre di claustrofobia sui mezzi pubblici, io non voglio sembrare meschina, anche se significa che devo prendere l'autobus per andare al lavoro. In ogni caso non ho più avuto sue notizie. In genere mi informa quando arriva. Ho pensato che fosse per via della discussione. Lunedì le ho scritto un messaggio su WhatsApp e le ho chiesto se fosse tutto a posto, ma lei non lo ha nemmeno letto. Io allora me la sono presa e non mi sono più fatta sentire. Ma oggi sarebbe dovuta tornare. Doveva partire dopo colazione. Da Barnstaple ci vogliono due ore di viaggio, al massimo tre, se c'è traffico. Per questo ero sicura di trovarla a casa quando sono uscita da scuola all'una. Invece non c'era. E nemmeno la macchina.»

«Capisco che si preoccupi, ma non è un motivo sufficiente per sporgere denuncia» disse Mia. «Forse Mrs. Coleman è rimasta a chiacchierare con qualcuno del seminario. Forse ha fatto un salto al mare. In tutta sincerità, io lo farei con questo caldo, se ne avessi il tempo!»

Constance scrollò il capo. «No. Ho appena chiamato la responsabile del seminario. Avevo trovato il numero sulla scrivania di Alice tra le sue carte. E ho scoperto che Alice non si è fatta vedere a Barnstaple neppure domenica. Non si è presentata e non ha partecipato al seminario.»

«Senza disdire?»

Constance annuì. «Senza disdire. La responsabile ha cercato più volte di contattarla telefonicamente, ma le ha risposto sempre la segreteria. Non aveva il nostro numero di casa.»

«Hm.» Questo complicava le cose. In apparenza il seminario era fondamentale per Alice Coleman, al punto che era arrivata a litigare con la sua compagna pur di partecipare. E poi invece non ci era andata? Si era recata altrove, chissà dove, senza dire niente a nessuno, e aveva fatto perdere le proprie tracce? Viceversa, a volte era proprio quello che facevano le persone dopo un violento litigio.

«Mrs. Munroe» esordì, ma Constance la interruppe. «Ho tanta paura che abbia avuto un incidente. Già domenica. Però l'avrei saputo, giusto? Ha con sé tantissimi documenti su cui c'è scritto il nostro indirizzo. E poi il cellulare con tutti i contatti, in particolare il mio. Mi avrebbero avvertito, giusto?»

«Certamente.» Mia ne era convinta. «In ogni caso prendo nota della targa. Controllerò se ci sia stato un incidente. Ma lo ritengo assai improbabile.»

Constance le dettò la targa. Aveva sempre l'aria ansiosa e preoccupata. «Se le fosse capitato qualcosa in una zona isolata? Alla macchina? E se non avesse trovato nessuno a cui chiedere aiuto?»

Mia scosse la testa. «Se fossimo nella vastità delle foreste canadesi... Ma in Cornovaglia e nel Devon oramai non sono più rimasti posti isolati. Purtroppo. Men che meno in piena stagione turistica.»

«Sì, ma allora resta solo la possibilità che sia stata vittima di un reato?»

Mia sorrise in maniera rassicurante. «A questo non penserei nemmeno. Sul serio. Avete litigato, la sua compagna era in collera. Forse ha cominciato a mettere in dubbio anche lei l'utilità dei seminari, visto che il litigio è avvenuto per questo. È andata da qualche parte a riflettere. La ritengo la spiegazione più plausibile. Ovviamente non è giusto nei suoi confronti, ma forse non se ne rende conto.»

Fece un profondo sospiro. «No, agente» disse, «non la ritengo una spiegazione plausibile. Alice soffre di gravi problemi psichici e fatica ad affrontare la vita, e certo a volte la depressione la fa diventare spietata nei confronti degli altri perché vede solo se stessa. Ma non mi terrebbe sulle spine per giorni, anche se fosse arrabbiata con me. E inoltre non terrebbe la mia macchina oltre il termine concordato, perché sa che tutto, persino fare la spesa, è molto difficile per me senza auto. Non credo che si spingerebbe a tanto.»

«Verificherò se ci sono stati incidenti» promise Mia.

Constance frugò nella borsa e consegnò a Mia una foto. «Ecco, lei è Alice.»

Mia la esaminò. Un'istantanea al mare. Il vento scompigliava i capelli che Alice Coleman portava fino alle spalle. Il sole faceva scintillare l'acqua. Alice sorrideva. Era un sorriso forzato e non sincero.

«Per il momento la tengo io» disse Mia. Non aveva la possibilità di far scattare le ricerche per una persona scomparsa. Mancava qualunque elemento che indicasse un reato.

Constance la fissava con gli occhi sgranati e impauriti. «È successo qualcosa. Ne sono sicura. Non c'è nessun'altra spiegazione. Alice non è in grado di mettersi in contatto con me, e questo significa che le è capitato qualcosa. Ne sono certa al cento percento, agente. E ho una paura tremenda!»

Venerdì, 26 luglio

La casa era tutt'altro che accogliente per il momento, ma se non altro Kate aveva rifatto il letto e appeso gli asciugamani in bagno; avrebbe potuto dormire e fare una doccia l'indomani mattina. Gran parte delle sue cose era ancora negli scatoloni ammucchiati in giro per le stanze. In salotto c'erano due divanetti, uno di fronte all'altro, con in mezzo un tavolino, e anche il televisore era collegato, ma non funzionava. Dopo qualche prova con il telecomando, Kate ci rinunciò spazientita.

La porta della cucina che dava sulla terrazza e sul giardino era aperta e faceva entrare il caldo, che si manteneva tenace sebbene fosse già sera. Però mandava via l'odore vagamente ammuffito delle stanze rimaste chiuse per mesi. Kate, le membra ancora irrigidite dallo stress del trasloco, cominciò lentamente a rilassarsi. Forse era anche effetto dello spumante che aveva bevuto insieme alla vicina di casa oltre la staccionata in segno di benvenuto. La vicina era una donna sola, a volte un po' ficcanaso, la cui attenta vigilanza era stata utile a Kate in più di un'occasione: era stata lei a scoprire che gli inquilini di Kate se n'erano andati dopo aver devastato la casa. Ed era stata sempre la vicina a trovare il padre di Kate cinque anni prima. Era stato ucciso in casa sua nel cuore della notte.

«Ancora qualche giorno e poi sarà tutto più accogliente» disse Kate a voce alta. Era una consolazione verso se stessa. Perché l'aspetto più triste di questo trasloco e di questo nuovo inizio era che lei continuava a essere sola. Come sempre ci sarebbe stato solo uno spazzolino sulla mensolina del bagno e come prima avrebbe lavato solo il proprio bucato. Le sarebbe piaciuto discutere su chi dovesse portare fuori la spazzatura, se ci fosse stato qualcuno con cui farlo. Aveva quarantaquattro anni e nessuna relazione di lunga durata alle spalle. Ormai temeva di aver perso definitivamente quel treno.

Gettò un'occhiata in giardino: Messy era acciambellata sul prato a godersi il sole del tramonto e sembrava perfettamente a proprio agio. Almeno lei. Kate cominciò a svuotare il primo scatolone della cucina. La macchina per il caffè era già sulla credenza ma per il mattino dopo le serviva una tazza, un cucchiaio e la zuccheriera.

Suonarono alla porta.

Doveva essere di nuovo la vicina, pensò con una punta di irritazione. Era una donna simpatica e premurosa, ma Kate intuiva già che avrebbe dovuto fissare paletti ben chiari, se non voleva essere monopolizzata da lei.

Andò ad aprire. Sulla porta c'era Caleb Hale con due cartoni di pizza.

«Ho pensato che potesse aver fame dopo questa giornata» disse.

Gli sorrise e spalancò la porta. «Mi ha letto nel pensiero» rispose.

Si accomodarono in terrazza, mangiarono la pizza direttamente dai cartoni insieme a una bottiglia di vino rosso che Kate aveva portato da Londra. In passato non aveva mai offerto dell'alcol a Caleb, conoscendo il suo problema, ma senza parlare questa volta erano giunti a una tacita conclusione: non c'era più bisogno di fingere a questo punto.

«Entrerà in servizio da noi il prossimo giovedì?» domandò Caleb dopo che erano rimasti seduti per un po' in silenzio. Kate si era accorta di avere più fame di quanto immaginasse.

Scosse la testa. «Ufficialmente avrebbe dovuto essere così, ma ho deciso di cominciare lunedì. Sono già coinvolta nel caso in corso e presumo che l'ispettore Stewart abbia bisogno di tutto l'aiuto possibile.»

Caleb annuì. «È vero. Le bacerà i piedi, Kate. Il sergente Helen Bennet mi tiene al corrente – che rimanga tra noi, la prego – e ha detto che Stewart sta annaspando. Carenza di organico.»

«Caleb, vorrei...» esordì Kate, ma lui la fermò con un gesto. «Lo so. Sono un cretino. Anch'io avrei voluto che le cose andassero diversamente. Molto diversamente.»

«Chi l'ha denunciata al soprintendente?»

«Stewart. A quanto ha detto perché la situazione per lui era diventata insostenibile.»

«Difficile dargli completamente torto.»

«Infatti. Ma avrei trovato più corretto che ne avesse parlato prima con me.»

Lei non rispose. Capiva la sua amarezza. La sua sensazione di essere stato tradito da una persona di cui si fidava.

«Non ho commesso nessun errore di rilievo, Kate. Nella questione del tipo che ha ammazzato la famiglia. Ho ripercorso più volte la situazione, ogni singolo istante, da sobrio. Non trovo nessun punto in cui avrei agito diversamente. In cui avrei *potuto* agire diversamente» dichiarò lui a un certo punto con enfasi.

Kate annuì. «Dopo tutto quello che ho letto del caso, sono d'accordo.»

Lui la guardò disperato e aggiunse con un filo di voce: «Eppure, in certi momenti... Vede, non biascicavo, non barcollavo e non vedevo doppio. Soffrivo per il caldo e per il fatto che non ci fosse un filo d'ombra, e di sicuro l'intensità del mio malessere era dovuta anche all'alcol che avevo in corpo. Ma avevo la mente lucida. Mi domando però...»

«Che cosa?»

«Quando gli ho parlato. Quando ho parlato con Jayden White. Al telefono. Possibile che abbia commesso l'errore decisivo accennando direttamente al suo problema? La storia con i soldi. Ho cercato di incoraggiarlo, ma è stato quello il momento in cui ha riattaccato. Quando ho nominato i soldi.»

«Lo avrei fatto anch'io, Caleb. Persino Helen Bennet avrebbe usato la stessa tattica e lei ha studiato certe cose. L'unica chance di indurlo a fare marcia indietro era toglierlo dal panico e dalla sensazione di non avere via d'uscita. Bisognava tentare di fargli capire che esistevano altre possibilità per uscire dalla sua situazione disperata, diverse da sparare alla famiglia e a se stesso. Per questo gliene ha dovuto parlare. Non c'era altra soluzione, Caleb.»

«Lo so. Ma se fossi stato sobrio sarei riuscito a cogliere segnali più sottili? In una situazione del genere un buon intermediario sa quando toccare un tema e quando è meglio lasciarlo per allentare la tensione. Deve essere sensibile a cambiamenti impercettibili dell'atmosfera. Non so se, senza alcol, avrei intuito che Jayden era in uno stato crescente di stress, Kate. Se avrei intuito che avrebbe chiuso il contatto e avrebbe perso del tutto la testa. Forse c'erano dei segnali. Forse avrei potuto reagire, se li avessi colti.»

Era difficile obiettare qualcosa. Kate sapeva che lui aveva ragione: forse non era stato abbastanza lucido da riconoscere l'imminente catastrofe per poterla evitare. Ma era anche possibile che non ci fossero stati segnali, che la storia avrebbe avuto la stessa tragica fine, chiunque fosse stato l'intermediario di White. Era impossibile valutare oggettivamente la situazione a posteriori, ogni ragionamento era pura speculazione. L'aspetto negativo per Caleb era che il tasso alcolico nel suo organismo lo condannava. Bastava quello. Nessuno doveva più darsi la pena di evidenziare altri fattori o presentare riflessioni più complesse.

L'ispettore capo investigativo Caleb Hale aveva fallito.

Questo era quanto.

«Caleb, io...» provò a dire, ma lui la interruppe di nuovo.

«No, Kate. So che vuole consolarmi, ma sa benissimo quanto me che non c'è più niente da fare. Non deve lambiccarsi il cervello alla ricerca di qualcosa che mi scagioni, perché non c'è. Lo sappiamo entrambi. Le chiedo scusa. Dovevo sfogarmi. Ma adesso parliamo del nuovo caso. So che ha corso un enorme rischio in treno. Sono davvero felicissimo che sia ancora viva.»

Lei accolse riconoscente quel cambio di argomento. «Lo sono anch'io. Tirare le cuoia nel bagno di un treno non era proprio tra le mie aspirazioni. Ma è un caso bizzarro, non trova? Soprattutto alla luce dell'attentato a quella professoressa di Stainton Dale.»

Lui la scrutò interessato. «Quali sono le sue valutazioni?»

«È al corrente della situazione?»

Lui annuì. «Come le ho detto Helen mi tiene sempre informato. Ovviamente non so se lei abbia voglia di parlare con me di tutti i dettagli.»

Lei scoppiò a ridere. «Perché no? I ruoli si sono ribaltati, giusto? Io indago ufficialmente e lei assiste da bordo campo.»

Si riferiva agli altri due casi che aveva risolto a Scarborough. Caleb era stato l'inquirente ufficiale, lei si era immischiata senza alcuna legittimazione.

Rise anche lui. «Però lei sembra più accondiscendente di me. Me ne parla. Io ero piuttosto scostante.»

«Non sempre. A volte parlava con me.» Fece una pausa di riflessione. «In tutta sincerità brancolo ancora nel buio» gli confidò. «Ho parlato con l'amica di Xenia, quella da cui era stata prima di prendere il treno. Nemmeno lei si spiega quale possa essere il motivo dell'aggressione, né ha notato niente di strano durante il soggiorno di Xenia. Tuttavia mi ha confermato che Xenia ha un matrimonio molto infelice con un despota lunatico, ma che ha delle remore a divorziare. Secondo l'amica ha paura di qualcosa. Però non ha saputo dirmi se sia la comprensibile paura di fronte a un passo così difficile, oppure se ci sia dietro qualcos'altro.»

«Forse ha paura di ritrovarsi a vivere in un paese straniero essendo russa?»

«Xenia parla perfettamente inglese, tiene addirittura corsi per stranieri. Se la caverebbe senza problemi, probabilmente meglio che con quest'uomo che la tiranneggia e la condiziona.»

«Proprio il fatto di essere sempre stata sottomessa potrebbe spiegare la sua paura della libertà. È un fenomeno ricorrente tra le persone che vivono in un clima di terrore. La loro autostima è pari a zero.»

«Può darsi. Credo tuttavia che ci sia dell'altro. Xenia ci nasconde qualcosa che potrebbe essere importante. Ma non è detto che abbia a che fare necessariamente con il marito.»

«E con Sophia Lewis?»

«Sia lei che il marito hanno dichiarato di non conoscerla, di non aver mai sentito il suo nome. Jenkins ha detto che gli sono sembrati sinceri. Ci siamo sentiti ieri per telefono. Ha cercato di scoprire se ci fosse un legame tra Xenia o il marito con Manchester, dove Sophia Lewis ha vissuto e ha insegnato per parecchio tempo. Niente da fare. Nessuno dei due ci è mai stato e non conoscono nessuno di Manchester.»

«O così sostengono.»

«Con tale riserva ovviamente è tutto da vedere: non sappiamo se dicano la verità.»

«Per quanto riguarda Xenia Paget, non è sincera su tutto, se dobbiamo dar retta al suo istinto.»

«Sì.»

«Ha visto l'uomo sul treno. Saprebbe riconoscerlo?»

Lei si strinse nelle spalle. «Non saprei. È successo tutto così in fretta. L'ho visto solo di sfuggita. Temo che non lo riconoscerei. Però c'è il suo identikit. Xenia lo ha descritto bene, perché era stato seduto di fronte a lei. La foto è stata pubblicata su diversi giornali locali. Come sempre sono arrivate numerose segnalazioni, ma niente di utile a quanto pare.»

«Come procederà adesso, Kate?»

«Vorrei farmi un'idea di Jacob Paget, perciò andrò a trovare lui e Xenia. Ma prima di tutto voglio scavare nella vita di Sophia Lewis. È molto difficile, dato che non può essere interrogata, ma deve esserci un punto di contatto con Xenia Paget, e quando lo troverò probabilmente avrò anche il colpevole.»

«Qualche supposizione?»

Lei scosse la testa. «No, niente. Inoltre c'è una cosa che non riesco proprio a capire: perché l'uomo non ha sparato a Sophia Lewis? Sarebbe stato così semplice. Invece ha sbagliato mira. Come mai? In treno ha sparato con molta precisione e ripetutamente su Xenia, sembrava privo di qualunque remora. Perché non ha fatto lo stesso con Sophia Lewis?»

«Perché era troppo vicino? Un colpo alla testa... non è cosa da tutti.»

«Può darsi. Il fatto è...» Esitò.

«Sono preoccupata» riprese poi. «Ci sono state due aggressioni ai danni di due donne. In entrambi i casi il colpevole non ha ottenuto lo scopo desiderato. Entrambe le donne sono ancora vive. Potrebbero rappresentare un pericolo per l'autore del gesto. Xenia Paget quando si deciderà a raccontare ciò che finora ha taciuto. E Sophia Lewis quando sarà di nuovo in grado di comunicare.»

«Secondo lei dunque ci riproverà?»

«Insomma, non può fare altro. Per la sua sicurezza.»

«Bisogna assegnare un agente di sorveglianza a Sophia Lewis in ospedale» disse Caleb. «È del tutto indifesa.»

Kate annuì. «Ho già parlato con Stewart. Metteranno qualcuno fuori dalla sua porta. Immagini quanto ha sbuffato, vista la mancanza di personale. È impossibile organizzare un servizio di sorveglianza continuo anche per Xenia, ma Jenkins ha ordinato che una pattuglia passi ogni ora davanti a casa sua. Inoltre l'ha invitata a essere prudente. Ma sappiamo entrambi...»

«... che un assassino determinato raggiunge sempre il suo obiettivo» concluse Caleb. «L'unica speranza è che riesca a prenderlo in fretta, Kate.»

Lei sospirò. Era una serata tiepida e dorata, era bello essere a casa, era bello essere in compagnia di Caleb. Avrebbe potuto essere uno dei rari momenti nei quali tutta la sua vita le sembrava bella, nonostante la consapevolezza che si trattava solo di un *momento* e non di uno stato duraturo. Invece non era rilassata, a dispetto della piacevole serata. Aveva paura.

«Se solo avessi un appiglio da cui partire» disse.

Febbraio 2001

C'era qualcosa che non andava nel bambino. Lo notammo subito entrambi, Alice e io. Aveva tre anni, ma era minuto per la sua età. La testa sembrava particolarmente piccola, anche in rapporto al fisico esile. I suoi occhi erano... per esprimersi con prudenza: svagati. C'era qualcosa di non chiaro nel suo sguardo.

«Forse è solo perché gli occhi sono un pochino obliqui» mormorò Alice, «un taglio asiatico.»

«Sì, ma non credo che sia per la forma» bisbigliai. «Ha un'espressione assente.»

Dovevamo essere prudenti, anche se ci trovavamo nel bel mezzo della Russia e le persone che erano insieme a noi nella stanzetta surriscaldata non parlavano inglese, a quanto ne sapevamo. Ma dietro di noi c'era l'interprete. Sapeva molto bene l'inglese e ci capiva anche quando parlavamo molto in fretta.

«Ma, visto come vivono qui i bambini...» Alice lanciò un'occhiata al soffitto basso e ammuffito negli angoli. «È un po' stordito. E poi per lui siamo dei perfetti estranei.»

Successivamente ci confessammo a vicenda di aver avuto una brutta sensazione, ma che avevamo cercato in tutti i modi di minimizzarla sul nascere.

«Il piccolo Sacha è semplicemente incantevole» disse Tatjana, l'interprete. «A mio parere un bambino particolarmente grazioso.»

Grazioso lo era. Capelli scuri, occhi scuri, un incarnato leggermente olivastro. Avrebbe potuto essere italiano, o spagnolo, se non fosse stato per gli occhi a mandorla. Probabilmente aveva dei mongoli tra i suoi antenati. Eravamo a Slobodskoj, milleduecento chilometri a nord-ovest di Mosca, non così distanti dagli Urali. Era il confine tra il continente europeo e quello asiatico. Negli ultimi giorni c'era capitato spesso di vedere per strada persone con gli stessi occhi a mandorla del nostro futuro figlio.

Che lo sarebbe diventato se avessimo detto di sì.

Nei cinque anni precedenti le avevamo provate tutte. Avevamo cercato di avere un bambino con i metodi tradizionali. Avevamo provato la fecondazione in vitro. Poi la donazione di spermatozoi. La donazione di ovociti. La donazione di embrioni. All'epoca abitavamo in un paese nei pressi di Nottingham, in una vecchia casa di campagna che Alice aveva ereditato dai genitori, a non molta distanza da Cambridge e Bourn Hall, la clinica della fertilità annessa all'ospedale universitario di Cambridge. Era diventata quasi una seconda casa per noi. Conoscevamo bene quasi tutte le infermiere e i medici. Ci volevano bene. Tutti partecipavano alla nostra sofferenza quando l'ennesimo tentativo falliva.

Due anni prima, un gelido mattino di gennaio, con i fiocchi di neve che turbinavano fuori dalla finestra della nostra camera, Alice aveva detto all'improvviso: «Non ne posso più, Oliver. Non ne posso più».

All'epoca si stava sottoponendo a una nuova cura di ormoni per un altro prelievo di ovociti, forse l'undicesimo o il dodicesimo. Il suo corpo tratteneva acqua, aveva le gambe gonfie e l'addome sporgente, che paradossalmente sembrava quello di una donna incinta. Gli ormoni rendevano più denso il sangue, doveva bere sei litri d'acqua al giorno per abbassare il rischio di trombosi. Quando si alzava dal letto, gemeva di dolore. Io da tempo mi chiedevo come facesse a sopportare tutto questo. Ogni volta daccapo. Per avere sempre una delusione alla fine.

«D'accordo, amore mio» dissi. Mi sdraiai sul letto accanto a lei, e per un po' restammo in silenzio a guardare i fiocchi di neve. «È una decisione giusta. Il tuo corpo ha fatto abbastanza. Dobbiamo darci un taglio.»

Lei scoppiò a piangere. «Ma io voglio un bambino.»

Sospirai. «Ma non ci riusciamo. Forse è giusto accettare il destino a un certo punto.»

«Potremmo adottarlo.»

Ne aveva parlato già spesso. Io avevo reagito in maniera molto evasiva. Una procedura infinita, costosa, e noi avevamo già contratto dei debiti per pagare i numerosi tentativi di inseminazione artificiale. E poi chissà con chi o cosa ci si ritrovava tra le mani al termine di una richiesta di adozione? Parliamo di bambini, lo so, non di automobili da comprare o di immobili. Ma, santo cielo, era proprio per questo che avevo paura. Da dove proveniva il bambino, che cosa aveva vissuto? Qual era la sua storia e quali conseguenze poteva aver avuto a livello psichico? Oramai avevo quarantacinque anni, otto più di Alice. Non eravamo più giovanissimi, quanto meno io. Non ci avrebbero mai dato un neonato, bensì un bambino piccolo. Probabilmente neppure in Inghilterra, bensì all'estero. Un bambino su cui ci sarebbero state date informazioni, ovviamente. Che tuttavia potevano non corrispondere alla verità.

Era un rischio.

La conclusione fu che nel febbraio 2001 eravamo a Slobodskoj, in quello squallido orfanotrofio che mi ricordava i romanzi di Charles Dickens, e davanti a noi c'era questo bambino minuto e magrissimo con la testa strana che ci fissava con uno sguardo velato. Il suo nome era stato pescato a caso alla banca dati di Mosca dalla montagna dei settecentomila fascicoli di bambini adottabili ogni anno e ci era stato presentato come proposta, dopo che, al termine di procedure apparentemente infinite, eravamo stati dichiarati idonei e inseriti nel programma di adozione. Come immaginavamo, ci avevano spiegato che il numero di bambini inglesi da adottare era esiguo e che venivano privilegiati genitori più giovani, e che pertanto avremmo dovuto aspettare un'eternità con un esito incerto.

Per questo la Russia. Slobodskoj. Sacha.

Dovemmo firmare subito la richiesta di adozione, direttamente in quella stanza, senza la possibilità di confrontarci in privato. Avremmo comunque avuto la possibilità di ritirare la domanda, ci assicurarono.

Quella sera in camera d'albergo finalmente potemmo parlare in libertà.

«Quel bambino ha qualcosa che non va» dissi. «Non so che cosa.»

«A me sembra che abbia un ritardo dello sviluppo» disse Alice. «Forse non ricevono un'alimentazione corretta. Ma è qualcosa che si può superare.»

«Non credo che i bambini mangino male. Gli altri sembravano tutti abbastanza normali» obiettai.

«Ma lui è stato abbandonato da piccolo. È una conseguenza» insistette testarda Alice.

Di Sacha sapevamo che era figlio di una prostituta diciassettenne che non era stata attenta ed era stata ingravidata da un cliente. Per un anno aveva cercato di tenerlo con sé arrangiandosi alla meno peggio, ma a un certo punto i servizi sociali erano venuti a conoscenza della cosa ed erano intervenuti. Sacha era stato malnutrito e aveva un ritardo nello sviluppo, stava scritto nel rapporto che ci avevano presentato in traduzione. Non aveva le stesse capacità di un bambino di un anno e questo indicava che nessuno si era occupato di lui. Alla fine era stato sottratto alla custodia della madre, la quale si era dichiarata favorevole all'adozione, con grande sollievo, come ci aveva detto l'interprete. Se ci fosse stato affidato Sacha, era poco probabile che lei potesse impugnare la decisione prima che fosse convalidata in maniera definitiva. La questione era abbastanza definita: eravamo quasi al traguardo della nostra ricerca. Avremmo avuto un bambino.

Sapevamo anche di poter rifiutare Sacha e in quel caso ci sarebbe stato proposto un altro bambino. La cosa non avrebbe avuto conseguenze negative, tutti erano coscienti che era meglio indicare subito i problemi piuttosto che tormentarsi negli anni successivi in una famiglia disfunzionale. Ma chi poteva prevederlo con sicurezza? E inoltre sarebbe passato del tempo prima che arrivasse un'altra proposta. Spesso le adozioni subivano dei blocchi. La Russia era spietata quando sorgevano problemi in uno dei paesi d'arrivo. Bastava, per esempio, che i genitori non consegnassero i verbali di controllo richiesti dal contratto nei primi tre anni. Nessuno poteva andare a chiedere conto della cosa naturalmente, ma era possibile rendere la vita difficile a quanti erano ancora nelle liste d'attesa. Era un mezzo di pressione. Forse comprensibile. Ma in effetti spingeva le persone a prendere ciò che veniva loro offerto e a concludere velocemente il procedimento, anche in presenza di campanelli d'allarme.

Nella mia testa sentivo una distesa di campane e anche Alice. Ma eravamo esausti e sfiniti. Per arrivare in quella località avevamo fatto tantissima strada, ben al di là delle nostre forze. Non avevamo più energie. Volevamo lasciarci alle spalle la lotta e cominciare a vivere, come una famiglia.

Nel luglio 2001 Sacha ci fu assegnato da un tribunale russo. Due settimane più tardi la decisione fu ratificata in maniera definitiva.

Tornammo in Inghilterra con nostro figlio sperando per il meglio.

Lunedì, 29 luglio

1

La casa dove abitava Sophia Lewis era silenziosa e pacifica sotto il sole del mattino e nessuno avrebbe mai indovinato che l'inquilina era stata oggetto di un feroce agguato giusto una settimana prima. Di fronte alla casetta di mattoni con il tetto spiovente in mezzo al giardino pieno di fiori, chiunque avrebbe immaginato che fosse abitata da persone felici, la cui vita era priva di ombre o di minacce.

«Invece doveva esserci qualcosa» pensò Kate, mentre si dirigeva verso la porta passando sotto i rami frondosi di alcuni vecchi meli. «Ciò che è accaduto a Sophia non succede alle persone prive di lati oscuri nella vita. Nella sua biografia deve esserci qualcosa che ha condotto a questo sciagurato destino, che d'ora in avanti determinerà la sua esistenza.»

L'ispettore Stewart le aveva consegnato la chiave, sollevato di vederla entrare in servizio con tre giorni di anticipo sulla data prevista.

«Grazie, sergente» le aveva detto. «Lo apprezzo tantissimo. In questo momento abbiamo bisogno di tutti.»

«Si figuri» aveva risposto Kate. Non aveva accennato al suo problema: la vita da single, la perenne sensazione di solitudine, il fatto di non sentirsi legata a nessuno. Nel corso degli anni per lei il lavoro era diventato il modo migliore per anestetizzarsi. Avrebbe potuto svuotare gli scatoloni del trasloco un poco alla volta. Non c'era nessuna fretta.

Robert non aveva capito bene perché Kate volesse dare un'altra occhiata a casa di Sophia Lewis. «I nostri agenti hanno già controllato dappertutto» le aveva detto e lei aveva avuto la sensazione che se la situazione fosse stata diversa le avrebbe assegnato un altro compito, liquidando sbrigativamente la sua richiesta come assurda. Ma lei si era presentata volontariamente in anticipo, faceva più di quanto le fosse richiesto e lui aveva bisogno di lei. Aveva acconsentito con evidente contrarietà.

Kate non si aspettava di trovare qualcosa di eclatante. Voleva farsi un'idea della personalità di Sophia. Ma tenne per sé questo pensiero, dato che avrebbe suscitato solo un'altra scrollata di testa da parte di Robert.

Aprì la porta ed entrò nell'ingresso piastrellato sul cui lato destro c'era un guardaroba. Sotto erano allineate numerose paia di scarpe, soprattutto sportive. Dall'ingresso si accedeva direttamente nel grande soggiorno con cucina a vista. Un ambiente accogliente, come notò subito Kate, divani chiari con cuscini colorati, una stuoia neutra sul pavimento, un vecchio tavolo da pranzo in legno con una serie di sedie scompagnate, anch'esse corredate di cuscini colorati. La cucina era moderna e pulita, dotata di molti apparecchi che denotavano passione e talento. Sul bancone che delimitava la zona giorno c'era una macchina da caffè automatica di ottimo livello, che doveva essere costata un patrimonio. Kate avvertì all'improvviso una voglia irrefrenabile di una tazza di caffè nero, ma si trattenne. Non poteva certo servirsi da sola in casa di Sophie.

L'appartamento era composto da altre due stanze: la camera da letto e un bagno. Il bagno aveva piastrelle color pesca e una dotazione spartana di articoli cosmetici: sul bordo della vasca c'erano un flacone di shampoo e un bagno doccia. Sulla mensolina sotto lo specchio un bricco verde che conteneva un kajal spuntato e un mascara. Sulla parte anteriore del contenitore c'era la foto di una band che Kate non conosceva. Il manico del bricco era pezzato. Accanto c'era un tubetto di crema per il viso. Nient'altro. In un armadietto di legno sotto la finestra, accanto alla lavatrice, Kate trovò un mucchio di asciugamani. Niente accessori per la cura della persona. Si capiva che Sophia era una donna sportiva, che metteva la forma fisica sopra a tutto il resto. Truccarsi decisamente non era tra i suoi hobby. Nemmeno i profumi erano tra le sue passioni, né i prodotti antietà e neppure altri ausili per migliorare l'aspetto esteriore. Optava per l'aria aperta e il movimento fisico.

Tale immagine si rafforzò in camera da letto. Un letto, un armadio, una scrivania. Nell'armadio quasi esclusivamente capi sportivi, tute, calzoni da bicicletta, top aderenti, felpe. E poi anche jeans, un paio di gonne, camicie, pullover. Tutte cose che Sophia indossava a scuola. In basso nell'armadio diverse paia di sandali e di scarpe col tacco in vari colori.

Sulla scrivania c'erano diversi mucchi di documenti, quaderni, libri sia sopra che sotto il piano. Il computer era stato prelevato dalla polizia per essere analizzato. Kate diede un'occhiata in giro senza scoprire niente di rilevante per il caso. Si trattava di manuali di fisica o di matematica o dispense. Appunti per la preparazione delle lezioni. Compiti in classe. Quaderni con compiti corretti ma piuttosto vecchi. Kate li esaminò con più attenzione, perché voleva scoprire se da qualche parte ci fossero brutti voti o giudizi negativi. Si trattava però di esercizi corretti senza una valutazione. Le annotazioni scritte da Sophia a margine erano incoraggianti, positive e lusinghiere. Kate pensò improvvisamente che doveva essere una donna molto simpatica, seria e appassionata. E che le sarebbe piaciuto avere avuto un'insegnante di matematica come lei. Non era stata una delle sue materie preferite.

Aprì qualche cassetto, frugò qua e là ma non trovò niente che potesse darle ulteriori informazioni. Si capiva che Sophia non era il genere di persona che custodiva il passato in forma di documenti, certificati, vecchie foto, lettere. Si era trasferita a Stainton Dale da Manchester un anno prima e aveva utilizzato il trasloco, come fanno molti, per liberarsi di tutto il superfluo. A guardare la casa sembrava che la sua vita fosse iniziata in questo luogo, come se prima non ci fosse stato nient'altro. Kate si domandò se Sophia avesse avuto delle ragioni specifiche per chiudere in maniera così radicale con il passato. Oppure se era semplicemente una persona che amava l'ordine e aveva un approccio minimalista alla vita quotidiana.

Sussultò quando sentì qualcuno bussare alla finestra accanto alla scrivania. Un uomo guardava dentro la stanza. Con la bocca formò una frase che sembrava dire «Chi è lei, che cosa ci fa qui?»

Kate tirò fuori il distintivo e l'appoggiò al vetro. L'uomo parve ancora più stupito di prima. Indicò con un gesto che sarebbe andato alla porta e Kate annuì. Tornò nell'ingresso e aprì.

«La polizia?» domandò l'individuo che le stava davanti. Doveva avere una quarantina d'anni. Portava jeans, una maglietta nera e scarpe sportive decisamente sporche. Sembrava inquieto. «È successo qualcosa? Dov'è Sophia?»

«Lei è…?»

«Nicholas. Nick.» Poi sembrò ricordare che aveva anche un cognome e aggiunse «Gelbero».

«Kate Linville, sergente investigativo, North Yorkshire Police. È un conoscente di Sophia Lewis?»

«Sono un suo amico stretto. Avevamo appuntamento per oggi. Ho bussato ma nessuno mi ha aperto. Che cosa è successo?»

La camera da letto dava sul retro, per questo Kate non aveva sentito. «Prima si accomodi, per favore» gli disse.

Qualche minuto più tardi erano seduti al tavolo da pranzo di Sophia e Kate aveva fornito un riassunto degli eventi. Nick era sempre più pallido, aveva l'aria sgomenta e atterrita. A meno che non fosse un attore di grande talento, poteva essere tranquillamente stralciato dall'elenco dei sospettati: era difficile mostrarsi più sconvolti di così.

«Oddio» continuava a ripetere. «Oddio!» Poi si alzò di scatto. «Devo andare subito da lei!»

«Aspetti» lo frenò Kate. «Avrei ancora un paio di domande da rivolgerle. E comunque non sono ancora ammessi visitatori da Sophia.»

Lui era cereo in volto. «È spaventoso. È tremendo. Resterà paralizzata? Per sempre?»

«Attualmente è ciò che temono i medici. Ma, a quanto ne so, la situazione in questo ambito può anche evolvere in maniera diversa. Non bisogna perdere ancora tutte le speranze.»

Nick lanciò un gemito. Aveva la fronte imperlata di sudore.

Deve essere molto legato a Sophia, pensò Kate.

«Sophia avrebbe preferito morire. Lo so. Se non è più in grado di muoversi, vorrebbe morire.»

«Mr. Gelbero, dobbiamo trovare chi l'ha ridotta così. Il problema è che sappiamo pochissimo su Sophia Lewis. È amata e apprezzata da tutti, ma nessuno sa qualcosa della sua vita precedente all'arrivo a Stainton Dale.»

«Io la conosco dai tempi di Manchester» disse Nick. «Insegnava alla Chorlton High School. Era molto benvoluta anche lì. Da studenti e colleghi.»

«Anche lei era un suo collega?»

«No, sono un produttore. Di documentari. In genere su temi ambientali.»

«Come ha conosciuto Sophia?»

«Frequentavamo la stessa palestra. Mi piaceva e a un certo punto ho cominciato a scoprire i suoi orari e ho organizzato i miei impegni per poter essere in palestra insieme a lei. E in effetti» rise «ha funzionato. Ci siamo messi insieme.»

Finalmente! Il cuore di Kate accelerò. Finalmente una persona che faceva parte della vita privata di Sophia.

«Siete andati a vivere insieme?»

«Purtroppo no. Io avrei voluto, ma Sophia era contraria. È una persona molto indipendente.»

«Mr. Gelbero, ovviamente abbiamo ipotizzato che il cavo teso sulla strada potesse essere lo scherzo di uno studente sfociato involontariamente in una tragedia. Ma lo sparo successivo non rientra in questa ipotesi. Inoltre la stessa arma è stata usata due giorni prima contro una donna a bordo di un treno da Londra a York. L'aggressore era un uomo adulto.»

Nick era sconcertato. «La storia del treno? L'ho letta sul giornale. Quindi l'autore dell'aggressione a Sophia sarebbe la stessa persona?»

«Questo non lo sappiamo. Sappiamo solo che è stata usata la stessa arma, il che aumenta le probabilità che si tratti dello stesso individuo.» Kate tirò fuori l'iPhone, aprì la foto dell'identikit fatto da Xenia e lo mostrò a Nick. «Conosce quest'uomo?»

«È quello del treno?»

Kate annuì. Nick esaminò la foto con uno zelo quasi commovente. «Purtroppo no. Questa faccia non mi dice niente. Non l'ho mai visto.»

Kate nascose la sua delusione. «Il nome Xenia Paget le dice qualcosa?»

«Xenia Paget?»

«In origine Xenia Sidorowa. Viene dalla Russia.»

Anche in questo caso si capiva che Nick stava facendo uno sforzo, ma alla fine scosse la testa. «È un nome che non ho mai sentito prima.»

«Sophia aveva qualche legame con la Russia? Un viaggio? Ha parenti o amici che provengono da lì? Magari ha frequentato un corso per imparare il russo? O qualcos'altro?»

«No. A quanto ne so non conosce nessuno che proviene dalla Russia. Non ha nessun genere di contatto con quel paese. Non ha mai avuto il desiderio di imparare la lingua o di recarsi lì. Il suo sogno è l'Australia. Starci per un anno e girarla in lungo e in largo.» Deglutì. «*Era* il suo sogno, bisogna dire adesso. Non potrà mai più fare una cosa del genere.»

«L'ha descritta come una persona benvoluta. Tuttavia deve esserci qualcuno che nutre un odio particolare verso di lei. Le viene in mente qualcosa? Una vicenda del passato? Magari una volta le ha accennato a qualcosa a cui lei non ha prestato grande attenzione. Un episodio, per cui può essersi fatta un nemico.»

Si capiva che Nick soffriva di dover deludere Kate continuamente. «No. Cioè, a volte capitava qualcosa a scuola, studenti ai quali dava brutti voti e che protestavano con veemenza. So che una volta i genitori di uno studente si sono presentati a scuola con un avvocato, perché erano convinti che il figlio fosse stato valutato in maniera scorretta da Sophia. Lei rimase molto turbata da questa storia, ma ovviamente non nel senso che temesse che i genitori potessero attentare alla sua vita. Era semplicemente una vicenda spiacevole.»

«Ricorda i nomi di queste persone? E quando è successo il fatto?»

«Durante il nostro primo anno insieme. Quindi nel 2016. Ma il nome non lo so più.»

«Non è un problema. Lo troverò attraverso la scuola. Non le viene in mente nient'altro?»

«No. Del resto però non parlava quasi mai del suo passato.»

«Dei genitori è vivo solo il padre» disse Kate. «Non ha fratelli né sorelle. Per il resto sembra che tutti le vogliano bene, qui in paese e tra i colleghi, ma a quanto pare non ha stretto nessuna vera amicizia.»

«È vero» confermò Nick. «Ho sempre avuto anch'io questa impressione. A Manchester. Conosceva tante persone, colleghi, gente in palestra, vicini. Era amica di tutti e di nessuno. Non permetteva a nessuno di diventare troppo intimo con lei. Era sincera e amichevole, molto altruista. Un'ottima compagna per chiunque. Ma non credo che lasciasse a nessuno la possibilità di entrare nella sua vita interiore. E non raccontava mai molto di sé. Io sono stato con lei per due anni, ma non so praticamente niente del suo passato.»

«Che cosa ha portato alla separazione?»

«Aveva fatto domanda di trasferimento qui alla Graham School. Senza dirmi niente. Una sera a cena mi ha comunicato lapidaria che la sua domanda era stata accettata e che cercava una casa a Scarborough o nei paraggi. Io sono rimasto basito.» Nick fece una pausa, quasi il ricordo di quella serata continuasse a sconvolgerlo. «Ricordo ancora il ristorante dove eravamo, il tavolo a cui eravamo seduti... In realtà avrei voluto chiederle se d'estate le andasse di fare un viaggio insieme a me. E lei invece se n'è uscita con questa novità.»

«Un comportamento singolare» osservò Kate.

«Anche secondo me. Voglio dire, è vero che non convivevamo, ma eravamo una coppia. Passavamo insieme i fine settimana e ci confidavamo a vicenda. O più che altro ero io a farlo. Come ho detto, lei non rivelava quasi niente di sé.»

«Questo magari faceva parte del suo carattere. Forse però nella sua vita c'era anche qualche grosso problema.»

«Poi ha trovato questa casa, ha firmato il contratto d'affitto e ha lasciato Manchester.»

«Come le ha spiegato la cosa? Deve pur averle indicato un motivo che l'aveva spinta a cambiare scuola.»

«Diceva che cambiare di tanto in tanto fa bene. Affrontare nuove sfide. Conoscere nuove persone. Tutti motivi legittimi, difficili da biasimare. Io ero molto ferito. Perché sostanzialmente il suo comportamento tradiva il fatto che non fosse interessata alla nostra storia come lo ero io.»

«Però siete rimasti amici?»

«Sì, ma anche in questo caso sono stato io a insistere. Sono stato io a mantenere i contatti, principalmente via WhatsApp. E dato che questa settimana ero in zona per lavoro le ho proposto di vederci. Lei ha accettato. Al momento è in vacanza.»

«Dovevate incontrarvi qui?»

«Volevo venire a prenderla e poi andare a mangiare da qualche parte. Negli ultimi giorni mi sono stupito che non abbia risposto quando ho confermato l'appuntamento, ma ho pensato che fosse seccata perché era già tutto fissato. Quindi non mi sono più fatto sentire e sono venuto qui direttamente.»

«Il cellulare di Sophia Lewis è andato completamente distrutto nella caduta» disse Kate. «I nostri tecnici stanno recuperando i dati, oltre a esaminare anche il computer.»

«Non riesco a capire» disse Nick. «Non riesco proprio a capire.»

Kate rimase un attimo assorta. «Quando Sophia se n'è andata in maniera così precipitosa da Manchester, ha notato qualcosa che le ha provocato un senso di disagio? Voglio dire, a parte il fatto di essere ferito e sconvolto. Ha provato un presentimento, una qualche sensazione? Rispetto al vero motivo della sua partenza?»

Lui annuì. «Ho subito pensato a un altro uomo. Che avesse conosciuto qualcuno e volesse raggiungerlo. Ma per qualche motivo non sarebbe stato da lei non dirmelo. Per quanto fosse riservata riguardo ai suoi sentimenti, nella vita quotidiana era molto diretta. Non era il genere di donna che incontra di nascosto un altro per mesi e poi trova qualche pretesto per andarsene. Me lo avrebbe detto.»

«Le è venuto in mente anche qualcos'altro? Immagino che ci abbia riflettuto a lungo.»

«Sono rimasto sveglio nottate intere a rimuginare. Soprattutto a chiedermi che cosa potessi avere sbagliato. Anche se lei continuava a ripetermi che io non c'entravo niente.»

Kate aspettò. Intuiva che Nick cercava di essere il più sincero possibile.

«Potrà sembrare strano» disse infine l'uomo, «dopo tutto quello che è successo. Ma in certi momenti avevo davvero l'impressione che avesse paura. Di qualcosa o di qualcuno. Anche se non ne ha mai parlato apertamente.»

«Da che cosa nasceva questa impressione?»

«A volte era più tesa del solito. Più nervosa. Inquieta. Non riesco a collegarlo ad avvenimenti precisi, era una specie di aura. Sembrava cambiata. Non in maniera durevole, ma occasionalmente. Ecco, sì, il termine migliore per descrivere la cosa era che fosse nervosa.»

«Dipendeva dall'imminente trasferimento?» Kate avrebbe potuto capirla. Pensò ai molti momenti di nervosismo che le aveva provocato la decisione di lasciare Scotland Yard e di ricominciare a Scarborough.

Nick scosse la testa. «Non sono in grado di dirlo con precisione. Ma non mi sembrava che dipendesse dal cambio di scuola. Viceversa non so spiegarmelo. Era una sensazione. Difficile da descrivere. Non era più la Sophia che conoscevo. Era come se su di lei si fosse posata un'ombra. Sì, è così. C'era un'ombra su di lei e sulla sua vita. Ma non ho idea da che cosa fosse causata.»

2

«Un'ombra» borbottò l'ispettore Robert Stewart. «Non è un'informazione di qualche utilità per noi. Cosa può esserci di più indefinibile di un'ombra?»

Erano seduti nel suo ufficio. Kate, il sergente Helen Bennet e Robert. Kate aveva riferito della sua conversazione con Nick Gelbero. Robert, in mancanza di qualsiasi punto di riferimento, si era buttato su Nick.

«Non potrebbe essere stato lui? L'amava e lei lo ha lasciato. Di colpo, in maniera piuttosto umiliante. Ora vuole fargliela pagare.»

Kate scosse la testa. «Perché aspettare un anno? E poi era sinceramente scioccato quando l'ho informato dell'agguato. Nessuno può fingere in maniera così convincente.»

«Lavora nel cinema.»

«Gira documentari. Li produce. Non è un attore.»

«Lo metterei nella lista dei sospettati» disse Robert.

«Quale lista?» chiese di getto Helen. Poi si affrettò ad aggiungere: «Chiedo scusa. Ma abbiamo una *lista dei sospettati*?»

In effetti era un'ottima domanda.

«Jacob Paget non mi piace» disse Robert. «E nemmeno questo Nick Gelbero. La maggior parte dei reati è commessa all'interno dell'ambiente familiare e di coppia.»

«È così» disse Kate. «Però in questo caso abbiamo due donne che sono o erano ciascuna con uomini diversi. E che non hanno niente a che fare tra di loro, come pure i loro uomini. Nessuna delle due coppie ha mai sentito i nomi degli altri due.»

«Questo è vero per quanto riguarda Xenia Paget, il marito e questo Gelbero» osservò Robert. «Sophia Lewis non si è ancora espressa. Per qualche motivo ho la sensazione che sia lei la chiave.»

«Purtroppo per il momento dobbiamo seguire altre piste» disse Kate.

«Quali sono i passi successivi?» chiese Robert. Si capiva che era animato da un grande zelo di agire, tuttavia la mancanza di punti di riferimento faceva necessariamente cadere nel vuoto ogni sua iniziativa.

Deve ancora abituarsi al ruolo di capo, pensò Kate. Finora non è stato in grado di fare da guida.

Le veniva quasi da compatirlo. Trovarsi davanti come primo caso proprio questo... Viceversa, la sua compassione era piuttosto tiepida. Non si era comportato in maniera proprio esemplare con Caleb, per soffiargli il posto. E adesso doveva cavarsela da solo.

«Io andrò a Manchester» disse Kate. «Voglio parlare con il preside della scuola dove insegnava Sophia. Voglio approfondire la pista dei genitori scontenti per la valutazione riservata al figlio. Sono abbastanza sicura che queste persone non abbiano niente a che fare con il caso, ma dobbiamo poterlo escludere con certezza.»

«Bene» disse Robert, «molto bene.»

Il cellulare di Helen suonò, lei si scusò e uscì dalla stanza.

Robert diede un'occhiata ai documenti che aveva sulla scrivania. «Sophia Lewis è nata a Birmingham. Ci sono ancora familiari o amici lì?»

«Il padre è ancora vivo» disse Kate. «Andrò a trovarlo. Ora bisogna scavare il più possibile nel passato di Sophia per vedere che cosa troviamo.»

«E in quello di Xenia Paget.»

«È più difficile. Ha trascorso gran parte della vita in Russia, per di più in una zona periferica. Recarsi lì a fare domande sarebbe...»

«... estremamente costoso» concluse Robert al posto suo. «Sarebbe l'ultima goccia. Maledizione, deve pur essere possibile spingere questa donna a parlare. Mi riferisco a Xenia Paget. Qualcuno tenta di farla fuori su un treno affollato e lei non ha la minima idea di chi possa essere?»

Kate ripeté ciò che aveva già detto a Caleb. «Credo che abbia un sospetto. Ma non vuole rivelarcelo. Ha paura.»

«Molto strano. Si trova letteralmente sulla linea di tiro di uno squilibrato e ha paura di confidarsi con la polizia? Che cosa avrebbe da perdere?»

«Evidentemente per lei rappresentiamo il pericolo maggiore» rispose Kate pensierosa. «Il che potrebbe significare che nella sua vita c'è qualcosa che potrebbe sfociare in una condanna detentiva. O quantomeno lei crede sia così. Scoprirò tramite quale agenzia Jacob Paget ha conosciuto Xenia. Forse faremo qualche passo avanti.»

«In ogni caso sarebbe opportuno interrogare nuovamente Xenia» disse Robert. «Farle capire quanto sia importante che giochi a carte scoperte. Solo così potremo proteggerla.»

«Andrò a parlarle. Prima di partire per Manchester.»

«Trovare un ago in un pagliaio è più facile che scovare il bandolo di questa matassa» sospirò Robert.

Lei lo guardò. Aveva un'aria estremamente stressata ed esausta.

Devo raccontarlo a Caleb, pensò con una certa soddisfazione che nel contempo la fece sentire infantile.

«Nel caso White c'è qualche svolta?» domandò, nel tentativo di distrarlo.

Robert sembrò subito sollevato. «È tutto chiaro. I fatti sono appurati. Jayden White è in custodia cautelare. Finirà in carcere per molto, moltissimo tempo. Purtroppo questo non riporterà in vita nessuno.»

«Caleb dovrà testimoniare?»

«Sì. È stato lui a condurre il colloquio decisivo.»

«È plausibile che ci siano problemi per lui?» Doveva saperlo. «Proprio a causa di questo colloquio?»

«Può darsi che venga aperta un'inchiesta» borbottò evasivo Robert.

Si scambiarono un'occhiata. All'improvviso sembrava che Caleb fosse tra di loro, mentre cresceva una tensione ostile. Poi l'attimo passò. Entrambi, Kate e Robert, erano abbastanza professionali da soffocare sul nascere ogni attrito.

«Allora...» iniziò Robert, ma fu interrotto quando la porta si aprì e Helen tornò.

«Era l'ospedale. Sophia Lewis è stata dimessa dalla terapia intensiva. È pur sempre una buona notizia.»

«Grazie al cielo» disse Kate.

«È in grado di parlare?» domandò Robert.

Helen scosse la testa. «È la prima cosa che ho chiesto. Purtroppo no.»

«Merda!» esclamò Robert con fervore.

«Bisognerà aspettare» disse Kate.

3

Se non avesse avuto questo corso di lingue, pensò Xenia, sarebbe impazzita. Le piacevano i suoi studenti. E lei a loro. Provenivano dalla Siria, dall'Iran, dall'Afghanistan. Due addirittura dalla Somalia. Xenia amava il suo lavoro. Sapeva di essere per loro la motivazione fatta persona.

«Per tre quarti della mia vita ho parlato solo russo» le piaceva raccontare. «E adesso sentitemi! Se ce l'ho fatta io, potete riuscirci anche voi.»

Le dava gioia avere a che fare con persone a cui era legata da una storia simile. Tutti arrivavano da un paese straniero, lontano, erano fuggiti a causa della guerra, della necessità o, come nel caso di Xenia, dell'opprimente mancanza di prospettive, e avevano affrontato questo passo nell'incertezza più totale. Europa occidentale, Gran Bretagna. E adesso erano tra persone sconosciute, in una cultura sconosciuta, con usi e costumi sconosciuti e una lingua completamente sconosciuta. Xenia sapeva quanto fosse sconvolgente tutto questo, quanto ci si sentisse sradicati e sperduti. Ma aveva sperimentato in prima persona che la capacità di comunicare con la gente del posto era la chiave: apriva porte, creava legami e comprensione. Era la bussola per un nuovo futuro.

Mentre tornava verso la macchina, parcheggiata solitaria sul grande piazzale davanti al municipio di Headingley, un sobborgo di Leeds, anche quella sera provava la soddisfazione che le dava sempre stare con gli studenti. Inoltre si rendeva conto chiaramente di che cosa la inducesse ad aspettare ogni settimana con trepidazione la sera del lunedì: quelle lezioni erano la sua unica possibilità di uscire di casa. Di sottrarsi al soffocante malumore di Jacob, alla sua brama di controllo, la sua impazienza, la sua cinica malvagità. Due ore a settimana nelle quali si sentiva libera da lui. Nelle quali era da sola. Quelle due ore erano come una lunga boccata d'aria che le serviva per superare in apnea gli altri sette giorni fino al lunedì successivo.

Erano le dieci passate. Il corso in realtà terminava alle nove, ma quel giorno era il compleanno di una delle studentesse, la siriana Aabidah, che aveva portato un dolce e aveva invitato tutti a festeggiare con lei. Si erano riuniti in armonia intorno a un tavolo della squallida aula a mangiare la torta, a bere limonata da bicchieri di carta accendendo addirittura qualche candela. Per Xenia era stato come immergersi in un bagno caldo, finché non si era resa conto che avrebbe avuto grossi problemi a casa se fosse arrivata troppo tardi. Scrisse un messaggio su WhatsApp a Jacob, spiegandogli del compleanno e di non aver potuto rifiutare l'invito. E, una volta raggiunta la macchina nell'oscurità ormai quasi completa, si rese conto che Jacob non aveva ancora letto il messaggio. Non era buon segno. Sarebbe stato furibondo e allora sarebbe scoppiato l'inferno. Jacob non diventava violento, lui feriva con le parole e certe volte a Xenia era sembrato persino peggio. In particolare gli piaceva sottolineare che negli ultimi anni Xenia era molto ingrassata. Sapeva quanto la ferisse essere derisa o rimproverata per i fianchi larghi, le cosce grasse, le braccia voluminose.

«Com'è possibile lasciarsi andare in questo modo?» le aveva detto giusto qualche giorno prima pieno di disprezzo. «È ripugnante. Semplicemente ripugnante.»

Lei scrisse un nuovo messaggio: *Parto ora. Arrivo tra poco.*

Forse lui avrebbe sentito l'avviso sonoro e avrebbe finalmente guardato il cellulare. Avrebbe potuto chiamarlo, ma non osava. L'inferno si sarebbe scatenato subito. Così poteva rimandare ancora.

Uscì dal parcheggio con un sospiro. Ci volevano venti minuti per arrivare a casa sua a Bramhope. Era sempre più buio. Accese i fari. Quanto le sarebbe piaciuto arrivare a casa e non trovare nessuno. Magari giusto un cane o un gatto. Si sarebbe preparata un tè, avrebbe guardato un po' di televisione, poi sarebbe andata a letto a leggere. Tutte cose impossibili per lei, che era sposata con un uomo come Jacob.

Si lasciò alle spalle Headingley e proseguì sulla strada che si snodava tra campi e boschi punteggiati di casolari isolati e qualche magazzino di proprietà delle aziende in città. Il traffico era inesistente. C'era anche una superstrada che collegava Headingley e Bramhope ed era la più utilizzata, ma Xenia preferiva guidare sulla vecchia strada di campagna. Inoltre il tragitto era un po' più lungo. Anche in quella situazione, con Jacob che sarebbe stato fuori di sé per il ritardo, lei non cercava di recuperare tempo. Non sarebbe servito comunque a niente.

Guidava piano, perché aveva paura dei cervi che potevano attraversare la strada. Dietro di lei non c'era nessuno che potesse metterle fretta. Nessuna automobile neppure nella direzione opposta. Pace. Una pace stupenda. La quiete prima della tempesta a casa.

Era talmente immersa nei pensieri che si accorse della macchina di traverso sulla carreggiata solo quando le fu molto vicina. Spaventata pigiò con forza il pedale del freno. La macchina sbandò leggermente, ma si fermò appena in tempo. Xenia guardò la vettura davanti a sé. Era piazzata in maniera tale da bloccare completamente il passaggio su entrambi i lati.

Non è possibile, pensò. Chi lascia la macchina in questo modo?

Si guardò intorno, ma non c'era anima viva. Oramai però era proprio buio. L'auto sembrava vuota, ma non avrebbe potuto giurarlo.

Un incidente? E il guidatore si era trascinato fuori nei campi?

Ma perché?

Un serbatoio vuoto? Allora forse il guidatore stava raggiungendo a piedi il distributore più vicino. Però avrebbe potuto parcheggiare sul ciglio della strada. Solo un ubriaco lasciava una macchina in mezzo al passaggio.

Oppure qualcuno che voleva bloccare la strada.

Xenia fu assalita da un brutto presentimento. Era buio, non c'era nessuno e lei era completamente sola. Non poteva proseguire e non sapeva neppure se sarebbe riuscita a fare manovra su quella stradina stretta. E se qualcuno avesse voluto mettere *proprio lei in questa situazione*?

Poco più di una settimana prima qualcuno aveva cercato di spararle.

Ma com'era possibile che qualcuno sapesse che sarebbe passata di lì proprio a quell'ora e che non ci sarebbe stato nessun altro?

Sapevano anche che sarei stata sul treno da Londra a York, pensò mentre il panico l'assaliva.

Si slacciò la cintura e nella fretta toccò il clacson. Il suono stridulo squarciò il silenzio della notte e per reazione Xenia lanciò un grido di spavento ancora più forte. Azionò freneticamente tutte le leve e i tasti per far scattare la chiusura centralizzata, finché le venne in mente che sulla vecchia automobile che Jacob le aveva comperato usata, e che somigliava più a un catorcio arrugginito su ruote, non funzionava più. Era bloccata su quella strada di campagna solitaria, non poteva proseguire e se qualcuno avesse avuto cattive intenzioni gli sarebbe bastato aprire la portiera e coglierla come un fiore su un prato.

Cominciò a tremare e fu assalita all'improvviso da un gran freddo.

«Rilassati» disse a se stessa. Può esserci una spiegazione banale.

Cosa poteva esserci di banale in una macchina lasciata di traverso al buio su una strada isolata?

Di sicuro non poteva restare lì tutta la notte. Valutò brevemente l'ipotesi di telefonare a Jacob e di pregarlo di andare a prenderla, ma in ogni caso nemmeno lui avrebbe potuto fare granché, essendo impossibile spostare la macchina. Oppure sì? Forse in due sarebbero riusciti a spingerla sul lato della strada? Lui però avrebbe brontolato e imprecato dandole dell'idiota, anche se era difficile spiegare dove stesse la sua idiozia, ma questo non gli avrebbe certo impedito di investirla di improperi.

Doveva cercare di fare manovra, pensò.

In quel punto la strada era molto stretta. Da una parte era delimitata da un muro, dall'altra un tratto in lieve pendenza conduceva fino a un'altura. Doveva cercare di non andare a sbattere contro il muro. Jacob controllava scrupolosamente se c'erano graffi o ammaccature sulla carrozzeria.

Fece retromarcia e girò il volante il più possibile. Avrebbe dovuto spostare in maniera millimetrica il muso dell'auto, fino a portarlo nella direzione opposta. Nonostante i brividi di poco prima, Xenia cominciò a sudare copiosamente. Faticava a vedere nell'oscurità, anzi non vedeva proprio niente. E non era particolarmente portata per certe manovre.

A poco a poco riuscì a fare progressi e in lei si accese la flebile speranza di farcela. Si accorse che era sempre più calma. Ma all'improvviso spuntarono dei fari. Una macchina si avvicinava dalla stessa direzione da cui era arrivata lei.

Rallentò, si fermò a una certa distanza.

Xenia guardò da quella parte, ma vide solo i fari abbaglianti puntati su di lei. L'altro non li spense né li abbassò. Si sentiva come un animale in trappola. Accecata da qualcuno che non era in grado di vedere. Si sbrigò a completare l'inversione a U, ma uno scossone accompagnato da un orribile stridio le fece capire di aver urtato il muro con il cofano. Magnifico, non sembrava un graffio, sembrava un danno decisamente serio. Aveva schiacciato troppo a fondo l'acceleratore.

Gettò un'occhiata verso l'altra vettura. Vide una sagoma. Davanti ai fari. Un uomo. Si avvicinava lentamente.

Era probabile che fosse armato.

Spense il motore e spalancò la portiera. Lasciò tutto dov'era, la borsa, il cellulare, lo scialle che si era portata, casomai avesse rinfrescato. Non le importava niente. Non voleva morire. Non voleva essere ammazzata tra due macchine. Voleva andarsene. Andarsene e basta.

Cercò di risalire il pendio ma era più ripido di quanto le fosse sembrato e scivolò ripetutamente. Non era una gazzella e non era abituata all'attività fisica. Procedendo carponi, si aggrappò con le mani a ciuffi d'erba e puntellò i piedi sulle radici che spuntavano dal terreno. Le sembrò di sentire una voce che la chiamava, ma non riuscì a cogliere le parole. Il sangue le scrosciava nelle vene. Era una trappola, in realtà lo aveva intuito fin dal principio e non aveva importanza scoprire come i suoi aggressori avessero scoperto dov'era. C'erano riusciti e basta ed erano decisi e pronti a tutto.

Chi erano? Uno solo o più di uno? Era lui? A causa di quella vecchia storia. Non avrebbe mai dovuto farsi coinvolgere, era stato orribile, un gesto privo di scrupoli e del tutto amorale, ma che cosa avrebbe potuto fare lei? Che cosa avrebbe potuto fare nella sua situazione all'epoca?

Intanto era arrivata in cima all'altura, davanti a lei si apriva un campo, fortunatamente già arato. Si mise a correre. Il terreno era accidentato, continuava a inciampare, gli steli taglienti le graffiavano i polpacci nudi, alla fine perse addirittura una scarpa ma continuò a correre, anche se avrebbe voluto gridare dal dolore. Era uguale. Non le importava di avere il fiato corto, il fianco dolorante, il cuore che le martellava nel petto. Sarebbe scappata anche dall'altra parte del mondo, se necessario, ma non si sarebbe lasciata eliminare così. A un certo punto non ne poté più. Si fermò e crollò su se stessa. Il sudore che la ricopriva cominciò a raffreddarsi nell'aria notturna e lei rabbrividì. Il piede scalzo le sanguinava, o almeno aveva questa impressione.

Si sollevò a poco a poco, si costrinse a respirare più lentamente. Azzardò un'occhiata alle proprie spalle. Non aveva idea di quanto si fosse allontanata dalla strada. Dietro di lei tenebra e silenzio. Il vento frusciava tra il fogliame, da qualche parte si sentì stridere una civetta, un'altra le rispose. Per il resto silenzio assoluto. Nessuno sembrava averla inseguita.

Rimase in ascolto ancora per un po', ma sentiva solo il battito del proprio cuore e lo scroscio del sangue nelle orecchie. Allora si mise a riflettere sulla situazione. Era notte fonda e si trovava in un campo da qualche parte alla periferia di Leeds, vestita con un prendisole di cotone leggero e sandali, non aveva né la borsa, né il cellulare, né le chiavi dell'auto. Non aveva assolutamente niente. Era rimasto tutto sul sedile perché un uomo era sceso da una macchina e si era incamminato verso di lei. Un uomo che era rimasto bloccato esattamente come lei. C'era da meravigliarsi se era sceso per esaminare più da vicino la scena? Davanti a lui si presentava la vista di una macchina di traverso in mezzo alla strada e di un'altra che tentava di fare manovra. Che cosa avrebbe dovuto fare? Magari aveva pensato che si trattasse di un incidente. Per questo era sceso. Perché aveva creduto che volesse spararle?

«Ho i nervi a pezzi» mormorò.

L'interrogativo adesso era che cosa fare. Sebbene fosse convinta di aver agito in maniera irrazionale ed esagerata, non osava tornare alla macchina. Non era sicura di riuscire a ritrovarla. Aveva perso l'orientamento e non sapeva più da che direzione fosse arrivata.

Davanti a lei, a notevole distanza, c'erano le luci di Leeds. Lampioni, vetrine illuminate, cinema ancora aperti… Ma la maggior parte delle persone a quell'ora era già a letto. Forse avrebbe trovato un commissariato. Qualcuno doveva aiutarla. Le luci. Le luci erano la direzione giusta. Dove c'erano luci, c'erano persone.

Il piede nudo le faceva male da morire.

Strinse i denti e avanzò zoppicando.

In realtà Sacha era un bravo bambino. Quasi sempre silenzioso e introverso. Guardava il mondo con gli occhi sgranati e sembrava sempre occupato a dare un senso a ciò che vedeva. A catalogarlo in una griglia interiore che non conoscevamo e che non corrispondeva a quella dei suoi coetanei.

«Che cos'ha?» ci chiedevano le persone, dopo averlo osservato per un po' e aver cercato di incasellarlo. Era chiaro che non fosse un bambino «normale», non solo perché era taciturno. Aveva un aspetto singolare, con la testa troppo piccola, il corpo esile e sottosviluppato, che non ingrassava neanche con la migliore delle alimentazioni, lo sguardo assente negli occhi scuri.

«Passerà» dicevamo allora ottimisti, anche se non era una risposta.

«Sindrome feto-alcolica?» diceva Alice quando eravamo soli.

Consultammo due specialisti e lo facemmo esaminare, ma entrambi esclusero la FAS. Purtroppo però non seppero dire di che cosa si trattasse. C'erano troppo poche informazioni sul suo passato.

«Ritengo si tratti di un difetto congenito» disse un medico della clinica universitaria di Cambridge al quale ci eravamo rivolti. «Una carenza di ossigeno durante il parto. Oggigiorno capita raramente, ma può succedere comunque.»

«Quindi avrebbe un danno cerebrale?» domandai cauto.

«È possibile» confermò il dottore.

«E che cosa significa?» volle sapere Alice.

«Non è semplice spiegarlo. La definizione danno cerebrale è molto ampia. Potrebbe avere delle difficoltà nell'apprendimento in seguito, ma comunque riuscire a diplomarsi con successo. Oppure potrebbe aver bisogno di una scuola speciale. Magari avrà problemi a fare amicizia, o ad allacciare relazioni. Per il momento è ancora molto complicato da valutare.»

Io insistetti. «Ma in ogni caso potrà darci una prognosi un po' più precisa?»

«Di sicuro presenta un marcato ritardo nello sviluppo. Solo in futuro sarà possibile stabilire quanto sia recuperabile.»

Non riuscimmo a scoprire altro. Probabilmente nessuno poteva darci ulteriori informazioni.

Sacha aveva evidenti difficoltà a comprendere le cose. Ovviamente anche la lingua era un problema. Ma non dicevano tutti che i bambini della sua età imparavano una nuova lingua come se fosse un gioco? A un certo punto ad Alice venne in mente di valutare il vocabolario russo del bambino e per questo incaricò una madrelingua russa di conversare con Sacha. O almeno di provarci. Il suo giudizio fu quanto mai sconfortante.

«Il suo vocabolario è di gran lunga inferiore a quello di un bambino sano della sua età. Si esprime in maniera goffa e frammentaria. La sua pronuncia è difficile da comprendere. Avrà bisogno di molto sostegno.»

Invece di condurre una vita di famiglia normale frequentando il parco giochi, prendendo gelati e partecipando a feste di compleanno, le nostre giornate erano fatte di visite dalla logopedista, dallo psicoterapeuta, dal chiropratico e dall'osteopata. Ben presto le terapie di stimolazione per nostro figlio diventarono un lavoro a tempo pieno. Per la gran parte se ne occupava Alice. Avevamo parlato di chi di noi dovesse rinunciare al lavoro per accudire Sacha, perché ci eravamo resi conto abbastanza in fretta che non sarebbe stato possibile iscriverlo a un asilo e affidarlo alle cure del personale. Io mi ero appena creato faticosamente una solida clientela come commercialista e guadagnavo qualcosa più di Alice, che lavorava in un laboratorio farmaceutico.

«Per quanto riguarda le nostre entrate, sarebbe più ragionevole se continuassi a lavorare io» avevo proposto con cautela. Sapevo che lasciavo ad Alice un ruolo maledettamente duro e ingrato. Lei aveva sospirato con rassegnazione.

«Lo so. È davvero più ragionevole.»

La mattina me ne andavo sollevato nel mio ufficio, mentre lei correva come una trottola tra medici e terapeuti delle East Midlands. Quando tornavo a casa la sera, lodavo i progressi di Sacha. In realtà non ce ne erano quasi mai ma Alice, sempre più esausta e frustrata, aveva bisogno di ogni incoraggiamento che riusciva a ottenere e volevo aiutarla come potevo. A volte c'erano piccoli raggi di luce. A un certo punto Sacha imparò qualche vocabolo in inglese e inoltre sembrava che ci capisse meglio che al principio. Appariva un pochino meno impacciato quando si arrampicava sulla piccola altalena che avevo montato in giardino. La gente del paese dove abitavamo, a pochi minuti di auto da Nottingham, aveva accolto Sacha, l'orfano della Russia, con grande affetto. Ma non mi sfuggivano le occhiate scettiche che gli rivolgevano.

E neppure quelle compassionevoli riservate a noi.

Dopo un anno circa Alice fece un tentativo e iscrisse Sacha a una scuola materna. Riteneva che non fosse positivo per lui passare tutto il tempo con lei senza avere contatti con i coetanei. In realtà era soprattutto il fatto che lei stessa si sentiva sfinita. Non aveva più sfide professionali, passava il tempo esclusivamente in compagnia di un bambino ritardato e con terapeuti che lo sottoponevano a estenuanti esercizi, ai quali lei assisteva stanca e frustrata. Era in un pessimo stato psicologico, me ne rendevo conto. Finalmente avevamo un bambino, ma la vita era molto diversa da come ce l'eravamo immaginata ed entrambi ne eravamo logorati. Speravo costantemente in un miracolo. Una svolta, un improvviso salto evolutivo, qualunque cosa. Qualcosa che tutt'a un tratto ci potesse catapultare nella normalità di una piccola famiglia felice.

«Che cosa significa normale?» mi chiese un collega, con il quale avevo parlato, anzi mi ero lamentato dei miei problemi davanti a una birra un venerdì sera. È una risposta tipica degli interlocutori che non hanno idea di che cosa dire e si rifugiano nei luoghi comuni più triti e stupidi che riescono a trovare. «Che cosa significa normale?»

Giustamente stizzito gli risposi: «Normale sarebbe che nostro figlio, che ormai ha quattro anni, frequentasse la scuola materna. Che mia moglie potesse tornare a lavorare. Che Sacha avesse degli amici con cui giocare, invece di stare perennemente attaccato a sua madre, facendola sentire sempre più insoddisfatta. La domenica mi piacerebbe giocare a calcio con lui, insegnargli ad andare in bicicletta e a nuotare. Ci piacerebbe chiacchierare con lui, senza che sia necessario indovinare ogni due parole quello che vuole dire. Tutto questo sarebbe normale».

Il collega non disse più niente.

Sacha quindi frequentava un asilo. Inizialmente per due ore la mattina. Gli altri bambini erano più piccoli di lui ma già molto più avanti nello sviluppo. A volte, quando andavo a prenderlo, dato che nel frattempo Alice soffriva di un «disturbo depressivo» e certi giorni non si alzava neppure dal letto, la discrepanza tra nostro figlio e gli altri bambini mi saltava agli occhi in maniera quasi dolorosa. Era così taciturno. Così goffo. Così lento. A volte, mi riferivano le maestre, cercava di partecipare a un gioco, ma ostacolava tutti quanti e gli altri bambini reagivano in maniera ostile oppure lo lasciavano da parte finché lui stesso si isolava e non partecipava più.

«A scuola avrà bisogno di molto sostegno» disse una delle maestre. «A mio avviso certe cose purtroppo non miglioreranno mai in lui.»

«Se non altro non è aggressivo» dissi, nel patetico tentativo di farmi coraggio da solo.

«In genere no» rispose la donna con quel suo modo così pedante.

«In che senso?»

Mi raccontò che si erano verificati due episodi in cui Sacha era stato spintonato in malo modo dagli altri bambini e allora aveva iniziato a ringhiare come un animale selvatico menando pugni intorno a sé con tutte le forze. Era stato un caso che nessuno si fosse fatto male.

«Ma è giusto che si difenda se viene attaccato!» osservai.

«Non era stato attaccato direttamente. I bambini correvano qua e là...»

«... senza accorgersi che casualmente urtavano qualcuno» la interruppi incollerito. «Lui allora si difende. È normale.»

«La sua reazione è stata eccessiva. Non appropriata.»

Ringhiare come un animale... Eccessivo... Non appropriato...

Cercava di trasformarlo in un mostro. Non mi sarei lasciato convincere. Il suo modo di stigmatizzarlo era ridicolo.

Giusto quattro settimane dopo questa conversazione, in una calda giornata di luglio, Alice ricevette una telefonata. Era andata a Nottingham per comprarsi dei vestiti nuovi, per la prima volta da quando Sacha era con noi. L'avevo molto sostenuta in questa sua iniziativa, pensavo che fosse finalmente il primo raggio di luce. Alice sembrava tornare pian piano alla vita.

La telefonata la raggiunse in un camerino. Era la scuola.

Sacha aveva cercato di annegare una bambina nella piscina gonfiabile. Era una cosa seria. Doveva presentarsi subito.

Martedì, 30 luglio

1

La telefonata aveva strappato Kate dal sonno all'una di notte. Dall'altra parte aveva sentito qualcuno che pronunciava parole sconnesse e singhiozzava e inizialmente non aveva avuto la più pallida idea di chi fosse. Non riconosceva il numero sul display. Solo dopo un po' riuscì a scoprire il nome di chi stava chiamando nel cuore della notte.

«Xenia?» chiese stupita. «Xenia Paget?»

«Posso venire a casa sua? La prego. La prego, mi lasci venire da lei!»

«Dove si trova?» Kate si mise seduta sul letto. «E che cosa è successo?»

«Sono a bordo di un'auto della polizia. A Leeds.»

«Che cosa ci fa su un'auto della polizia? A quest'ora?» Kate era completamente sveglia e in allarme.

Accidenti, era ciò che aveva temuto. Xenia era tornata nel mirino dello sconosciuto. Ma se non altro era ancora viva. E i colleghi di Leeds erano già intervenuti.

Xenia cominciò a raccontare con frasi spezzate e confuse, ma alla fine Kate si fece un'idea di quanto avvenuto quella sera e che Xenia aveva suonato alla prima casa di un sobborgo alla periferia di Leeds chiedendo di poter avvisare la polizia. Una pattuglia era passata a prenderla e aveva riferito tutto in centrale. Il suo caso era noto, per questo l'avevano presa sul serio. Due agenti erano tornati con lei sul luogo in cui aveva lasciato la macchina. Anche quella di traverso era sempre lì, mentre il terzo veicolo e l'automobilista sconosciuto erano spariti. Borsa, chiavi, portafoglio e cellulare di Xenia erano sempre sul sedile del passeggero della sua auto.

«Quando mi ha fatto usare il suo telefono a York, ho fatto una chiamata veloce anche al mio cellulare, per questo avevo il suo numero» spiegò Xenia. «E lei è l'unica persona con cui voglio parlare. Da cui voglio andare.»

Sono stata imprudente, pensò Kate, ma che cosa avrei potuto fare? In quel frangente Xenia doveva pur telefonare.

«Posso parlare con uno degli agenti?» domandò.

Xenia passò il telefono e Kate parlò con l'agente Wilson, che sembrava piuttosto nervoso. «Faremo portar via il veicolo abbandonato, sergente. E passeremo al setaccio la zona per scoprire a chi appartiene. Ora vorremmo accompagnare Mrs. Paget a casa sua, ma lei non ci vuole andare. Vuole venire da lei.»

«E l'auto di Mrs. Paget?»

«Un agente l'ha portata fino a un parcheggio e l'ha lasciata lì. Non blocca più la strada. La faremo esaminare dalla Scientifica, anche se non mi aspetto molto. Se qualcuno fosse salito, avrebbe potuto prendere tutto quello che Mrs. Paget aveva lasciato sul sedile. Portafoglio, cellulare, chiavi. Invece non manca niente. Questo mi fa presumere che nessuno abbia toccato la vettura, ma controlleremo lo stesso.»

«Va bene. Domani contatterò il sergente Jenkins. Ora mi passi di nuovo Mrs. Paget, per favore.»

Cercò di convincere Xenia a farsi accompagnare a casa, ma la reazione della donna fu quasi isterica. «No. No, assolutamente! Per favore! Ho ammaccato la macchina tentando di fare inversione. Forse ho danneggiato anche il telaio. E adesso è troppo tardi. Jacob sarà fuori di sé. Non posso proprio tornare a casa. La prego, mi lasci venire da lei!»

Alla fine Kate cedette, tutt'altro che entusiasta, ma aveva l'impressione che Xenia potesse perdere la testa da un momento all'altro. In veste di inquirente non avrebbe dovuto dare ospitalità a uno dei soggetti coinvolti nel caso. Non era professionale, avrebbe potuto complicare tutto. Si ripropose di fare in modo che fosse una visita breve. Xenia doveva tornare a casa sua il prima possibile.

A meno che, pensò turbata, non si fosse trattato di un altro tentativo di aggressione. Se la macchina lasciata di traverso non fosse stata lì per caso. E neppure l'uomo spuntato all'improvviso.

Se così fosse stato, il passaggio di una pattuglia ogni ora davanti a casa sua non era più sufficiente.

Gli agenti che avevano raccolto Xenia avevano reagito in maniera stizzita e contrariata alla richiesta di accompagnare Xenia nel cuore della notte fino a Scarborough invece di lasciarla in un sobborgo di Leeds, ma avevano ubbidito loro malgrado alla richiesta di Kate. Erano arrivati intorno alle tre di notte. Xenia era infreddolita, affamata, esausta e nel contempo piena di adrenalina. Non voleva dormire per nessun motivo. Kate preparò un tè, medicò il piede ferito di Xenia, le diede una coperta di lana e la fece accomodare sul divano in salotto. Messy arrivò subito, saltò in grembo a Xenia e cominciò a fare le fusa. Xenia accarezzò la gatta e scoppiò a piangere.

«È tutto così spaventoso» singhiozzò, «è un incubo.»

Non era chiaro a che cosa si riferisse, se alla presunta aggressione, alla macchina danneggiata, al marito. Kate pensò che fossero tutte quelle cose insieme. Si era infilata la tuta, archiviando per la nottata l'idea di tornare a dormire, e si era seduta di fronte a Xenia.

«Non sappiamo che cosa sia successo» cercò di tranquillizzarla. «La storia dell'auto potrebbe non avere niente a che fare con lei.»

«Ma allora perché qualcuno avrebbe lasciato la macchina in una posizione tanto assurda?»

«Non ne ho idea, ma provi a pensare se fosse stato fatto di proposito: qualcuno avrebbe dovuto essere al corrente del suo corso di lingua. E anche che sarebbe tornata a casa più tardi perché una delle sue studentesse voleva festeggiare il compleanno. Nessuno poteva avere la certezza che lei avrebbe raggiunto il blocco stradale per prima, avrebbero potuto benissimo esserci già altre macchine. Mi sembra tutto poco pianificabile.»

Questo ragionamento sembrò calmare Xenia almeno in parte. Si asciugò le lacrime con un fazzoletto che le aveva offerto Kate.

«Però non voglio tornare a casa» ripeté.

«Finché non avremo chiarito con precisione che cosa è successo ieri, non dovrebbe farlo» disse Kate in tono tranquillizzante.

«Posso restare qui da lei?»

«Xenia...»

«La prego. Non posso proprio. Non è possibile.»

«Non può certo nascondersi per tutta la vita.»

Xenia guardò fuori dalla finestra. Era l'ora più buia della notte. L'unica luce proveniva dai lampioni sulla via.

Kate versò il tè. «Xenia, è proprio sicura di non avere nemmeno una vaga idea di quale fosse il movente dell'uomo sul treno? Che non ci sia niente nel suo passato che possa avere a che fare con questa storia?»

Negli occhi di Xenia comparve nuovamente il lampo di incertezza che Kate aveva già notato alla stazione di York. Era sicura che la donna le nascondesse qualcosa.

«Xenia?» insistette.

«Non c'è niente» negò. «Quanto meno niente di cui sia a conoscenza.»

Di qualunque cosa si trattasse, doveva essere molto brutta. Al punto che Xenia non voleva parlarne nemmeno di fronte a una condizione di estremo terrore.

Devo assolutamente parlare di nuovo con Jacob Paget, si annotò mentalmente Kate. A proposito di Jacob.

«Quali problemi ha con suo marito? Perché non vuole tornare a casa per nessun motivo?»

Xenia si tamponò di nuovo gli occhi. «Si comporta in maniera orribile con me. È offensivo e umiliante. Mi trova grassa e ripugnante e non perde occasione di ripetermelo. E adesso ho pure ammaccato la macchina. Corrisponde esattamente a quello che dice sempre, che sono un'incapace e non ne combino mai una giusta. Per sopportare la vita con lui, mi imbottisco di antidepressivi.» Ricominciò a piangere.

Kate si sporse in avanti. «Non spetta a me immischiarmi nel suo matrimonio» disse cauta. «Ma, se le cose stanno davvero come dice lei, perché non lo lascia? Ha la cittadinanza britannica. Nessuno può più cacciarla dal paese. È estremamente portata per le lingue. Sono sicura che potrebbe trovare facilmente un lavoro in questo campo. È in grado di badare a se stessa.»

«Sì, è probabile» mormorò Xenia.

«Però ha paura di compiere questo passo?»

«Sì.»

«Ha paura di vivere da sola?» Kate avrebbe potuto capirlo. Se c'era qualcosa che trovava spaventoso nella sua vita era il fatto che non ci fosse nessuno che le appartenesse. Che l'aspettasse quando tornava a casa, al quale raccontare com'era andata la giornata. Che bevesse un cappuccino a letto con lei la domenica mattina, che la sera facesse una passeggiata al mare insieme a lei. Che ogni tanto le regalasse dei fiori e finalmente risolvesse una volta per tutte il benedetto problema di che cosa fare a Natale. Per non parlare poi delle altre festività, dei ponti o delle vacanze. Tutte queste circostanze rappresentavano ostacoli insormontabili nella vita di Kate. A essi si aggiungevano quelli di cui non poteva ammettere con nessuno l'esistenza. Una donna, in particolare se single, doveva essere forte e sicura di sé, indipendente. Kate era convinta che si potesse essere queste cose e desiderare comunque un partner, che l'una cosa non escludesse l'altra, ma c'era il rischio di suscitare il dubbio di non sapersela cavare da sole se si manifestava troppo spesso il desiderio di avere una relazione stabile. Erano in particolare le donne che avevano un matrimonio solido a sottolineare quanto fosse importante imparare ad arrangiarsi da sole in qualunque occasione. Kate si era sentita ripetere molto spesso perle di saggezza del tipo «se non impari ad amarti da sola, nessuno ti amerà» oppure «devi imparare a cavartela da sola, solo così riuscirai a instaurare un rapporto duraturo». Kate odiava i luoghi comuni e questi in particolare. Ovvio che avesse imparato a cavarsela da sola nella vita. Centinaia di migliaia di donne e di uomini imparavano a farlo necessariamente. Ma ciò che tanti non raggiungevano era trovare la felicità. E, se non si voleva arrivare a vergognarsi per questo, era meglio non parlarne mai.

Xenia scosse la testa. «No. Non ho paura di vivere da sola. Voglio dire, non penso che sarebbe sempre piacevole, ma sempre meglio che stare con Jacob.»

«Allora di che cosa ha paura?»

Xenia girò la testa dall'altra parte. «Non lo so.»

«Che lui la perseguiti? La tormenti?»

«Non è questo.»

«Allora che cos'è?»

«Non lo so. È paura e basta.»

Kate era convinta che Xenia volesse evitare di rispondere, ma era evidente che per il momento non sarebbe riuscita a strapparle altre informazioni. «Venga a sdraiarsi. Domattina presto mi farò dare informazioni sull'incidente di questa notte. Magari riuscirò a tranquillizzarla almeno su questo punto.»

Xenia non sembrava convinta che qualcosa avrebbe potuto tranquillizzarla, ma si alzò. «Posso portare Messy con me?»

«Certo» rispose Kate.

Xenia e la gatta scomparvero nella camera degli ospiti.

Kate si preparò un caffè nero e si mise seduta in cucina, in mezzo agli scatoloni che dovevano ancora essere svuotati. Fuori dalla finestra la notte cominciava a rischiarare. Kate si augurava che anche nelle sue indagini un raggio di luce potesse squarciare le tenebre. Sarebbe bastato anche un vago chiarore. Se solo Xenia si fosse decisa a parlare...

Forse, se fosse rimasta con lei un paio di giorni, sarebbe riuscita a convincerla. Di giorno lei era in ufficio, ma di sera tornava a casa. Pasti condivisi, serate sul divano. Per esperienza sapeva che tutte le persone prima o poi desiderano parlare di ciò che le opprime. Xenia aveva bisogno di una persona con cui confidarsi, questo si intuiva.

Sicuramente non desiderava farlo con un'investigatrice della polizia.

Ma se non avesse avuto nessun altro?

2

«Due ragazzi ubriachi» disse l'ispettore Robert Stewart. «Sono appena stato al telefono con un agente di Leeds. Hanno partecipato a una festa di compleanno in un pub e si sono sbronzati. Poi hanno deciso di tornare a casa in macchina, anche se nessuno dei due era in grado di guidare. A un certo punto, a metà strada se ne sono resi conto e hanno parcheggiato la macchina, a loro giudizio. In realtà la macchina era di traverso sulla carreggiata, ma nessuno dei due ha controllato. Sono scesi, perché si sentivano male, si sono trascinati in un prato dove – mi scusi – hanno vomitato e poi sono rimasti sdraiati lì. Senza rendersi conto minimamente del caos scoppiato per strada. Xenia Paget avrebbe potuto inciampare su di loro, invece gli è passata accanto. I colleghi di Leeds li hanno rintracciati in fretta e li hanno portati a smaltire la sbornia.»

«Per Xenia Paget sarà un sollievo» disse Kate. Era seduta nell'ufficio di Robert, stanca dopo la nottata insonne. Non era sicura che quella notizia fosse positiva anche per lei. Certo, era un bene che la notte precedente nessuno avesse cercato di aggredire nuovamente Xenia, ma in quel caso si sarebbe potuto aprire un nuovo filone per le indagini. Per come stavano le cose, invece, continuavano a brancolare nel buio.

«Per quanto riguarda l'altra persona» proseguì Robert, «quella scesa dalla macchina che si era fermata dietro Xenia, non è stato possibile rintracciarla. Ma mi sembra piuttosto azzardato pensare che potesse trattarsi dell'aggressore del treno, per non dire assolutamente improbabile. Doveva trattarsi sicuramente di qualcuno che passava di lì per caso, si è trovato bloccato ed è sceso per vedere che cosa fosse successo. Alla fine deve aver fatto manovra e si è allontanato.»

«Sì, è quello che penso anch'io» concordò Kate. Si alzò e prese la borsa. Per la stanchezza si sentiva le membra pesanti come piombo. «Adesso vado da Jacob Paget. Voglio metterlo di nuovo sotto pressione. Deve avere informazioni con cui ricatta Xenia, al punto che lei non osa separarsi da lui, anche se non ne può più del matrimonio. Non ho idea se sia qualcosa collegato al nostro caso, ma forse riesco a scoprirlo.»

Robert la guardò con interesse. «Secondo lei, quindi, Xenia Paget e suo marito hanno qualche losco segreto?»

«Sono convinta che debba esserci qualcosa nel passato di Xenia. Qualcosa che lei ha una tremenda paura possa venire alla luce. Siccome non vuole confidarsi con la polizia nemmeno ora, nonostante la minaccia che incombe su di lei, presumo che abbia a che fare con un qualche reato. Forse Jacob ne sa qualcosa.»

«Quanto meno è un punto di partenza» commentò Robert. Si passò la mano sulla fronte. «Fa un bel caldo, non trova? In realtà sarei dovuto andare in ferie ieri, ma date le circostanze non posso lasciare l'ufficio. Se penso che adesso potrei essere in piscina a Maiorca...»

Non avresti dovuto denunciare Caleb, pensò Kate. Non disse niente, si limitò a guardarlo. Lui le chiese di punto in bianco, quasi le avesse letto nel pensiero: «Ha contatti con Caleb Hale?»

«L'ho visto la settimana scorsa.»

«Gli ha parlato del caso?»

Lei rimase circospetta. «Veramente no. No, affatto.» Non era la verità, ma Caleb adesso faceva parte della sua vita privata e a Stewart non doveva importare. «Abbiamo parlato dell'altra vicenda. Il caso White.»

«Sì, capisco. Mi sarebbe piaciuto conoscere la valutazione dell'ispettore Hale sul nostro caso in corso, ma ovviamente non poteva parlargliene.»

Sei in alto mare, pensò Kate. Sapeva che chiunque aveva bisogno di un periodo di ambientamento in una nuova posizione, ma aveva la netta sensazione che Robert Stewart fosse stressato e lo sarebbe rimasto. Era stato un collaboratore serio e affidabile per Caleb, ma aveva sempre avuto bisogno di farsi dire che cosa dovesse fare. Seguiva scrupolosamente le indicazioni e aveva anche un certo spirito di iniziativa quando era necessario, ma fare il capo in maniera responsabile era tutt'altra cosa. Probabilmente avrebbe dato qualunque cosa per potersi confrontare con il suo ex superiore adesso.

«Sì, è vero, non conosco le sue valutazioni» confermò Kate spietata.

«Hm, già, naturale. Era solo un'idea.» Robert si schiarì la voce. «Xenia Paget in questo momento è a casa sua?»

«Non mi è stato possibile convincerla a tornare dal marito.»

«In realtà non è molto appropriato che uno dei soggetti di un'inchiesta abiti a casa di una funzionaria incaricata delle indagini» osservò Robert.

Kate annuì. «Infatti le cose non possono restare così. Se proprio non vuole tornare dal marito, dovrò farmi venire in mente qualcosa. Viceversa la situazione potrebbe tornarci utile. Se la crisi dei Paget si acuisce, Jacob potrebbe rivelarci le informazioni che Xenia ci tiene nascoste.» Rivolse un cenno a Robert. «Ora vado. Da Jacob Paget.»

Giusto due ore più tardi Kate arrivò davanti alla villetta dei Paget a Bramhope. Non aveva informato Jacob della sua visita perché voleva coglierlo senza preavviso. Sperava che fosse in casa, lo supponeva. Probabilmente era fuori di sé a causa della sparizione di Xenia e non usciva per non perdersi nessuna informazione e tanto meno il ritorno della moglie. In effetti spalancò di slancio la porta di casa non appena lei ebbe suonato. Come aveva immaginato Kate, era in attesa. Aveva un aspetto spaventoso: sporco, i vestiti stropicciati e in disordine, come se ci avesse dormito. Sprigionava un odore cattivo. Aveva i capelli in disordine. Gli occhi erano gonfi e arrossati dal sonno.

«Chi è?» abbaiò.

Kate mostrò il distintivo. «Sergente investigativo Kate Linville. North Yorkshire Police. CID di Scarborough. Posso entrare?»

Jacob la guardò. «Linville? Kate? È quella del treno. Mia moglie parla sempre di lei. Si era nascosta insieme a lei nel bagno del treno!»

«È vero.»

«Dov'è? Dov'è mia moglie?»

«Posso entrare?» ripeté Kate.

Jacob fece un passo indietro. «Dov'è, maledizione? Ho ricevuto una telefonata dal suo collega. Pare che ieri notte ci sia stata una specie di incidente. L'hanno portata in un luogo segreto. Devono esaminare l'auto. Per la miseria, non ho la più pallida idea di che cosa stia succedendo!»

«Sono venuta qui apposta per parlargliene» disse Kate.

Jacob la condusse di malavoglia in salotto, una sinfonia di marrone e giallo, violette alla finestra e nemmeno un granello di polvere in giro o un oggetto che non fosse nel posto a esso assegnato. Kate immaginò che fosse Xenia a mantenere questo ordine e questa pulizia meticolosa. Intuì anche che lo facesse per ordine del marito.

«Allora?» latrò Jacob. Rimase in piedi alla finestra, mentre Kate si accomodava in una delle poltrone senza chiedere il permesso. Rinunciò con un sospiro interiore all'idea di un bicchiere d'acqua o di un caffè. Era chiaro che Jacob non si sognava nemmeno di offrirle qualcosa.

Kate tratteggiò in poche parole gli avvenimenti della notte precedente. Jacob l'ascoltò con collera crescente.

«Che razza di reazione isterica sarebbe? Non capisco proprio! C'è una macchina di traverso perché due ragazzi hanno alzato troppo il gomito e mia moglie immagina subito un complotto omicida! Tipico di Xenia. Esagerata e priva di qualunque buon senso.»

«Di sicuro l'uomo che le ha sparato in treno non ha niente a che fare con l'isteria o l'esagerazione» osservò Kate. «Era molto reale, purtroppo. Le paure di sua moglie dopo quell'episodio sono comprensibilissime, Mr. Paget.»

Jacob ringhiò qualcosa. Poi domandò: «E l'auto è danneggiata?»

«Si è ammaccata. Mentre faceva manovra è andata a sbattere contro un muro. Non so dire quale sia l'entità del danno.»

«Fantastico. Dovrò pure pagare il carrozziere. Ma come si fa a essere tanto stupidi, dico io!»

«Sua moglie era in preda al panico. E, come le ho detto, per me è del tutto comprensibile.»

«Per me invece no. Ma non ha importanza. Dov'è?»

«Xenia?»

«E chi, se no? Dov'è? L'aspetto già da ore.»

«In questo momento Xenia non desidera tornare a casa.»

Jacob la guardò sconcertato. «Che significa?»

«Ha paura, Mr. Paget. Di lei.»

«Di me? Perché dovrebbe avere paura di me? Impossibile. È diventata matta?»

«Teme proprio la reazione che ha avuto quando le ho raccontato tutta la storia. Rifiuto totale. Accuse di reagire in maniera *isterica* ed *esagerata*. E poi la collera per il danno alla macchina. Tutto questo la terrorizza.»

Il viso di Jacob diventò paonazzo. «Non è possibile! Che cosa si aspetta? Che mi metta a ballare di gioia dopo una notte passata a preoccuparmi? Le ho lasciato almeno cento messaggi in segreteria. Mi ha scritto un messaggio quando è partita dalla scuola, poi più niente per ore! Maledizione, ho pensato che le fosse successo qualcosa di grave!»

«La capisco» cercò di calmarlo Kate.

Lui cominciò a camminare su e giù. «Xenia è *mia moglie*! E tale resterà!»

«Le dia un po' di tempo» disse Kate. «Ha bisogno di stare per conto suo ora. Magari farà bene anche a lei.»

Lui si fermò di scatto. «Non c'è bisogno che mi dica che cosa mi fa bene!»

«Mr. Paget...»

«Dov'è? Dov'è Xenia?»

«Al momento non posso darle informazioni al riguardo.»

«Invece deve!»

«Non devo fare proprio niente.» Kate si alzò. Evidentemente Jacob non aveva intenzione di sedersi e non voleva doverlo guardare dal basso. Era molto alto. Anche stando in piedi doveva guardarlo da sotto in su. «Mr. Paget, sarò sincera con lei. Credo che nella vita di sua moglie ci sia qualcosa su cui tace caparbiamente per qualche motivo. Sostiene di non avere idea di chi fosse l'aggressore sul treno, e del perché avesse preso di mira proprio lei, ma credo che non sia così. C'è qualcosa. Ha molta paura a parlarne, probabilmente ha più paura di rivelare qualcosa che di essere uccisa.»

Jacob socchiuse gli occhi. «Sì, e allora?»

«Lei per caso sa qualcosa in proposito?»

«Perché dovrei?»

«È sposato con Xenia da tredici anni. È possibile che le abbia raccontato qualcosa della sua vita.»

«Dov'è Xenia?»

«Da me non lo saprà. La prego di rispondere alla mia domanda.»

«Non ho idea di che cosa stia parlando» dichiarò Jacob. Kate non sapeva bene se mentisse o dicesse la verità. Sul viso di Xenia tutte le emozioni affioravano allo scoperto: paura, incertezza, tormento. Jacob aveva un'espressione impassibile e malvagia. Rimase così anche in quel momento. Nemmeno l'ombra di un cambiamento.

«Dov'è Xenia?» ripeté.

Kate fece finta di niente. «Tramite quale agenzia ha conosciuto Xenia?»

«Sono tenuto a dirglielo?»

«Posso anche convocarla in commissariato.»

Jacob ci pensò su. «*HappyEnd*» rispose infine controvoglia.

Che fantasia per un nome, pensò Kate.

«Dove si trova l'agenzia?»

«A Liverpool.»

Kate prese appunti. «D'accordo.»

«Che cosa pensa di scoprire?»

«Voglio raccogliere informazioni su sua moglie. Devo sapere che cosa può essere successo nella sua vita da spingere oggi qualcuno a perseguitarla. Non possiamo passare sopra la cosa.»

«Pensavo che quanto successo ieri non avesse niente a che fare con lei?»

«L'aggressione sul treno però sì.»

«Forse quel tipo l'aveva notata» osservò Jacob. «Uno squilibrato che sceglie casualmente le vittime. Potrebbe essere.»

«Sì, certo. Ma potrebbe essere anche un'altra cosa, per questo devo fare delle ricerche.»

«Non credo che all'agenzia sapranno dirle qualcosa su mia moglie. Non sanno niente dei loro clienti. Dopo tutti questi anni è probabile che il dossier di Xenia non sia nemmeno nei loro archivi.»

«Lo scoprirò.» Era una sua impressione, o di colpo l'uomo sembrava un po' nervoso? Era difficile capirlo.

Gli porse il proprio biglietto da visita. «Può chiamarmi in qualsiasi momento. Casomai le venisse in mente qualcosa che dovessi sapere. Ci rifletta, per favore, stiamo cercando di proteggere sua moglie. In questo momento è questa la cosa più importante, e non la questione se a un certo punto della sua vita è entrata in conflitto con la legge.»

Lui prese il biglietto. «Immagino che sia a casa sua» disse, con un'espressione di odio negli occhi. «La considera la sua salvatrice, perché in treno ha avuto una reazione straordinaria. Perché non dovrebbe rifugiarsi da lei adesso?»

«Da me non saprà dove si trova sua moglie» ripeté Kate. «E tornerà da lei quando lo vorrà. È una persona libera, Mr. Paget.»

«È mia moglie. E me la riprenderò.»

Lei evitò di commentare e si diresse verso la porta. Jacob non la seguì, ma rimase in soggiorno. Kate sentì il suo sguardo trafiggerle la schiena. Fece un profondo respiro quando uscì in strada.

«Come fa a resistere Xenia?» mormorò. Era più che mai convinta che dovesse esserci qualcosa nel suo passato. Nessuna donna sarebbe rimasta spontaneamente con un tiranno del genere. Kate aveva l'impressione di non riuscire a respirare in sua presenza.

Guardò il cellulare e trovò un messaggio di Colin su WhatsApp. *Sono libero questa settimana,* c'era scritto. *Che ne dici se venissi a Scarborough oggi e stessimo insieme domani? Comincia a lavorare solo giovedì!*

Lei sorrise. A volte le dava sui nervi, ma era anche molto affettuoso. Da quando aveva smesso di voler far colpo su di lei, era diventato una persona alla mano. Kate non si sarebbe spinta al punto di definirlo *amico,* ma si era abituata a lui e lo aveva accettato nella propria vita. L'aiutava a superare la solitudine, e viceversa. C'erano motivi anche meno importanti che spingevano due persone a frequentarsi.

Mi spiace, ma non è possibile, rispose. *La situazione è complicata, perciò ho già iniziato a lavorare. Sarà per un'altra volta!*

Inviò il messaggio e guardò l'ora. Era già a metà strada da Manchester. Tanto valeva proseguire. Forse sarebbe riuscita a organizzare un incontro con la direttrice della vecchia scuola di Sophia. Compose il numero del sergente Helen Bennet per chiederle di fissare un appuntamento. Le disse anche di telefonare alla *HappyEnd* per avere conferma che Xenia e Jacob Paget si erano conosciuti tramite loro. Se si fossero rifiutati di dare informazioni per telefono, Kate avrebbe potuto farci un salto, in fondo Liverpool non distava molto da Manchester.

Ma per il momento doveva riprendersi dall'incontro con Jacob. Le veniva la pelle d'oca quando pensava a lui.

Essere single non era la condizione peggiore, pensò.

3

I bambini si avvicinarono di soppiatto alla macchina. Tommy, il più piccolo con i suoi otto anni, si teneva in disparte diffidente. Rebecca e Neil, i fratelli maggiori, si dimostravano più audaci, ma del resto avevano già dodici e quattordici anni. Erano in giro in bicicletta e, dopo essersi riforniti di muffin e ciambelle comprati in panetteria, avevano lasciato West Monkton per fare un picnic da qualche parte e passare la giornata. Era tempo di vacanze, faceva caldo e quasi tutti i loro amici erano partiti. Loro non potevano andare via perché come al solito mancavano i soldi. Non era giusto e si annoiavano. Avevano passato tutto il tempo alla ricerca di qualcosa di interessante che potesse offrire loro un diversivo. Era stato proprio il piccolo Tommy a scoprire la macchina.

«Guardate! È ferma lì già da giorni!»

Una Peugeot bianca. Parcheggiata in una piazzola di sosta della statale, proprio davanti al cancello di un pascolo di mucche. Non si notava subito a causa della folta vegetazione tutt'intorno.

«Sarà di qualche contadino» disse Rebecca.

«Era qui già la settimana scorsa» osservò Tommy. «E l'ho vista anche l'altro ieri. Sempre nello stesso posto di ora.»

«Vuoi dire che nessuno l'ha spostata?» chiese Neil aggrottando la fronte.

Tommy annuì deciso. «Esatto!»

Tommy girava molto più dei fratelli, praticamente era una cosa sola con la sua bicicletta. Non riusciva a stare fermo ed era sempre da qualche parte. Notava quasi tutto quello che succedeva nei dintorni.

«Che strano» disse Rebecca. Si erano fermati ed erano scesi dalle bici, a distanza di sicurezza dal veicolo.

«C'è dentro qualcuno?» chiese Neil.

«Non credo» rispose Rebecca. «Anche se...» Socchiuse gli occhi. «Potrebbe essere, no?»

«Un cadavere?» domandò Tommy agitato.

«Macché» fece Neil. «Se c'è qualcuno dentro, al massimo starà schiacciando un pisolino.»

«Da più di una settimana?»

«Magari lavora da queste parti» disse Neil. «E a mezzogiorno viene qui a riposare.»

«Potremmo dare un'occhiata» propose Rebecca.

Scoprire qualcosa di esplosivo era proprio quello che avevano sperato di fare in quella giornata noiosa, ma erano comunque guardinghi. Erano del tutto soli tra campi e pascoli. Non c'era anima viva, nessun'altra macchina in vista. Solo quella bizzarra Peugeot che secondo Tommy era ferma lì da giorni... Il sole si rifletteva sui vetri dei finestrini creando misteriose ombre. Per un attimo era sembrato che ci fosse qualcuno a bordo. Adesso però pareva di nuovo vuota.

«Forza, andiamo!» decise Neil.

Appoggiarono le biciclette nell'erba sul ciglio della strada e si avvicinarono lentamente a piedi. Non avrebbero saputo dire perché lo facessero, era stato un gesto di tacito accordo: senza biciclette si sentivano più piccoli, più silenziosi, più anonimi.

Neil raggiunse per primo la macchina subito seguito da Rebecca. Fu lei a superarlo quando il fratello si fermò incerto, e a guardare dentro l'abitacolo vincendo la paura.

«Non c'è nessuno!» dichiarò delusa.

A questo punto anche Neil si fece avanti. «Sul serio?»

«Sì.»

In segreto i ragazzi erano sollevati, ma sarebbe stato comunque fantastico scoprire qualcosa di raccapricciante. Qualcosa di cui vantarsi a scuola alla fine delle vacanze.

Rebecca provò a tirare la maniglia dalla parte del guidatore. La portiera si aprì.

«Non è chiusa» disse stupita.

«E c'è ancora la chiave nel cruscotto!» esclamò Neil.

«Potremmo guidarla!» propose Tommy entusiasta.

Neil lo fermò subito. «Impossibile. Nessuno di noi sa guidare. E poi non possiamo.»

«Di sicuro è molto strano» osservò Rebecca. «Una macchina aperta, ferma qui da giorni, con la chiave ancora infilata... Come se qualcuno fosse sceso un attimo per fare pipì.»

«Pensi che il guidatore sia stato ucciso?» chiese Tommy sgranando gli occhi.

Tutti tacquero.

«Dovremmo avvisare la polizia» disse infine Rebecca.

4

Xenia trasalì sentendo squillare il telefono. Il suo iPhone le era stato restituito nel tardo pomeriggio insieme alla borsa, le chiavi e i libri di scuola. La Scientifica aveva terminato i controlli e un agente di Leeds piuttosto scocciato fu costretto ad andare fino a Scarborough per riconsegnarglieli, con lo stesso entusiasmo dei poliziotti che quella notte avevano dovuto fare lo stesso lungo tragitto. A quanto sembrava tutti avrebbero preferito che fosse rimasta a Leeds, che fosse tornata a casa come si conviene a una signora per bene. Probabilmente lo avrebbe preferito anche Kate, che non sembrava affatto entusiasta di quell'ospite inatteso.

E Jacob di sicuro l'avrebbe preferito.

Sul cellulare aveva trovato tantissime sue chiamate senza risposta e una quantità esorbitante di messaggi in segreteria. Doveva aver letto a tarda sera il messaggio in cui gli comunicava di essere partita e poi si era meravigliato che non arrivasse. Ma la sua voce non manifestava alcuna vera preoccupazione, bensì una rabbia crescente. Alla fine i messaggi erano diventati così aggressivi che Xenia non ce l'aveva fatta più e li aveva cancellati senza ascoltarli. Perché sottoporsi alle sue bestemmie e alle sue minacce?

Non posso tornare a casa, pensò disperata, non posso tornare da lui. Non ce la faccio.

Per passare il tempo a casa di Kate aveva iniziato a svuotare gli scatoloni allineati lungo le pareti. Sperava che Kate ne fosse contenta e non reagisse in maniera negativa. Aveva iniziato dall'attrezzatura di cucina e ora stava sistemando negli armadietti piatti, tazze, ciotole e posate. Successivamente Kate avrebbe potuto cambiare sistemazione, ma se non altro gli scatoloni non erano più in giro. Una volta svuotati, li ripiegò e li accatastò sul terrazzo della cucina. Fuori splendeva un bel sole caldo, il giardino si apriva sereno e fiorito davanti a lei. Messy si era arrampicata su un melo e troneggiava fiera ma anche leggermente impaurita su uno dei rami ritorti. Xenia percepiva fisicamente la pace di quella giornata, di quel pezzettino di terra. Era come se qualcosa si fosse disteso dentro il suo animo rimasto troppo a lungo contratto. Aveva dimenticato cosa si provasse a non essere in tensione. Cosa si provasse a respirare liberamente. Era ovvio che la paura e la tensione fossero in agguato subito dietro l'angolo. Ma per il momento aveva trovato un'isola sicura. La pace della casa di Kate.

Aveva evitato di rispondere alle telefonate quando sullo schermo compariva il numero di Jacob. Stavolta però, dopo aver sussultato involontariamente, vide che la chiamata era di Kate e rispose subito.

«Sergente Linville? Kate?»

«Salve, Xenia. Tutto a posto lì?»

«Sì, tutto bene. Ha una casa davvero meravigliosa.»

«Grazie» rispose Kate, ma aveva un tono un po' teso.

Non vuole che mi senta troppo bene da lei, pensò Xenia.

«Dove si trova?» domandò. «Quando pensa di tornare? Potrei cucinare qualcosa per cena.»

«Sarebbe bello, purtroppo però non è possibile» rispose Kate. «Sono a Manchester. Rimarrò qui per la notte e domani andrò a Birmingham. Non sarebbe pratico tornare a casa.»

«Ah» fece Xenia delusa. Stare da sola per lei era difficile. La presenza di Kate l'avrebbe rinfrancata.

«Comunque apra pure il frigorifero e prenda quello che vuole» disse Kate. «Potrebbe anche dar da mangiare a Messy? Le scatolette sono in uno degli armadietti in cucina. E versi anche un po' di latte nella ciotola. Gliene sarei grata.»

«Ma certo, non c'è problema» la rassicurò Xenia. La sensazione di isola sicura andava già dissolvendosi. Non era ancora scesa la sera, c'era ancora luce fuori. Ma prima o poi sarebbe diventato buio e lei sarebbe stata da sola. Con una gatta.

Nessuno però sa che sono qui, pensò.

«Tornerò domani sera» le disse Kate.

Per una notte posso farcela, pensò Xenia.

Si salutarono, Xenia si mise in terrazza, cercando di ritrovare la pace che aveva avvertito fino a poco prima. Non c'era più. La magia era svanita. La paura si era di nuovo impossessata di lei. Con le sue dita gelide e spietate. Sarebbe mai passata?

No, pensò, mai.

E se dicessi tutto? Se confidassi a Kate quello che è successo?

Sarebbe finita in prigione. Jacob l'aveva pronosticato più volte. Ed era abbastanza sicura che avesse ragione.

A volte pensava di andarsene dall'Inghilterra. Di tornare in Russia. Lì aveva ancora una famiglia, le amiche di prima. Aveva sempre odiato Kirov, per il clima freddo, la desolazione e la povertà, ma lì se non altro era stata libera. Nessuno l'aveva intimidita, umiliata e minacciata. Aveva avuto paura di ritrovarsi sposata, costretta a vivere in uno dei minuscoli appartamenti dei palazzoni sovietici, con un marito e tre figli e un matrimonio destinato a fallire per le ristrettezze e la mancanza di prospettive. Invece che cosa aveva ottenuto? Abitava in una squallida villetta a schiera di un sobborgo di Leeds, con un uomo che odiava e che stava con lei solo perché era la prima donna in vita sua che non poteva scappare come avevano fatto tutte quelle precedenti. In casa non doveva esserci nemmeno un granello di polvere e in giardino l'erba non doveva crescere troppo alta. Lei esaudiva la mania di controllo di un uomo e puliva, spazzava, strappava erbacce dalla mattina alla sera. Viveva completamente contro la sua natura. Si chiedeva quando ne avrebbe scontato le conseguenze fisiche.

Lanciò un grido soffocato quando all'improvviso sentì suonare alla porta. Si alzò così impetuosamente da provare un momentaneo capogiro. Poi si dominò. Forse era la vicina di casa. O un fattorino. Non c'era motivo di farsi prendere dal panico.

Attraversò la cucina e il corridoio e cercò di sbirciare dalla finestrella accanto alla porta, ma il visitatore doveva essere troppo a destra e non riusciva a vederlo.

«Chi è?» domandò.

Nessuna risposta.

«Chi è?» ripeté un po' più forte.

Di nuovo silenzio.

Forse non avevano suonato, forse si era sbagliata.

Fu assalita da un oscuro presentimento. Si girò, tornò indietro, perché si era resa conto che la porta della terrazza era rimasta aperta e sarebbe stato meglio chiuderla.

Entrò in cucina e andò a sbattere contro Jacob che entrava in quel momento.

«Ma guarda» le disse. «Lo sapevo che ti avrei trovata qui.»

Lei lo fissò sgomenta. «Che cosa ci fai qui?» gli chiese poi con voce tremante.

Lui fece dondolare le chiavi della macchina. «Sono venuto a prenderti.»

Come faceva a sapere dov'era? Era impossibile che glielo avesse rivelato Kate.

Come se le avesse letto nel pensiero, Jacob disse: «Quella Linville è venuta da me oggi pomeriggio. Mi ha tempestato di domande sul tuo passato. Non è stupida. Ha capito che c'è sotto qualcosa. Temo che non mollerà l'osso tanto in fretta.»

«Ma…»

«Quando se n'è andata, ho cominciato a pensare. A come mi avevi parlato di lei dopo la storia in treno. L'avevi dipinta quasi come una santa. La tua salvatrice, la tua protettrice. Allora ho pensato che era plausibile che fossi venuta a rifugiarti da lei. Dopo la terribile esperienza di ieri notte.»

«Ieri notte è stato…»

«Lo so, è stato un falso allarme. Il tuo solito modo isterico di reagire alle cose. Hai fatto ammattire tutti e hai anche danneggiato la macchina.»

«Mi dispiace.»

«Certo. Ti dispiace sempre, dopo.» La scrutò con gelido disprezzo. «Ti dispiace sempre, quando rompi le cose. Ti dispiace di essere grassa, che non mi vada più di toccarti. Ti dispiace quando ogni giorno mi servi una sbobba che nessuna persona normale riuscirebbe a mandare giù. Ti dispiace sempre di tutto. Ma sai che cosa mi fa imbestialire di te? Che ti limiti sempre alle parole. *Mi dispiace, mi dispiace.* Ma non fai niente per cambiare. Non sei disposta a cambiare.»

«Ci provo…»

«Non provi proprio un bel niente. Ma di questo possiamo parlare dopo. Adesso voglio tornare a casa.»

«Come facevi a sapere l'indirizzo di Kate?» domandò lei. La sua voce tremava sempre di più. L'idea di dover tornare a casa con lui le faceva quasi venire la nausea.

Lui sogghignò. Si sentiva molto astuto e molto perspicace. «Ti ho detto che oggi è venuta da me. Si è presentata come funzionaria del CID di Scarborough. Allora ho pensato che dovesse abitare da queste parti. A Scarborough o nella zona. Ho consultato l'elenco telefonico in rete. Ci sono due Linville, uno con un indirizzo in centro a Scarborough, e l'altro, *R. Linville*, a questo indirizzo di Scalby. Prima sono passato in centro, e mi ha aperto una donna che doveva avere come minimo ottant'anni e non conosceva nessuno che di nome facesse *Kate*. Allora sono venuto qui, anche se non riuscivo a capire l'iniziale *R.* Quella poliziotta è sposata? Certo che ci sono uomini che hanno gusti ben strani in fatto di donne.»

«Non è sposata» rispose Xenia. «R. è l'iniziale del nome del padre che abitava qui.» Kate le aveva raccontato di aver ereditato la casa da lui.

I pensieri le affollavano la mente come uccelli disperati chiusi in gabbia. Non poteva andare con lui. Sarebbe morta se fosse tornata da lui. Sarebbe morta perché le sarebbe mancata la forza interiore per andare avanti.

«Chi se ne importa» disse Jacob. «Fatto sta che ti ho trovata. Sbrigati. Voglio tornare a casa e ho fame.»

«Non posso venire con te» si sorprese a dire lei.

Lui la guardò allibito. «Come?»

«Non posso.»

«Non puoi?»

«No. Non ne posso più.»

Lui socchiuse gli occhi. «Sei completamente fuori di testa.»

«Può darsi. Ma non ne posso più.»

La sua espressione si fece di ghiaccio. «Allora sai che cosa dovrò fare? Te l'ho sempre detto.»

Lei non rispose.

«Dovrò andare dalla polizia» proseguì lui.

Lei continuò a rimanere in silenzio. Si sentiva tesa come una molla.

«Già» fece lui. «Se proprio vuoi finire in prigione... Anche la stampa ti farà a pezzi. All'epoca era stata una storia inconcepibile. Se tornerà fuori, per te sarà la fine.»

Per la seconda volta quella sera suonarono alla porta.

«Maledizione» disse Jacob. «Chi diavolo può essere?»

Xenia corse verso la porta d'ingresso prima che Jacob avesse il tempo di reagire.

La spalancò e si trovò davanti uno sconosciuto.

Lui la fissò altrettanto stupito.

«E lei chi è?» domandò lui dopo qualche secondo.

«Xenia Paget.»

«Ah. Io sono Colin Blair.» Sbirciò in casa alle spalle di lei. «Dov'è Kate?»

5

Kate era seduta in un piccolo pub nel centro di Manchester, proprio accanto all'hotel dove aveva prenotato una stanza. L'albergo e la camera erano di uno squallore insuperabile, in compenso costavano pochissimo e Kate non voleva cominciare la sua carriera nel CID di Scarborough con una nota spese esagerata. L'ispettore Stewart non poteva avere obiezioni su quella bettola. Sarebbe stato assurdo tornare a casa la sera per poi ripartire il mattino dopo per andare a Birmingham, dove era nata Sophia Lewis, visto che da Manchester era molto più comodo. Inoltre a casa sua c'era qualcuno che poteva occuparsi di Messy durante la sua assenza e in tal senso l'ospite inaspettata le faceva comodo.

Helen Bennet era effettivamente riuscita a mettersi in contatto con la direttrice della Chorlton High School di Manchester e a fissare un appuntamento per Kate. Non era stata un'impresa semplice, nel bel mezzo delle vacanze estive, ma per fortuna la signora, Lydia Myers, non era andata via e si era resa disponibile a ricevere Kate a casa sua. Ma quella pista si era rivelata inconcludente. Lydia Myers ricordava il caso di quello studente con i genitori infuriati, ma riteneva del tutto impossibile che qualcuno della famiglia avesse potuto ricorrere a metodi criminali per sfogare la collera.

«Inoltre» aveva aggiunto, «la famiglia non risiede più in Inghilterra da parecchio tempo.»

«Ah, no?»

«Si sono trasferiti a Dubai poco tempo dopo. Il padre ha a che fare con la gastronomia.»

«E abitano ancora lì? Compreso il figlio?»

«A quanto ne so, sì. Ma posso controllare. Una delle nostre colleghe è rimasta in contatto.»

«Sarebbe gentile da parte sua.» Era assurdo. Non sembrava esserci nessun appiglio da cui partire. «Le viene in mente qualche altro caso? Un altro studente a cui Sophia ha rovinato il diploma, che l'aveva minacciata perché gli aveva dato voti bassi? Sophia era impaurita. Non ne parlava apertamente, ma il suo ex ragazzo è convinto che ci fosse qualcosa. Qualcosa che l'ha spinta a scappare a precipizio a Scarborough per insegnare in un'altra scuola.»

Lydia Myers ci aveva pensato su, sforzandosi visibilmente, ma non le era venuto in mente nessun episodio abbastanza significativo che potesse essere messo in relazione con i fatti di Stainton Dale. Aveva promesso di parlarne con gli altri colleghi, accennando tuttavia al fatto che sarebbe stato possibile solo al termine delle vacanze.

Kate allora aveva fatto l'unica domanda che faceva sempre: «Il nome Xenia Paget le dice qualcosa? Sophia l'ha mai nominata?»

«No, mai sentita. Chi è?»

«Un possibile collegamento. Ma non sembrano esserci punti di contatto.» Kate aveva ringraziato la donna per la sua disponibilità, aveva cercato un albergo e poi era entrata nel pub per mangiare un boccone, dato che non toccava cibo da colazione. Ordinò patatine e una birra scura.

Mostruosamente salutare, pensò divertita.

Il cameriere le aveva appena portato l'ordinazione che il suo cellulare squillò. Era Helen Bennet. Sembrava in preda all'agitazione.

«Sergente, ho appena parlato con la responsabile di *HappyEnd.* L'agenzia matrimoniale.»

«Sì, ricordo» rispose Kate. «Quindi?»

«Ecco, a quanto pare Jacob e Xenia Paget non dicono la verità. Non si sono conosciuti tramite l'agenzia.»

«Ah, no?» ribatté Kate perplessa.

«No. Jacob risulta registrato nel loro archivio da parecchio tempo. All'epoca gli furono presentate diverse donne. Si è recato in Russia due volte per incontrare possibili partner, ma non ne è venuto fuori niente perché è troppo puntiglioso. La responsabile si ricorda di lui. Ha fatto un sospiro quando gliel'ho nominato. 'Un cliente estremamente difficile', lo ha definito.»

«E?»

«Ecco, una di quelle donne in seguito è venuta in Inghilterra, ma non si chiamava Xenia Paget. Per sicurezza le ho mandato una foto di Xenia, ma ha escluso che si trattasse di lei. L'altra donna è rimasta solo due settimane, poi è ripartita. Non ha resistito più a lungo con lui.»

«Non mi sorprende» disse Kate.

«Sì, poi ci sono state altre offerte da parte dell'agenzia, ma Jacob le ha rifiutate tutte. Ha smesso di andare in Russia. A un certo punto non si è più fatto vivo. L'agenzia allora ha smesso di mandargli foto e curriculum di possibili partner russe. Non sono mai arrivati a una vera trattativa.»

«Questo è qualcosa» disse Kate pensierosa. «Credo che stia molto attento ai soldi. Jacob Paget. È possibile che abbia conosciuto una donna in Russia e l'abbia rifiutata, per poi ricontattarla di sua iniziativa? Per risparmiare i costi dell'intermediazione? L'agenzia non può evitare una cosa del genere.»

«Sarebbe plausibile» confermò Helen. «Non gliel'ho chiesto, ma penso che potrebbe essere successo.»

«Se avesse contattato Xenia in questo modo...»

«... lei in precedenza avrebbe dovuto essere nella banca dati dell'agenzia. Xenia Sidorowa da Kirov. La responsabile ha controllato. Xenia non è mai stata registrata.»

«Magari con un altro nome?»

«No. Vogliono vedere i documenti, se ne fanno sempre mandare una copia. È un'agenzia molto seria in apparenza. Xenia si sarebbe potuta registrare sotto falso nome sulla piattaforma Internet, casomai avesse voluto evitare che i suoi conoscenti scoprissero le sue intenzioni, anche se sarebbe stato naturalmente difficile per via della foto. In ogni caso l'agenzia avrebbe conosciuto il nome vero. Ed esso non compare da nessuna parte.»

«Allora perché i Paget mentono su questo punto?» domandò Kate.

«Perché si sono conosciuti in circostanze delle quali preferiscono non parlare» disse Helen. «Potrebbe essere questo il punto decisivo.»

«La paura» ragionò Kate. «La paura di Xenia Paget. Potrebbe derivare da lì.»

La storia della piscina gonfiabile nella quale nostro figlio avrebbe cercato di annegare una bambina fu amplificata in maniera incredibile sia dal personale della scuola materna, sia dai genitori. A mio avviso la direzione della scuola la considerava l'occasione giusta per sbarazzarsi di Sacha, considerato un insopportabile guastafeste. Fu indetta una riunione speciale alla quale fummo convocati anche Alice e io insieme ai genitori della bambina, il consiglio dei genitori e la direttrice della struttura. Alice però si rifiutò di partecipare.

«È come un tribunale. Non voglio farmi giudicare da quella gente.»

Sarebbe stato comunque quasi impossibile, perché era distrutta. Aveva toccato il fondo. Era stata sul punto di rialzarsi psichicamente, di cominciare a intravedere un raggio di luce, ma questa storia l'aveva fatta precipitare di nuovo nel baratro.

Che cosa era successo veramente?

Siccome faceva caldo, le educatrici avevano sistemato in giardino due piscine gonfiabili. Molto piccole, con pochissima acqua. Era impossibile che un bambino annegasse lì dentro, l'acqua arrivava al massimo alle caviglie. Dovevano servire per giocare un po', rinfrescarsi, mettere a galleggiare animaletti di plastica. Schizzare gli altri bambini. Cose del genere. E comunque, la direzione della scuola ci tiene a sottolinearlo, le educatrici naturalmente erano sempre presenti per tenere d'occhio la situazione.

Stando ai racconti Sacha era stato entusiasta, si era seduto in una delle piscine e non era più uscito. Aveva con sé un bicchiere che riempiva d'acqua e poi svuotava, ridendo contento e gridando parole incomprensibili. (Il racconto ovviamente mi fece deprimere ancora una volta. Avrebbe compiuto cinque anni a settembre. Il suo ritardo mentale oramai era più che manifesto.)

A un certo punto una bambina di tre anni, la piccola Careen, si era seduta in acqua con lui. Tutto sembrava tranquillo.

Poi uno dei bambini era caduto mentre giocava su una struttura per arrampicarsi e si era messo a urlare come un ossesso e tutte le educatrici erano corse da lui per vedere se si fosse fatto male. In realtà si era solo sbucciato un ginocchio, ma la ferita sanguinava molto, così erano stati presi i cerotti e il disinfettante e c'era un po' di confusione. Per questo, come sottolinearono tutti, gli altri bambini erano stati trascurati per qualche minuto.

Mentre tutti si affaccendavano intorno al bambino caduto, una bambina era arrivata di corsa gridando «Sacha vuole annegare Careen!» e agitando le braccia.

Le insegnanti avevano lasciato il bambino con il ginocchio insanguinato ed erano corse verso la piscina dove Sacha era seduto fin dal mattino. Careen nel frattempo era riuscita a liberarsi, perché era in piedi accanto alla vasca, ma aveva i capelli bagnati, era rossa in viso e piangeva disperata. Sacha era sempre seduto nell'acqua e stringeva forte il suo bicchiere. Anche lui piangeva, ma in silenzio. Quando lo tirarono fuori, non oppose resistenza.

Non disse niente sull'accaduto. Neppure una parola.

C'era solo la testimonianza della bambina che era andata a chiamare aiuto e quella di Careen. Per il resto nessuno aveva notato niente, il che non aveva alcuna importanza, dal momento che tutti giocavano e come al solito nessuno badava allo «stupido Sacha».

A quanto sembrava, Careen, affascinata dall'attività di Sacha con l'acqua, aveva cercato di toglierlgli il bicchiere per fare come lui, ma Sacha non aveva voluto darglielo. Il bicchiere allora era caduto nell'acqua e Careen se l'era preso. Sacha quindi aveva fatto un salto verso di lei finendole sopra e spingendola sott'acqua.

«Non mi sembra un gesto premeditato» protestai alla riunione a cui ero presente senza Alice. «Voleva riavere il suo bicchiere ed è inciampato. Certo, è stata una cosa grave, ma di sicuro Sacha non aveva cattive intenzioni. Non voleva certo annegare una sua compagna.»

La madre di Careen vedeva le cose in maniera del tutto diversa. «Mia figlia aveva il viso sott'acqua. Si è difesa con forza. Suo figlio è rimasto sdraiato su di lei, schiacciandola con il proprio peso. Lei questo come lo chiamerebbe, se non voler annegare, mi scusi?» Aveva pronunciato le ultime parole quasi urlando. Era piena di aggressività, fin dal principio. Il marito le posò una mano sul braccio, ma lei lo scrollò via. «Se questo piccolo mentecatto pericoloso resta qui, toglierò mia figlia. E denuncerò l'episodio alla stampa. Scoppierà uno scandalo, ve lo assicuro!»

La direttrice della scuola materna era sgomenta.

«Mr. Walsh...» Si girò verso di me.

Sapevo di aver perso da tempo. Probabilmente non avevano il diritto di buttare fuori Sacha. Avrei potuto insistere legalmente perché potesse rimanere nella struttura. Si capiva benissimo che la direttrice temeva di ricevere una pubblicità negativa. Fatto sta che Careen in effetti sarebbe potuta annegare. Nessuna delle educatrici si era accorta di niente. Era stato troppo rischioso usare le piscine gonfiabili? Anche durante innocui bisticci – perché ero convinto che di questo si era trattato – poteva succedere una tragedia. Non avrebbe dovuto esserci almeno una sorvegliante a controllare i bambini mentre le altre si occupavano di quello caduto? Con queste domande avrei potuto creare grossi problemi alla scuola. Ma a che scopo? Sacha non sarebbe più stato contento lì, era stato un emarginato fin dall'inizio, adesso lo era ancora di più. Non lo volevano. Né le educatrici, né gli altri genitori. Nessuno si sforzava di capirlo. Sacha era il bambino disturbato che aveva cercato di annegare una sua compagna. Come avrebbe potuto trovare un po' di normalità in un posto del genere?

E così Sacha smise di frequentare la scuola materna e rimase a casa con Alice, la cui depressione mi preoccupava sempre di più. Era l'ombra di se stessa. Agiva come un automa, compiva i suoi doveri senza la minima gioia, e portava Sacha da logopedisti, osteopati, naturopati di ogni genere, ma aveva sempre l'aria di chi non si aspetta più niente di buono dalla vita.

Tutto questo solo perché volevamo un figlio, mi capitava di pensare. Perché avevamo questo normalissimo desiderio di avere una famiglia.

E poi, una piovosa sera di ottobre, tornai a casa aspettandomi di trovare Alice sdraiata come sempre apatica sul divano con Sacha davanti alla tivù. Passava il tempo così, perché Alice non aveva più l'energia di occuparsi di lui. Guardava porcherie idiote e spesso pensavo che, se non fosse già stato mentalmente ritardato, lo sarebbe diventato a causa di quel genere di programmi.

Avevo fatto la spesa e avrei preparato la cena per tutti. Alice non riusciva più a fare nemmeno questo.

Con mia sorpresa non la trovai sul divano. La vidi uscire dal bagno. Portava una tuta macchiata e aveva i capelli sporchi, ma non aveva l'incarnato grigio come al solito. Le guance erano arrossate, quasi febbricitanti.

«Alice» la chiamai spaventato. «Cosa succede?»

Mi fissò. «Non è possibile» mormorò.

«Che cosa?»

Solo adesso notai la bacchettina bianca che teneva in mano. Un test di gravidanza. Come li conoscevo bene. Quante volte eravamo rimasti a fissarli, sempre invano.

Me lo porse. Io vidi chiaramente le due strisce nella finestrella.

Trattenni il fiato. «Alice...»

«Credo di essere incinta» disse.

Sembrava sopraffatta. Più incredula che felice.

La visita dal dottore il giorno dopo confermò la diagnosi. Alice era al secondo mese di gravidanza. Nel maggio dell'anno successivo avremmo avuto un bambino.

Mercoledì, 31 luglio

1

Xenia si destò di soprassalto da un sonno leggero e inquieto, senza sapere che cosa l'avesse svegliata. Cercò a tentoni il cellulare che aveva lasciato per terra accanto al materasso sul quale dormiva e guardò l'ora: era quasi l'una di notte.

Sospirò. Non vedeva l'ora che facesse giorno. Allora forse le sue paure si sarebbero dissipate almeno in parte. I problemi, però, sarebbero rimasti. Anzi, erano diventati persino più incalzanti.

Con la luce dello schermo cercò la gatta che aveva dormito acciambellata ai suoi piedi. Messy non c'era più.

Xenia si alzò e scrutò intorno a sé. Messy era sulla porta. Stava molto diritta, la testa allungata e il manto arruffato, le orecchie rivolte in avanti. Appariva tesa e in ascolto di qualcosa.

Xenia si alzò e si accovacciò accanto alla gatta.

«Che succede?» bisbigliò. Colse le vibrazioni dell'animale sotto la mano. Messy ringhiava.

Qualcosa non andava.

Alla fine Jacob era tornato. Probabilmente stava cercando di entrare in casa. L'arrivo di Colin Blair la sera prima l'aveva salvata. Un amico di Kate che era venuto a trovarla pensando che non stesse ancora lavorando. Sarebbe dovuta entrare in servizio al CID di Scarborough solo dal 1° agosto. Jacob era rimasto turbato dalla comparsa dello sconosciuto. Xenia non escludeva che sarebbe stato pronto a trascinarla fino alla macchina anche con la forza, ma alla presenza del nuovo arrivato ci aveva rinunciato.

«Allora, vieni o no?» le aveva chiesto, dopo che Colin Blair aveva lasciato lo zaino nell'ingresso, evidentemente deciso a rimanere anche se Kate non era in casa.

Pur sapendo che era una dichiarazione di guerra, Xenia aveva risposto di no.

«Te ne pentirai» aveva sibilato Jacob. «Te ne pentirai amaramente!»

Era salito in macchina ed era partito facendo ruggire il motore e stridere le gomme.

Colin aveva osservato la scena con espressione perplessa. «Che gli è preso? Sono forse arrivato nel momento sbagliato?»

Xenia scosse il capo. «È arrivato proprio nel momento giusto.»

Il ghiaccio tra di loro si era rotto definitivamente quando era stato chiaro che Colin sapeva chi fosse Xenia e che era stato sul treno con Kate al momento della sparatoria. Era entusiasta di conoscerla. Xenia si accorse velocemente che aveva a che fare con un detective dilettante, che si annoiava quasi a morte nel suo lavoro di esperto informatico per un'azienda londinese e nutriva una cieca ammirazione per Kate e il suo lavoro.

«Purtroppo» si lamentò «non mi racconta quasi niente. Non può farlo per il segreto professionale.»

Lui e Kate si erano conosciuti due anni prima tramite la piattaforma *Parship*, ma tra di loro non era scoccata la scintilla decisiva. Erano comunque legati da una specie di amicizia, in apparenza più cercata da Colin che da Kate. Xenia era stupefatta che Kate avesse cercato, o cercasse ancora di trovare un partner in rete. Per qualche motivo aveva creduto che fosse una single convinta, perfettamente soddisfatta della sua vita, con una professione entusiasmante, una bella casa e la gatta. Ora si rendeva conto di essere stata stupida. Kate è una persona come tutte, pensò. Era ovvio che desiderasse una relazione.

Era stata una bella serata. Colin aveva ricavato una cena squisita dalle poche provviste nella cucina di Kate e Xenia l'aveva osservato seduta a tavola. Aveva raccontato di nuovo l'episodio del treno e poi la brutta esperienza della sera precedente, quando si era trovata davanti una macchina di traverso sulla strada ed era stata assalita dal panico. Gli aveva parlato del suo matrimonio, che somigliava sempre di più a un inferno e Colin l'aveva ascoltata ed era riuscito a fare le domande giuste. Lo trovava simpatico. Molto più simpatico di quanto fosse mai stato Jacob.

A un certo punto si era ritirata nella camera degli ospiti, momentaneamente corredata solo da un materasso per terra e una sedia in un angolo, oltre a diversi scatoloni ancora da svuotare.

Colin si era messo a dormire su un divanetto in salotto. Xenia era contenta che fosse in casa. Da sola si sarebbe sentita molto più spaventata.

Messy emise un ringhio deciso.

A Xenia sembrò di sentire nuovamente un rumore che proveniva da sotto. Forse dalla porta in cucina che conduceva sulla terrazza?

Jacob? C'era da aspettarsi che tentasse di intrufolarsi nuovamente in casa. Non era una persona capace di accettare la sconfitta, e l'onta di essersene dovuto andare senza di lei lo aveva ferito così tanto nell'orgoglio che non avrebbe mai lasciato perdere.

Ma c'era anche un'altra possibilità. Lo sconosciuto del treno non aveva ancora portato a termine il lavoro.

Xenia si alzò e socchiuse cauta la porta. Messy si fiondò fuori e scomparve chissà dove nell'oscurità della casa. Xenia rimase in ascolto. Non sentiva alcun rumore. Magari si sarebbe convinta di essersi sbagliata, ma il comportamento della gatta era inconsueto. Messy aveva chiaramente colto qualcosa. Magari un topo in cucina, pensò Xenia cercando di riderci su.

Non ci riuscì.

Scese in silenzio le scale. Gli occhi si erano abituati all'oscurità fiocamente rischiarata dalla luna che faceva capolino dietro le nuvole e dai lampioni lungo la via. Il clima estivo dei giorni precedenti sembrava essere giunto a un punto di svolta.

Anche di sotto era tutto tranquillo, l'unico suono era il lieve russare che proveniva dal salotto. Nonostante la scomoda sistemazione, Colin dormiva sodo.

«Messy?» chiamò Xenia sottovoce.

Nessuna reazione. Si intrufolò in salotto.

«Colin?» bisbigliò.

Colin si destò di soprassalto, accese immediatamente la lampada a stelo accanto a sé e si mise seduto sul divano. Aveva i capelli che gli sparavano in tutte le direzioni.

«Che succede?» chiese spaventato.

«C'è qualcuno» bisbigliò Xenia. «Alla porta della cucina.»

«Alla porta della cucina? Ne sei sicura?»

«Anche Messy è agitata.»

Colin si alzò dal divano e andò in cucina in maglietta e boxer. Accese la luce. Messy era davanti alla porta e miagolava.

«Penso che voglia uscire a dare la caccia ai topi» disse Colin. Stava per aprire la porta ma Xenia lo bloccò. «No! Non farlo!»

«Perché no?»

«Potrebbe esserci qualcuno.»

«E chi?»

«Mio marito. O il tipo del treno.»

Colin esitò. Aveva conosciuto il poco raccomandabile Jacob Paget ed era stato a bordo del treno. Xenia non gli sembrava fuori di testa o isterica. Poteva capire le sue paure.

«Vuoi che chiamiamo la polizia?»

«No!» rispose Xenia sgomenta.

«Perché no?»

«Perché qui siamo dalla polizia » rispose Xenia, poi si girò per non fargli vedere che aveva le lacrime agli occhi.

«È vero, ma Kate non c'è.» Le prese il braccio. «Perché hai tutta questa paura, Xenia?»

«Mi hanno sparato. Avresti paura anche tu.»

«Sì, ma io non avrei paura della polizia» obiettò Colin.

Lei si affondò le unghie nei palmi delle mani. Il dolore sembrò alleviare in parte la sofferenza interiore, neutralizzandola. «Me ne devo andare da qui, Colin. Forse lo sconosciuto del treno sa dove sono, e allora sono in pericolo. Oppure Jacob vuole mettermi alle calcagna la polizia.»

«In che modo potrebbe farlo?» esclamò Colin. «Sei *tu* quella che è stata aggredita da uno squilibrato! Tu non perseguiti nessuno!»

«Le cose sono più complicate di così» bisbigliò lei. «Potresti portarmi via da qui?»

«Ora?»

«Sì.»

Colin ci pensò su. In realtà era una situazione perfetta per i suoi gusti. Il problema della sua vita era che non succedeva mai niente e adesso si ritrovava suo malgrado coinvolto in un caso poliziesco. Veramente era successo già una decina di giorni prima sul treno per York. Era stato un tormento tornare a Londra, senza ricevere notizie da Kate e rimanendo del tutto all'oscuro circa gli sviluppi della faccenda. Per questo si era recato di nuovo a Scarborough ignorando il messaggio di Kate che gli diceva di non avere tempo. Bene, stava già lavorando. Non era un problema. Durante la giornata lui poteva rendersi utile in casa sua, svuotare gli scatoloni, fissare mensole e cose simili, e la sera, quando lei tornava, magari gli avrebbe raccontato qualcosa.

Inaspettatamente le cose erano diventate ancora più esaltanti. Aveva conosciuto Xenia, la donna del treno. E lei lo stava implorando di aiutarlo. Colin si sentiva molto importante ed era una sensazione che gli piaceva oltremisura.

«Ma dove possiamo andare?» domandò. Ovviamente c'era il suo appartamento a Londra. Tuttavia lì sarebbe stato di nuovo molto lontano. Inoltre si domandava quali conseguenze avrebbe avuto il suo gesto sull'amicizia con Kate. Non aveva dubbi che non sarebbe stata affatto d'accordo con le sue riflessioni. Si sarebbe aspettata che in una situazione del genere lui la contattasse immediatamente e non agisse di sua iniziativa. Tuttavia gli sembrava inutile provare a telefonarle in presenza di Xenia. Si sarebbe potuto chiudere in bagno, ma per qualche motivo non gli andava di farlo. Xenia si fidava di lui. Non voleva deluderla.

«D'accordo» disse. «Hai paura. Lo capisco. Ma non sarebbe meglio aspettare domattina?»

Lei era completamente dominata dal panico. «No. Jacob potrebbe parlare con la polizia in qualunque momento.»

«Allora ce ne andremo. Ma resteremo in zona. Altrimenti Kate si arrabbierà tantissimo con me. Cercheremo un bed & breakfast. In realtà è troppo tardi. Passeremo la notte in macchina.»

«Sì, va bene.» Per Xenia l'importante era andarsene. Durante la serata gli era sembrata più calma. Il rumore alla porta, ammesso che ci fosse stato per davvero, sembrava aver scatenato tutte le sue paure. Colin riteneva che agisse in maniera del tutto irrazionale, ma era convinto che al momento non sarebbe riuscito a farle cambiare idea. Forse si sarebbe calmata se si fosse sottratta all'ambito d'influenza di Jacob. Sembrava più terrorizzata da lui e da una sua possibile telefonata alla polizia che dal pazzo che aveva tentato di ucciderla in treno.

Nel frattempo Messy aveva cambiato idea e non voleva più uscire. Andò in salotto e si acciambellò sul divano lasciato libero.

«Le lasceremo dei croccantini e dell'acqua» disse Colin. «Quando sarà di ritorno Kate?»

«Domani» rispose Xenia, poi si corresse. «Oggi. È già oggi.»

«D'accordo, allora non ci sono problemi con Messy.» Guardò Xenia negli occhi e disse in tono deciso: «Però voglio sapere che cosa succede. Dovunque ci fermeremo, dovrai raccontarmi la verità. La tua paura della polizia... Voglio dire, non hai l'aria di una serial killer, ma c'è qualcosa che non va e alla fine mi ritroverò nei guai anch'io. Mi dirai che cosa succede?»

Lei annuì. «Speriamo di arrivare alla macchina» bisbigliò.

Quelle parole lo turbarono leggermente, ma si sforzò di apparire calmo. «Non c'è più nessuno. Ammesso che prima ci fosse. C'è troppa luce. Penso che possiamo arrischiarci a uscire.»

«Sì» alitò Xenia.

2

Quel mattino l'ispettore Robert Stewart aveva appena messo piede nell'ufficio quando il telefono sulla sua scrivania si era messo a squillare, senza dargli nemmeno il tempo di andare a prendere un caffè. Imprecò tra sé. Aveva passato la notte a rigirarsi nel letto ed era stanchissimo. Aveva sperato di avere il tempo di rimettersi un po' in forze prima che volessero qualcosa da lui.

«Il dottor Dane» annunciò la centralinista.

Robert si sentì subito più lucido. «Sì, me lo passi!»

La notizia migliore della giornata, della settimana, sarebbe stata sentirsi dire che le condizioni di Sophia Lewis permettevano di interrogarla. Un dono dal cielo. Probabilmente Sophia Lewis non era l'unica chiave in questo caso tanto ingarbugliato, ma l'altra chiave, Xenia Paget, era altrettanto inavvicinabile e loro brancolavano sempre nel buio. C'era da impazzire, per questo restava sveglio la notte. In passato non gli era mai successo, neppure durante i casi più intricati. Perché non era toccato a lui pronunciare l'ultima parola. La responsabilità era stata di Caleb. Imparerò, si disse, mi occorre solo un po' di tempo.

Il dottor Dane mandò subito in frantumi la sua speranza di poter correre all'ospedale per parlare con Sophia.

«Ancora non è in grado di parlare» disse, «ma le sue condizioni si vanno stabilizzando. È un enorme progresso.»

Robert pensò che solo un medico poteva rallegrarsi che una paziente, la quale non poteva né parlare né muoversi, si stesse comunque stabilizzando. Per lui non era altro che un incubo spaventoso: essere inchiodato a letto immobile e senza riuscire a comunicare. Limitarsi a respirare. In sostanza era l'unica cosa che poteva fare Sophia. La sua vita si riduceva a questo. Inspirare ed espirare.

Forse per sempre.

Al suo posto Robert avrebbe desiderato che anche la respirazione si fermasse per poter morire.

«Non può nemmeno scrivere?» si accertò, più per sfuggire ai suoi tetri pensieri che nella speranza di ottenere una risposta positiva.

«No. Non è in grado di muovere le braccia. Ma cominciano a esserci i primi segnali di riflessi. È possibile che la sua situazione possa migliorare.»

«Però non potrà...»

«No. Non tornerà alla sua vita precedente. Resterà paralizzata. Ma con molta fisioterapia e molto allenamento forse riacquisterà qualche funzione in più rispetto a ora. Però non voglio promettere troppo. Non si può mai sapere.»

«È possibile fare una previsione, per quanto vaga, su quando potrò interrogarla?»

«Purtroppo no. Ma il motivo per cui l'ho chiamata era per informarla che domani la trasferiremo.»

«La trasferite? Dove?»

«Nelle sue condizioni non possiamo più offrirle le cure migliori. È stabile, ma ora ha bisogno di stimolazioni. E non bisognerebbe perdere troppo tempo.»

«Andrà in una struttura di riabilitazione?»

«Sì, a Hull. C'è un centro davvero ottimo. Cure mediche di altissimo livello e personale estremamente qualificato. Apparecchiature all'avanguardia. Noi qui non le abbiamo. Siamo un normale ospedale.»

«Hull.» Era a più di un'ora di viaggio. Poco importava. Sarebbe andato dovunque, una volta che lei fosse stata in grado di parlare.

«Ispettore, vedrà che riuscirà a parlarle» disse Dane. «Presto. Ne sono convinto.»

«Mi fa piacere» rispose Robert. Era una prospettiva confortante. Anche se un investigatore ragionava secondo una dimensione temporale diversa rispetto a un medico. Un dottore sapeva che ogni processo di guarigione aveva bisogno dei suoi ritmi, e che il tempo nella maggior parte dei casi lavorava a favore del paziente. Nelle indagini di polizia, a parte poche eccezioni, funzionava esattamente al contrario. Il tempo che passava senza progressi decisivi in genere lavorava a favore del colpevole. Ogni giorno gli indizi si raffreddavano un po' di più.

«D'accordo» disse. Non c'era niente da fare. Il dottor Dane non poteva accelerare i tempi, nemmeno se ora gli avesse tenuto una lezione sul lavoro di indagine. «Mi metterò in contatto con i medici di Hull per essere tenuto aggiornato.»

«Bene» disse Dane. «Un'altra cosa. La scorta resta valida? L'agente che è di piantone davanti alla sua camera l'accompagnerà domani?»

Robert ci pensò su. Tenere un agente ventiquattro ore al giorno in un corridoio d'ospedale era un lusso che non potevano permettersi a causa della carenza di personale e di fondi. Tuttavia gli era sembrato opportuno farlo all'ospedale di Scarborough. I giornali avevano riferito delle gravi condizioni in cui versava Sophia e l'aggressore poteva sapere dove era ricoverata. Questo rappresentava un rischio concreto. Ma ora la situazione sarebbe cambiata. Il colpevole non sapeva che Sophia sarebbe stata trasferita. E inoltre c'erano istituti di riabilitazione un po' dovunque.

Per un attimo si domandò che cosa avrebbe deciso Caleb, poi scacciò il pensiero. Adesso il capo era lui. Doveva decidere in autonomia, non seguendo le orme del suo predecessore.

Il suo predecessore *alcolizzato*, precisò tra sé. Già da parecchio tempo la capacità di Caleb di prendere decisioni sensate era stata discutibile. A tale proposito non era certo un metro di paragone.

«L'agente resterà fino a domani» rispose, «poi sarà sollevato dall'incarico e non parteciperà al trasferimento. È tuttavia necessario mantenere confidenziale l'indirizzo dell'istituto di riabilitazione.»

«D'accordo» disse Dane.

I due si salutarono. Appena conclusa la telefonata, il cellulare di Stewart suonò. Evidentemente per il momento avrebbe dovuto rinunciare al caffè.

«Sì» rispose impaziente.

Era Kate che lo chiamava da Manchester. Lo informò della scoperta fatta da Helen: che Jacob e Xenia Paget non si erano conosciuti tramite un'agenzia matrimoniale, quanto meno non quella indicata da Jacob.

«E allora?» chiese Robert. Gli sembrava irrilevante determinare come e dove si fossero conosciuti quei due. A suo parere Kate dava troppo peso a un particolare che rappresentava solo una perdita di tempo.

«Sarebbe opportuno verificare perché entrambi abbiano mentito in proposito» disse Kate.

«Sì, va bene. La signora Paget è sempre a casa sua?»

«Sì. Tuttavia stamattina non sono riuscita a raggiungerla né sul numero fisso né sul cellulare, ma forse è in giardino e non ha sentito le chiamate. Eventualmente potrebbe fare un salto a controllare?»

«D'accordo.» Era superfluo, ma sempre meglio che restare lì senza far niente.

Puro impulso ad agire, pensò.

«Grazie. Io sto per partire per Birmingham e cercherò di parlare con il padre di Sophia Lewis. Sulla via del ritorno mi fermerò a Leeds per fare altre domande a Jacob Paget. Deve spiegarmi perché ha mentito.»

«Va bene. A proposito: domani mattina Sophia Lewis sarà trasferita in un centro di riabilitazione a Hull. Ancora non può essere interrogata, ma il dottore è fiducioso.»

«È una bella notizia» disse Kate.

3

Constance Munroe aveva gli occhi rossi e una faccia terrea e sfinita quando aprì la porta di casa all'agente Mia Cavendish. Era chiaro che non aveva chiuso occhio e aveva pianto per tutta la notte. Mia era passata da lei la sera prima per informarla con tatto che la sua macchina, vuota, aperta e con la chiave ancora inserita nell'accensione, era stata rinvenuta nei pressi della città di Taunton nella contea del Somerset. Constance ne era rimasta scioccata e sconvolta. Mia le aveva tenuto compagnia per due ore, sebbene avrebbe preferito tornare a casa, e l'aveva lasciata solo dopo che aveva preso un tranquillante e si era un po' calmata. Quel mattino Mia aveva deciso di tornare da lei. Quella donna stava davvero male e Mia aveva sentito il bisogno di accertarsi delle sue condizioni.

Constance la fece accomodare in salotto e le offrì una tazza di tè. Aveva la voce incrinata. «Dubito che questa faccenda possa finire bene, agente. Voglio dire… Chi lascia la macchina sul ciglio di una strada di campagna? Aperta. Con la chiave ancora inserita! C'è qualcosa che non va. Dove può essere andata da lì?»

«Sono sicura che avesse con sé un bagaglio, quando è partita per il seminario, giusto?»

«Sì, una borsa da viaggio con qualche cambio di vestiti.»

«Nella macchina non c'è. E neppure una borsetta.»

Constance fissò Mia. «E allora?»

«Se qualcuno avesse voluto derubarla… avrebbe portato via forse la borsetta, nella speranza di trovarci dei soldi. Ma perché anche il bagaglio?»

«E se fosse stata rapita?»

«Perché avrebbero dovuto rapire Alice Coleman?»

«Non saprei.»

Mia le appoggiò delicatamente una mano sul braccio. «Constance, è chiaro che Alice si è recata da un'altra parte rispetto a quanto le aveva detto. Questo indica che fin dal principio non avesse intenzione di partecipare al seminario.»

«Dice?»

«A me sembra così, no? Forse è salita in macchina con qualcuno. Qualcuno con cui aveva un appuntamento.»

«Perché avrebbe dovuto...?» Constance si bloccò e sgranò gli occhi. «Mi sta dicendo che mi ha lasciata? A causa di un'altra?»

«Sarebbe così impensabile?»

Constance abbassò la testa. Le lacrime le sgorgarono dagli occhi. «No» singhiozzò, «oramai non facevamo altro che litigare. Mi faccio tanti rimproveri, sa, agente. Non ho capito lo stato d'animo di Alice. Sapevo che soffriva di depressione, spesso era malinconica, dopotutto partecipava a tutti quei seminari di psicologia, sulle costellazioni familiari e quelle storie di autocoscienza perché si portava dietro enormi problemi. E io che cosa faccio? La rimprovero perché è sempre via e mi lascia da sola. Invece di capire il grido di aiuto che si nascondeva dietro il suo comportamento!»

«Ora non è il caso che si tormenti con questi rimproveri. Siamo tutte persone normali prigioniere di una vita frenetica. Con il senno di poi sappiamo sempre con precisione dove e come avremmo dovuto agire. Ma mentre si è coinvolti nella situazione è molto più difficile farlo.»

«Avrei dovuto capirlo... Non avrei dovuto litigare continuamente...»

Constance piangeva sempre più forte.

Mia posò la tazza di tè e cinse le spalle della donna per consolarla. Rimasero sedute così per un paio di minuti, finché Constance si fu calmata. Tirò fuori un fazzoletto, si soffiò il naso e si asciugò gli occhi.

«Per la polizia quindi è tutto risolto?» chiese.

«Non ancora» disse Mia. «Stanno eseguendo ulteriori rilievi sulla macchina. Ma non penso che troveremo qualcosa che possa fornirci informazioni utili.»

«Posso comunque lasciare aperta la denuncia di scomparsa?»

«Certamente. Temo però che non scatteranno le ricerche. Non ci sono indizi per ipotizzare un reato. Una donna adulta, che molto probabilmente ha deciso di cambiare vita. Per lei è spaventoso, ma non giustificherebbe una ricerca ad ampio spettro.»

«Non riesco a spiegarmi perché se ne sia andata così. Non capisco proprio!»

«Da quanto tempo state insieme lei e Alice?» chiese Mia dolcemente.

«Da sette anni.»

«E prima? Con chi stava Alice?»

«Era stata sposata con un uomo. Non so per quanto tempo. Nel 2007 ha ottenuto il divorzio. Ho provato a chiederle spesso quali fossero i motivi, ma non mi ha mai dato una risposta concreta. Diceva che non erano più felici insieme. Ho pensato che forse dipendeva dal fatto che un poco alla volta Alice si era resa conto di avere un'attrazione per le donne. Forse è stato per questo che non è più riuscita a vivere con Oliver.»

«Oliver era suo marito?»

«Oliver Walsh, sì. Non mi ha mai parlato molto di lui, e quando lo faceva non mi sembrava che nutrisse rancori. Si sono separati di comune accordo, ma poi non hanno più avuto contatti.»

«Dove vive lui?»

Constance si strinse nelle spalle. «Vivevano dalle parti di Nottingham. In un paesino.»

«E Alice si è trasferita in Cornovaglia dopo il divorzio?»

«Sì. Prima a Truro. Poi ha ottenuto un lavoro a Redruth. È lì che ci siamo conosciute.»

«In che modo?»

Constance fece un sorriso sofferto. «Entrambe avevamo l'abbonamento a teatro. E c'erano capitati due posti vicini. Per puro caso. Durante l'intervallo ci capitava di bere qualcosa insieme e parlare di tutto. E poi, a un certo punto, è nato qualcos'altro.»

«Capisco» disse mia. «Alice non ha figli?»

«No.»

Mia rimase un attimo a pensare. «Se soffre di depressione… di sicuro gliene avrà chiesto il motivo. Ha cercato di scoprirne la causa?»

«Sì, ma non ho ottenuto grandi risultati. Forse non lo sapeva nemmeno lei.»

«Forse voleva dei figli ma non è riuscita ad averli» ipotizzò Mia. «Il matrimonio è fallito per questo. Potrebbe bastare.»

«Già» disse Constance, «ma pensavo che con lui fosse felice. Nonostante tutto.»

«Alice ha qualche parente ancora in vita? Genitori? Fratelli o sorelle?»

«No. È figlia unica. I genitori sono morti.»

«Capisco.» Mia pensava che in effetti non fosse un caso per la polizia. Alice era insoddisfatta della sua relazione, si era sentita incompresa. Aveva preso una decisione definitiva. Radicale e spietata nei confronti della compagna. Su una strada di campagna isolata del Somerset. In una calda settimana di luglio.

Sarebbe stato interessante sapere che cosa fosse andato così storto nella vita di Alice Coleman. Ma, come aveva già detto a Constance, non era compito suo scoprirlo.

4

Kate cominciò a preoccuparsi sul serio in una piazzola di servizio della M6, subito dopo Stoke-on-Trent, in pratica a metà strada tra Manchester e Birmingham. Si era fermata per andare al bagno e prendere un caffè e, mentre aspettava, appoggiata al cofano della macchina, che la bevanda non le bruciasse più le labbra, aveva tentato più volte di raggiungere Xenia. Sul telefono di casa sua e sul cellulare della donna. Come aveva già fatto quel mattino presto e subito prima di partire. Tutte le volte, però, le rispondeva la segreteria.

Forse è andata a fare una passeggiata al mare di buon mattino, pensò. Magari resterà fuori per tutta la mattinata.

Da Scalby ci volevano tre quarti d'ora buoni a piedi per arrivare fino alla spiaggia della baia settentrionale di Scarborough, e forse una donna senza allenamento come Xenia avrebbe impiegato anche di più. Tuttavia Kate aveva un brutto presentimento. Xenia le era parsa così spaventata. Avrebbe giurato che sarebbe rimasta a casa e non avrebbe osato uscire all'aperto per ore.

Forse era andata a fare la spesa? Ma nel frattempo sarebbe dovuta rincasare.

Kate bevve il caffè a piccoli sorsi guardando il cielo coperto. Non faceva più troppo caldo, ma non era neppure freddo. Una giornata indefinibile.

Il cellulare squillò e lei sperò che fosse Xenia che la richiamava, invece era l'ispettore Stewart. Sembrava stressato.

«Sono davanti a casa sua, sergente» disse senza salutarla. «Sono venuto a parlare con Xenia Paget. Ma non c'è nessuno. O almeno non mi ha aperto nessuno.»

«È strano. Sono ore che cerco di telefonare a Xenia, senza riuscirci. Non mi risponde sul telefono fisso. Ma anche se fosse in giro dovrebbe avere con sé il cellulare, no?»

«Forse ha la batteria scarica.»

«Potrebbe dare un'occhiata in giardino?» lo pregò Kate. «Vedere se è tutto a posto? Anche la porta della terrazza che dà in cucina.»

Robert sospirò. Kate sentì la ghiaia che scricchiolava sotto le scarpe dell'ispettore mentre girava intorno alla casa. Poi lui le parlò di nuovo.

«Sergente? Qui sembra tutto a posto. La porta è chiusa, in giardino non c'è nessuno. C'è solo un gatto in cucina.»

«È Messy.» Kate si mise a pensare freneticamente. Aveva l'impressione che Robert aspettasse di ricevere da lei indicazioni su come muoversi.

Ottimo capo, pensò.

Poi le venne in mente qualcosa. «Provi a suonare alla mia vicina. È meglio di un cane da guardia, è più informata di me su quello che succede a casa mia. Forse ha visto qualcosa.»

Robert sembrava tutt'altro che entusiasta, ma promise di seguire il suggerimento e che l'avrebbe richiamata in seguito.

Kate chiuse la conversazione. Finì di bere il caffè, poi salì in macchina. Avrebbe desiderato più che mai che Caleb fosse ancora in servizio. Non perché avesse sempre visto giusto con le sue teorie e le sue azioni, dato che più di una volta si erano scontrati aspramente a causa dei loro diversi punti di vista. Ma lui aveva sempre avuto un'idea, un piano, era andato sempre avanti, era stato attivo e coinvolto. Al contrario Robert le sembrava soporifero. Prima, insieme a Caleb, aveva dimostrato una certa intraprendenza, ma ora nel suo nuovo ruolo sembrava paralizzato. Troppo preoccupato di commettere un errore, in pratica non si muoveva proprio.

Era in viaggio da dieci minuti quando Robert la richiamò. Kate gli parlò con il viva voce.

«Sì?»

«Effettivamente la sua vicina di casa è molto attenta» disse Robert, che era un eufemismo per dire *impicciona e curiosa*, secondo Kate.

«Ieri sono arrivati due uomini da Xenia, uno dopo l'altro.»

«Due uomini?»

«Del primo non ha saputo dire molto, a parte che le sembrava arrabbiato e deciso. Una persona antipatica, ha detto. Forse si trattava del marito di Xenia? Jacob Paget?»

«Purtroppo esiste la possibilità che Jacob l'abbia rintracciata e poi abbia cercato di riportarla a casa. Accidenti. Avrei dovuto esserci anch'io.»

«Non può sorvegliare Xenia Paget ventiquattro ore al giorno. Accoglierla in casa sua è stata una decisione infelice fin dal principio.»

Lei avrebbe una proposta migliore? stava per ribattere Kate, ma si trattenne. L'ispettore Stewart era il suo capo.

«Che cosa ha detto dell'altro uomo?» domandò invece.

«Ha detto che era già venuto qui. In precedenza, quando lei ancora non abitava a Scalby, ma ci soggiornava saltuariamente. Viene da Londra, ha una Mini azzurra e...»

«Colin» disse Kate. «È Colin. Tipico. Gli avevo scritto che non avevo tempo, ma lui è venuto lo stesso.»

«Un suo amico?»

«Un conoscente. Di Londra. Era con me sul treno per York quando c'è stata la sparatoria.»

«Capisco. Ebbene, adesso pare che non ci sia più nemmeno lui. È sparita anche la macchina.»

«La vicina l'ha visto partire? Da solo oppure con Xenia?»

«Ha detto di no. Ieri sera tardi la macchina era ancora qui davanti, e secondo lei l'uomo aveva intenzione di pernottare a casa sua. Quando si è svegliata stamattina, la macchina era sparita. Il suo conoscente deve essere partito stanotte o nelle prime ore del mattino.»

Insieme a Xenia? si domandò Kate. Sarebbe stata l'alternativa più rassicurante. Colin era uno scocciatore, ma per il resto una persona innocua. Se era rimasto diverso tempo a casa di Kate, significava che Xenia l'aveva lasciato entrare, perché lui non aveva la chiave. Il che a sua volta implicava che Jacob, ammesso che l'altro uomo fosse stato lui, non era riuscito a riportare a casa la moglie.

Forse era stato l'arrivo di Colin a impedirglielo. La domanda era: dov'erano lui e Xenia adesso? Perché se n'erano andati da casa di Kate?

«D'accordo, cercherò di rintracciare Colin» disse lei. «Tra mezz'ora arriverò a Birmingham. Mi farò viva se scoprirò qualcosa parlando con il padre di Sophia Lewis.»

«D'accordo» disse Robert sforzandosi di mantenere un tono professionale. Come se fosse al principio di un lungo elenco di cose da fare per la giornata e dovesse mettersi subito al lavoro.

Sarei pronta a scommettere che non sa minimamente che cosa fare ora, pensò Kate.

Chiamò Colin sul cellulare. Dopo diversi squilli partì la segreteria. Incredibile, non era raggiungibile neppure lui.

Lasciò un messaggio in cui chiedeva di Xenia e lo pregava di richiamarla al più presto, altro non poteva fare al momento. Sperava che si facesse vivo. In generale era una persona molto affidabile, e inoltre non voleva farla arrabbiare.

A quel punto non le restava che concentrarsi sull'imminente incontro con il padre di Sophia. Helen aveva trovato il suo indirizzo, ma non era riuscita a raggiungerlo telefonicamente. C'era da augurarsi che fosse in casa e che potesse dirle qualcosa che gettasse almeno una fioca luce sulla vicenda.

Geoffrey Lewis era in casa, fu molto contento della visita inaspettata, fece accomodare Kate in salotto e scomparve in cucina a preparare un caffè. Kate era molto soddisfatta del suo navigatore. Birmingham, la seconda città per numero di abitanti dopo Londra, era una sfida per ogni automobilista, a causa del traffico e della logistica. Collocata nel cuore della *Black Country*, la regione mineraria e industriale delle West Midlands, un tempo caratterizzata da ciminiere inquinanti, Birmingham si era trasformata in una metropoli estremamente multiculturale alle prese con sempre nuovi disordini sociali. Geoffrey Lewis abitava nel quartiere di Winson Green, una zona piuttosto povera che era assurta agli onori della cronaca soprattutto come sede dell'omonimo penitenziario, soprannominato *Carcere degli orrori.* L'anno precedente era stata revocata la licenza al gestore privato della prigione e la direzione era stata affidata in via provvisoria allo Stato, dopo lo scandalo suscitato quando erano diventate pubbliche le terribili condizioni di vita dei detenuti in celle sovraffollate prive dei minimi requisiti di igiene.

La casa di Geoffrey Lewis era situata in Green Lane, nella parte più decadente di quella lunghissima via. Poco verde. Casette addossate le une alle altre con soffitti bassi e corridoi angusti, cortili asfaltati occupati da bidoni della spazzatura con qua e là lavatrici e cucce per cani abbandonate. Gli abitanti sembravano aver perso da molto tempo la voglia di abbellire in qualche modo almeno la loro dimora.

Il salotto di casa Lewis era così piccolo che era quasi impossibile muoversi, ma Kate rimase positivamente colpita che il vecchio si sforzasse comunque di trattare premurosamente l'ospite. Le offrì da sedere su una poltrona sotto la finestra quando tornò con il caffè. La poltrona era sfondata e il sedile sfiorava il pavimento quando Kate ci si accomodò. Geoffrey versò il caffè in piccole tazze di porcellana. Kate bevve un sorso e fu costretta a tossire: non aveva mai bevuto un caffè così forte. Se avesse avuto un cucchiaino, sarebbe rimasto conficcato in piedi dentro la tazza.

«Mr. Lewis, sono venuta a parlarle di sua figlia Sophia» disse.

Lui non sembrava affatto spaventato, anche se lei si era presentata come poliziotta quando lui le aveva aperto.

«Sophia» disse. «Che bello.»

«Ha avuto un incidente.»

«Ah...»

Kate cominciò a intuire che Geoffrey Lewis, che a prima vista sembrava un vecchietto simpatico un pochino distratto e non abituato a interagire con altre persone a causa della solitudine, in realtà cominciava a non starci più con la testa. Era lì, sorridente, felice di avere qualcuno con cui chiacchierare, ma non si rendeva conto fino in fondo di che cosa si trattasse, o quantomeno coglieva i nessi in maniera frammentaria. Le speranze di Kate si spensero. Sarebbe stato difficile ottenere informazioni utili da quell'uomo.

«È ancora in ospedale. Non è stato proprio un incidente. Qualcuno le ha provocato di proposito una brutta caduta.»

L'espressione di Geoffrey rispecchiava la sua confusione. «Di proposito? Non è bello.»

Sophia pensò alla condanna alla tetraplegia di Sophia. «No, non è affatto bello.»

«Il mondo non è un bel posto» disse Geoffrey, bevendo il caffè fortissimo come se fosse acqua.

«Quando ha visto Sophia per l'ultima volta?»

Lui ci pensò su. «Non ricordo con precisione. Era ancora inverno. C'era la neve. A febbraio?»

«Di quest'anno?»

«Sì. Veniva sempre a trovarmi. Vede, sono molto solo. Mia moglie è morta nove anni fa.» In quel momento la sua solitudine era così concreta come se fosse un grosso oggetto piazzato in mezzo alla stanza. A parte la figlia probabilmente non c'era più nessuno che si interessasse a lui. E d'ora in poi la figlia non avrebbe più potuto farlo. Kate provò d'un tratto una profonda, dolorosa tristezza. Chiunque avesse aggredito Sophia aveva colpito allo stesso modo anche questo vecchio.

«Di che cosa avete parlato?» Non aveva senso farsi sopraffare dalla compassione. Doveva rimanere professionale.

Lui si sforzò di ricordare. «Del tempo, sì. Perché faceva tanto freddo. Era tutto ghiacciato.»

«E poi? Sophia le ha raccontato qualcosa di sé? Per esempio di avere paura di qualcosa o di qualcuno?»

«Paura?»

«Sì. Sa se ha dei nemici?»

«Sophia non ha nemici» dichiarò convinto Geoffrey. «Le vogliono bene tutti.»

Era l'immagine che Kate aveva ottenuto ovunque: l'amata Sophia. Simpatica a tutti. Eppure qualcuno doveva odiarla. A morte.

«Qualcuno ha teso un cavo sulla strada dove lei andava in bicicletta ogni mattina» disse Kate. «Qualcuno che evidentemente non la può soffrire.»

«Forse l'obiettivo non era Sophia» osservò lui, dimostrando che aveva anche momenti di grande lucidità. «Forse voleva fare uno scherzo a qualcun altro.»

«Questa possibilità esiste, ma ci sembra molto improbabile. A quell'ora su quella strada in genere passava solo Sophia. Lo sapevano in tanti. E poi l'uomo le ha anche sparato.»

«Ah...» fece Geoffrey.

«Ma non l'ha colpita.»

«Bene.»

Era così difficile parlare con lui.

«Sophia è cresciuta in questa casa?» chiese Kate. Geoffrey scosse la testa. «No, a West Bromwich. È un po' fuori Birmingham.»

«Capisco. E com'era la vita lì? Voglio dire, come è stata la sua adolescenza? Era benvoluta anche allora? Ai tempi della scuola?»

«Sì. Aveva tanti amici. Tutti le volevano bene. Era anche molto brava nello sport, giocava a pallamano e le piaceva molto correre. Era in una squadra di pallamano. Anche lì tutti le volevano bene.»

Era un'impresa disperata. Quando, come e dove la benvoluta Sophia si era scontrata con qualcuno che adesso l'aveva fatta finire all'ospedale, paralizzata?

«Nessun nemico? Nemmeno prima?»

«Nella nostra via c'era un bambino che le dava sempre fastidio» disse Geoffrey. «Fin da quando aveva cinque anni. E in seguito...»

«Sì?»

«Nella squadra di pallamano. C'era uno che le andava dietro, ma lei non lo voleva.»

«Fece qualcosa di spiacevole?»

«Per un po' continuò a bazzicare intorno a casa nostra. Sophia era molto irritata. Ma poi smise.»

«Ricorda come si chiamava?»

Geoffrey ci pensò su. «Sam?» rispose incerto.

«Sam? E poi?»

Geoffrey scosse la testa. «Non lo so. Non sono nemmeno sicuro che si chiamasse Sam. Ma poi se n'è andato, credo.»

Un Sam che giocava a pallamano e si era infatuato di Sophia Lewis. L'aveva perseguitata? Il problema era che anche provare a insistere in maniera cauta con Geoffrey provocava subito un suo irrigidimento. Era assai improbabile che potesse ricordare il cognome, a meno che non gli venisse lasciato molto tempo e molta calma. Ma a quel punto quasi sicuramente si sarebbe dimenticato della domanda.

«Il nome della squadra di pallamano?» tentò di indagare Kate.

Geoffrey aggrottò la fronte. «Non lo so. Comunque era a West Bromwich.»

Di sicuro non potevano esserci tante squadre di pallamano lì. In ogni caso il misterioso Sam rappresentava un inizio. Sebbene probabilmente sarebbe stato un altro vicolo cieco. Un ragazzo che riceve un rifiuto non deve per forza cercare vendetta a più di dieci anni di distanza.

Viceversa Kate aveva già sperimentato molte situazioni al riguardo.

«Per il resto?» chiese. «Non le ha detto niente? Magari l'ultima volta che è stata qui, o la penultima? Qualcosa che la tormentava o le faceva paura? Le ha fatto qualche nome?»

Lui rimuginava. Si sforzava in tutti i modi di aiutarla, ma Kate era persuasa che dentro la sua testa ci fosse un intrico impenetrabile di ricordi. Immagini, pensieri, che non era più in grado di ricomporre nella giusta sequenza. Di sicuro era troppo solo. Era probabile che passasse settimane senza parlare con nessuno, forse due parole qua e là con la cassiera del supermercato. Anche questo provocava il decadimento dell'intelletto.

Poi la sua espressione si rischiarò. «Sì! Mi ha fatto un nome! Un uomo. Me ne parlava tanto.»

«Qual era il nome?»

«Nick.»

«Nicolas Gelbero?»

«Sì, proprio lui. Mi ha fatto spesso il suo nome.»

«Era il suo ex fidanzato. C'erano problemi con lui?» Nick aveva reagito in maniera stupita e sgomenta quando era stato informato dell'incidente di Sophia, ma Kate sapeva di non poterlo escludere del tutto. In genere, infatti, la maggior parte delle violenze avvenivano all'interno della cerchia familiare, soprattutto nella coppia. Amori delusi, sentimenti feriti. Nick era stato scaricato in maniera improvvisa da Sophia, senza che lei gli desse una spiegazione convincente. Tuttavia Kate si era sempre potuta fidare del suo istinto che ora le diceva che Nick non era in grado di commettere un reato. Per quanto fosse triste e sperasse ancora nel ritorno di Sophia, era capace di elaborare un'offesa senza diventare estremo o violento.

Però, come tutti quelli che per qualche motivo avevano avuto a che fare con Sophia Lewis, rimaneva sotto la sua lente.

Geoffrey la guardò stupito. «Problemi? Perché problemi?»

C'era poco da volere da lui. Era chiaro che non aveva capito fino in fondo che cosa fosse accaduto.

Un'ultima domanda. «Ha mai sentito il nome Xenia Paget?»

Lui scosse la testa. «No, mai.»

5

Si erano diretti verso Whitby, ovvero si trovavano a poco più di mezz'ora di strada da Scarborough, ma Xenia sembrava essersi calmata. Avevano passato il resto della notte in auto in un parcheggio affacciato sul mare. Mentre Colin non era riuscito a chiudere occhio sullo scomodo sedile, Xenia alla fine era piombata in un sonno profondo. Nonostante la sua mole tutt'altro che indifferente, era riuscita a raggomitolarsi su se stessa e respirava profondamente come un grosso ammasso amorfo. La notte lasciò il posto al giorno, il cielo era coperto, ogni tanto il sole faceva capolino tra le nuvole. Il mare ondeggiava pigro sotto di loro. Colin a un certo punto era sceso dalla macchina, soffocando esclamazioni di dolore, aveva sgranchito le membra e poi si era incamminato lungo la strada provinciale fino a incrociare, dopo un bel tratto, un bar dove aveva comprato due tazze di caffè e due tramezzini al prosciutto. Poi era tornato verso la macchina. Nel frattempo Xenia si era svegliata ed era scesa e stava osservando il mare dal ciglio del parcheggio. Da lontano Colin si accorse che sembrava proprio informe e l'ampio abito a fiori fino ai piedi, con cui cercava di mascherare i chili di troppo, non migliorava certo le cose. Solo avvicinandosi si notava il suo viso grazioso, i grandi occhi e i capelli scuri e lucenti.

Quindici chili di meno, pensò Colin, e sarebbe una bellezza.

Avevano fatto colazione in armonia seduti su una panchina davanti al mare, poi erano andati a fare una passeggiata. Non avevano risposto alle numerose chiamate sui loro cellulari. Sapevano che era Kate a chiamarli, sapevano anche che prima o poi si sarebbero dovuti far vivi con lei, ma per il momento, siccome non avevano una risposta da darle, preferivano sottrarsi ai suoi rimproveri. Colin era perfettamente consapevole del giudizio che Kate avrebbe dato del suo comportamento e, al pensiero di quali parole avrebbe usato, gli veniva da incassare la testa nelle spalle a priori. Ma era coinvolto in prima persona e non poteva certo piantare in asso Xenia.

Successivamente avevano raggiunto Whitby, avevano trovato un bed & breakfast economico e di avvilente squallore su una via molto trafficata. Avevano preso due camere, ma a parte dormire non era possibile soggiornare in quel posto, perciò erano subito scappati e da mezz'ora erano seduti in un pub del porto. Era mezzogiorno, e cominciavano ad arrivare i primi avventori che lavoravano negli uffici dei dintorni e pranzavano lì. Xenia e Colin avevano scelto un tavolo accanto alla finestra e si erano fatti portare un caffè ma niente da mangiare. Non avevano fame.

Colin controllò più volte il cellulare. Nel frattempo gli erano arrivate cinque telefonate di Kate, che gli aveva lasciato anche due messaggi, sempre più irritata, pregandolo di richiamarla. Inoltre gli aveva scritto un messaggio su WhatsApp.

Se sei da qualche parte con Xenia, fatti vivo. Questo non è uno scherzo. E nemmeno un'avventura: Devo sapere dove si trova!!

Un'avventura! Purtroppo lo trattava spesso come un bambino. In ogni caso Colin si sentiva sempre più a disagio. Si era lasciato coinvolgere in qualcosa che forse era un po' troppo grande per lui.

«Kate?» chiese Xenia indicando il cellulare.

Lui annuì. «Credo che sia molto arrabbiata. Vuole assolutamente sapere dove ti trovi.»

«Come fa sapere che sono con te?»

Se l'era chiesto anche lui, ma in realtà non era una magia. «L'avevo informata del mio arrivo. E probabilmente la sua vicina di casa mi ha visto, a lei non sfugge niente. Kate deve aver fatto due più due. Non è sicura che stiamo insieme, ma lo presume, e il fatto che non rispondo alle sue chiamate rafforza la sua convinzione.»

«Ha cercato di telefonare anche a me.»

Colin annuì. «Non possiamo scappare così all'infinito, Xenia. Non è giusto nei confronti di Kate. E potremmo anche finire nei guai con la legge.»

«E perché? Siamo due persone libere. Possiamo andarcene dove ci pare.»

«Sì, ma tu sei implicata in un'indagine di polizia. Inoltre Kate ti ha accolto in casa sua e si fida di te. Quello che stiamo facendo non mi sembra molto corretto.»

«No, è vero» riconobbe Xenia.

Lui si sporse in avanti. «Hai promesso di spiegarmi che cosa sta succedendo. Perché hai paura della polizia? Che cos'ha in mano tuo marito contro di te?»

Lei evitò di guardarlo negli occhi. «Non ti piacerebbe saperlo.»

«Invece sì. Per questo te lo chiedo.»

«Perché dovrei spiegartelo? Non ci conosciamo quasi.»

«Sei fuggita insieme a me da casa di Kate. Mi hai chiesto aiuto. Per colpa tua mi sono messo nei casini con l'unica persona che posso considerare mia amica. Quanto meno vorrei sapere perché sto facendo tutto questo.»

Lei sospirò. Il suo viso rifletteva la violenza del suo conflitto interiore. Alla fine disse con un filo di voce «D'accordo. Ma è... è una storia agghiacciante. Probabilmente dopo mi odierai.»

«Non credo» disse Colin.

Xenia si guardò intorno. Non c'era nessuno seduto abbastanza vicino da poter sentire. Fece un profondo respiro.

«Allora...» iniziò.

6

Kate non sapeva con precisione perché fosse andata a West Bromwich a vedere la casa dove era cresciuta Sophia. La località era sulla strada per Leeds, dove avrebbe affrontato nuovamente Jacob Paget a proposito delle false informazioni che le aveva dato riguardo all'agenzia e, seguendo l'istinto, aveva deviato da quella parte. Geoffrey le aveva fornito l'indirizzo a memoria. La testa gli funzionava ancora in maniera molto affidabile almeno in parte.

Fin da quando era a Scotland Yard, Kate aveva avuto l'abitudine di recarsi in luoghi in apparenza non rilevanti per un'indagine, per farsi un'idea dell'atmosfera. A volte non serviva a niente, ma di tanto in tanto le aveva permesso di sviluppare un'affinità maggiore con determinate figure, di comprendere meglio le persone, di farsi un'idea della loro vita. Il suo capo all'epoca l'aveva presa in giro per questo, soprattutto perché di rado tornava con qualcosa di concreto. Ma il suo intuito ne rimaneva influenzato e nei casi più difficili le intuizioni spontanee spesso le avevano permesso di fare progressi o addirittura arrivare alla soluzione. I colleghi avevano sempre reagito con generale scetticismo, riconoscendo solo a denti stretti la validità del suo metodo.

Questa volta, però, mentre era ferma di fronte alla casa d'infanzia di Sophia, fu costretta ad ammettere che certe iniziative in effetti non sempre portavano a qualcosa. Anche questa casa, una villetta a schiera bassa e molto piccola, proprio come l'attuale domicilio del padre di Sophia, si trovava in un quartiere decisamente povero. L'intonaco sulla facciata era scrostato, la grondaia era arrugginita e spezzata al centro. Quando pioveva l'acqua scendeva direttamente davanti alle finestre, nel caso di pioggia molto forte doveva essere come una cascata.

La casa però rivelò un particolare a Kate: Sophia aveva fatto molta strada dalle sue umili origini. Era nata tutt'altro che con la camicia. Doveva aver dimostrato molta ambizione e molta costanza a scuola e i suoi successi nello sport dimostravano di quanta disciplina fosse capace. Kate pensò alla graziosa casa di Stainton Dale, l'ultima residenza di Sophia, e a quanto fosse apprezzata da colleghi e studenti. Era andata molto lontano nella vita, non era finita nel giro della droga, come sarebbe potuto succedere facilmente in quell'ambiente, né in cattive compagnie.

Cattive compagnie.

Un bambino del vicinato l'aveva tormentata, un altro si era invaghito di lei e forse era diventato troppo insistente. Poteva essere un indizio?

Aggrapparsi a tutto quello che si incontrava, pensò, anche a ipotesi stiracchiate, a ogni appiglio per quanto assurdo... era il classico segnale che l'indagine era a un punto morto. Gli inquirenti brancolavano completamente nel buio. Non c'erano grandi speranze.

Tornò alla macchina. Aveva cominciato a zoppicare. Quando camminava un po' più a lungo, la gamba dove era stata ferita le faceva male. Era una specie di monito: avevano a che fare con un individuo molto pericoloso. Adesso avrebbe dovuto incalzare di nuovo quell'antipatico di Jacob Paget. Quel miserabile doveva finalmente spiegare dove avesse conosciuto per davvero Xenia Paget. E perché avesse mentito al riguardo.

Lungo il tragitto cercò di mettersi in contatto con Xenia e Colin. Ma le rispondeva sempre la segreteria.

Jacob Paget non si comportò in maniera arrogante e spavalda come il giorno prima. Quando Kate arrivò a Leeds, lo trovò in casa. La fece accomodare controvoglia in salotto e ringhiò: «Che cosa vuole ancora?»

Quando venne a sapere il motivo della visita, abbassò un po' la cresta e mostrò un certo imbarazzo.

«Xenia Sidorowa non si è mai registrata a *HappyEnd*» disse Kate. «Ed è un'agenzia molto seria e scrupolosa.»

«Certo che è seria» si indignò Jacob, «altrimenti non l'avrei mai consultata.»

Lei lo guardò impassibile. «Dove ha conosciuto sua moglie, Mr. Paget?»

«È importante?»

«Sì.»

Lui agitò entrambe le braccia. «L'ho conosciuta.»

«Dove, Mr. Paget? Chiaramente non attraverso l'agenzia *HappyEnd*, di cui era assiduo cliente e attraverso la quale ha stabilito numerosi contatti. Xenia Sidorowa, però, non rientrava tra le proposte.»

Lui la fulminò con lo sguardo. «Ho capito!»

«Allora?»

«Ci siamo conosciuti per caso» ammise infine controvoglia. «Mi occupo dell'amministrazione condominiale per una società immobiliare a Leeds, Bradford e York. In uno degli edifici...»

Si bloccò.

«Sì?» lo incalzò Kate.

«Era una nuova costruzione. Ero incaricato della vendita di diverse unità. L'abbiamo scoperta in un appartamento del seminterrato. Si era accampata con una coperta, un fornellino a gas, viveva in condizioni indicibili. Era ridotta molto male. Quelli dell'impresa edile volevano chiamare la polizia, io invece dissi di lasciare perdere, che mi sarei occupato di tutto io.»

Kate non faticava a immaginarlo. Jacob, ormai da tempo alla ricerca di una moglie, doveva aver annusato la sua occasione. L'avrebbe tirata letteralmente fuori dai bassifondi, e lei avrebbe visto in lui un salvatore e si sarebbe sentita in debito di riconoscenza. Cosa poteva esserci di meglio? Nessuna donna rimaneva con lui volontariamente, ma, se non aveva alternative, la situazione era diversa.

«Perché stava nascosta in quel palazzo vuoto?» chiese Kate. «E quando è stato precisamente?»

«Nel 2006. A febbraio. Non si nascondeva. Aveva bisogno di un tetto sopra la testa.»

«Che cosa era successo? Come era arrivata in Inghilterra? Probabilmente non aveva un lavoro.»

«Era arrivata con un visto turistico, poi era rimasta. Non voleva tornare in Russia perché non c'erano prospettive per lei lì.»

«E che cosa faceva precisamente in Inghilterra? Voglio dire, da come mi ha descritto il suo alloggio non mi sembra che avesse trovato un'alternativa valida rispetto alla Russia.»

«Non sapeva bene che cosa voleva. Soltanto che era sicura di non voler tornare in Russia.»

«Parlava già inglese?»

«Non bene come adesso. Però se la cavava.»

«Come si manteneva?»

Lui si strinse nelle spalle.

Lavori saltuari, pensò Kate. Oppure chiedeva l'elemosina? Rubava? Era per questo che aveva tanta paura della polizia? Perché all'incirca una decina di anni prima aveva commesso qualche furtarello nei supermercati?

Sembrava decisamente poco plausibile. Xenia non era stupida. Non si sarebbe mai fatta ricattare da un uomo come Jacob perché era al corrente di queste inezie su di lei.

«Perché ha mentito a me e agli altri agenti sulle circostanze del vostro incontro?»

Lui assunse un'aria ancora più scontrosa del solito. «Perché mi sembrava meglio. Perché non volevo dire che avevo pescato mia moglie mentre viveva come una barbona in un palazzo in costruzione.»

«Non le credo» disse Kate. «Credo invece che in precedenza fosse successo qualcosa nella vita di Xenia che in qualche modo l'avesse costretta a vivere come una barbona. E lei ne è al corrente. Per questo ha cercato di nascondere le circostanze del vostro incontro. Sono sicura che non mi stia dicendo tutta la verità nemmeno adesso. E a causa di quella storia nel passato di sua moglie, di qualunque cosa si sia trattato, continua a ricattarla.»

Lui storse la bocca in un sorriso beffardo. «Questo lo dice lei!»

«Sua moglie ha subito un tentato omicidio. C'ero anch'io con lei. Il colpevole è sempre a piede libero. Non sappiamo niente circa la sua identità. Se scopriamo che lei era al corrente di particolari che possano avere un legame con l'aggressione, verrà accusato di intralcio alle indagini. E finirà in prigione.»

«Quello che so gliel'ho detto. Non ho idea del perché qualcuno abbia cercato di sparare a Xenia. Forse era un russo venuto fuori dal suo passato.»

«È sposato con Xenia da tredici anni. Di sicuro le avrà raccontato qualcosa della sua vita precedente.»

«Niente che mi induca a pensare che qualcuno voglia ucciderla.»

Non avrebbe parlato. Kate era assolutamente sicura che sapesse qualcosa, ma Jacob Paget non le avrebbe rivelato niente. Poteva darsi che avesse trovato davvero Xenia in un appartamento vuoto, ma poteva benissimo essere andata diversamente. L'interrogativo era fino a che punto lui stesso fosse implicato in qualche attività illegale. Oppure, a causa della sua lunga complicità, era invischiato così tanto che non poteva parlare apertamente?

«Molto bene» disse Kate. «Non vuole collaborare. La invito a ripensarci, sarebbe meglio per lei. Può chiamarmi quando vuole.»

Gli aveva già dato il proprio biglietto da visita la volta precedente, ma gliene diede un altro. Lui lo prese e lo appoggiò sul tavolo accanto a sé senza dire niente.

«Quando tornerà a casa mia moglie?»

«Questo deve chiederlo a lei» disse Kate, alzandosi per andare alla porta. Tutte le volte che stava vicina a quell'uomo, provava l'irrefrenabile desiderio di allontanarsi il più in fretta possibile.

Si domandava come avesse fatto Xenia a resistere tanto a lungo.

Prima o poi avrebbe trovato la risposta.

Nostra figlia Lena nacque nel maggio 2003. Dopo tutto quello che aveva passato Alice, la gravidanza non presentò alcun problema. Non ci furono complicazioni, come avevo temuto in segreto, ma Alice rimase di umore sconfortato per tutta la gestazione. Finalmente era incinta, ma sembrava che oramai non riuscisse più a credere veramente a un lieto fine.

«Probabilmente finirà male» ripeteva spesso, guardando fisso davanti a sé, con un'espressione disperata che avrei tanto desiderato veder scomparire dai suoi occhi. Si sottoponeva alle visite di controllo, non beveva alcolici, seguiva una dieta corretta, usciva molto a camminare. Si occupava di Sacha, che in autunno sarebbe dovuto andare a scuola, un evento che aspettavo con una certa trepidazione.

Il ritardo mentale di Sacha era sempre più marcato con il passare degli anni. Dubitavo che sarebbe stato al passo con i suoi coetanei in una scuola normale. Le dimensioni ridotte della sua testa erano più evidenti, oltre allo sguardo incerto e alla sua singolare introversione. Da una parte sembrava desideroso di capire tutto ciò che gli accadeva intorno, perché i suoi occhi saltavano qua e là, come per catturare ogni avvenimento per poi poterlo elaborare successivamente con calma. Allo stesso tempo, però, appariva chiuso in se stesso, quasi ascoltasse dentro di sé alla ricerca di qualcosa che gli serviva per comprendere il mondo esterno. A volte restava in silenzio per ore. Poi all'improvviso diceva qualcosa che inizialmente non aveva senso, ma nella maggior parte dei casi si rivelava un'osservazione sempre acuta relativa a una situazione di qualche ora prima. Il suo vocabolario non corrispondeva a quello medio, ma non era neppure così limitato. Sacha si barcamenava alla meno peggio sul confine tra disabilità, ritardo e un'intelligenza sorprendentemente sviluppata. Non ero in grado di scoprire il segreto della sua esistenza. Non ci riuscivano neppure neurologi e psicologi.

«Lo prenda per come è» disse uno dei medici. «Non eserciti pressioni su di lui. Si svilupperà. In qualche maniera. Gli lasci il tempo che gli serve.»

Quando Lena venne al mondo, le prime analisi dimostrarono che era tutto in ordine. Ne rimasi profondamente sollevato, anche se in realtà non c'erano stati motivi per temere che potesse esserci qualche problema. Anche le prime settimane e i primi mesi di vita ci confermarono che avevamo una bambina perfettamente sana. Però piangeva molto.

«Una neonata urlante» disse il pediatra comprensivo quando gli spiegammo il problema. Osservò i nostri volti stanchi, con le profonde occhiaie. «Non vi fa dormire, vero?»

Annuimmo entrambi. Lena frignava per metà della notte e passavamo ore a cullarla in giro per casa e a cercare di calmarla a parole. Senza il minimo risultato. A un certo punto si addormentava da sola, ma spesso si svegliava dopo un'ora e ricominciava a piangere. Eravamo così stanchi che somigliavamo sempre più a due spettri. Per due volte la mia segretaria mi sorprese appisolato alla scrivania del mio studio. Quando la sera tornavo a casa, Alice mi barcollava incontro esausta.

C'erano anche momenti rilassati. Passavo intere serate accoccolato sul divano con Lena. Mi guardava raggiante e io mi sorprendevo a sorridere mio malgrado. A parte gli attacchi di pianto era una bambina allegra. Ed era bellissima. I nostri sogni si erano avverati. Eravamo diventati una famiglia di quattro persone. Con un figlio adottivo leggermente ritardato e una figlia sanissima, che piangeva un po' troppo. Il che non era affatto insolito, come ci assicurò il pediatra.

«Certi bambini sono così. Prima o poi la cosa passa. Non preoccupatevi.»

Nel gennaio dell'anno successivo, quando Lena aveva otto mesi, la situazione per noi raggiunse un punto critico. Alice era del tutto spossata. La privazione di sonno, le attenzioni richieste dalla neonata e in più Sacha, che finalmente andava a scuola ma non riusciva a fare i compiti. Alice cercava di aiutarlo a leggere e scrivere, mentre intanto provava a tenere calma Lena, e la sua espressione e i suoi movimenti si facevano sempre più meccanici, come un robot che a poco a poco perde il contatto con se stesso.

«Ci serve una bab-ysitter» dissi a un collega con il quale mi ero incontrato a bere una birra una sera dopo il lavoro, per rimandare il momento di tornare a casa. Ovviamente questo mi provocava dei sensi di colpa. «Una tata. Dovrebbe abitare con noi per poter alleggerire Alice a tutte le ore.»

«Avete abbastanza posto?» chiese il collega.

«Abbiamo ancora la camera degli ospiti» risposi titubante. In realtà si trattava più che altro di una specie di sgabuzzino, accanto alla cucina, ma con la finestra. Fino ad allora l'avevamo usato per mettere tutto quello di cui non sapevamo che farci. «Saranno nove metri quadri.»

«Non è molto» commentò il collega. «E una tata a tempo pieno... costa. Molto.»

Sospirai. Dubitavo che una ragazza inglese accettasse di trasferirsi in quella cameretta nella nostra casa isolata. Non c'era nemmeno il termosifone, ma la stanza era più o meno riscaldata dalla cucina e grazie alle sue dimensioni ridotte era sufficiente. Tuttavia non sembrava certo una situazione ottimale.

«Dovresti prendere una straniera» disse il mio collega. «Una dell'Est. Si adattano di più.»

Ci pensai su. Non era un'idea da scartare. Non avevo molti soldi a disposizione. Mantenevo da solo una famiglia di quattro persone e anch'io ero molto stressato. Non avevo l'energia per acquisire nuovi clienti come avevo sempre fatto in passato. Per riuscirci bisognava anche prendere parte a eventi mondani e io ero troppo stanco. La nostra situazione economica non era preoccupante, ancora no, ma non avevamo certo soldi da buttare via.

«Vostro figlio viene dalla Russia» disse il collega. «Hai ancora dei contatti?»

«Con l'interprete. Ci ha seguito durante il processo dell'adozione e anche nel corso delle nostre visite. A Natale ci mandiamo gli auguri. Nient'altro.»

«Prova a chiedere a lei. Forse conosce qualcuno che ha voglia di venire a lavorare da voi. Potrebbe funzionare sia per lei che per voi. Una situazione vincente per entrambe le parti.»

Non ero ancora del tutto convinto. Davvero volevo che una sconosciuta venisse ad abitare a casa nostra?

Ma quando tornai a casa a tarda sera trovai Alice con in braccio Lena sul divano in salotto. Dormivano entrambe, per fortuna. Osservai Alice. Teneva la testa appoggiata alla spalliera. Aveva il respiro profondo e regolare. Notai le ombre bluastre sotto gli occhi, gli zigomi sporgenti. Era dimagrita troppo dalla nascita di nostra figlia. Mi ero già reso conto della sua rapida perdita di peso, ma solo in quel momento mi accorsi di quanto fosse smunta. Aveva l'aria patita. I molti tentativi di inseminazione artificiale ai quali si era sottoposta, l'iter dell'adozione, i problemi con Sacha, le preoccupazioni che le creava... Da tempo Alice attingeva alle sue riserve. Se non volevo che precipitasse in un drammatico esaurimento, dovevo tirare il freno a mano.

Il mattino successivo in ufficio scrissi una mail a Tatiana, la nostra interprete nella lontana Kirov. Le tratteggiai la situazione e le chiesi se conoscesse qualcuno che...

Mi rispose quella stessa sera. Aveva un'amica, mi scrisse, che già da tempo nutriva il desiderio di andarsene dalla Russia e di stabilirsi in Occidente, ma ancora non aveva trovato un modo concreto per farlo. Le avrebbe parlato.

Trascorsero tre giorni. Poi un mattino trovai un'altra mail di Tatiana nella casella di posta.

L'amica era entusiasta. Voleva partire subito. Amava i bambini e non la spaventava lavorare. Dovevamo solo accordarci su come procedere.

E così Xenia Sidorowa entrò nella nostra vita.

Seconda parte

Giovedì, 1 agosto

1

Si domandava spesso se le persone intorno a lei fossero consapevoli che percepiva tutto. Capiva tutto. Sia dal punto di vista acustico che intellettivo. Oppure pensavano che il suo cervello fosse morto come il resto del suo corpo? Un inutile ammasso di ossa, muscoli, tessuti. Immobile, privo di qualsiasi percezione. Il suo corpo non era più un corpo. Era il guscio di qualcosa che un tempo era stato forte, energico e pieno di sete di movimento. Aveva sempre fatto affidamento sul proprio fisico. Al punto tale da non averlo mai apprezzato veramente. Di sicuro non abbastanza. Non era mai stata ardentemente grata. Del fatto che il suo corpo si ammalasse così di rado. Che non le provocasse mai dolori. Che tutte le mattine al risveglio funzionasse, senza il minimo problema. Che resistesse per tutto il giorno, qualunque cosa facesse, che corresse, andasse in bicicletta, insegnasse in un'aula di scuola, sistemasse la casa, si occupasse del giardino o stesse in compagnia di qualche conoscente a bere troppo alcol: il cuore continuava a battere regolare e determinato, i muscoli lavoravano, tutto funzionava alla perfezione, senza che fosse mai stata costretta a fare una pausa e occuparsi di qualche guaio fisico.

Sarebbe andata diversamente se non avesse dato tanto per scontata la propria fortuna?

Perché era stata questione di fortuna. Sophia adesso lo sapeva. Era stata una fortuna essere sana. Vivere. Muoversi. Respirare. Sentire il sole sulla pelle e il vento sul viso. Non serviva altro. Non avrebbe desiderato altro per il resto della sua vita, se solo avesse potuto riavere indietro il suo corpo integro.

Non era più in grado di muovere quasi niente. Né i piedi, né le gambe, né le braccia, né le mani. Nemmeno le dita.

Poteva girare la testa. Poteva respirare. I medici e le infermiere lo consideravano un enorme risultato, quasi un dono del cielo.

Per il resto la giravano, la ruotavano e la lavavano. Le spazzolavano i capelli e le tagliavano le unghie. Portava i pannolini, perché non era in grado di controllare l'intestino. Aveva un catetere vescicale.

Inoltre non riusciva a parlare. Un trombo dovuto alla caduta le aveva provocato un'embolia cerebrale. Ma il dottore aveva detto che la facoltà di parlare le sarebbe tornata, ci sarebbe voluto solo un po' di tempo. Sperava che avesse ragione.

Tuttavia, sebbene pensasse al suo corpo, a tutto ciò che era stato in grado di fare e ora non poteva più fare, sebbene si rimproverasse di essere stata ingrata, distratta, sebbene avesse la testa affollata da mille pensieri, nonostante tutto l'emozione principale che accompagnava Sophia dalla mattina alla sera in quella stanza di ospedale era quella di un unico brutto sogno che non poteva essere vero. Era consapevole della gravità della tragedia che era piombata sul suo corpo e sulla sua vita, ma nello stesso tempo la considerava del tutto irreale. Non era possibile. Si sarebbe svegliata da un momento all'altro. Si sarebbe sgranchita e allungata comodamente nel suo letto, poi sarebbe balzata in piedi, si sarebbe infilata la tenuta sportiva e sarebbe uscita in una splendida mattinata estiva, avrebbe inforcato la bicicletta, percorso le strade e i sentieri noti, soltanto lei e il mattino...

Arrivata a questo punto, qualcosa nella sua testa sembrava bloccarsi. C'era un'interferenza, un filo che si rompeva. Si vedeva passare davanti alla fattoria, il contadino la salutava, le galline razzolavano ai suoi piedi, saliva su per la collina, era faticoso, sudava copiosamente, e arrivata in cima si lanciava giù per la discesa. Il cavo, la caduta. E poi... niente. Un vuoto. Qualcosa di oscuro. Cessava tutto. Non sapeva che cosa fosse successo dopo.

Tre giorni prima un simpatico dottore si era seduto al suo capezzale. Oppure era stato due giorni prima? Non ricordava più, il tempo si confondeva tra giorno e notte ed eternità. In ogni caso si chiamava dottor Dane. Era così che si era presentato.

«Sono il dottor Dane. Spero che riesca a capirmi.»

Sì, gridò dentro di sé. *Sì!*

«Allora, se mi capisce, potrebbe strizzare un occhio? Oppure battere le ciglia? Come vuole. Mi basta vedere un movimento dei suoi occhi.»

Sapeva di essere in grado di chiudere e aprire gli occhi autonomamente, ma in quel momento, dato che doveva farlo, non ci riuscì. Fece appello a tutte le forze, il suo cervello mandò istruzioni disperate agli occhi – *sbattete le palpebre, maledizione!* – ma non c'era niente da fare. Perché di solito ci riusciva? Era arrabbiata e disperata e le sembrava di essere completamente contratta.

Il dottor Dane sospirò. «Ecco, spero che mi capisca. Le racconterò quello che è successo, d'accordo?»

Sì!

E poi le aveva spiegato del cavo teso sul sentiero che l'aveva fatta cadere.

«Ha fatto un bel volo in aria. Poi è caduta a testa in giù. Il terreno era duro come un sasso perché non piove da tempo, in pratica è stato come cadere sull'asfalto. E purtroppo non indossava il casco.» Nella voce del dottore riecheggiava l'ombra di un triste rimprovero benevolo.

A volte portava il casco. Altre volte no. La verità era che non le piaceva portarlo. La faceva sentire ostacolata, bloccata. Ogni tanto però la ragione aveva il sopravvento. Spesso a seconda delle stagioni. In autunno e in inverno il casco le dava meno fastidio, era stata addirittura una protezione contro il freddo e il vento. In estate, al contrario...

Ma che sarà mai, aveva pensato spesso. Tanto non succederà niente.

«Si è fratturata la settima vertebra cervicale. Non vorrei sembrare cinico, ma è stata una fortuna nella sfortuna. Può respirare autonomamente.»

Già, e perché non riesco a muovermi? Quando ci riuscirò di nuovo? La prego, mi dica che è solo una condizione temporanea. Qualunque altra cosa sarebbe assurda.

«Inoltre le hanno sparato. Lo dice la polizia. Ma non l'hanno colpita.»

Sparato?

«La polizia vuole parlare con lei. L'ispettore incaricato delle indagini continua a telefonarmi. Ma per il momento è difficile prevedere quando sarà possibile.»

Ho paura.

«C'è un poliziotto fuori dalla sua camera. Ventiquattro ore al giorno. Qui non le può accadere niente.»

Non aveva accennato a quando sarebbe tornata a camminare, a quando qualcosa avrebbe ricominciato a funzionare nel suo corpo. Forse non voleva fare prognosi premature. Sicuramente il tempo di ripresa variava da soggetto a soggetto. Nel suo caso sarebbe guarita velocemente. Perché era una persona sana.

Una voce cattiva nella sua testa le bisbigliava cose altrettanto cattive come *tetraplegia* e *situazione disperata*, ma lei la scacciò. Il medico non aveva usato queste parole. Lo avrebbe fatto, se fosse stato quello il caso, sicuramente.

Il giorno prima era tornato da lei e le aveva spiegato che sarebbe stata trasferita.

«Qui non possiamo più fare niente di utile per lei. Ha bisogno di fisioterapisti specializzati in casi come il suo.»

Che faranno in modo di farmi tornare presto alla mia vecchia vita?

«Non posso prometterle niente, Sophia. Ma sono abbastanza fiducioso che sia possibile ottenere qualche miglioramento.»

In che senso? Quali miglioramenti?

«In ogni caso non deve perdere le speranze» aveva detto, accarezzandole brevemente il braccio in un gesto impacciato. «Quello che conta è che sia viva.»

Come, scusi?

Quando non rifletteva su ciò che era accaduto al suo corpo e su quando sarebbe tornata a posto, allora rimuginava sull'aggressione che aveva subito e si sentiva quasi mancare per la paura. Un cavo teso lungo il sentiero: si sarebbe potuta convincere che fosse stato lo scherzo di qualche bambino o ragazzino stupido o un gesto sconsiderato. Ma le avevano anche sparato? Per questo non c'erano più spiegazioni innocue. Conosceva soltanto una persona al mondo che aveva un motivo per odiarla e, dato che lo considerava un pericoloso psicopatico, lo riteneva capace di tutto. Proprio tutto.

Sono in pericolo, avrebbe voluto gridare. *Dovete sorvegliarmi. Ci riproverà.*

Il dottor Dane aveva detto che c'era un agente fuori dalla sua camera. L'avrebbe accompagnata anche nella nuova clinica dove sarebbe stata trasferita? E sarebbe stato in grado di proteggerla in maniera sufficiente? Non sapeva chi fosse il nemico. E lei non poteva dirglielo. Non ci riusciva!

Avrebbe voluto gridare. Avrebbe voluto stringere i pugni.

Non poteva fare niente. Era sdraiata lì come un guscio inerte. Il suo corpo maledetto non era in grado di muovere nessun muscolo, nessuna articolazione, niente di niente.

Sentì qualcosa di bagnato sulle guance. Lacrime. Le lacrime le sgorgarono dagli occhi.

Un'infermiera appena entrata nella stanza prese un fazzoletto e le tamponò il viso.

«Non mi dica che sta piangendo! Le dispiace lasciarci? Andrà in un ottimo centro di riabilitazione. Tutte persone simpatiche, che sicuramente sapranno aiutarla.»

Le lacrime non volevano fermarsi.

L'infermiera continuava ad asciugarle. «Ora la preparo per il trasferimento. Andrà tutto bene. Non deve arrendersi.»

Continuò a piangere.

Evidentemente quello riusciva ancora a farlo.

Poteva piangere all'infinito.

2

«Quindi non ha idea di dove possa trovarsi Xenia Paget?» chiese Robert. «Assurdo!»

Tamburellava con le dita sul piano della scrivania.

A Kate parve di cogliere un velato rimprovero nella sua voce e per reazione si sentì drizzare gli aculei. Secondo lui che cosa avrebbe dovuto fare? Incatenare Xenia e rinchiuderla prima di partire per Manchester e Birmingham? La donna aveva il diritto di muoversi liberamente, di andare dove voleva.

«È stata aggredita» proseguì Robert. «Non va bene che non sappiamo dove si trovi.»

Kate si domandava se lui credesse di darle in questo modo un'informazione a cui lei finora non aveva minimamente pensato.

Ma davvero? avrebbe voluto rispondergli, ma si trattenne.

«Non vuole tornare da suo marito per nessun motivo» disse invece.

«Non era necessario che facesse sparire le sue tracce.»

«Invece sì. Per come è lui sì.»

«Comunque non è riuscita a farsi dare altre informazioni da lui» disse Robert.

«Se non altro ha ammesso di non aver conosciuto Xenia per mezzo dell'agenzia, bensì di averla trovata per caso in quel condominio vuoto.»

«E questo dove ci porta? Ammesso che la storia sia vera?»

«Ammesso che la storia sia vera, significa che molto probabilmente Xenia è arrivata in Inghilterra prima del 2006. E che deve essere successo qualcosa che l'ha trasformata in una specie di senzatetto, costringendola a cercare rifugio in appartamenti vuoti e ad accettare l'aiuto di un pezzo di merda come Jacob Paget. Doveva essere proprio disperata!»

«E secondo lei Jacob Paget è al corrente di questi fatti?»

«Ne sono abbastanza sicura, sì.»

Robert continuava a tamburellare sulla scrivania. «Potremmo citarlo in giudizio.»

«Potremmo farlo. Ma perché dovrebbe parlare? E comunque non potremmo accusarlo di niente.»

«Se trovassimo Xenia... Forse lei parlerebbe» rifletté Robert a voce alta.

«Finora non ci siamo riusciti.»

«Secondo lei si è allontanata con quel suo conoscente?»

«È assai plausibile.»

«E non riesce a contattare neppure lui?» Il *neppure lui* era stato pronunciato come se l'incarico più urgente di Kate fosse di mettersi in contatto con le persone e continuasse a fallire.

«Ci sto provando. Sono sicura che prima o poi si farà sentire.»

«Speriamo» disse Robert.

«Ci sono novità su Sophia Lewis?» si informò Kate.

«È *lei* quella che è stata a Birmingham.»

«Purtroppo non è stato un viaggio proficuo. Il padre non mi ha aiutata. Non capisce quello che è successo e non mi ha dato nessuna informazione di qualche utilità. Mi riferivo alle novità circa le sue condizioni.» Almeno di questo aspetto si era occupato Robert. Di parlare con i medici.

«Oggi verrà trasferita, non ci sono altre novità. Appena mi sarà possibile andrò a trovare il medico che la prenderà in cura. Dato che lei non è riuscita a fare progressi con Xenia, tutte le speranze ora si concentrano su Sophia.» *E su di me*, era la tacita aggiunta. Almeno questa fu l'impressione di Kate, ma poteva benissimo darsi che quella mattina fosse solo estremamente suscettibile.

Robert doveva anche recarsi dal procuratore in merito al caso di Jayden White e Kate decise di fare un salto a casa per controllare se Colin e Xenia fossero ritornati, anche se ne dubitava. Inoltre voleva parlare di nuovo con la vicina di casa, perché forse aveva visto più di quanto si fosse fatto dire Robert.

Ma quando fu salita in macchina cambiò idea. Le restava ancora tempo sufficiente e sperava che Robert rimanesse impegnato abbastanza a lungo dal procuratore. Sarebbe passata a trovare Caleb. Magari era in casa. Si era sempre preoccupato per lei, quando si era trovata in un momento di crisi esistenziale. Era giusto che ora si sincerasse delle sue condizioni.

Gli aprì la porta quando lei, dopo aver bussato tre volte, stava già per andarsene rassegnata. Si accorse a prima vista di quanto stesse male. Aveva la barba lunga, e gli occhi torbidi e arrossati tradivano molte notti insonni. Portava un paio di bermuda kaki, che da troppo tempo non incontravano una lavatrice, e una maglietta bianca costellata di macchie indefinibili. Puzzava di sudore, di corpo non lavato. I capelli erano ispidi e incolti. Se non altro Kate non colse l'odore di alcol. O era nascosto dal tanfo acre del sudore, oppure Caleb non aveva bevuto niente. In realtà era ancora relativamente presto.

Lui si passò le dita tra i capelli, e questo non migliorò il suo aspetto.

«Ah, è lei, Kate. Temevo già che fosse la mia ex moglie. Si preoccupa per me e passa a trovarmi tutti i giorni per vedere come sto, ma non la faccio entrare.» Contorse il viso in una smorfia stizzita. «Odio essere compatito.»

«Io non la compatisco» si affrettò a dire Kate. «Sono venuta a farle un saluto. Ma se non è il momento...»

«Ma sì, ma sì. Stavo dormendo, ma è il momento di alzarsi, giusto? Che ore sono?»

«Le nove e mezzo.»

«L'ora giusta per un pensionato.»

«Lei non è un pensionato, Caleb.»

Fece un passo indietro. «Si accomodi. Spero che il mio aspetto non la disturbi.» Diede un'occhiata al proprio stato. «Temo di aver dormito vestito.»

Lo seguì nell'ampio salotto con la vetrata verso il giardino e la cucina a vista estremamente raffinata che si inseriva in maniera perfetta nell'ambiente. Kate era stata lì una volta soltanto, ma ricordava ancora quanto le fosse apparsa bella quella stanza. Le proporzioni e l'arredamento elegante non erano cambiati, ma il tutto appariva molto trasandato. C'erano piatti sporchi dovunque, tazze di caffè e bicchieri. Bottiglie sul tavolo da pranzo. Posta da aprire gettata distrattamente qua e là. Due pacchi lasciati sul tavolo, anch'essi chiusi. Sul bancone di acciaio inossidabile della cucina un pullover appallottolato e su un ripiano della libreria qualcosa che assomigliava a un paio di mutande. Si capiva che Caleb aveva perso il controllo della propria vita quotidiana. Kate preferiva non immaginare quante di quelle buste contenessero fatture e conti da pagare.

«Spero che abbia già fatto colazione» disse Caleb, «perché non ho proprio niente da offrirle. Solo un caffè.»

«Un caffè andrà benissimo» disse Kate e Caleb accese la macchinetta. Aprì il frigorifero, tirò fuori una bottiglia di latte, la stappò, annusò il contenuto e fece una smorfia disgustata. «È scaduto. Spero che beva sempre il caffè senza latte.»

Non era così, ma lei annuì. «Nessun problema.»

Caleb prese due tazze da un ripiano, le ultime ancora pulite. Sembrava che avesse smesso completamente di lavare le stoviglie. Kate lo osservò con una certa inquietudine. Caleb era un uomo di bell'aspetto e ne era sempre stato consapevole. L'aveva sempre visto molto curato e molto ben vestito, spesso in maniera casual ma con stile. Non si era mai liberato del suo problema con l'alcol, ma non aveva mai lasciato trasparire che nella sua vita ci fossero cose che sfuggivano al suo controllo. Al contrario, aveva sempre dato l'impressione della massima compostezza, si era sempre mostrato sicuro di sé, carismatico.

Di tutto ciò non era rimasto niente. Non aveva solo perso il controllo, sembrava in procinto di perdere anche se stesso. Le faceva male vederlo così, più di quanto si fosse aspettata. Un tempo era stata molto innamorata di lui, aveva sperato che lui ricambiasse i suoi sentimenti. Ovviamente non era successo, era un uomo troppo attraente per farsi conquistare da una donna anonima come Kate. A un certo punto se ne era resa dolorosamente conto. Lui le voleva bene e l'apprezzava e in un certo senso gli era diventata indispensabile. Ma non provava alcuna attrazione nei suoi confronti. Questo non sarebbe mai cambiato. Era qualcosa che doveva accettare.

Lui era sempre bello, ma anche malato e trasandato. Sembrava che non gli importasse più niente di nulla. Aveva bisogno di aiuto, ma Kate dubitava che avrebbe permesso a qualcuno di farlo.

Caleb posò sul tavolo le due tazze di caffè nero, tolse delle buste dalla sedia e ci si lasciò cadere.

«Si accomodi, Kate. Da qualche parte deve esserci lo zucchero.» Prese un barattolo che era sul tavolo e ci guardò dentro. «È vuoto. Spero che il caffè le piaccia senza zucchero.»

«Lo zucchero fa male» disse Kate. Il caffè le piaceva dolce, ma doveva ritenersi fortunata se in questa casa le veniva offerto qualcosa.

«Deve pur mangiare, Caleb. Come si nutre?»

«Caffè. Alcol.»

«Non va bene.»

«No. Ma in questo momento non c'è niente che vada bene. Sa, non riesco nemmeno a dormire. Mi addormento solo se bevo abbastanza, ma poi mi sveglio subito e non riprendo più sonno. Rimango così ora dopo ora. Solo verso la mattina mi riaddormento.»

«E poi arrivo io a svegliarla.»

Lui fece un gesto condiscendente con la mano. «Ha fatto bene. Non bisogna passare metà della giornata a letto.» Si strofinò gli occhi, facendoli diventare ancora più rossi. «Sono contento che sia venuta, Kate. Davvero.»

Lei avrebbe voluto allungare la mano e accarezzargli il braccio, ma non osava farlo. «Non dovrebbe rimuginare così tanto. Non le fa bene.»

Lui le rivolse un'occhiata piena di disperazione. «Continuo a rivedere la scena. Ripenso alla mia telefonata con Jayden White. La esamino e la riesamino. Tento di ricordare le esatte parole. Il tono di Jayden. Ogni variazione della sua voce. Ogni esitazione. Il suo respiro... Kate, me ne sarei dovuto accorgere. Mi sarei dovuto accorgere che avrei fatto meglio a *non* parlargli del suo problema. In quel modo ho scatenato una reazione. Mi sarei dovuto rendere conto della labilità di quell'uomo, ma anche di tutta la situazione. Era troppo rischioso. Era davvero troppo rischioso.»

«Caleb...»

«Se non avessi bevuto avrei avuto maggiore sensibilità. Sarei stato più attento. Invece era tutto annebbiato. Appiattito. Ovattato. Come succede con l'alcol. Tutto si confonde. Spigoli e angoli si arrotondano. È questo che poi fa ammattire. Ma in una situazione del genere è fatale. Nel caso presente in senso letterale. Non avrei dovuto fare quella telefonata. Avrei dovuto sapere che non ero nelle condizioni giuste. Avrei dovuto chiedere a Stewart di occuparsene.»

«Dubito che Stewart sarebbe stato più adatto...» mormorò Kate.

Caleb la guardò con attenzione. «Qualche problema?»

Lei si strinse nelle spalle. «Non dipende solo da lui. Evidentemente non siamo una squadra molto affiatata.»

Lui sospirò. «Del resto le cose dovevano andare diversamente. Mi spiace. Oltre a tutto il resto, mi spiace anche per lei, Kate. Che ora non si realizzi più la nostra collaborazione.»

«Magari tornerà al lavoro.»

«Prima devo superare in maniera definitiva il mio problema. E anche in quel caso non so se ne avrò la possibilità.»

Lei lo scrutò attentamente. Se non altro non lo aveva trovato riverso sul divano, o peggio sul pavimento della cucina completamente sbronzo. Continuava a bere, quasi sicuramente troppo, come dimostravano i bicchieri e le bottiglie distribuite in maniera pittoresca in tutta la stanza, ma quel mattino era in grado di condurre una conversazione ragionevole e di farsi capire con chiarezza. Il che significava che la sera prima non si era ubriacato fino a stordirsi.

«Ho l'impressione che si stia sforzando sul serio» disse cauta.

Lui sospirò di nuovo. «Sì, cerco di lottare, Kate. Voglio uscire da questo circolo vizioso, altrimenti distruggerà la mia vita. Ma non mi faccio illusioni: l'unica strada sarebbe la disintossicazione completa. Cerco di evitare la roba più forte, ma continuo a bere troppo, come prima, e se guardandomi non lo percepisce completamente è perché il mio corpo regge maledettamente bene l'alcol. Ci vuole del tempo prima che cominci a biascicare. Del resto riuscivo ancora a lavorare. Almeno in apparenza.»

«E se andasse in una clinica? Lo ha fatto già una volta.»

«I risultati sono durati meno di sei mesi.»

«All'epoca ci andò per ordine del suo superiore. Questa volta sarebbe una sua scelta spontanea. Non me ne intendo molto, ma dopo tutto quello che ho sentito è un aspetto decisivo nelle terapie disintossicanti. Che ci sia la volontà di iniziare.»

«Sì... Questo è verissimo...» rispose evasivo.

Presero il caffè caldo e amaro, poi Caleb chiese: «A parte il suo disaccordo con Stewart, come vanno le indagini sul caso in corso?»

Lei scosse la testa. «In pratica non facciamo progressi.» Gli tratteggiò in poche parole la situazione e lui l'ascoltò attento.

«Sophia Lewis non è in grado di parlare e Xenia Paget è scomparsa senza lasciare tracce» concluse Kate. «E io non riesco ad andare avanti da nessuna parte. Da nessuna! In particolare non riesco a trovare un legame tra Sophia e Xenia. Ho chiesto in giro, ma nessuno dei conoscenti di Xenia ha mai sentito il nome di Sophia. E viceversa. Nessun punto di contatto.»

«È probabile che l'unico legame sia il colpevole» disse Caleb. «Entrambe hanno avuto a che fare con lui in un certo momento della loro vita. Ma questo è il solo collegamento.»

«Xenia sa qualcosa» disse Kate. «E anche Jacob, suo marito. Ma non vogliono parlare. E Sophia non è in grado di farlo. È una maledizione.»

«Vorrei poterle dare qualche buon consiglio, Kate, ma non mi viene in mente niente che possa aiutarla. La storia del colpo che è stato sparato contro Sophia mi lascia un po' perplesso. Ha mancato il bersaglio. Viceversa, lei mi ha detto che l'aggressore in treno aveva una mira molto precisa.»

«Indubbiamente. Xenia è sfuggita per un soffio e se non avessi avuto la prontezza di riflessi di rifugiarci entrambe nel bagno del treno, rannicchiandoci nell'angolo morto, sicuramente non sarebbe più viva.»

«Appunto. Possibile che lo stesso individuo sbaglia un colpo così facile? Su un bersaglio immobile?»

«Forse aveva sparato prima. Quando era ancora in movimento. In quel caso sarebbe stato difficile colpirla.»

«Perché avrebbe dovuto farlo? Sapendo che sarebbe inciampata sul cavo e si sarebbe spezzata il collo o comunque sarebbe rimasta tramortita dalla caduta, diventando un facile bersaglio?»

«In quella situazione anche un bambino sarebbe riuscito a spararle» disse Kate. «Verrebbe quasi da pensare che fosse... indeciso.»

«Mentre sul treno con Xenia è stato estremamente deciso.»

«Forse mentre stava per premere il grilletto, ha cambiato idea, ha pensato che la sopravvivenza per lei sarebbe stata un castigo ben più crudele. Ammesso che il movente sia la vendetta. In questo caso una donna su una sedia a rotelle gli darebbe più soddisfazione che saperla morta.»

«In quel momento non poteva certo valutare l'entità dei danni che le aveva causato.»

«Quanto meno poteva intuire che non si sarebbe trattato di un nonnulla.»

«Secondo me non sta in piedi» disse Caleb. «Lasciare in vita una donna paralizzata potrebbe essere più appagante per una persona vendicativa. Ma una donna in quelle condizioni può parlare. O comunque farsi capire. Non sarebbe meglio assicurarsi che sia morta? Era per questo che aveva con sé l'arma. Il piano era di farla cadere e poi di spararle. Per non correre rischi. Di questo sono abbastanza sicuro.»

«Ma allora perché...?»

«Non è facile sparare alla testa di una persona completamente inerme.»

«Il tipo del treno non mi sembrava avere certi scrupoli» disse Kate.

«Ha mai pensato all'eventualità che si possa trattare di due soggetti diversi?»

Lei lo guardò stupita. «*Due* soggetti? Ma abbiamo la stessa arma!»

«È vero, ma non significa necessariamente che sia stata utilizzata entrambe le volte dalla stessa persona.»

«Due colpevoli... Due storie completamente diverse?»

«È solo un'idea. Ma non la escluderei a priori. In questo caso il punto di contatto tra Xenia Paget e Sophia Lewis non sarebbe neppure il loro aggressore. Bensì due aggressori che si conoscono. Ciascuno con un conto aperto con una delle due. E che agiscono insieme.»

«E dove...?»

Caleb sapeva che cosa stava per chiederle. «Dove possono conoscersi tipi del genere? Generalmente in galera.»

«Escono e...»

«E decidono di mettere in pratica il piano che durante la detenzione probabilmente è servito a tenerli a galla. Eliminare le persone che li avevano fatti finire prima in tribunale e poi in una cella.»

«È un'ipotesi molto azzardata, Caleb.»

«Ovviamente. Presuppone che sia Xenia sia Sophia a un certo punto abbiano avuto a che fare con la condanna di qualcuno.»

«In quel caso lo sapremmo. Helen ha inserito i loro nomi in tutti i database. Avrebbero sporto denuncia. Sarebbero state chiamate a testimoniare. Qualcosa del genere. I loro nomi sarebbero spuntati fuori. Invece non c'è niente. Assolutamente niente.»

«La mia teoria però spiegherebbe alcuni aspetti. Sophia Lewis è stata descritta come nervosa e per certi versi reticente dal suo ex fidanzato. Se n'è andata da Manchester all'improvviso e senza un valido motivo. Si sentiva minacciata? E sapeva anche da chi? E intorno a Xenia c'è sicuramente un oscuro segreto. Deve essere stata coinvolta in un qualche reato, altrimenti parlerebbe apertamente con la polizia.»

«Una tesi piuttosto azzardata» osservò Kate, ma aveva la mente in subbuglio. Quello che aveva detto Caleb non era poi così fuori luogo.

«Purtroppo al momento le sue riflessioni non mi portano da nessuna parte.»

«Me ne rendo conto. Però rafforzano un aspetto che lei ha già evidenziato: se in quello che ho detto c'è qualcosa di vero, entrambe le donne si trovano in gravissimo pericolo. Infatti entrambe sanno chi le perseguita e questo potrebbe essere catastrofico per il loro aggressore. Entrambe gli sono sfuggite. Rappresentano un rischio enorme. Devono essere fatte tacere.»

«Maledizione» disse Kate alzandosi. L'effetto del caffè mescolato a quello della conversazione le provocò un giramento di testa. «Devo trovare Xenia. Prima che lo faccia l'assassino.»

«Sophia Lewis è sotto protezione?»

«Sì, ma...» Kate aggrottò la fronte. «Oggi sarà trasferita in un centro di riabilitazione. Spero che Stewart non abbia revocato la scorta.» Prese il cellulare, chiamò Stewart, attese.

«Niente, cellulare spento. In questo momento è dal procuratore.»

Compose il numero di Helen e per fortuna la trovò. Caleb colse frammenti di conversazione.

«Non lo sa? Va bene, Helen, chiami subito il dottor Dane. Io non ho il numero. Il trasferimento di Sophia deve essere scortato da un agente... Sì. Non importa. Nel caso sia stato sollevato dall'incarico, ne mandi un altro... Sì, mi assumo io la responsabilità... Bene. Si sbrighi.»

Chiuse la conversazione. Guardò Caleb.

«Non so perché, ma ho un brutto presentimento» disse.

3

Sophia fu sollevata su una lettiga. Era pronta. Lavata, pulita, con un catetere nuovo. Una delle infermiere le aveva pettinato i capelli con particolare cura. Qualcuno le stese sopra una leggera coperta di lana. Un paramedico.

Aveva seguito con distacco tutto il procedimento, chiedendosi ossessivamente come mai fino a quel momento nessuno le avesse detto che sarebbe guarita presto. Non era quello che dicevano sempre medici e infermiere? Per fare coraggio al paziente? Oppure non c'era la certezza di *quanto* si sarebbe ripresa alla fine? Ai medici non piaceva sbilanciarsi e poi essere bombardati di rimproveri. *Aveva detto che a Natale sarei tornata come prima...*

In molti ambiti era possibile fare prognosi chiare e previsioni sicure, ma evidentemente non era questo il caso quando si trattava di decidere la rapidità e l'entità di una guarigione. Persino i medici più esperti erano in grado di avanzare solo ipotesi che si basavano sulle statistiche, ma le statistiche, come era risaputo, non dicevano niente del caso singolo. Alla fin fine il dottor Dane non poteva stabilire una prognosi precisa. Per questo era rimasto sul vago. Era convinto che Sophia sarebbe guarita, ma non sapeva quanto tempo ci sarebbe voluto. Né se sarebbe rimasto qualche *lieve* problema. Forse avrebbe avuto bisogno di molta fisioterapia per ritornare alla mobilità di un tempo e lui non sapeva con certezza quanto sarebbe stata determinata e tenace. Non la conosceva. Non sapeva quanto fosse caparbia e forte quando era necessario. Si sarebbe sorpreso. Lei sarebbe diventata un caso esemplare di cui avrebbe parlato con i colleghi e gli altri pazienti. Avrebbe spiegato la gravità delle sue condizioni. Avrebbe raccontato che tutti erano preoccupati per lei. Ma che poi li aveva stupiti, aveva lottato, aveva dato tutta se stessa, non si era lasciata scoraggiare e alla fine aveva vinto.

Sì, la sua storia sarebbe stata questa.

Gettò un'occhiata al paramedico che le aveva appena messo sopra la coperta.

E sarebbe rimasta paralizzata se non lo fosse già stata.

Lo riconobbe. Nonostante i molti anni trascorsi. Era lui, non c'erano dubbi. Era ormai un adulto. Ma gli occhi erano rimasti identici. Tenebrosi. Due buchi neri. Privi di qualunque scintilla di vita. Occhi che trasmettevano soltanto una totale mancanza di emozioni.

Li avrebbe riconosciuti sempre e dovunque.

La guardò, come se osservasse un animale raro o una pianta particolare.

Lei aveva saputo che un giorno l'avrebbe incontrato di nuovo, e la prospettiva l'aveva sempre riempita di angoscia. Ma neppure nei suoi peggiori incubi si sarebbe immaginata di stargli davanti come un insetto rovesciato sul dorso. Del tutto incapace di muoversi. Indifesa. In sua completa balia. Privata della sua arma più efficace, le sue gambe robuste e veloci, con le quali sarebbe riuscita a scappare da chiunque e dovunque. Non era più rimasto niente di tutto ciò. Chiunque avrebbe potuto fare qualunque cosa di lei. Avrebbe potuto stritolarla. Non sarebbe stata nemmeno in grado di gridare.

Lui curvò le labbra in un lieve sorriso. Se ne era reso conto, probabilmente lo aveva letto nei suoi occhi pieni di sgomento che lei l'aveva riconosciuto. Che sapeva chi era. E che era in preda al panico, senza poterlo esprimere in alcun modo. A parte gli occhi. Ma sarebbe stato necessario cogliere e interpretare la loro espressione, e nessuna delle persone indaffarate intorno a lei ci aveva fatto caso.

Con l'indice della mano destra le sfiorò delicatamente la guancia. «Ciao, Sophia» mormorò. A voce così bassa che nessuno doveva averlo sentito.

A parte lei.

Non le era mai capitato, durante le ore e i giorni interminabili passati in ospedale, di desiderare così ardentemente di muovere una parte del corpo. Una qualunque. Ci aveva provato spesso, in continuazione: un dito del piede. Della mano. Una mano... Ma era stata paziente, risoluta. Adesso era spinta dal terrore e dalla paura. Provò con tutte le membra contemporaneamente, gambe, braccia, testa, non aveva importanza, bastava *qualcosa*. Doveva attirare l'attenzione del personale. Farsi notare. Far capire che le sarebbe successo qualcosa di brutto, che stava per accadere una spaventosa tragedia, che aveva bisogno di aiuto, che non potevano lasciarla da sola con quel paramedico, neppure per un secondo.

E invece... niente. Nemmeno un barlume di movimento. Era rigida, ammutolita come prima.

Lui sogghignò, Sophia non sapeva come lo avesse capito, ma doveva essersi reso conto dei suoi sforzi e anche del fatto che non aveva alcuna possibilità.

Mulinò gli occhi ed emise una specie di rantolo. Il sorriso di lui si allargò.

Un'infermiera si avvicinò alla lettiga. «Allora, Mrs. Lewis, da parte nostra abbiamo fatto tutto» annunciò. «Jack Gregory, del servizio ambulanze, la accompagnerà a Hull. Ha con sé tutti i documenti. Sa che cosa deve fare. Può stare tranquilla.»

Sophia emise una specie di gorgoglio. Roteò disperatamente gli occhi, cercò di battere le ciglia, ma com'era avvenuto il giorno prima, quando aveva cercato di comunicare con il dottor Dane, qualcosa si bloccò, nervi, muscoli, qualunque cosa fosse che comandava certi movimenti, e lei riuscì solo a tenerli spalancati.

Aiuto! Aiuto! Aiuto!

L'infermiera doveva essersi accorta del movimento dei suoi occhi. Sorrise. Piena di calore e comprensione.

«Vuole salutarci? Capisco. Arrivederci, Mrs. Lewis. Le auguro ogni bene. E, mi raccomando, non si arrenda mai!»

Per Dio! Sono in pericolo! Mi aiuti. Per amor del cielo, mi aiuti!

L'infermiera le accarezzò il braccio. «Le persone come lei» disse, «sanno come superare il loro destino. Non si spezzano mai.»

La pianti con queste frasi da cioccolatino. Questo tizio vuole uccidermi. Ci ha già provato una volta, ecco perché sono qui. Lo fermi. Lo fermi!

Urlò. Con quanta forza aveva in corpo. Nemmeno un suono le uscì dal petto e dalla gola.

Tutto quello che produsse fu qualche suono disarticolato.

«Purtroppo il dottor Dane è in sala operatoria» disse l'infermiera. «Ma gli porgerò i suoi saluti.»

Gli riferisca che la mia vita non vale più nemmeno un centesimo!

Altre infermiere si avvicinarono alla lettiga per salutarla. Sophia le fissò disperata. Dovevano accorgersi di qualcosa. *Per forza.*

Una di loro, che monitorava i parametri vitali, disse: «La paziente ha la pressione alta e il polso accelerato.»

«È lo stress» disse un'altra. «A causa del trasferimento.»

No. Il mio assassino è qui accanto a me!

«Le somministro un calmante.»

Non percepiva niente, ma vide una delle infermiere chinarsi con una siringa. Immaginò che armeggiasse con il suo braccio.

«Questo la calmerà, Mrs. Lewis. Un trasferimento di questo genere crea ansia. Ma non ha niente da temere.»

L'iniezione fece effetto rapidamente. Sophia s'accorse che la mente le si annebbiava, i pensieri si confondevano, si intrecciavano. Purtroppo non si addormentò e non si rilassò neppure. L'effetto era semplicemente quello di una pesante coperta che le schiacciava pensieri e sensazioni. Si agitavano in lei semisoffocati, ma non erano cessati. Adesso era persino peggio. Oltre alla sensazione di avere il corpo incatenato, le sembrava che anche il cervello fosse schiacciato da una pressa. Era insostenibile. *Insostenibile.*

Qualcuno cominciò a spingere la lettiga. Quel... Come si faceva chiamare... *Jack?* Non riusciva più a vederlo, doveva essersi spostato dietro la sua testa. Chi ci sarebbe stato sull'ambulanza oltre a lui? Quella maledetta iniezione impediva a Sophia di riflettere, di mettere ordine tra i pensieri. Doveva esserci un autista. Forse un secondo paramedico. Era consapevole che secondo i piani di *Jack* non avrebbero dovuto raggiungere l'istituto di riabilitazione. Avrebbe colpito da qualche parte tra Scarborough e Hull. Ma come avrebbe fatto? L'avrebbe uccisa in silenzio e di nascosto sull'ambulanza e all'arrivo a Hull tutti sarebbero rimasti sgomenti constatando il suo decesso? L'avrebbe fatto sembrare un incidente, oppure aveva sufficienti nozioni mediche per eliminarla in modo che sembrasse una morte naturale?

Stavano percorrendo il corridoio. Sophia vedeva persone di passaggio, volti che le gettavano occhiate indifferenti. Nonostante il calmante cercava sempre di stabilire un contatto visivo con gli altri, cercava di chiedere aiuto, ma nessuno badava a lei. Era un'impresa disperata. Era solo un essere immobile, che veniva spinto lungo il corridoio di un ospedale.

Erano arrivati agli ascensori. Le porte si aprirono.

Per Sophia fu l'inizio di un viaggio all'inferno.

4

Xenia si mise seduta e si accorse turbata di essersi addormentata. Non avrebbe voluto per nessun motivo, ma dopo una nottata quasi insonne era stata sopraffatta dalla stanchezza. Nonostante l'agitazione. E la determinazione di rimanere sveglia.

Colin era rimasto scioccato dalla sua storia, mentre nel piccolo pub di Whilby avevano cominciato a guardarli storti perché erano seduti da troppo tempo senza mangiare niente e a un certo punto avevano smesso anche di bere.

«Che storia» aveva commentato Colin alla fine, guardandola sconvolto. «Che razza di storia!»

Aveva chiesto il conto, avevano pagato ed erano usciti. Il cielo era nuvoloso e faceva caldo. Si erano scambiati un'occhiata e avevano detto in coro: «Tutto ma non quell'orribile pensione!» Entrambi avevano avuto la sensazione che in quel momento non avrebbero sopportato le stanze anguste e soffocanti, i pavimenti con la moquette color senape, la tappezzeria a grandi fiori e il portiere scontroso.

«Magari potremmo andare verso l'entroterra» aveva proposto Xenia alla fine e Colin aveva subito accettato. Avevano viaggiato per la brughiera, su stradine che si snodavano in mezzo alla natura incontaminata, per valli dove quel giorno non c'era anima viva e su altopiani che gli avevano allargato il cuore. Colin non aveva aperto bocca. Il segnale telefonico era debole o del tutto assente, perciò non avevano ricevuto altri messaggi da Kate. Xenia lo trovava tranquillizzante: probabilmente non sarebbe stato possibile nemmeno localizzarli in quella zona remota. Si erano fermati in una piccola valle pittoresca, ai margini di un sentiero. I prati erano delimitati da bassi muretti a secco, da lontano giungevano i belati di un gregge e fitti ciuffi di campanule crescevano lungo le rive di un ruscello gorgogliante.

«Che paradiso» aveva detto Xenia guardandosi intorno.

«Sembra impossibile che il mondo sia così malvagio» aveva risposto Colin.

Era distrutto. Per la notte insonne. Per tutto ciò che aveva saputo. Per la certezza di essere sul punto di avere uno scontro duro e probabilmente prolungato con Kate. Aveva promesso a Xenia di non dire niente a nessuno, ma nel frattempo si era reso conto che stava per immischiarsi in una brutta storia. Forse lo aveva già fatto.

Si rannicchiò su un tappeto di muschio sotto una quercia e si addormentò nel giro di pochi minuti.

Xenia rimase seduta in macchina con la portiera spalancata. Non voleva sdraiarsi, perché aveva paura di addormentarsi, ma a un certo punto aveva appoggiato il capo all'indietro sul poggiatesta. Piombò nel sonno prima di rendersene conto, non meno sfinita di Colin nel corpo e nell'anima.

Al risveglio ricordò subito dove fosse e che cosa fosse successo e gettò un'occhiata preoccupata a Colin. E se lui nel frattempo avesse avvisato Kate? Si aspettava quasi di sentire le sirene della polizia che si avvicinavano, anche se in realtà il silenzio era assoluto. A parte il gorgoglio del torrente e il cinguettio degli uccelli. E il lieve russare di Colin.

Lo scrutò. Dormiva ancora e non dava l'impressione di essersi svegliato nel frattempo. E se avesse telefonato a Kate e sapesse che lei era in arrivo, magari accompagnata da un manipolo di agenti, non avrebbe dormito così profondamente, giusto?

Xenia scese dalla macchina trattenendo il respiro e rimase ferma sul sentiero a riflettere. Aveva il braccio e la spalla destra doloranti, a causa della posizione scomoda in macchina. Evitò però di muovere il braccio su e giù, non voleva svegliare Colin. Prima doveva riflettere.

Sapeva che era solo questione di tempo e poi lui si sarebbe messo in contatto con Kate. Non avrebbe sopportato più a lungo quella situazione. Kate era importante per lui, Xenia l'aveva capito dal modo in cui ne parlava. Ne era affascinato e forse era l'unica amica che aveva. Colin era una persona sola e anche Kate. Xenia l'aveva percepito chiaramente. Per questo si erano trovati e per questo erano importanti l'uno per l'altra. Colin non avrebbe messo a repentaglio la sua amicizia con Kate, nonostante le sue promesse di non parlare. Alla fine l'avrebbe fatto, e non mancava più molto. Anzi, il momento era a portata di mano.

Lei era in pericolo.

Era stato così liberatorio parlare di tutto. Proprio come lo era stato all'epoca, quando si era confidata con Jacob Paget. Non dover più portare tutto il peso da sola. Avere qualcuno che ascoltava e faceva domande. Che comprendeva la sua angoscia, i suoi sensi di colpa, la terribile situazione in cui si trovava. Ma, ogni volta, l'impulso ad alleggerirsi la coscienza l'aveva fatta finire nei guai. Jacob da allora l'aveva in pugno, dominava la sua vita e non le lasciava nemmeno l'aria per respirare. E Colin avrebbe informato Kate.

Lanciò un'occhiata alla macchina. La chiave era ancora infilata nel cruscotto.

Guardò nuovamente verso Colin. Era raggomitolato su un fianco, il cellulare appoggiato vicino alla schiena.

Si avvicinò di soppiatto, senza fare rumore. Non era facile vista la sua mole. Doveva assolutamente smettere di ingozzarsi di dolciumi a ogni occasione. Si chinò, prese il cellulare. Indugiò, trattenendo il fiato. Niente. Colin non si mosse. Il suo respiro era profondo e regolare.

Tornò in silenzio verso la macchina. Ovviamente quello che aveva intenzione di fare era meschino. Lasciarlo senza auto e senza cellulare in quel deserto... A occhio e croce non sarebbe riuscito a raggiungere una strada dove avrebbe avuto la possibilità di incrociare qualcuno prima di sera. Se non fosse passato nessuno, avrebbe dovuto camminare più a lungo. Cercò di ricordare in che punto avessero sorpassato l'ultima casa. Una fattoria, da qualche parte in un fondovalle... Da dove si trovavano un tragitto a piedi piuttosto lungo.

Si morse il labbro. Lui l'aveva aiutata. Era stato gentile con lei. Non era giusto abbandonarlo così. Ma doveva mettersi in salvo.

In fondo era estate. Non sarebbe morto di freddo, neppure di notte. Guardò sul sedile posteriore dove c'era una bottiglia d'acqua minerale quasi piena.

Lentamente, senza perdere di vista Colin, aprì la portiera, prese la bottiglia e l'appoggiò sulla strada. Ecco, così almeno aveva dell'acqua. A parte questo c'era il ruscello e probabilmente molti altri nei dintorni. Non sarebbe morto di sete.

Girò intorno alla macchina cercando di non fare rumore nonostante la sua mole e salì al volante. Colin non si era ancora mosso.

Si sarebbe svegliato quando lei avrebbe acceso il motore. Ma, prima che si alzasse e potesse reagire, lei sarebbe già stata lontana.

Girò la chiave. Il frastuono le parve assordante.

Guardò di lato. Colin si sollevò lentamente, si guardò intorno confuso. Lei pigiò a fondo l'acceleratore. La macchina partì sgommando. Nello specchietto vide che Colin balzava in piedi. Agitava le braccia, gridava qualcosa che lei non comprese.

Accelerò ulteriormente e si allontanò a velocità sostenuta.

Lontano da lui e dal pericolo che rappresentava.

5

Kayla Byron infilò la testa nello studio del dottore Dane. «Dottore?»

Dane stava dettando delle lettere di dimissioni. Alzò lo sguardo distratto. «Sì?»

«Ha chiamato la Tremblay Clinic di Hull. L'ambulanza che doveva trasferire Sophia Lewis non è ancora arrivata. Sono un po' sorpresi, perché avrebbe dovuto essere lì più di due ore fa.»

«Che ore sono?» Dane non portava mai l'orologio e con tutti gli appuntamenti della giornata perdeva sempre la cognizione del tempo.

«Quasi le due.»

«Quando sono partiti?»

«Alle dieci. Sarebbero dovuti arrivare intorno alle undici e mezzo. Se avessero trovato molto traffico, al massimo intorno a mezzogiorno. In effetti è strano che non siano ancora lì.»

«Già, e quindi?» chiese Dane perplesso.

«Avevo fissato il trasferimento come sempre con la Winslow Ambulance.»

Un servizio di ambulanze privato. Il dottor Dane lo conosceva bene, per questo l'ospedale lo utilizzava da molti anni.

«Ho chiamato Mark Winslow. Non sapeva ancora niente del ritardo. Ha detto che avrebbe provato a mettersi in contatto con l'autista. Ero venuta per informarla...»

Il telefono nell'anticamera suonò. Kayla tornò rapida alla sua scrivania e rispose.

«Sì» disse, «è strano. È riuscito a parlare con il paramedico?»

Rimase in ascolto.

«Allora c'è qualcosa che non va» disse. Ascoltò di nuovo.

«D'accordo. Sì, ci tenga informati.» Riattaccò.

«Era Mark Winslow. Dice di non essere riuscito a mettersi in contatto né con il paramedico, né con l'autista, il che è molto insolito. Anche lui si sta preoccupando.»

«È vero. Non ci sono problemi di campo lungo il tragitto.»

«Ho controllato le condizioni del traffico in rete. Non ci sono avvisi di ingorghi, nessuna deviazione, niente. Sarebbero dovuti arrivare da tempo.»

«Santo cielo» disse Dane. Si era alzato dalla scrivania e si era spostato in mezzo alla stanza. «Sophia Lewis non è nelle condizioni di essere sballottata qua e là a bordo di un'ambulanza troppo a lungo. Non va assolutamente bene.»

«Mi chiedo...» disse Kayla.

«Sì?»

«La telefonata di stamattina della poliziotta, che chiedeva che Sophia Lewis fosse scortata dalla polizia durante il trasferimento. Dopo che la protezione le era stata tolta.»

«Di questo non so niente» disse Dane confuso.

«È vero. Lei era in sala operatoria. Me ne sono occupata io, ovvero ci ho provato. Ma l'ambulanza era già partita. Ho richiamato la poliziotta e lei ha detto che avrebbero mandato un agente direttamente a Hull.»

Il dottor Dane spalancò gli occhi. «Secondo lei potrebbe essere capitato qualcosa a Sophia Lewis? Per mano... di chi l'ha ridotta così?»

Kayla si strinse nelle spalle. «Di sicuro la polizia aveva un motivo per prolungare improvvisamente le misure di protezione.»

«Oddio, che storia» disse Dane.

«Mark Winslow avviserà la polizia» disse l'infermiera. «Così sapremo anche noi se ci sono stati incidenti. Forse l'ambulanza ha avuto un guasto.»

«In quel caso però l'autista avrebbe avvisato il suo capo. E l'istituto di cura.»

Si scambiarono un'occhiata.

«Provo a chiamare la poliziotta con cui ho parlato prima, il sergente Helen Bennet» disse decisa Kayla. «Le dirò che Sophia Lewis non è arrivata a destinazione e nessuno sa dove sia l'ambulanza in questo momento.»

«La avviseranno comunque quando la Winslow Ambulance chiamerà per segnalare un problema» disse Dane.

«Magari sono due dipartimenti diversi. Ora chiamo» replicò Kayla.

Dopo la conversazione con Caleb, Kate aveva valutato se tornare direttamente in ufficio, ma siccome erano già le due e non aveva ancora pranzato decise di comprare qualcosa al porto e tornare a casa per fare qualche domanda alla vicina, come aveva previsto, e anche nella remota ipotesi che Colin e Xenia, o almeno uno dei due, fossero tornati. Aveva cercato di convincere Caleb a mangiare un boccone con lei, ma lui aveva declinato l'invito. «Non ho fame.»

«Non va bene» aveva protestato lei. «Non ha niente da mangiare in casa. Non può vivere d'aria!»

«Ordinerò una pizza più tardi» promise, ma più che un'intenzione seria sembrava un tentativo di cambiare argomento.

Dovrebbe anche farsi una doccia e vestirsi come si deve era stata sul punto di dire Kate, ma si era trattenuta. Anche se era stato sospeso dal servizio, in un certo senso Caleb era sempre il suo superiore. Almeno per lei era così.

Era appena salita in macchina quando il suo cellulare squillò. Era Helen. Aveva la voce trafelata e incerta.

«Sergente, ho un problema...» esordì. Kate si sentì rizzare i peli sulle braccia. Il tono di Helen non prometteva niente di buono.

«Sì?»

«Ha appena chiamato l'ospedale. L'ambulanza con Sophia Lewis è in ritardo.»

«Che cosa significa in ritardo?»

«Non è ancora arrivata alla clinica di Hull.»

«A che ora sono partiti?»

«Intorno alle dieci.»

Pur sapendo che ore fossero, Kate controllò nuovamente. «Non è possibile. Dovrebbero essere lì da tempo ormai.»

Helen sembrava avvilita. «Lo so. Non ci sono ingorghi lungo il percorso, né deviazioni. Niente. E...»

«Sì?»

«Il responsabile del servizio ambulanze non riesce a mettersi in contatto con l'autista. E neppure con il paramedico che lo accompagna.»

Il cuore di Kate accelerò. Non aveva l'aria di trattarsi di un problema soltanto. Sembrava una possibile tragedia.

«Che mi dice del servizio di protezione?» chiese. «L'agente è raggiungibile?»

Kate sentì letteralmente Helen che inspirava a fondo prima di rispondere. «Con loro non c'era nessuno.»

Kate impiegò un istante a digerire questa informazione. «Come?» domandò.

«Dopo la sua telefonata, ho chiamato l'ospedale. Ma l'ambulanza era già partita. Allora ho mandato un agente direttamente alla clinica.»

«Significa che c'è un poliziotto che aspetta a Hull? E l'ambulanza è in viaggio senza scorta ed è sparita da tutti i radar? Non è possibile!» esclamò Kate.

Helen tacque.

«Avevo richiesto chiaramente...» cominciò a dire Kate, poi si interruppe e aggiunse: «Bisognava fermare l'ambulanza. Sarebbe dovuta tornare indietro oppure avrebbe dovuto aspettare la scorta. Una delle due. Sergente Bennet, le mie disposizioni erano molto chiare!»

Kate e Helen avevano lo stesso rango, ma siccome Helen lavorava principalmente come psicologa, mentre Kate era un'investigatrice sul campo, durante un'indagine erano le sue indicazioni ad avere più valore.

«Pensavo che lungo il tragitto non potesse succedere niente» si difese Helen. «E a Hull sarebbe stato ripristinato subito il servizio di protezione. Voglio dire: come faceva l'aggressore a sapere che oggi sarebbe stata trasferita da Scarborough a Hull?»

«Non ne ho idea, ma evidentemente lo sapeva. Direi che abbiamo un grossissimo problema, ma questo probabilmente lo ha già compreso anche lei.» Kate aveva la mente in subbuglio. «Diramiamo subito un ordine di ricerca del mezzo.»

«D'accordo» disse Helen.

«E già che ci siamo… Colin Blair, di Londra. Cerchi il numero di targa della sua automobile, io non lo conosco a memoria, e aggiunga anch'essa al mandato.»

«D'accordo» ripeté Helen ma si capiva che non sapeva a che cosa servisse. Non m'interessa se capisci, pensò Kate aggressiva, l'importante è che stavolta tu faccia come dico io! Stava per riagganciare, ma poi le venne in mente un'altra cosa. «Per caso ha sottomano il nome del servizio di ambulanze?»

Udì il lieve clic della tastiera, evidentemente Helen cercava sul computer. «Winslow Ambulance. Ha bisogno dell'indirizzo o del numero di telefono?»

«Grazie, ci penso io.» Chiuse la comunicazione. Cambiamento di programma. Non sarebbe passata da casa. Sarebbe andata a parlare con il servizio di ambulanze.

6

Sienna Burton era furibonda, ma così furibonda da rendersi perfettamente conto che non era il caso di mettersi al volante nelle sue condizioni. Ma se fosse rimasta nell'appartamento di Hull sarebbe esplosa. Era una di quelle giornate in cui tutto andava storto: al mattino, uscendo dal suo appartamento, si era imbattuta nel padrone di casa che l'aveva rimproverata perché a suo dire non teneva in ordine il balcone e questo era *uno scandalo per tutto il palazzo*, e perché aveva saltato il turno delle pulizie per due volte. Nella boutique dove lavorava aveva avuto da ridire con una cliente di un'arroganza insopportabile e la direttrice le aveva fatto capire che non c'era bisogno che tornasse al lavoro. L'aveva licenziata? Era davvero così facile? Aveva perso il lavoro? Dopo lo scontro con la gerente in ogni caso aveva lasciato il negozio ed era tornata a casa per sfogarsi con il suo fidanzato, al momento disoccupato, che trascorreva tutta la giornata nell'appartamento di lei davanti alla televisione senza muovere un dito neppure per scrivere un curriculum. Ma invece di mostrarsi comprensivo Liam aveva dato in escandescenze, rinfacciandole di essere una pazza, perché adesso entrambi dovevano vivere con il sussidio e come pensava di fare?

«Per esempio potresti cercarti un lavoro» aveva urlato Sienna e Liam aveva sbraitato che lo avrebbe fatto, ma che lei non doveva farsi illusioni perché non l'avrebbe mantenuta. Sienna lo aveva trovato di un'insolenza inaudita, dopo che lui aveva vissuto alle sue spalle per mesi. Era scoppiata un'accesa discussione e alla fine Sienna era uscita di casa piangendo a dirotto, era salita in macchina ed era partita. Il suo non era un pianto di dolore, bensì di rabbia. Liam era un viscido topo di fogna. La sua direttrice una vecchia baldracca. La cliente grassa e arrogante sarebbe dovuta finire sotto un treno e il padrone di casa poteva ficcarsi dove diceva lei la sua avarizia e la sua protervia!

Sienna singhiozzava e inveiva tra sé, mentre lasciava la città a velocità spericolata e sfrecciava sulle strade di campagna. Non badava alla direzione, non le importava, non aveva una meta. Voleva solo andarsene. Lontano da tutto.

Superato il cartello di Market Weighton, si rese finalmente conto di dove si trovava. Conosceva quella località. Liam era cresciuto lì. Spinta da un nuovo impeto di collera, Sienna pigiò l'acceleratore e imboccò la via principale. Affrontò diverse curve facendo fischiare le gomme. Doveva lasciare quel buco maledetto il prima possibile.

Solo quando udì il suono della sirena, abbandonò i suoi tetri pensieri e lanciò un'occhiata veloce allo specchietto. Merda, la polizia la inseguiva. Non si era accorta dell'autopattuglia, evidentemente era stata nascosta in una via laterale, in agguato, e lei le era sfrecciata davanti come una furia. Ovviamente quelli non avevano altro di meglio da fare adesso che inseguirla. Invece di dare la caccia ai veri delinquenti...

Sienna valutò brevemente se avesse senso assumere un comportamento esemplare, ovvero mantenersi entro i limiti di velocità e sperare che la lasciassero andare. Ma era assai poco plausibile. L'avevano presa di mira. Nel frattempo avevano spento la sirena ma la seguivano da vicino.

Sienna si rese conto che nella foga di andarsene aveva lasciato la borsa a casa, quindi non aveva con sé né la patente né i documenti. Sarebbe stata una solenne scocciatura.

Accelerò al massimo e li seminò.

Guidava in maniera più spericolata della polizia, tagliava le curve senza pensare che dall'altra parte potesse arrivare qualcuno o ci fossero dei pedoni. Una volta uscita dal paese, imboccò una stradina di campagna che non sapeva dove conducesse e si accorse che la macchina della polizia non la inseguiva più.

Sienna aveva il cuore in gola. Sembrava un film. Per un attimo aveva persino dimenticato la collera verso Liam e tutti gli altri. Pazzesco, aveva seminato una macchina della polizia! Era euforica, finché si rese conto che gli agenti dovevano aver registrato il suo numero di targa. Alla prima occasione l'avrebbero fermata. Inoltre aveva guidato a folle velocità in una zona urbana e aveva tenuto un comportamento molto pericoloso. Man mano che l'adrenalina la lasciava, il panico si impossessava di lei sempre di più.

Maledizione. Era in guai grossi.

Passando davanti a una strada sterrata, nonostante il cartello di divieto di transito, la imboccò impulsivamente e guidò sobbalzando tra buche e sassi in mezzo ai campi, diretta in apparenza verso il nulla. Aveva bisogno di fermarsi un po' a pensare. Quale sarebbe stata la condotta più ragionevole da tenere?

Ammesso che il concetto di *ragione* fosse ancora applicabile a lei.

Sienna non era nuova a situazioni del genere. Aveva un carattere collerico, diceva e faceva cose tremende di cui poi si pentiva, e si domandava come potesse essere accaduto. Tuttavia fino a quel giorno non si era mai cacciata in un guaio come quello. In ambito personale rovinava spesso amicizie e relazioni, ma non aveva mai infranto la legge. Quel giorno invece ci era riuscita.

Alla fine si fermò, perché la strada era troppo dissestata e temeva di bucare. Sul lato sinistro si estendevano dei campi. A destra c'era un boschetto formato da betulle con i tronchi argentei e fitti arbusti di ginepro. Magari avrebbe trovato un posticino dove fare pipì, perché di colpo si era accorta che le scappava da morire. Probabilmente per colpa dell'eccitazione.

Scese dall'auto, ci girò intorno e si fece largo tra gli alberi e i cespugli. C'era un cattivo odore, probabilmente in tanti utilizzavano quel posto come gabinetto. D'altronde, chi passava da quelle parti? Solo i contadini che lavoravano nei campi.

Stava per accovacciarsi dietro un cespuglio al riparo del fitto fogliame quando la vide.

Una gamba. Spuntava da una siepe spinosa. Indossava un pantalone bianco e una scarpa da ginnastica beige.

Sienna la fissò, domandandosi se si trattasse di una illusione. Le gambe non spuntavano in giro così, men che meno dietro dei cespugli. Era di qualcuno che dormiva? Ma come mai era girata in maniera strana? Il primo impulso di Sienna fu di tornare subito alla macchina e scappare a tutta velocità, ma qualcosa glielo impediva. Rimase immobile a fissare la gamba, poi si avvicinò di un passo. Notò numerosi rami spezzati e cespugli appiattiti. Una specie di nicchia. Come una pista. Qualcuno aveva trascinato lì la gamba e ciò che vi era attaccato?

Paralizzata dalla paura ma spinta dalla curiosità, Sienna si avvicinò. Guardò oltre il cespuglio e lanciò un grido soffocato.

Un uomo. Per terra c'era un uomo. Portava una maglietta bianca e pantaloni bianchi. Scarpe da tennis écru. Aveva una gamba girata in maniera innaturale, stesa per terra, quella che Sienna aveva visto per prima. L'altra era allargata da una parte.

La testa dell'uomo era un'unica ferita aperta. L'erba tutt'intorno brillava di un rosso scuro, quasi nero. Sangue, una gran quantità di sangue.

«Oddio!» gridò Sienna. «Oddio!» Si voltò e uscì barcollando dal boschetto. Il piede le rimase impigliato in una radice. Cadde in ginocchio e batté il mento per terra, poi si rialzò senza badare al dolore. Voleva solo andarsene da lì, via, lontano. Non si accorse di avere i calzoni strappati, la gamba insanguinata e pietruzze, rami e terra attaccati alla ferita.

Vide la propria auto. Con davanti due poliziotti che la guardavano.

«Per fortuna ha deciso di fermarsi» disse quello più alto sogghignando.

L'auto di servizio era parcheggiata proprio dietro quella di Sienna.

In circostanze normali, o relativamente normali, Sienna si sarebbe chiesta come avessero fatto i suoi inseguitori a scoprirla, lì nel nulla, su quella strada sterrata, ma al momento non le importava. Si fermò e disse: «C'è un morto tra i cespugli».

«Ah, sì?» domandò quello che sogghignava scoprendo di nuovo i denti.

Lei annuì. Il fatto che lui non le credesse non la sconvolse. Si domandava soltanto perché tutti sembrassero così indifferenti.

«C'è un morto tra i cespugli» ripeté.

L'altro poliziotto disse: «Bel tentativo per distrarci da lei, signorina. Si rende conto di aver attraversato una zona abitata a più di cento all'ora e che questo le costerà la patente?»

Di che cosa parlava? Andava troppo forte, sì, allora? In quelle circostanze che importanza aveva?

«C'è un morto tra i cespugli» disse per la terza volta. Le sembrava di riuscire a pronunciare solo quella frase.

«Si trova in guai molto seri» disse quello che sogghignava.

In guai molto seri era quel poveretto tra i cespugli, ammesso di poterli definire così.

«Favorisca i documenti» disse l'altro poliziotto allungando una mano.

Lei non voleva ripetere la stessa cosa per la quarta volta come una stupida marionetta. Si sforzò di trovare parole diverse.

«Nei cespugli alle mie spalle» disse, facendo un gesto nella relativa direzione, «c'è un uomo. Credo che qualcuno gli abbia sparato in testa.»

Quello che sogghignava sospirò. Il suo collega esaminò Sienna con maggiore attenzione. «O non è del tutto in sé» osservò, «oppure...» Lasciò aperta l'alternativa su cosa avrebbe potuto essere Sienna. «Che cosa significa?» chiese.

Lei non sarebbe tornata da quella parte per niente al mondo, ma indicò alle proprie spalle con ampi gesti. «Laggiù! Là dietro!»

Il poliziotto si mise in movimento poco convinto. Non sembrava tanto avere paura di ciò che avrebbe trovato, ma si preoccupava di rendersi ridicolo se avesse dato credito alle parole di una pazza. Fatti pochi metri però esclamò: «C'è uno strano odore qui!»

Sienna si lasciò cadere per terra, rimase seduta con le gambe strette al corpo e nascose il viso sulle ginocchia.

L'agente che sogghignava non la perdeva d'occhio.

Poi si udì un grido dal boschetto. «Merda! È vero! Qui c'è qualcuno. Per la miseria!»

L'agente rimasto con Sienna tirò fuori il cellulare.

Che incubo! pensò Sienna.

7

Mark Winslow, proprietario della Winslow Ambulance, era profondamente scosso. Era seduto di fronte a Kate alla sua ordinatissima scrivania e navigava senza pause sul computer. Batteva con furia sulla tastiera con dita nervose.

«Non c'è mai stato nessun problema» mormorò, «mai, prima d'ora.»

Kate si trattenne dall'obiettare che in realtà c'erano sempre stati problemi di sicurezza, come dappertutto, ma probabilmente nessuno che avesse richiesto l'intervento della polizia.

«Jack Gregory» disse, facendo scorrere la pagina che finalmente aveva trovato. «Eccolo qui. Il paramedico. E poi Ken Burton. L'autista.»

«Entrambi sono irraggiungibili?» chiese Kate.

«Esatto. È strano. Ci teniamo sempre in contatto.»

«Mr. Winslow» disse Kate, «il mezzo che trasportava Sophia Lewis sarebbe dovuto arrivare a Hull già da ore. Non sono stati segnalati ingorghi, incidenti, niente di insolito sul percorso.»

«Non so proprio come spiegarmelo.»

«I due uomini... Burton e Gregory, da quanto tempo lavorano per lei?»

«Ken Burton da un'eternità. Lavora qui da quando ho aperto la società. Ci conosciamo dai tempi di scuola. Siamo amici da una vita.»

«E l'altro? Jack Gregory?»

Le palpebre di Mark ebbero un fremito nervoso. Kate se ne accorse subito.

«Mr. Winslow?»

«Non è con me da molto tempo.»

«Da quanto?»

«Per l'esattezza... una settimana.»

Kate trattenne il fiato. «Significa che non lo conosce affatto?»

«No» rispose Mark Winslow, affrettandosi ad aggiungere: «A nessuno capita di assumere solo persone che conosce già.»

«Le sue referenze?»

«È molto giovane. Questo è il suo primo lavoro.»

«In ogni caso le avrà presentato qualche documento?»

«Sì, certo. Mi ha mostrato il suo passaporto. E il certificato di diploma di paramedico.»

«Potrebbe farmeli vedere?»

Mark si alzò, andò a uno schedario, rovistò all'interno e tirò fuori una cartelletta. «Ecco» disse, porgendo a Kate un certificato che attestava che Jack Gregory aveva concluso con successo gli studi presso una scuola privata di infermieristica.

«Qui c'è la fotocopia del suo passaporto» disse Mark porgendole un altro foglio.

A prima vista sembrava tutto a posto. Jack Gregory era nato il 30 luglio 1995 a Manchester e quindi aveva ventiquattro anni. La foto mostrava un giovane dallo sguardo aperto con folti capelli neri che gli ricadevano sulla fronte. Di bell'aspetto e simpatico.

Per certi versi anche anonimo.

«E il suo paramedico corrisponde al Jack Gregory di questa foto?» domandò Kate mettendo il foglio sotto il naso di Mark.

Mark osservò la foto e arrossì. «Veramente non ho guardato con troppa attenzione... Dunque... Ecco... Aveva i capelli più spettinati. Ma nessuno di noi somiglia alla sua fototessera, giusto?» Cercò di fare una battuta. «Per fortuna, direi.»

Kate non gli fece il favore di curvare la bocca in un sorriso. «Bocca, naso, occhi... È lui oppure no?»

Mark esaminò con attenzione la foto. «Non so risponderle...» disse infine, cosa che Kate interpretò come la conferma che la foto non somigliava al Gregory in persona.

Era pronta a scommettere che il documento fosse di qualcun altro. E che il diploma della scuola fosse falsificato o anch'esso rubato.

Per prima cosa dovevano scoprire se il documento d'identità risultava rubato. Prese il cellulare per telefonare, ma in quello stesso momento squillò. Era Robert Stewart.

«Hanno trovato l'autista dell'ambulanza» disse senza tanti giri di parole. «Ken Burton, secondo i documenti. Era in un cespuglio a poca distanza da Market Weighton. L'ha scoperto una giovane donna. Ucciso con un proiettile in testa.»

Kate si sentì mancare per qualche secondo.

«Maledizione» disse a denti stretti.

«Nessuna traccia ulteriore del mezzo» disse Robert. «Né del paramedico. Lei si trova nella sede della Winslow Ambulance?»

«Sto parlando con il proprietario» disse Kate. Il suo amico dai tempi di scuola era morto da qualche ora e lei avrebbe dovuto comunicarglielo. «Ispettore, sono certa che il problema è il paramedico. Probabilmente ha usato un'identità falsa.» Fornì tutti i dati a Robert che ne prese nota.

«Controlliamo subito» disse lui e riagganciò.

Mark aveva osservato la mimica di Kate.

«Novità?» chiese.

«Sì» rispose lei. «Purtroppo.» Dopo una breve pausa aggiunse con delicatezza: «Hanno trovato Ken Burton. Ucciso da un colpo di pistola».

«Come?» domandò Mark attonito.

«Nei pressi di Market Weighton. Il mezzo, Sophia Lewis e Jack Gregory sono sempre introvabili.»

«Ma...» Il viso di Mark aveva assunto un colorito terreo. «Com'è possibile... Voglio dire... Gli hanno sparato?»

Kate si impietosì. Quell'uomo era distrutto.

«Mr. Winslow, temo che Jack Gregory non sia chi finge di essere. Probabilmente non è nemmeno il suo nome. Il passaporto deve essere rubato, il diploma falsificato.»

«Oddio» disse Mark. «Oddio!» Si lasciò cadere sulla sedia dietro la scrivania e si prese la testa tra le mani, profondamente sconvolto.

Kate si sporse in avanti. «Mr. Winslow, la prego, non deve rimproverarsi. Non poteva immaginare. Come avrebbe potuto verificare? Ha pensato che il giovane fosse sincero. Lo avrebbe fatto chiunque.»

«Non mi è passato nemmeno per la testa che fosse...» balbettò Mark, poi esclamò: «Oddio, oddio! Ken! Proprio lui!»

Kate avrebbe voluto lasciargli un po' di tempo per elaborare la notizia e ritrovare un contegno, ma non poteva concedersi un lusso del genere. Per Sophia Lewis, ammesso che fosse ancora viva, ogni secondo era cruciale.

«Mr. Winslow, purtroppo dobbiamo chiarire subito alcune cose. Mr. Gregory si è presentato da lei una settimana fa. Aveva risposto a un'inserzione?»

«No. È venuto qui in ufficio. Ha detto che cercava lavoro. Casualmente io avevo proprio bisogno di qualcuno.»

«Aveva bisogno di qualcuno ma non aveva messo un'inserzione?»

«Era già da un po' che arrabattavo, ma in effetti mi mancava un collaboratore. Il fatto è che...» Mark esitò. «Il volume di attività non è costante» disse poi. «Siamo una piccola azienda, ce ne sono altre più grandi di noi che possono fare offerte più vantaggiose. In certi momenti mi sarebbe servita una persona in più, ma in altri periodi no, e avrei dovuto comunque pagarla. Per questo ero un po' incerto. Ma quando Jack Gregory è venuto qui ho pensato... Be', ho colto la palla al balzo. È stato un errore. Un errore fatale.» Si prese la testa tra le mani.

Quindi c'era qualche problema, pensò Kate. L'attività che aveva messo in piedi non funzionava come avrebbe voluto. Probabilmente è per questo che ha l'aria stanca. Non dorme bene.

«Le capita spesso di ricevere incarichi dall'ospedale di Scarborough?» gli chiese.

Lui annuì. «Soprattutto dal dottor Dane. Lo conosco molto bene. Io stesso sono infermiere diplomato e ho lavorato per diverso tempo nel suo reparto, prima di mettermi in proprio. Sa che ho dovuto arrancare un po'. Quando organizza un trasferimento chiama sempre me. Di questo gli sono molto grato.»

Jack Gregory, o quale che sia il suo nome, ha saputo dai giornali che Sophia era ricoverata in questo ospedale e che era ancora viva, pensò Kate. E allora...

Valutò come potevano essersi svolti i fatti: molte persone avevano chiamato l'ospedale per informarsi delle condizioni di Sophia dopo che lo *Yorkshire Post* aveva scritto del suo tragico incidente. Colleghi, studenti, genitori di studenti. Per il colpevole non doveva essere stato difficile confondersi in mezzo agli altri. In realtà non venivano date informazioni, ma Kate era convinta che con qualche domanda mirata fosse possibile ottenere qualche dato di riferimento. Era evidente che l'aggressore era venuto a sapere che Sophia sarebbe stata trasferita. Oppure c'era arrivato da solo. Una parola con qualcuno dell'ospedale e aveva scoperto che il dottor Dane si serviva sempre della Winslow Ambulance per certe cose. Con grande rapidità si era procurato dei documenti falsi, oppure li utilizzava già da tempo. Ottenere un diploma da una scuola per infermieri doveva essere stato più difficile, ma a Kate tornarono in mente le parole di Caleb: è probabile che siano due persone, che si sono conosciute in carcere. Stare in galera significava sempre avere ottimi contatti in certi ambienti. Forse anche con chi era in grado di falsificare documenti in tempi brevi. Jack Gregory sapeva che i suoi documenti non sarebbero stati sottoposti a un esame particolarmente attento. Chi poteva sospettare un giovane paramedico di avere intenzioni criminali?

«Quello che mi sorprende» disse «è che Jack Gregory non aveva alcuna esperienza pratica e neppure lei lo conosceva direttamente. Sophia Lewis è un caso estremamente delicato. E lo affida all'ultimo arrivato? Sono sicura che tra i suoi dipendenti c'erano persone che avevano già messo alla prova la loro competenza.»

L'espressione di Mark tradiva il fatto che sentiva sulle spalle il peso della colpa. «Ha insistito tanto. Ha chiesto espressamente di partecipare a questo trasferimento a Hull. Voleva dimostrarmi di essere bravo, mi disse. Per lui era importante. Potevo stare sicuro che avrebbe dato il suo massimo. Sembrava così... così serio... Non era molto sicuro di sé e ho pensato che forse sarebbe servito a dargli un'iniezione di autostima.»

«Non era particolarmente sicuro di sé?»

Mark appariva sempre più disperato. «Era... Come posso dire? Molto insicuro. Molto timido. Parlava con una lieve balbuzie. Ma era anche estremamente simpatico. Affidabile, ecco. È la parola giusta.» Alzò entrambe le braccia in un gesto rassegnato. «Una persona che ispirava istintivamente fiducia. Forse non era particolarmente intelligente, ma dimostrava grande empatia e sensibilità. Aveva ottenuto il diploma con ottimi voti. Ho pensato... Ma evidentemente mi sono sbagliato. Anche se non riesco a crederci.»

«Una cosa del genere è difficile da capire.»

«Per qualche motivo ero convinto che sarebbe stato all'altezza. Anche perché si trattava di un tragitto piuttosto breve. Se Sophia Lewis avesse dovuto essere trasferita in una clinica nel sud dell'Inghilterra, con un viaggio di molte ore, probabilmente gli avrei affiancato qualcun altro. Ma… fino a Hull?»

Se gli avesse affiancato qualcuno, probabilmente a quest'ora sarebbe stato morto, pensò Kate.

Il fondato sospetto che Jack Gregory fosse il rapitore era diventato quasi una certezza. Aveva voluto ottenere l'incarico di accompagnare Sophia Lewis. La donna che era sopravvissuta a una brutale aggressione. Che sarebbe potuta diventare pericolosa per lui. Aveva ucciso l'autista con un colpo di pistola in testa. Gregory era un assassino privo di scrupoli. Sophia Lewis, nelle sue condizioni, era in sua completa balia. Kate provò un brivido al pensiero di ciò che stava passando la povera donna, ammesso che fosse ancora viva. Se non altro non era stata ritrovata tra i cespugli accanto all'autista.

Ma c'era da domandarsi se l'alternativa di essere ancora tra le mani del misterioso Jack Gregory fosse la migliore per lei.

Le venne un'idea. Sbloccò il cellulare, e cercò l'identikit dell'aggressore del treno e lo mostrò a Mark. «Potrebbe essere Jack Gregory?»

Mark osservò attentamente il ritratto e scosse la testa. «No. Ne sono sicuro.»

A Kate tornarono in mente di nuovo le parole di Caleb. *Potrebbero esserci due colpevoli…*

«Potrebbe accompagnarmi in centrale per fare un identikit di Jack Gregory? La foto del passaporto non ci è molto utile.»

Mark annuì. «Certo, volentieri. Mio Dio. Ken! Proprio lui. Sa, mi sento stordito. Non riesco a capirlo.»

Certe cose erano inconcepibili. Kate lo sapeva bene.

«Venga» gli disse dolcemente alzandosi. «So quanto sia difficile per lei. Ma vogliamo catturare il colpevole il prima possibile e farlo processare e lei può esserci di aiuto.»

Lui si alzò cereo in volto.

«Che ne sarà della paziente?» chiese. «Che ne sarà di Sophia Lewis?»

Kate preferiva non pensarci nemmeno.

8

Era partita così, senza una meta, senza un'idea di dove volesse andare. L'importante era allontanarsi da Colin e dai sensi di colpa. A un certo punto si rese conto che poteva allontanarsi fisicamente da Colin, ma era molto più difficile sfuggire alla propria coscienza. Inoltre era in riserva. Attraversando un paesino trovò una pompa di benzina. Era nervosa: e se la polizia fosse già stata alla ricerca della macchina?

Colin non aveva più il cellulare e doveva trovarsi ancora nel nulla, ma forse Kate stava già facendo cercare la sua auto. Vista la frequenza con cui aveva cercato di parlargli telefonicamente, intuiva o forse sapeva che era andato via con Xenia.

Tirò un sospiro di sollievo dopo aver fatto il pieno e averlo pagato a un giovanotto dietro il bancone che non aveva sollevato gli occhi nemmeno per un attimo dal suo cellulare. Si rimise in viaggio. Grazie al cielo. La sua foto segnaletica non era ancora in tutti i distributori. I cartelli sul ciglio della strada le rivelarono di essere nei pressi di Northallerton. Era pomeriggio inoltrato, a un certo punto sarebbe stato necessario pensare a dove trascorrere la notte. E a che cosa fare poi. Fuggire non era una soluzione attuabile per il futuro.

Si fermò in un parcheggio da cui, stando ai cartelli turistici, partivano diversi sentieri escursionistici, e si mise a riflettere.

Era invischiata proprio in un bel guaio. Ci si trovava da quindici anni. Era fuggita per quindici anni, aveva rimosso, aveva resistito. Aveva condotto un'esistenza che non le piaceva e si era convinta che andasse bene così, che a un certo punto, in qualche modo, le cose sarebbero andate meglio.

Ora si rendeva conto che non sarebbe cambiato niente finché avesse continuato a scappare. Doveva affrontare il passato. Doveva rimettere ordine là dove era successo il dramma, solo allora sarebbe stata libera.

Nascose il viso tra le mani.

Udì la voce di Jacob. *Finirai in galera. Te ne rendi conto, vero?*

Non aveva mai superato questa paura ma era stata catapultata – e ci si era in parte messa da sola – in una situazione da cui non sarebbe più potuta uscire incolume. La polizia ormai era coinvolta. Kate Linville non avrebbe smesso di scavare.

E come se non bastasse ho rubato una macchina e abbandonato un uomo da qualche parte nella brughiera, pensò.

Era effettivamente riuscita a cacciarsi in guai ancora più profondi.

Alzò la testa. «E va bene» disse a voce alta. «Va bene, non puoi restare qui ore a lamentarti della tua ingarbugliata situazione. Devi *agire.*»

Il punto di partenza.

A volte serviva tornare al punto di partenza. Non era stata l'unica a sbagliare tutto, per Dio.

Tirò fuori di tasca il cellulare e si collegò a LinkedIn. Si era iscritta nella speranza di imbattersi in qualche offerta di lavoro, e in effetti qualcosa ogni tanto era arrivato, ma Jacob era sempre stato contrario. Era già tanto se tollerava il corso di lingua il lunedì sera, probabilmente perché non guadagnava niente e lui lo considerava un hobby e non un lavoro. Ma rifiutava categoricamente tutto ciò che avrebbe potuto renderla indipendente anche in minima parte.

Con dita tremanti inserì un nome.

Forse era registrato anche lui.

Forse avrebbe trovato il suo attuale indirizzo.

Forse avrebbe potuto cercare su Google l'indirizzo.

Era l'unica cosa che poteva fare in quel momento. Tornare al principio.

A Xenia Sidorowa.

Xenia Sidorowa si ambientò in fretta e senza problemi nella nostra famiglia. Ero stupito da come filasse tutto liscio. Dopo anni di tentativi falliti di inseminazione artificiale, dopo un logorante iter per l'adozione, dopo tutte le difficoltà con Sacha e con la nostra bambina che piangeva in continuazione, non avevo immaginato che nella mia vita qualcosa potesse realizzarsi senza difficoltà. Xenia arrivò in Inghilterra con un visto turistico. Andai a prenderla all'aeroporto di Heathrow e rimasi stupito che parlasse già inglese, con un po' di fatica e di tentennamenti, ma in maniera comprensibile, senza che sorgessero equivoci tra di noi. Era una bella ragazza sui vent'anni... Oppure una giovane donna. Era formosa, ma non grassa... Aveva seni prosperosi e fianchi morbidi, una pelle bianca e liscia e capelli biondo scuro che le ricadevano sulla schiena in una treccia. Le piaceva portare gonne o vestiti fino alle caviglie, d'inverno con stivali di camoscio, d'estate con sandali o ballerine. Aveva un aspetto vagamente antiquato, che mi inteneriva. Non era il mio tipo di donna, niente affatto, ma mi piaceva ed era simpatica.

Si sistemò senza rimostranze nella stanzetta accanto alla cucina. A casa sua viveva in condizioni ben peggiori, spiegò, la nostra casa e anche la sua camera rappresentavano un enorme lusso per lei. Fin dal primo momento dette l'impressione di non sentirsi un'ospite, ma si mise subito al lavoro. Svuotò la lavastoviglie prima ancora di disfare i bagagli e quando aprì la valigia, Sacha poté aiutarla, in modo che Alice non lo avesse più intorno e potesse occuparsi di Lena.

«È un vero colpo di fortuna» dissi ad Alice.

Lei era guardinga. Era stata contraria all'idea di far venire qualcuno. Una sconosciuta.

«Non avremo più una vita di famiglia» aveva detto. Io avevo obiettato che in realtà ci avrebbe permesso di tornare a vivere meglio.

«Qualche volta potremmo fare qualcosa insieme» avevo detto. «Senza i bambini.»

Non era convinta e continuava a non esserlo. Riconobbe però a malincuore che Xenia a prima vista sembrava simpatica e intraprendente. Trascorsero le prime settimane, e il nostro affiatamento aumentò. Xenia aveva la capacità di essere molto discreta. Trascorreva intere serate in camera sua uscendo solo per andare al bagno o prendere qualcosa da bere in cucina. Era estremamente riservata. E alleggeriva Alice di tantissimo lavoro. Quando tornavo a casa dall'ufficio la trovavo in cucina, con in braccio Lena – perfettamente tranquilla – a mescolare con la mano libera qualche ricetta che sobbolliva sui fornelli sprigionando un profumo irresistibile. In quelle prime giornate di primavera ancora piuttosto fredde, tutti i pomeriggi copriva bene i bambini e li portava a fare lunghe passeggiate, Lena sul passeggino, Sacha a piedi. Riportava a casa mazzi di tulipani e narcisi comprati in una fattoria ai margini del paese e che Sacha poi distribuiva in tutte le stanze dentro vasi e bicchieri, entusiasta e allegro. Xenia aveva un modo molto pacato di affrontare il suo ritardo. Lo prendeva per quello che era e gli lasciava fare le cose che erano alla sua portata e lo divertivano. Poteva disegnare in camera sua e lei appendeva i suoi disegni agli armadietti della cucina. Sacha era fuori di sé dalla gioia. Lena si agitava felice quando Xenia si avvicinava al letto e allungava le braccine verso di lei. Tutt'a un tratto casa nostra era piena di pace e di tranquillità. Tutto era più rilassato. In maniera tangibile.

Tutto, tranne Alice.

Continuavo a trovarla seduta spossata nel suo angolo del divano quando tornavo a casa, anche se i bambini erano con Xenia e lei avrebbe potuto fare ciò che voleva. Andare a camminare, a fare acquisti, ascoltare musica, vedersi con un'amica. Avrebbe potuto anche pensare di ricominciare a lavorare. Ma, tutte le volte che affrontavo con cautela l'argomento, lei si schermiva.

«È troppo presto» diceva. «Troppo.»

Sembrava depressa e sola e non capivo perché. Un collega a cui ne parlai mi disse che forse la depressione si era radicata nel corso degli anni, a causa dello stress, dei problemi e delle delusioni subite, e ora non era così facile superarla.

«Ma adesso abbiamo tutto!» esclamai. «Una figlia sana! Un figlio affettuoso. Abbiamo una bambinaia che è un sogno. Che cosa vuole ancora?»

«La depressione» spiegò il collega «non se ne va solo perché cambiano le circostanze. Sinceramente non credo che Alice potrà uscire dal suo stato senza un aiuto specialistico.»

Alice, però, si rifiutò di consultare un terapeuta. «Non può aiutarmi. Non può cambiare la mia vita. Forse ho bisogno di un po' più di tranquillità.»

Ma di tranquillità ne aveva abbastanza. Forse addirittura troppa. Xenia gestiva l'intero ménage domestico, si prendeva cura di entrambi i bambini e Alice, seduta sul divano, guardava un'altra donna occuparsi allegramente di tutto ciò che lei non era riuscita ad affrontare. In sostanza una svolta che per me fu fonte di nuove preoccupazioni.

Maledizione, i problemi non sarebbero mai finiti?

Se prima avevo temuto che Alice potesse finire con un brutto esaurimento, ora avevo paura che si ammalasse di noia. Il mio collega disse che l'esaurimento ce l'aveva già.

«Non passerà perché di colpo non ha più niente da fare. Ormai è una situazione consolidata. Ha bisogno di aiuto.»

Era un circolo vizioso.

A questo si aggiungeva il fatto che Lena, che ci aveva fatto impazzire con i suoi pianti, con Xenia diventò una bambina allegra che rideva e ciangottava. Continuava a piangere come prima quando Alice e io ci avvicinavamo o la prendevamo in braccio, ma con Xenia le lacrime si asciugavano subito e il visino, rosso e contratto di rabbia, si distendeva.

«Ma noi non le abbiamo fatto mai niente» dicevo confuso. «Perché con noi piange e con Xenia no?»

Non riuscivamo a risolvere questo mistero. Io non ci badavo più di tanto. Evidentemente Xenia ci sapeva fare con i bambini, e allora? Lena voleva bene lo stesso a me e ad Alice, di questo ero sicuro, e avrebbe continuato a farlo anche in seguito. Alice invece prese la cosa ancora una volta in maniera personale.

«Ci pensi lei, Xenia» diceva tutte le volte che c'era da fare qualcosa con Lena. «Con me piange e basta.»

«Forse non dovresti delegare tutto a Xenia» provai a obiettare una volta con delicatezza. «Lena non dovrebbe abituarsi a lei soltanto.»

«L'ha già fatto» rispose Alice stringendosi nelle spalle.

Probabilmente la cosa le era meno indifferente di quanto volesse mostrare, ma il suo atteggiamento esteriore mi rendeva impossibile affrontare con lei una discussione sul problema. Si mostrava apatica e così facendo creava una distanza insormontabile. A un certo punto mi dissi che avevo fatto tutto il possibile e che dovevo confidare nel tempo e in una evoluzione positiva delle cose.

Oggi mi rimprovero per questo. Per essermi in qualche modo disinteressato della faccenda. Ero sfinito, snervato dai problemi domestici, non riuscivo più a concentrarmi come prima sul lavoro. Avevo la sensazione di essere divorato, provavo la necessità di contrastare la cosa in qualche modo, e la mia reazione fu di chiudere gli occhi, di ignorare i segnali sempre più negativi. Prima o poi sarebbe tornato l'equilibrio.

Ci speravo.

Arrivò l'estate, Xenia si era abituata a noi e noi a lei. Aveva sempre il visto turistico. Sapevo che non poteva andare avanti così per sempre. Lavorava in nero da noi, non le pagavo né i contributi né l'assicurazione. Una situazione scabrosa, nel caso si fosse verificato un incidente e, come si leggeva dappertutto, l'ambiente domestico era quello dove capitavano più spesso gli incidenti peggiori. Inoltre non sapevo quale sarebbe stata la mia posizione nel caso lei avesse causato un danno a qualcun altro, né che cosa prevedesse la legge se fosse successo qualcosa ai bambini affidati alle sue cure. Avrei dovuto provvedere, ma rimandavo di giorno in giorno.

Alla fine però la tragedia non sarebbe scaturita da Xenia.

Bensì da Alice.

E io avrei dovuto prevederlo.

Venerdì, 2 agosto

1

Quella mattina Kate arrivò in ospedale molto presto, per parlare con le infermiere e il personale che erano stati presenti quando Sophia Lewis era stata preparata per il trasferimento. Aveva già fatto un sopralluogo nel tardo pomeriggio del giorno precedente, ma erano cambiati i turni. Aveva mostrato a uno dei medici entrambi gli identikit, quello dell'aggressore del treno e quello nuovo, realizzato seguendo le indicazioni di Mark. Il medico li aveva fissati a lungo, poi aveva scrollato le spalle.

«Sinceramente non le saprei dire. Non posso affermare che sia nessuno dei due, ma neppure escluderlo. C'era una gran confusione e io sono rimasto solo per pochi istanti. Non ho fatto caso alle persone e ai visi.»

Kate era stata a casa di due dipendenti, ma anche in quel caso nessuno dei due aveva saputo darle informazioni certe. Gli altri non era riuscita a rintracciarli. Ora sperava di avere maggiore fortuna.

Fino a quel momento avevano scoperto che la scuola per infermieri, il cui nome compariva sul certificato presentato da Jack Gregory, non esisteva. Il certificato in sé era una copia decisamente dilettantesca, ma a uno sguardo distratto poteva sembrare convincente e Mark Winslow non l'aveva controllato meglio, come ammise con profondo turbamento e sempre sconvolto.

Per quanto riguardava l'identità di Jack Gregory, era un giovane studente di Manchester scomparso da quasi un anno e il fatto che i suoi documenti fossero finiti nelle mani di un presunto omicida e rapitore non lasciava presagire niente di buono circa il suo destino. Helen aveva telefonato alla polizia di Manchester e aveva scoperto che il vicino di stanza di Jack Gregory al pensionato studentesco si era presentato alle autorità dopo che Jack non aveva fatto ritorno da un lungo weekend trascorso in Scozia a bordo di un vecchio Ford Transit convertito in camper. Neppure i genitori, che abitavano in un paesino del Suffolk, avevano sue notizie.

Era da allora che si erano perse le tracce sia di Gregory, sia del suo veicolo. Lo studente sembrava sparito dalla faccia della terra. Kate presumeva che il suo cadavere fosse nascosto tra i cespugli nei dintorni di Manchester. Probabilmente non sarebbe mai stato rinvenuto.

In ospedale Kate incontrò diversi sanitari che erano stati presenti il giorno prima, quando Sophia Lewis era stata preparata per il trasferimento. Alcuni non ricordavano affatto il paramedico sull'ambulanza, tutti scossero la testa di fronte all'identikit fornito da Mark Winslow e due infermiere identificarono il presunto Jack Gregory senza esitazioni con l'identikit dello sparatore del treno.

«È lui. Ne sono sicura. Era il paramedico che ieri doveva accompagnare l'ambulanza.»

«Ah» disse Kate perplessa.

Caleb aveva visto giusto: avevano a che fare con due sospettati.

«Ma perché?» chiese Robert tre quarti d'ora più tardi, mentre erano seduti nel suo ufficio e Kate lo aggiornava su quanto aveva scoperto all'ospedale. «Perché al servizio ambulanze si presenta un uomo con i documenti falsi e invece il giorno del trasferimento spunta un altro individuo che assume la falsa identità e accompagna l'ambulanza?»

Era tormentato. Il caso diventava sempre più intricato, soprattutto quando Kate Linville andava in giro a indagare e tornava con nuove informazioni. Viceversa non poteva certo attaccarla per questo: non era una manipolatrice. Si limitava a presentare i fatti. Che tuttavia rimanevano incomprensibili.

«Presumo» rispose Kate «che l'uomo del treno non volesse rischiare di essere riconosciuto. La sua foto era su tutti i giornali. Mark Winslow avrebbe potuto identificarlo.»

«Anche all'ospedale avrebbero potuto riconoscerlo.»

«La situazione era diversa. Durante un colloquio di lavoro, stai seduto davanti a qualcuno per mezz'ora o più e l'altro ha tutto il tempo di studiare il tuo viso e chiedersi dove diavolo ti ha già visto di recente. Invece in un ospedale, dove tantissime persone sono impegnate a preparare il trasferimento di una paziente, nessuno ha il tempo di guardare con attenzione il paramedico dell'ambulanza. Dato che quasi nessuno ricorda la sua faccia, presumo che il sospettato abbia fatto in modo da non mostrarla apertamente, magari tenendo gli occhi bassi o girandosi dall'altra parte. E sembra esserci riuscito in maniera molto efficiente.»

«Come mai l'autista non ha notato niente?» chiese Helen.

Kate aveva già chiarito questo punto con Mark Winslow. «L'autista e il nuovo impiegato *Jack Gregory* non si conoscevano. Gregory era appena arrivato e non avevano ancora fatto nessun intervento insieme. Si sono incontrati per la prima volta in quest'occasione. Se si fossero conosciuti in precedenza, il nostro aggressore del treno si sarebbe dovuto presentare sulla scena in un secondo tempo per uccidere l'autista, mentre così è stato molto più comodo per lui.»

«Due individui» disse Robert irritato. «Perché?»

Kate decise di rendere nota la teoria di Caleb, senza tuttavia fare il suo nome.

«Questo spiegherebbe come mai, nonostante le nostre indagini, non siamo riusciti a trovare nessun collegamento tra Sophia Lewis e Xenia Paget» rispose. «È possibile che abbiamo a che fare con due storie diverse che non hanno nessun punto di contatto.»

«Ma...» provò a obiettare Helen, però Kate riprese la parola. «A un certo punto i soggetti devono essersi conosciuti in qualche modo e hanno deciso di agire insieme.»

«Mi sembra un'ipotesi eccessivamente azzardata» commentò Robert, ma si capiva che l'idea stava mettendo radici nella sua testa.

«Potrebbe trattarsi di un gesto di vendetta» disse Kate.

«Secondo lei le due donne sono perseguitate da qualcuno che vuole ucciderle *per vendetta*?» domandò Robert.

«Mi sembra molto plausibile.»

«Hm. Due soggetti...»

«È quello che emerge chiaramente dai testimoni oculari e dagli identikit.»

«E perché agirebbero insieme?»

Kate si strinse nelle spalle. «Per loro è più facile. Si danno una mano a vicenda. Il presunto Jack Gregory è già ricercato, e allora il suo socio entra in azione quando si tratta per esempio di un colloquio di lavoro. Probabilmente si aiutano anche con le armi, i documenti falsi e altre cose. In due sono più forti e creano un notevole scompiglio tra gli inquirenti.»

«Come fanno a incontrarsi due uomini che casualmente vogliono eliminare due donne diverse?» chiese Robert.

«Forse non casualmente» disse Kate. L'atteggiamento di Robert le appariva troppo testardo e rimpiangeva più che mai di non avere Caleb accanto a sé. Lui sarebbe stato abbastanza sicuro di sé da accettare valide intuizioni altrui. «Potrebbero essersi incontrati in galera. E la galera potrebbe essere motivo della loro sete di vendetta.»

«Paget e Lewis hanno causato la condanna di due individui diversi?» chiese Helen.

Kate annuì. «Forse la loro testimonianza è stata decisiva.»

«Ma questo lo sapremmo» obiettò Robert. «I loro nomi sarebbero nel sistema.»

«Magari si è trattato di denunce anonime?» ipotizzò Helen. «I colpevoli però sanno di chi si tratta.»

«È possibile» confermò Kate.

«Ma noi che cosa abbiamo?» domandò Robert. «Soltanto i dannati identikit. Nient'altro.»

«Potrei inviarli a tutti i penitenziari del paese» disse Helen, tutt'altro che contenta di questa prospettiva. «Forse qualcuno sarebbe in grado di individuarli.»

«Non vedo altra possibilità» disse Robert.

«La cosa più urgente rimane comunque ritrovare Sophia Lewis» disse Kate. «Versa in gravi condizioni ed è nelle mani di un assassino senza scrupoli.»

«La segnalazione per l'ambulanza è stata diramata ieri» disse Robert. «Non capisco come mai non ci siano riscontri. Qualche pattuglia avrebbe dovuto notarla. Un'ambulanza non passa inosservata... Non può essere sparita dalla faccia della terra!»

«Temo che il colpevole abbia già raggiunto la sua meta prima che noi ci accorgessimo che qualcosa non andava e Sophia Lewis non era arrivata a Hull» osservò Kate. «È probabile che l'ambulanza sia stata nascosta in un garage o in un cortile appartato, dove nessuno può vederla. In tal senso è davvero sparita dalla faccia della terra.»

Le sue parole furono seguite da un silenzio tormentato. In quel momento tutti e tre pensarono a Sophia Lewis e all'incubo in cui si trovava.

«L'unica possibilità di scoprire il nascondiglio dove è stata portata è di identificare uno o entrambi i soggetti» disse infine Robert. «Solo così potremo *forse* circoscrivere l'area delle ricerche.»

«Il tempo lavora contro di noi» disse Helen alzandosi decisa. «Vado a inviare gli identikit. Magari la teoria del sergente Linville è giusta.»

«Quanto meno al momento non abbiamo altre teorie a disposizione» osservò Robert con aria sofferente, come se avesse mal di testa.

«Intanto continua a essere ricercata anche l'auto di Colin Blair» disse Kate, «sulla quale presumibilmente si trova Xenia Paget. Anche lei è in grave pericolo e non dobbiamo perderla di vista.»

«Bell'eufemismo» disse Robert tagliente. «Abbiamo perso di vista entrambe le persone in pericolo. Completamente.»

Kate lo interpretò come una frecciata rivolta a lei, quasi fosse colpa sua. Fece uno sforzo per non rispondere male – in fondo lui non l'aveva chiamata in causa direttamente – e si alzò a sua volta.

«A proposito di tempo» disse. «Torno in ospedale. Il dottor Dale era in sala operatoria e non ho potuto parlargli, ma ora dovrebbe essersi liberato. Voglio sapere per quanto tempo potrà sopravvivere Sophia Lewis. Nelle sue condizioni.»

«Ovvero quanto tempo ci resta per trovarla» disse Robert.

Kate annuì. «Esattamente.»

2

Giaceva e respirava. Giaceva e respirava. Giaceva e respirava.

Per un po' aveva pianto. Le lacrime erano fastidiose sulle guance, ma non aveva potuto asciugarle e aveva dovuto aspettare che si seccassero da sole. Adesso aveva la pelle del viso tesa e arida. Forse per colpa del sale. Non aveva mai provato prima la sensazione che davano le lacrime secche sul viso. Aveva sempre potuto asciugarle. Niente di più semplice, niente a cui si pensasse. Ma certe cose erano diventate un problema.

Di sicuro non il suo problema maggiore. Tutt'altro, per Dio.

Fissava l'oscurità, l'orecchio teso a cogliere rumori che potessero anticipare che cosa sarebbe successo. *Lui* c'era ancora? Era nelle vicinanze? Le era sembrato di sentire una porta che si chiudeva. Forse la porta d'ingresso, forse se n'era andato. A fare la spesa?

Era in una stanza buia, ma non una cantina. Lui aveva spinto la lettiga fuori dall'ambulanza e dentro una casa, ma non aveva sceso delle scale.

Per quanto tempo sarebbe sopravvissuta? Con ogni probabilità il suo rapitore non aveva alcuna intenzione di lasciarla vivere. Non gli importava, o probabilmente non era in grado di farlo in maniera prolungata. Lei aveva bisogno di assistenza completa e delle cure di un moderno ospedale.

Lui non sapeva niente di medicina. Se n'era accorta già dalla goffaggine con cui l'aveva rigirata qua e là un paio di volte. Di sicuro non sapeva come cambiare il catetere. Se non altro aveva svuotato la sacca dell'urina prima di attaccarla di nuovo.

«Chi l'avrebbe mai immaginato» aveva osservato con un ghigno. «L'altezzosa Sophia Lewis! Sicuramente non ti sognavi nemmeno che ci saremmo incontrati di nuovo in una situazione del genere.»

Lei non poteva rispondergli, ma i suoi occhi si erano riempiti di lacrime di umiliazione e disperazione.

Potessi morire, aveva pensato. Morire e basta. Sarebbe stato meglio di qualunque altra cosa.

Nella sua situazione, però, non era facile neppure morire.

Nella stanza buia scorgeva un vago chiarore alla sua destra. Doveva trattarsi di una finestra, ben schermata da una tapparella nera. In ogni caso una finestra non le sarebbe servita a niente, non avrebbe potuto chiamare aiuto, né strisciare fuori e tentare la fuga.

Si domandava se la stessero già cercando. Non era arrivata a Hull e l'autista dell'ambulanza era stato ucciso. Aveva sentito lo sparo. Lo aveva fatto scendere puntandogli la pistola alla tempia e subito dopo aveva fatto fuoco.

Il suo rapitore era tornato, si era chinato su di lei e le aveva sorriso. Il sorriso più spaventoso che avesse mai visto.

«Adesso siamo soli, Sophia» aveva detto accarezzandole i capelli.

Poi erano ripartiti. Dopo un po' si erano fermati. Lui l'aveva bendata prima di trasportarla dentro la casa. Non aveva idea di dove si trovasse. Che fine aveva fatto l'ambulanza? Di sicuro non era parcheggiata in bella vista davanti alla porta. Doveva averla nascosta da sguardi curiosi. Anche se la polizia la stava cercando, quali probabilità c'erano che la rintracciassero?

Il panico l'assalì rischiando di soffocarla. Cercò di placarlo con tutte le forze che aveva.

Pensa. Pensa a ciò che puoi fare.

Niente, fu la avvilente risposta. Era inerme come un insetto rovesciato a pancia in su. Con la differenza che quello almeno poteva agitare le zampe.

Di nuovo il rumore di una porta che veniva aperta. Poi fu richiusa rumorosamente. Era abbastanza sicura che si trattasse della porta d'ingresso. *Lui* era tornato dopo essere uscito. Fu assalita contemporaneamente da due emozioni contrastanti: sollievo e terrore. Senza di lui era assolutamente impotente, e se non fosse tornato a casa sarebbe morta lentamente. Però era un demonio, Satana in persona, e stare sotto lo stesso tetto con lui, essere alla sua mercé era spaventoso.

Perché non poteva svegliarsi una buona volta da quell'incubo?

Giaceva e respirava. Giaceva e respirava. Giaceva e respirava.

3

Nel pomeriggio, mentre Kate era seduta alla scrivania del suo ufficio, ricevette la telefonata di Lydia Myers. Impiegò qualche istante a collocare quel nome, poi ricordò: la direttrice della Chorlton High School di Manchester, che era stata a trovare a casa pochi giorni prima. Le sembrava passata un'eternità da allora.

Mrs. Myers aveva fatto ricerche sullo studente che riteneva Sophia Lewis responsabile dei suoi brutti voti e i cui genitori avevano protestato in maniera pesante.

«La famiglia vive sempre a Dubai» le comunicò. «Gestiscono un ristorante. Su questo non ci sono dubbi. Ho parlato con un suo compagno di classe che ha mantenuto i contatti fino a oggi. Sono più di due anni che nessuno della famiglia torna in Inghilterra. È pronto a giurarlo.»

Kate la ringraziò e spuntò il nome dello studente di Manchester. Ovviamente c'era la possibilità che fosse tornato in Inghilterra all'insaputa dell'amico, ma le sembrava un'ipotesi decisamente troppo azzardata. Non aveva mai creduto a quella pista.

Davanti a lei, su un foglio, c'erano gli appunti che aveva preso durante la conversazione con il dottor Dane.

Quanto poteva sopravvivere Sophia Lewis?

Il dottore, pallido e angustiato, ci aveva pensato su.

«È in grado di respirare autonomamente, e questo è positivo» aveva risposto infine. «Le funzioni intestinali sono in parte attive, ma ha bisogno di medicinali per supportarle. La vescica non funziona, ma ha un catetere, quindi ciò non rappresenta un problema immediato.»

«Immediato?»

«Il catetere deve essere sostituito a intervalli regolari. Altrimenti c'è un elevato rischio di infezioni.»

«Secondo lei il rapitore è in grado di farlo? Di sostituire il catetere?»

Dane si strinse nelle spalle. «In teoria è possibile, ma qualcuno avrebbe dovuto mostrargli come si fa. Forse ci riesce lo stesso... Non saprei.»

«E l'alimentazione?» chiese Kate.

«È in grado di deglutire. Sebbene a fatica per ora. Ha bisogno di cibi molto morbidi, ma credo che questo sia possibile» disse Dane. Poi aggiunse a voce più bassa: «La domanda è, il rapitore ha interesse a mantenerla in vita? Sophia dipende completamente da lui. Sarebbe semplicissimo lasciarla morire».

«Nelle sue condizioni prova dolore?»

«Purtroppo sì. I dolori sono un grosso problema, anche e proprio in una condizione di tetraplegia. Si possono sviluppare dolori nefropatici, ovvero dei nervi, e diventare cronici. Ma può avvertire anche dolori da infezione. Se per esempio si sviluppasse una cistite, a causa del catetere, è probabile che abbia dei dolori. Inoltre nel suo caso potrebbero risultare più intensi del normale.»

«Capisco.»

«Dovete trovarla in fretta!»

«Lo faremo» aveva risposto Kate. In realtà si sentiva molto meno fiduciosa di quanto cercasse di apparire.

Un punto di riferimento. Ci serve un punto di riferimento, pensò. C'era da impazzire.

La porta si aprì e Helen Bennet e Robert Stewart entrarono. Helen aveva un'espressione angosciata e frustrata.

«Niente» annunciò. «Ho contattato tutti i penitenziari del paese. Nessuno ha riconosciuto gli identikit. O quei due non sono mai stati in galera, oppure i ritratti non corrispondono.»

«Ma che ritratti!» disse Robert sprezzante. «Identikit ricavati da un computer sulla base dei ricordi di due persone... Non è molto.»

«È tutto ciò che abbiamo al momento» disse Kate.

«È un momento che dura da un bel po'» ringhiò Robert. «Il momento dello stallo.»

«Ho telefonato anche alle società di pallamano di West Bromwich» disse Helen. Kate riteneva che negli ultimi giorni Helen si fosse data veramente tantissimo da fare. Era una psicologa ma in questo frangente coadiuvava le indagini perché non c'era nessuno in grado di farlo a causa della carenza di personale. Telefonava a destra e a manca, restava in attesa, si destreggiava da un interlocutore all'altro. Era esausta e pallida. Kate era sicurissima che Caleb le avrebbe fatto più volte i complimenti e avrebbe espresso grande rispetto per il suo impegno. Lei stessa aveva sperimentato in che modo schietto e aperto manifestasse il proprio apprezzamento per i collaboratori. Gli veniva dal cuore, ma nel contempo sapeva quanto questo servisse a stimolare e motivare le persone. A Robert invece non sembrava passare neppure per la mente di fare un complimento. Aveva l'aria decisamente stressata. Era chiaro che non riusciva a vedere oltre l'orizzonte della situazione intricata in cui si trovavano.

«Ce ne sono soltanto due» proseguì Helen. «Ho trovato un riscontro in una di esse: Sophia Lewis è stata affiliata dal 1998 al 2007. Ho ottenuto queste informazioni da una signora molto gentile.»

«E?» chiese Robert impaziente.

«Nella squadra giovanile maschile, a quei tempi, giocava anche un certo Samuel Howard» spiegò Helen. «L'unico che possa essere messo in relazione al nome *Sam*. All'epoca la persona con cui ho parlato non lavorava ancora lì. Ma non era al corrente di nessun episodio di stalking.»

«Che cosa ce ne facciamo di queste informazioni?» domandò Robert.

Helen sorrise. «Ho trovato il suo attuale indirizzo. Abita ancora a West Bromwich.»

«A che cosa ci serve?» chiese Robert aggrottando la fronte.

«Stando al padre di Sophia, Sam la tormentava quando erano ragazzi» spiegò Kate. «È pur sempre una possibilità che vale la pena approfondire.»

«Secondo me il padre di Sophia Lewis non è più del tutto lucido. Pensa che abbia senso dare peso alle sue affermazioni?»

Kate sospirò. Non si aspettava certo di ottenere la svolta decisiva da Samuel Howard, che da giovane forse era stato semplicemente innamorato pazzo ma che per il resto non aveva commesso alcun reato. Ma che cosa avevano altrimenti? Nella loro attuale situazione non c'era nessun'altra pista da seguire, neppure la più piccola.

«Ho già controllato» disse Helen. «Non è nel sistema. Non ci sono impronte, niente di niente. Significa che non è mai stato denunciato. Non c'è niente contro di lui.»

«Il che significa che la magnifica teoria che lui e *l'altro* si siano conosciuti in prigione viene a cadere» osservò Robert inarcando le sopracciglia.

Fa proprio fatica ad accettare le idee altrui, pensò Kate.

«Sì, è vero, è soltanto una teoria» ammise. «Ma finché non avremo altre informazioni è giusto tenerne conto. In ogni caso domani andrò a West Bromwich. Voglio parlare con Samuel Howard. Magari il padre di Sophia esagera parlando di stalking, ma se non altro è una persona del suo passato. Ed era molto legato a lei. Forse sa qualcosa. Una cosa qualunque.»

«Vengo anch'io» disse Robert, affermazione che Kate trovò sorprendente alla luce della diffidenza che lui aveva sempre manifestato verso tali iniziative. «Devo farmi coinvolgere di più nelle indagini sul campo. È quello che facevo anche prima.» Nell'aria rimase sospesa la frase: *così andrà tutto meglio.*

Kate avrebbe preferito andare da sola.

«Se per lei va bene, vorrei partire molto presto» disse rassegnata.

Lui annuì. «Sarò da lei alle sette.»

4

Aveva trovato Oliver Walsh su LinkedIn e fortunatamente c'era anche il suo attuale domicilio: a Leeds.

Incredibile, aveva pensato. Abitavamo nella stessa città. Probabilmente da anni.

Aveva inserito il nome nel motore di ricerca e aveva trovato l'indirizzo di Oliver. Piuttosto in periferia. Aveva inserito i dati nel navigatore: quello della macchina di Colin Blair.

I sensi di colpa le bruciavano come una ferita. Nel frattempo era trascorsa una notte. Probabilmente Colin vagava ancora per i boschi. No, non doveva immaginare la situazione così tetra. Si erano fermati ai margini di una strada e di sicuro lui l'aveva imboccata. Non poteva perdersi.

Ma aveva dovuto dormire all'addiaccio. Xenia si era raggomitolata sul sedile posteriore avvolta in un plaid e la mattina si era svegliata intirizzita. Dopo la fine dell'ondata di caldo, le notti si erano fatte più fresche. E Colin non aveva niente per ripararsi.

Non ci pensare, ordinò a se stessa.

Era stato così semplice rintracciare Oliver Walsh dopo tutti quegli anni che stentava a crederci. Si fermò davanti alla casa, una palazzina un po' anonima con un giardino curato, e osservò la facciata di mattoni rossi, con i bovindo di legno laccati di bianco, il vialetto lastricato che portava all'ingresso. Si chiese se Alice fosse ancora viva e se stessero ancora insieme. Non aveva trovato il suo nome né sull'elenco telefonico, né su LinkedIn, ma questo non significava necessariamente qualcosa. Alice, con la sua perenne depressione. Anonima, introversa e prigioniera della sua mente contorta.

Xenia scese stringendo la borsetta davanti a sé come uno scudo. Si lisciò il vestito, quell'orrendo abito ampio di lino con un antiquato motivo batik nei toni del verde. Le sembrava di essere avvolta in un orribile sacco di patate. Come se non bastasse, portava da due giorni la stessa biancheria e l'ultima volta che si era fatta la doccia era stata in quella squallida pensione di Whitby. Poi aveva passato la notte in macchina. Tutto ciò le dava l'impressione di emanare un cattivo odore. Aveva cercato di rendersi più presentabile con l'aiuto dello specchietto da borsetta e del lucidalabbra e si era pettinata i capelli con le dita. L'insieme era tutt'altro che convincente, ma forse non aveva importanza. Non dopo tutto ciò che era accaduto.

Il nome *Walsh* campeggiava sul campanello proprio accanto al cancello del giardino. Xenia lo schiacciò titubante. Dopo un minuto circa una voce rispose «Sì?» Era un po' distorta, ma decisamente quella di Oliver Walsh.

Lei fece un profondo respiro. «Salve. Sono Xenia.»

Si fronteggiarono sulla porta dell'appartamento. Oliver e Xenia. Quindici anni dopo.

Quanto è invecchiato, pensò Xenia sgomenta. Per un istante si domandò che cosa stesse pensando lui. *Quant'è ingrassata*, probabilmente.

«Xenia» disse. «Santo cielo. Dopo tutto questo tempo.»

«Già» ribatté lei. «Dopo tutto questo tempo.»

Lui fece un passo indietro. «Entri.» Non sembrava affatto contento. Ma era sempre stato un uomo molto educato. Era chiaro che non le avrebbe sbattuto la porta in faccia né l'avrebbe scacciata come un vagabondo.

«Grazie.» Entrò nell'appartamento. Riconobbe a prima vista alcuni dei mobili di prima. Il guardaroba. Il tappeto in corridoio. Dalla porta aperta del salotto vide il vecchio divano. Quello dove stava sempre sdraiata Alice. Schiacciata da una stanchezza cronica. Xenia l'aveva conosciuta perennemente stanca.

«Posso offrirle un caffè?» chiese Oliver. Sembrava nervoso.

«Sì, molto volentieri.» Lo seguì in cucina, dove lui versò cucchiaiate di miscela nel filtro. Poi accese la macchina del caffè.

«Anche Alice è in casa?» chiese lei circospetta.

Lui ebbe un attimo di esitazione. «Alice e io ci siamo separati.»

«Oh. Da molto tempo?»

«Sì. Ci siamo allontanati dopo… allora.»

«Capisco.» Per qualche motivo lo aveva intuito. Che una relazione non potesse sopravvivere a una cosa del genere.

Qualche minuto più tardi erano seduti al tavolo di legno in cucina, quello che era stato anche nella casa di Nottingham. C'erano ancora gli scarabocchi di pennarello dappertutto. A Sacha piaceva disegnare ma non riusciva a rimanere dentro i contorni. Lei metteva dei fogli di giornale sul tavolo, ma lui colorava anche quelli finendo oltre il bordo. A un certo punto aveva coperto tutto il piano del tavolo con della plastica, ma era stato troppo tardi. Aveva un aspetto piuttosto sciupato, ma forse a Oliver piaceva così, altrimenti lo avrebbe fatto ripiallare. Il tavolo gli ricordava la famiglia che aveva avuto un tempo. Gli ricordava tempi migliori. Non erano mai stati buoni i tempi in quella famiglia. Almeno non da quando li ho conosciuti, e presumo nemmeno prima, pensò Xenia.

Il caffè era leggero, ma Xenia lo bevve lo stesso con gratitudine. Era pur sempre caldo. Riuscì a rianimarla almeno in parte.

«Dove vive adesso Alice?» chiese.

Oliver si strinse nelle spalle. «Non siamo più in contatto da anni. Non ne ho idea. Ho sentito dire che si è trasferita in Cornovaglia. È probabile che abbia venduto la casa di Nottingham, ma non sono sicuro nemmeno di questo.»

«Non avete più nessun contatto?»

«No. È stata lei a deciderlo. Non ha voluto gli alimenti da me, anche se non so se le spettasse qualcosa, dopotutto la casa era di sua proprietà e per lei è un'assicurazione. In ogni caso ha chiesto l'interruzione totale di qualunque rapporto. Io ho rispettato la sua decisione.»

«Micidiale» disse Xenia.

«Già. Micidiale.»

Era una parola insolita per entrambi. Non apparteneva al loro consueto vocabolario. Gergo giovanile, pensò Xenia. Da tempo ormai non si sentiva giovane. In pratica da quando aveva sposato Jacob. Ma forse aveva smesso di esserlo già dopo *la cosa*.

«E lei dove vive?» s'informò Oliver.

Lei rise. «A poca distanza da qui. Sempre a Leeds. A Bramhope.»

«Da molto?»

«Da tredici anni.»

Anche lui rise, senza gioia, ma con una specie di divertito stupore per le svolte inaspettate che riservava la vita. «E pensare che non ci siamo mai incontrati.»

«Forse non ci saremmo riconosciuti.» Era probabile che sarebbe stato così. Lui era davvero invecchiato con estrema rapidità. E lei era diventata estremamente grassa. Erano cambiati molto entrambi.

«Si è sposata?»

Lei annuì. «Sì. Ora mi chiamo *Paget.* Xenia Paget.»

«Che lavoro fa? E suo marito?» Era diventato più loquace. Navigavano in acque più tranquille. Lui aveva temuto che volesse parlargli della *cosa*, ma forse era davvero passata giusto per fargli un saluto. Avrebbero bevuto un caffè, fatto quattro chiacchiere e poi si sarebbero salutati.

«Lui amministra diversi condomini. Io tengo corsi di lingua per immigrati.»

«Ma è stupendo!»

«Sì, mi diverte. Stiamo bene. Abbiamo una piccola villetta a schiera. Una vita tranquilla. Poco appariscente. Ma va bene così.» Le era capitato raramente di mentire in maniera così spudorata. Ma non voleva raccontare a Oliver del suo disastroso matrimonio. Non erano mai stati tanto affiatati e dopo tutti quegli anni lo erano ancora di meno.

«Ha... dei figli?» chiese lui cauto.

«No.»

Lui non cercò di sapere se fosse una decisione consapevole o se lei portasse il fardello di un desiderio non realizzato. Aveva troppo tatto per farlo. Lei gliene fu grata. Se avesse dovuto rispondergli in maniera sincera, avrebbe dovuto dirgli che desiderava dei figli, ma non da Jacob Paget, perché l'avrebbero legata ancora di più a lui, e questo avrebbe spostato la conversazione verso un terreno che non era appropriato al momento.

«Sono contento che abbia trovato la felicità in Inghilterra, Xenia» disse.

Lei fece un profondo respiro. Era giunto il momento. Era venuta per questo. Per parlargliene. Non del suo matrimonio. Dell'altra faccenda.

«In questo momento sono tutt'altro che felice» disse.

Lui la guardò sconcertato. «Davvero? Mi dispiace.»

«Ha letto sul giornale? Della sparatoria sul treno per York? L'altra settimana?»

«Sì. Una brutta storia.»

«Ero io. La donna a cui hanno sparato.»

«Cosa?»

«Il mio nome non è stato pubblicato dai giornali. Ma la vittima ero io.»

Lui la guardò esterrefatto. «Non è possibile!»

«Invece è così. E continuo a sentirmi minacciata. L'aggressore non ha raggiunto il suo scopo. Un'altra donna ha avuto la prontezza di spirito di chiudersi insieme a me nella toilette del treno. È poi venuto fuori che si trattava di una poliziotta. Ecco perché ha reagito così in fretta. Sono stata molto fortunata. Quel tipo voleva ammazzarmi. È stato un incubo.»

«Inconcepibile. Chi potrebbe volere una cosa del genere?»

Lei non rispose.

«E la polizia? Ho letto che l'uomo è riuscito a scappare. La polizia ha qualche traccia? O brancola ancora nel buio?»

«Non hanno in mano assolutamente niente. E sono molto preoccupati per me. Temono che ci riproverà.»

«Come mai non la proteggono?»

Lei si strinse nelle spalle. «Veramente non sanno dove mi trovo in questo momento. Diciamo che sono in fuga. L'auto qua fuori è rubata.»

«Ha rubato un'auto?» domandò lui allibito.

«È una storia complicata. Naturalmente la restituirò. Ma dovevo mettermi al sicuro. E dovevo venire da lei.»

«Da me? Come posso aiutarla?»

Lei rispose in tono deciso, scandendo bene le parole. «Qualcuno ha cercato di uccidermi. Proprio me. Personalmente. Non è stato il gesto di uno squilibrato in treno. Voleva *me*.»

«Sì, ho capito. Ma non so...»

«Perché qualcuno dovrebbe volermi uccidere?» chiese. «Provi a pensarci.»

Lui impallidì.

Rivedere Xenia inaspettatamente dopo tutti questi anni mi ha sconvolto. All'inizio ho sentito solo la sua voce al citofono. «Sono Xenia.» In un primo momento ho pensato a uno scherzo, ma la voce, sebbene distorta dal microfono, aveva qualcosa di familiare. Quando poi me la sono vista davanti, sulla porta di casa, l'ho riconosciuta, nonostante sia molto cambiata. È ingrassata tantissimo. Già prima tendeva a essere prosperosa, ma adesso in tutta sincerità è proprio grassa. Ciononostante non ha perso il suo fascino, grazie alla pelle liscia e diafana e ai grandi occhi. Ci siamo seduti in cucina, abbiamo bevuto un caffè e abbiamo parlato del più e del meno. Ci siamo aggiornati a grandi linee sulla nostra rispettiva vita. Tutto piuttosto anonimo.

Le ho raccontato che Alice e io ci siamo separati molti anni fa e che non so più niente di lei. A quel punto ci saremmo potuti salutare. «È stato bello rivederla, sì, sì, magari possiamo trovarci di nuovo a bere un caffè.» Tutto bene.

Ma poi lei ha tirato fuori il vero motivo della sua visita, il vero motivo per cui mi ha rintracciato e si è presentata a casa mia dopo tanto tempo: ha subito un'aggressione. Su un treno. Se l'è cavata per un soffio. E adesso ha paura. Dello sconosciuto che vuole ucciderla. Ma anche della polizia. Perché alla fine potrebbero scoprire quanto accaduto allora.

Ha paura che tutto torni a galla. Da ogni parte.

Il 2 agosto 2004 era un lunedì.

Non dimenticherò mai quel giorno, mai. Nessuno di noi lo potrà dimenticare. La tragedia piombò nella nostra vita, improvvisa, con una veemenza che ci tolse il fiato e ci lasciò annichiliti. Da allora la disperazione non mi ha più abbandonato. Non si separerà mai da me.

Quel pomeriggio ero stato a Leicester, nella sede di una società di assicurazioni che cercava un consulente che si occupasse dell'amministrazione, le tasse e la consulenza finanziaria. Mi ero candidato ed ero stato convocato per un colloquio. In realtà era un incarico al di sopra delle mie capacità, ma ero sicuro che offrissero un ottimo stipendio, così avevo deciso di tentare comunque. I problemi familiari mi avevano costretto per anni a investire al massimo il cinquanta percento delle mie energie nel lavoro ed era troppo poco. Non vivevamo al limite della soglia di povertà, questo no, ma già da tempo non riuscivo più a mettere via niente e questo mi rendeva nervoso. Era il momento di impegnarmi di più.

Ora che Xenia si era ambientata e aveva tutto perfettamente sotto controllo, potevo rischiare di cercare incarichi più impegnativi e nuovi clienti sul territorio.

Il colloquio era andato bene, mi era stato detto che mi avrebbero contattato ed ero uscito pieno di ottimismo dal moderno edificio di vetro e acciaio. Ovviamente avrebbero esaminato altri candidati, ma tra di noi c'era stata un'intesa quasi immediata. Per qualche motivo mi sentivo molto fiducioso in quella ventosa serata di agosto piuttosto fresca. Avevo impiegato più del solito per tornare a casa, in genere ci sarebbe voluta un'ora, ma c'era un ingorgo ed era già buio quando attraversai Nottingham e poi mi diressi tra campi e prati verso il nostro paesino. A un certo punto un cervo attraversò la strada, ma riuscii a frenare in tempo. L'auto si fermò e mi accorsi che stavo tremando.

C'era mancato poco. All'improvviso il mio umore cambiò e quando ripartii mi sentivo nervoso.

Quando parcheggiai davanti alla nostra casa isolata e scesi dall'auto, mi accorsi che tutte le luci erano spente. Quanto meno nelle stanze affacciate sul davanti. Era strano. Da quando c'era Xenia le luci restavano accese anche dove non serviva, perché le piacevano le finestre illuminate e riteneva che fosse importante per chi tornava a casa. Io la lasciavo fare. L'allegria che ne derivava era benefica anche per me.

Poi ricordai che Xenia aveva la sua serata libera e che era andata al cinema a Nottingham in autobus. Alice era da sola con i bambini e probabilmente l'avrei trovata sdraiata sul divano in salotto in penombra, con Sacha davanti alla tivù mentre lei cercava di tenere calma Lena. Mi accorsi che il mio umore si incupiva ulteriormente. Dipendevo già tantissimo dalla presenza di Xenia. L'idea di passare una serata da solo con Alice e i bambini mi angustiava.

Ma poi mi rimproverai per questo pensiero. Sarebbe andato tutto bene. E Xenia sarebbe tornata a casa presto.

Quando aprii la porta di casa, ebbi subito l'impressione che qualcosa non andasse. L'ingresso era buio, e anche la cucina. Dalla porta del salotto filtrava una luce fioca. Il televisore era spento, o quanto meno il volume era stato tolto. Non sentivo nemmeno i pianti di Lena. Regnava uno strano silenzio. Non era un silenzio pacifico, bensì pieno di tensione. Aveva qualcosa di irreale. Di minaccioso.

«C'è nessuno?» dissi chiudendomi la porta alle spalle.

Non ci fu risposta. In genere Sacha mi correva incontro quando tornavo a casa. Per un attimo pensai che Xenia si fosse portata dietro i bambini.

«Alice? Sacha?» Per prudenza non feci il nome di Lena. Nel caso eccezionale che fosse stata tranquilla, sarebbe bastato fare il suo nome perché scoppiasse in un pianto assordante.

Entrai in soggiorno. Il televisore era effettivamente spento. L'unica luce accesa era la piccola lampada accanto al divano. La stanza era deserta e stavo per uscire quando colsi un movimento con la coda dell'occhio. Guardai meglio. Sotto il tavolino nel bovindo era rannicchiato Sacha. Si era fatto piccolo piccolo, stava raggomitolato sul pavimento, le braccia a cingere le gambe. Tremava come una foglia.

«Sacha!» mi inginocchiai, Mi sporsi verso di lui. Era bianco come un lenzuolo. «Che cosa succede? Perché ti sei nascosto qui sotto? Dov'è la mamma? Dov'è tua sorella?»

Lui non rispose. Mi fissava senza smettere di tremare.

Mi rialzai. C'era qualcosa che non andava.

«Alice!» chiamai.

Ancora nessuna risposta. Uscii dal soggiorno. Avrei pensato più tardi a Sacha. Prima di tutto dovevo scoprire che cosa fosse accaduto.

Vidi una luce filtrare da sotto la porta del bagno.

«Alice?»

Aprii la porta.

Inginocchiata sul pavimento in mezzo alla stanza c'era Alice. Era completamente vestita, ma aveva grosse macchie bagnate su tutti gli abiti. Anche i capelli erano bagnati. Il viso era pallido almeno quanto quello di Sacha. Teneva in braccio Lena. Era nuda. Ciondolava abbandonata come una bambola di pezza in grembo ad Alice.

Per due o tre secondi non riuscii a dire né a fare niente. Poi mi inginocchiai, strappai Lena dalle braccia di Alice.

«Che cosa le è successo? Per amor del cielo, che cosa le è successo?»

«Le ho fatto il bagno» rispose Alice con voce assente.

Solo allora mi accorsi che la vasca era ancora piena d'acqua. Sulla superficie galleggiava un po' di schiuma, tutta la stanza era permeata dall'aroma dei sali al rosmarino che Alice usava sempre. Sul bordo della vasca c'era la paperella gialla di Lena.

Scossi mia figlia. Non si mosse, non emise un suono. La testa era reclinata all'indietro. Gli occhi erano spalancati e fissi.

«Oddio! Oddio, che cosa è successo?» Deposi Lena sul tappetino e cominciai a massaggiarle il petto. Erano passati anni da quando avevo frequentato un corso di primo soccorso. Se Lena aveva ingoiato troppa acqua, bisognava farla uscire dai polmoni. Le sfregai la cassa toracica con movimenti ritmici e decisi. Non si muoveva.

«Smettila» disse Alice. «È morta.»

«Ma che dici!» esclamai, e Alice trasalì. «Non è morta! Mia figlia non è morta!»

«L'ho tenuta ferma sott'acqua» disse Alice. Aveva sempre quella voce stranamente monotona. «Finché non si è più mossa.»

«Che cosa hai fatto?» urlai. Smisi di massaggiare il corpicino inerte. «Che cosa?»

«Piangeva. Non la smetteva più di piangere.»

Cominciai a sudare in tutto il corpo. Per un attimo fui assalito dalla nausea e pensai di dover vomitare. Avevo le ginocchia molli come budino. Se non fossi già stato in ginocchio, sarei caduto a terra.

«Lei non... E tu...»

Alice annuì. «Volevo che smettesse. Come fa con Xenia.»

Guardai mia figlia. Mia figlia morta. Sul collo e sul petto si intravedeva la rete diafana delle sue venuzze bluastre. Il suo viso non aveva un'espressione serena. Si capiva che aveva sofferto prima di morire, l'agonia del soffocamento.

Alice aveva annegato una bambina di un anno. Nostra figlia.

Si capiva che era morta. Si capiva che non potevo più salvarla. In lei non c'era più nemmeno una scintilla di vita.

«Dimmi che non è vero» bisbigliai. «Per favore, dimmi...»

Alice non rispose.

Balzai in piedi, mi chinai verso di lei, l'afferrai per le spalle e la scossi, come se volessi scrollare via tutto ciò che aveva di malato e contorto e disturbato.

«Dimmi che non è vero!» urlai.

Lei rimase in silenzio.

La lasciai, tornai a occuparmi di Lena, scrollai anche lei, con molta più dolcezza. Niente. Nessuna reazione. Ovviamente.

Nella stanza aleggiava un'aria umida, tiepida, densa. Dall'acqua della vasca, ancora calda, saliva un velo di umidità che si depositava sul pavimento e sulle pareti, appannava lo specchio sopra il lavandino e il vetro della finestra, oltre il quale intanto era scesa la notte. Volevo andare alla finestra, spalancarla e far entrare la frescura asciutta dall'esterno, ma non mi mossi. Non c'era anima viva nei paraggi, tuttavia temevo che ciò che sarebbe stato detto e forse urlato nei minuti successivi dentro quella stanza giungesse all'orecchio di qualcuno.

La situazione mi appariva del tutto irreale, un incubo dal quale speravo di svegliarmi il prima possibile, ma nel contempo mi sentivo stranamente vigile, i pensieri mi scorrevano nella testa veloci e nitidi: mia moglie aveva appena affogato nostra figlia di quindici mesi nella vasca da bagno. Perché non sopportava più i suoi pianti. L'aveva uccisa per farla tacere una volta per tutte.

Mia moglie era un'assassina.

La polizia sarebbe venuta ad arrestarla. Sarebbe stata processata. Un giudice benevolo avrebbe forse tenuto conto dei suoi sbalzi ormonali, della sua depressione, ma niente le avrebbe evitato una condanna a diversi anni di prigione.

La nostra vita si sarebbe spezzata. In migliaia di schegge.

«È stato un incidente» dissi. «Dobbiamo dire che è stato un incidente.»

Alice, che era rimasta a fissare il nulla davanti a sé, alzò la testa. «Non dobbiamo dirlo a nessuno.»

Era proprio pazza.

«Come pensi di tenere nascosta la morte di una bambina piccola?» domandai. «Come farai a nasconderla a tutte le persone che conosci?»

Mi guardò con i suoi grandi occhi spalancati. Rispecchiavano lo shock di quello che era accaduto. Al momento era probabile che non si rendesse conto delle proprie azioni. Era consapevole di ciò che aveva fatto, ma non della portata del proprio gesto. Qualcosa ancora la proteggeva dalla consapevolezza definitiva.

Guardai la nostra bambina morta. Notai le chiazze rosse sulle spalle, gli avambracci, il collo. Erano sempre più evidenti. Tracce di violenza. Non occorreva essere un patologo per capire immediatamente che Lena non era annegata in un momento di distrazione quando la madre era uscita dal bagno. Qualcuno l'aveva spinta sott'acqua. Con enorme forza. Ciò significava che Lena si era difesa disperatamente. Aveva combattuto per la propria vita.

Contro la madre assassina.

Per qualche secondo fui invaso dall'odio, un odio così violento verso Alice, la quale aveva distrutto la nostra vita, che avrei voluto colpirla, scuoterla, sbatterle ripetutamente la testa dagli occhi sgranati contro le piastrelle... Strinsi i pugni, mi affondai le unghie nel palmo delle mani finché il dolore divenne insopportabile.

È tutto distrutto, ripeteva una voce dentro di me, distrutto, distrutto.

Ma intanto la voce della mia ragione continuava a parlarmi.

Non avremmo potuto mascherare la morte di Lena come un incidente. Provare a farlo con la polizia avrebbe solo peggiorato le cose. Inoltre era chiaro che dovevamo avvisare quanto prima i soccorsi e le autorità. Un medico avrebbe potuto stabilire con notevole precisione il momento della morte, e ci saremmo resi ancora più sospetti se avessimo indugiato ore prima di fare qualcosa.

D'altro canto, al momento tutto ciò era irrilevante. Non si trattava di apparire sospetti o meno. Lo stato delle cose era comunque evidente.

«Non capisco» dissi. «Non capisco proprio.»

Alice scrollò il capo. «Non ne posso più, Oliver.»

La guardai. «Di che cosa non ne puoi più?»

Lei bisbigliò: «Il pianto. Che pianga sempre. Che pianga e basta. Che non sia rimasto più niente della mia vita. Che non sia rimasto più niente di me. Mi sto consumando, Oliver. Mi sto consumando nei bambini. Da anni».

Soffriva da tempo di una profonda depressione. Di questo ero sempre stato consapevole. Avevo fatto troppo poco per aiutarla? Avevo sperato che passasse da sola in qualche modo?

«Della tua vita non rimarrà più niente d'ora in poi» risposi. Non riconoscevo la mia voce, mi sembrava che tremasse. Anch'io dovevo essere sotto shock. «Finirai in prigione, Alice. Hai appena ucciso la tua stessa bambina. Ti chiuderanno in cella. Ecco che cosa hai fatto della tua vita.»

Udii un grido soffocato alle mie spalle e mi voltai di scatto. Sulla porta del bagno c'era Xenia. Non si era tolta nemmeno le scarpe, aveva ancora la borsetta a tracolla. Era tornata a casa senza che ce ne accorgessimo. Fissava sgomenta la scena che le si presentava davanti.

Aveva sentito le mie parole. Sapeva perfettamente che cosa era accaduto.

Sabato, 3 agosto

1

Durante le tre ore e mezzo di viaggio da Scarborough a West Bromwich Robert Stewart non disse una parola. Aprì la bocca solo una volta, quando fecero una breve pausa e Kate scese per comprare un caffè a entrambi.

«Si sbrighi, per favore.» Tutto qui.

Raggiunsero l'indirizzo inserito nel navigatore solo alle dieci e mezzo di mattina, perché avevano sbagliato strada diverse volte. Cantieri e strade chiuse li avevano costretti a fare numerose deviazioni che li avevano allontanati dalla meta. Robert non commentò neppure questa circostanza. Stringeva il volante, il viso contratto, le labbra serrate. Aveva un'aria così tesa che Kate cominciò a preoccuparsi sull'esito dell'imminente colloquio con Sam Howard.

Speriamo che lasci parlare soprattutto me, pensò.

Sam Howard abitava in un quartiere decisamente grazioso di West Bromwich. Villette a schiera con piccoli giardini. In quello di Howard era sparso ogni genere di giocattoli sul prato.

Padre di famiglia, pensò Kate, con ogni probabilità assolutamente innocuo.

Tuttavia non era sempre vero che i padri di famiglia fossero innocui. Come avevano appena sperimentato nel caso di Jayden White.

Robert parcheggiò sul lato opposto.

«Siamo arrivati» disse. Non aveva perso la parola.

Scesero dalla macchina, attraversarono la strada, entrarono nel giardinetto con lo scivolo di plastica e i pupazzi e suonarono il campanello accanto alla porta. Dato che non emise un suono, Robert bussò con forza.

«Il campanello è rotto» ringhiò.

Si udirono dei passi, un uomo aprì la porta e guardò dall'uno all'altra. Teneva in mano una tazza di caffè.

«Sì?» domandò.

Robert esibì il distintivo. «Ispettore investigativo Stewart, Yorkshire Police. CID di Scarborough. Lei è la mia collega, il sergente investigativo Kate Linville. Parlo con Sam Howard?»

«Sì. È... È successo qualcosa?» La sua reazione fu decisamente nervosa. Il caffè ondeggiò nella tazza quando la sua mano ebbe un fremito. Kate intuì, percepì chiaramente, che agli occhi di Stewart l'uomo era passato da vago punto di riferimento a principale sospettato. Non condivideva tale sensazione. Quell'uomo alto, smunto, dall'aria stanca non le sembrava abbastanza spietato da commettere crimini efferati seguendo tra l'altro un piano ben congegnato. Inoltre non si trattava affatto dell'aggressore del treno. Non somigliava neppure all'identikit dell'altro uomo, ma non era un indizio decisivo: gli identikit costruiti sui ricordi dei testimoni a volte erano molto distanti dalla realtà.

«Vorremmo accomodarci» disse Robert avanzando oltre la soglia. Kate avrebbe avuto un approccio più prudente con un uomo come Sam Howard, ma il suo capo sembrava deciso a seguire il proprio stile.

Sam li accompagnò in un piccolo soggiorno ingombro di giocattoli come il giardino.

«Scusate il disordine. Non sapevo che...»

«Nessun problema» lo tranquillizzò Kate.

Sam si sbrigò a liberare il divanetto e le due poltroncine dell'Ikea. «Prego. Accomodatevi. Che cosa è successo?»

«Abbiamo solo una domanda da farle» disse Kate prendendo posto su una poltrona. Robert si mise seduto sull'altra. «Riguarda Sophia Lewis.»

Osservò attentamente il viso di Sam. Non c'erano dubbi, aveva capito subito di chi stava parlando.

Sgranò gli occhi. «Sophia?»

«La donna che in passato ha perseguitato per mesi» disse Robert. «È stata rapita.»

Lui parve sinceramente sconcertato. «Rapita? Sophia?»

«È quello che ho appena detto» confermò Robert.

«Ma come… Cioè, chi ha rapito Sophia?»

«Siamo qui per scoprirlo» disse Robert.

Sam, che nel frattempo si era seduto sul divano, posò la tazza sul tavolo. «Non crederete che…»

«Indaghiamo solo in ogni possibile direzione» lo tranquillizzò Kate.

«Devono essere passati almeno quindici anni» disse Sam. Il viso pallido era cosparso di chiazze rosse. «E non è vero… Insomma, non l'ho mai perseguitata. Chi lo dice? Io… Sì, ero innamorato di lei. La trovavo fantastica.»

«Pare che girasse sempre davanti a casa sua» disse Robert. «Anche se lei ne era chiaramente infastidita.»

Sam agitò le braccia con enfasi. «Eravamo giovani. Io avevo diciassette anni, lei sedici. A quell'età si è molto esuberanti. Quando ci si innamora.»

«C'è una bella differenza tra *esuberanza* e *molestia sessuale*» disse Robert.

Kate dovette fare uno sforzo per trattenersi. Non era il caso di correggere il proprio superiore durante un interrogatorio, ma secondo lei quella manovra intimidatoria era esagerata. Nessuno aveva mai parlato di molestie sessuali. Forse da giovane Sam Howard si era comportato come un insopportabile rompiscatole, ma non era tipo da diventare aggressivo. Non era neppure un assassino. Kate in fondo si era già rassegnata al fatto che ancora una volta non fosse la pista giusta. Stavano spaventando a morte il povero Sam Howard, ma non avrebbero ottenuto da lui nessuna informazione utile.

«Molestia sessuale?» disse Sam. «È escluso. È Sophia a dirlo? Non può farlo. Non è vero.»

«Purtroppo al momento Sophia non può dirci niente» rispose Robert, «perché come abbiamo detto è stata rapita. Ma alcuni testimoni che la conoscevano hanno avanzato sospetti in tal senso verso di lei.»

«Suo padre, probabilmente» disse Sam.

Robert non rispose.

«Santo cielo» proseguì Sam, «da ragazzo mi sono preso una solenne sbandata per Sophia. Sì. Ci eravamo conosciuti giocando a pallamano. Di sicuro le stavo terribilmente sulle scatole, ma non ho mai fatto niente, non l'ho mai toccata né altro. Mi deve credere. E poi sono passati così tanti anni. Sono felicemente sposato. Abbiamo tre figli. Il più piccolo è nato dieci giorni fa. Perché avrei dovuto rapire Sophia?»

Cinque persone in quella casetta così piccola... L'idea provocò un capogiro a Kate. Quell'uomo, che era appena diventato padre per la terza volta e di conseguenza era esausto... secondo Kate non avrebbe avuto la forza di compiere qualche gesto criminale. E neppure un valido motivo. Lanciò un'occhiata a Robert, ma lui non la ricambiò.

«Mr. Howard, dove si trovava giovedì, 25 luglio?» gli chiese.

Come sapeva Kate, era il giorno in cui uno sconosciuto si era presentato a Mark Winslow per ottenere un lavoro come paramedico. Poteva trattarsi di Sam Howard? Ne dubitava.

L'espressione di Sam si illuminò. «Lo ricordo perfettamente, signore. Quel giorno è nata la mia ultimogenita. Lucienne. Ho accompagnato mia moglie in ospedale alle quattro di mattina. Lucienne è venuta al mondo alle otto di sera. Sono stato con mia moglie per tutto il tempo senza mai assentarmi. Chiunque all'ospedale può confermarglielo.»

Erano seduti in macchina, sempre sul lato opposto della casa di Howard. Robert guardava davanti a sé con aria imbronciata. «Possiamo verificare. Tuttavia...»

«Tuttavia non sarebbe stato così stupido da raccontarci una bugia così facile da smascherare» disse Kate. «A me è sembrato del tutto credibile.»

«D'accordo, non è lui l'uomo che si è presentato per il colloquio alla Winslow Ambulance. Tuttavia può essere coinvolto nella faccenda.»

«Con lui sarebbero già tre persone.»

«E allora?»

«Non è possibile, perché abbiamo a che fare con una vicenda molto personale», obiettò Kate. «Non è una storia che coinvolge una banda intera.»

«Che mi dice del giorno dell'aggressione a Sophia Lewis?» chiese Robert.

Gli avevano domandato anche quello e Sam Howard aveva risposto che quel giorno era al lavoro. Lavorava nel magazzino di uno spedizioniere.

«Uno spedizioniere?» si era impuntato Robert inarcando le sopracciglia. «Allora viaggia molto.»

«In realtà sto solo nel magazzino» aveva risposto Sam. «Quel giorno ci sono rimasto dalla mattina alla sera. Può chiedere al mio capo.»

«Chiederò a Helen di verificare» disse in macchina Robert. «Ma è probabile che dica la verità.»

«Io ne sono sicura» affermò Kate. «Siamo sulla pista sbagliata, signore. Questo Howard è un fascio di nervi. Completamente stressato dalla sua vita con tre figli e con un lavoro faticoso e poco gratificante. Non gli salta nemmeno per la testa di invischiarsi in aggressioni e rapimenti.»

«Però ha perseguitato Sophia Lewis. Probabilmente non ha ancora digerito di essere stato rifiutato da lei.»

«Mette al mondo un figlio dopo l'altro. Non trova che questo dimostri che è felice con la moglie e la famiglia, anche se sta vivendo un periodo di stress?»

«Mettere al mondo dei figli non significa essere contenti della propria vita» dichiarò Robert. «Può darsi che non abbia superato le delusioni del passato.» Diede un pugno al volante. «Non abbiamo niente, vero? Non abbiamo assolutamente niente.»

Kate non rispose. Quello che diceva era vero. Non avevano niente. E il tempo per Sophia scorreva sempre più in fretta. E in maniera più drammatica.

«Guardi, Howard sta venendo verso di noi» disse Robert all'improvviso.

In effetti l'uomo stava attraversando di corsa la strada. Aveva sempre le chiazze rosse sulle guance. Si chinò sul finestrino dalla parte di Robert che abbassò il vetro. «Sì?»

«Mi è venuta in mente una cosa che mi aveva raccontato Sophia all'epoca. C'era un bambino, che abitava nel quartiere, aveva qualche anno meno di lei.»

«Cose da bambini» disse Robert spazientito. «Che cosa c'entra?»

«Aspetti» disse Kate. «Lo faccia finire. Anche il padre di Sophia mi aveva accennato a un tipo del quartiere.»

Robert sospirò.

«Sophia ne parlò un paio di volte, quando eravamo usciti con la squadra. Le stavo sempre vicino, pendevo dalle sue labbra.» Sam arrossì. «Raccontò che nella sua via abitava un bambino che terrorizzava i suoi coetanei. E anche i ragazzini più grandi e più grossi di lui. Torturava gli animali e tutti avevano paura di lui.»

Robert sospirò di nuovo. «Tipi del genere si trovano purtroppo dovunque.»

«Sì, ma questo... lei ne parlava piena di raccapriccio. E poi...» Esitò.

«Sì?» domandò Kate.

«Ci fu una brutta storia qui. A West Bromwich. Un tizio, ancora ragazzino, aveva rapito una bambina piccola. Per fortuna lo fermarono in tempo, ma non si capì mai che cosa avesse intenzione di fare alla piccola. Probabilmente niente di buono. La poverina era traumatizzata.»

«E si trattava del bambino che abitava nel quartiere di Sophia Lewis?»

Sam sembrava titubante. «Non ne sono del tutto sicuro. All'epoca dei fatti non abitavo qui. Ero negli Stati Uniti, partecipavo alle selezioni per la nazionale di pallamano. Mi era stata prospettata una grande carriera.»

Una carriera che doveva essere finita nel magazzino di un'azienda a preparare pacchi da spedire. Come se avesse letto nel pensiero di Kate, Sam aggiunse: «Ho avuto un infortunio alla spalla. Dopo una brutta caduta. Da allora ho dovuto abbandonare la pallamano a livello professionale».

Nella sua voce traspariva delusione e ansia. Il sogno di una vita infranto. «Quando tornai qui era passato del tempo» riprese. «Ma qualcuno della squadra mi raccontò che si trattava del bambino che abitava vicino a Sophia. *Quel tipo malato, di cui Sophia parlava ogni tanto*, fu quello che mi dissero.»

«È probabile che nel corso degli anni Sophia abbia parlato anche di altre persone, oltre all'idiota che abitava nella sua via» commentò Robert. «Lei quindi suppone solamente che si trattasse di uno psicopatico in erba?»

«Così sembrava» disse Sam Howard. «Ma in effetti è solo una supposizione.»

«Non ricorda il nome?»

«Purtroppo no.»

«C'è stato di grande aiuto» disse Kate. «La ringraziamo, Mr. Howard.»

Lui fece un cenno col capo e poi tornò di corsa verso casa. Un uomo frustrato dalla vita, nervoso, che si aggrappava ai sogni del passato ma cercava di trarre il meglio da ciò che aveva nel presente. Di sicuro non un killer. Kate era pronta a metterci la mano sul fuoco.

«Mah» disse Robert. «Che strana storia. Non credo c'entri niente con il nostro caso.»

«Purtroppo non ci possiamo permettere il lusso di *non* approfondire qualcosa» replicò Kate. Intanto aveva tirato fuori il cellulare per chiamare Helen. Quel sabato mattina non l'avrebbe buttata giù dal letto, ma probabilmente l'avrebbe disturbata mentre faceva colazione. Oppure era impegnata in qualcos'altro, ma non poteva farsi troppi scrupoli. «Helen, deve scoprire tutto su quel caso. La bambina rapita, il nome dell'autore, e di tutti gli altri possibili soggetti implicati. È una possibilità.»

«Secondo me no» disse Robert. «Ma va bene. Noi che cosa facciamo?»

«Siamo a due passi da Birmingham. Vorrei tornare dal padre di Sophia. Forse è in grado di raccontarci altri particolari di questa storia.»

Robert accese il motore. «Non ha detto che è mentalmente confuso e non ricorda più molto?»

«Ha dei momenti di lucidità. Forse saremo fortunati. Vale la pena tentare. Nella nostra situazione vale la pena tentare qualunque cosa.»

«Spero che abbia ragione» disse Robert e partì.

2

La seconda notte all'addiaccio. Colin si era addormentato solo nelle prime ore del mattino, tremando di freddo e coperto dell'umidità che saliva dal terreno. Si era riparato sotto un mucchio di foglie come un... quali animali facevano così? I cinghiali? Quanto meno gli sembrava di essere un cinghiale. Peccato che non fosse fatto per vivere nei boschi. E neppure attrezzato.

Era rimasto incredulo quando aveva visto i fari posteriori della sua auto allontanarsi e aveva compreso che Xenia lo aveva abbandonato sul serio. Gli aveva raccontato troppe cose. Adesso ne pagava il prezzo. Per lei era diventato un pericolo.

Se non altro non lo aveva ucciso nel sonno – non ne sarebbe stata capace –, ma lo aveva abbandonato in mezzo al nulla e avrebbe accumulato un vantaggio notevole prima che lui riuscisse a raggiungere un posto vagamente civilizzato.

Quale vantaggio però? Dove voleva andare? Voleva fuggire sul continente? Tornare in Russia? Con un'auto rubata?

Un cortocircuito, aveva pensato, il suo comportamento è frutto di un folle cortocircuito. Si renderà conto che non le serve a niente.

Questo, tuttavia, non lo liberava dal problema di trovare un modo per uscire da quella situazione. Non aveva senso aspettare l'improbabile ritorno di una Xenia sopraffatta dai sensi di colpa.

Si era guardato intorno. Lei si era portata via anche il suo cellulare. Sebbene lì non ci fosse campo, in questo modo era tagliato fuori anche una volta che fosse tornato in una zona abitata. Non avrebbe potuto avvisare subito Kate. Che disdetta.

Gli aveva lasciato una bottiglia d'acqua. Che gesto generoso. La sete non sarebbe mai diventata un problema per lui, era circondato da sorgenti e ruscelli di acqua cristallina. La fame era un altro discorso.

D'altronde però una persona poteva sopravvivere piuttosto a lungo senza mangiare.

Si era messo in marcia seguendo la stretta stradina di campagna piena di buche. Così non si sarebbe perso, anche se attraversando il bosco avrebbe tagliato molte curve e avrebbe fatto più in fretta. Ma chissà se sarebbe riuscito a orientarsi tra gli alberi. Inoltre sulla strada c'era la possibilità di incrociare una macchina. In realtà non c'era anima viva. Ripensò avvilito che all'andata non avevano incontrato né visto nessuno.

Si preparò a una lunga scarpinata.

La prima notte era stata fredda e spaventosa, ma la seconda lo condusse ai limiti delle proprie forze. Non avrebbe mai creduto che d'estate potesse fare tanto freddo di notte nel bosco. Inoltre non trovava una posizione che dopo pochi minuti non gli provocasse dolori in tutto il corpo. Aveva cercato a lungo un pezzo di terreno in piano, aveva anche creduto di aver trovato un posto adatto, ma si era reso conto in fretta che anche lì c'erano radici, avvallamenti e rigonfiamenti, sterpi appuntiti che gli impedivano di stare sdraiato comodamente. Era terribile. Colin non aveva mai amato la vita all'aria aperta, come aveva constatato durante le numerose vacanze in campeggio con i genitori. E lì aveva avuto almeno una tenda, un materassino e delle coperte. Tutte cose che in quella situazione poteva solo sognare.

Quel sabato mattina era in uno stato fisico desolato, e nel contempo pieno di collera. Se non altro la rabbia gli dava forza. Gli dolevano tutte le ossa, aveva il torcicollo e sentiva già che stava per arrivargli un violento raffreddore. Era così arrabbiato con Xenia che avrebbe voluto strozzarla. Avrebbe raccontato *tutto* alla polizia, a Kate, e alla fine Xenia sarebbe finita in cella, ma le stava proprio bene. Quello che aveva fatto era inconcepibile. Si meritava di essere processata. D'accordo, si era fidata di lui, quando gli aveva raccontato tutto, ma in fondo anche lui si era fidato e nonostante questo lei lo aveva abbandonato senza scrupoli.

Si trascinava lungo la strada, più simile a un sentiero asfaltato, e sul quale non era passata nemmeno una macchina in due giorni. A un certo punto scorse qualcosa in lontananza... Socchiuse gli occhi. Un tetto? Era davvero il pezzo di un tetto?

Temeva che fosse un miraggio e non voleva esultare troppo presto, ma si sentì rianimare e accelerò l'andatura, finché non la vide senza ombra di dubbio: un'abitazione. Un casolare. Era in un avvallamento tra le colline, grigio come la pietra del luogo, tutt'altro che invitante, ma forse era solo la sua impressione. Un viottolo sterrato in mezzo ai prati conduceva all'ingresso. Come faceva la gente a vivere tanto isolata? Colin fu scosso da un brivido. Di sicuro però avevano l'elettricità, una linea telefonica, Internet. Avrebbe potuto chiamare i soccorsi. Tutt'a un tratto la stanchezza gli scivolò via dalle spalle, percorse con piede leggero il viottolo, inspirando il profumo dei fiori estivi che crescevano a destra e a sinistra e che non aveva notato fino a quel momento. La casa era reale. Grande e massiccia sorgeva sotto il cielo grigio, all'ombra di una collina. Colin raggiunse la porta. Non c'era campanello, così la tempestò di pugni.

«Ehi, c'è nessuno? Qualcuno mi sente?»

Nessuno rispose e lui gettò uno sguardo alla facciata, in preda al panico. *Oh, Signore, fa che non siano partiti! Ma dove sono andati tutti? È sabato. Nessuno lavora di sabato, giusto?*

Alla fine udì dei passi che si avvicinavano alla porta. Qualcuno socchiuse l'uscio. Colin scorse la faccia diffidente di una donna anziana. Cercò di sorridere in maniera accattivante.

«Buongiorno. Mi spiace...»

La donna lo fissava intimorita. Colin si rese conto di avere un aspetto a dir poco inquietante. La barba lunga, sporco, spettinato. Dopo due giorni passati all'aperto aveva gli abiti infangati e stropicciati. Gli occhi arrossati. Doveva somigliare a un vagabondo e probabilmente la donna era sola in casa. Non poteva certo biasimarla se non lo avesse fatto entrare.

«Ho avuto un guasto alla macchina» disse. Molto meglio che *Mi hanno rubato la macchina*, che avrebbe introdotto un aspetto criminale nella storia. «Ovviamente nel nulla.» Con la mano indicò i boschi a perdita d'occhio dietro di sé. «Lei è la prima persona che incontro...»

«Se ne vada» disse la donna. Colin riusciva quasi a sentire l'odore della sua paura. «Sparisca!»

Chiuse di scatto la porta.

«La prego!» esclamò Colin. «La prego, ho bisogno di aiuto! Potrebbe passarmi il telefono qui fuori? Io...»

«Se ne vada!»

«Per favore!»

«Se non si allontana immediatamente, chiamo la polizia!»

Colin si lasciò scivolare per terra con la schiena contro la porta. Rimase seduto sfinito guardando davanti a sé.

«La prego» disse, «la prego, lo faccia. Chiami la polizia.»

3

Xenia sapeva di non poter rimanere per sempre da Oliver. Le aveva permesso di pernottare da lui, ma soltanto perché il giorno prima lei non aveva dato segno di volersene andare e a un certo punto l'educazione aveva avuto il sopravvento in lui. Forse dipendeva anche dalla sua solitudine. Xenia si era ritirata nella piccola camera degli ospiti a metà giornata, perché non riusciva a reggersi sulle gambe per la stanchezza. Si era sdraiata e aveva dormito per tutto il pomeriggio. La sera avevano mangiato qualcosa insieme, poi era tornata a dormire ed era riapparsa in cucina solo alle dieci del mattino seguente. Oliver le preparò un caffè e le avvicinò un cestino di pane e un barattolo di marmellata.

«Non ho molto da offrirle» si scusò. «Non vado spesso a fare la spesa. Non ne vale la pena dato che sono solo.»

«Nessun problema» lo tranquillizzò Xenia. «Va benissimo così.»

Mentre versava vari cucchiaini di zucchero nel caffè – troppi, visto il suo proposito di dimagrire – pensava a come affrontare di nuovo l'argomento. *Il tema*. Il giorno prima Oliver non glielo aveva permesso. Dopo avergli raccontato dell'aggressione in treno, gli aveva chiesto chi secondo lui potesse avere un motivo per volerla morta. Lui aveva capito subito a chi si riferiva. Era impallidito. Poi però aveva detto: «Non ne voglio parlare. Non ora».

Lei non era più tornata all'attacco.

Nella luce livida di quella mattinata, lui disse all'improvviso: «Ogni tanto ho visto un uomo. Fermo in strada qui davanti».

Lei gli rivolse un'occhiata interrogativa. «In strada?»

Oliver indicò la finestra con un cenno del capo. «Di fronte. Dove adesso ha parcheggiato la macchina. Stava fermo lì. Ho avuto l'impressione che tenesse d'occhio la casa. Ma non so se ce l'avesse con me e il mio appartamento.»

«Poteva...»

«Non l'ho riconosciuto. Era troppo lontano. E poi in tutti questi anni sicuramente è cambiato.»

«Sì, certo.»

«L'uomo sul treno...»

«Nemmeno io l'ho riconosciuto.»

Si scambiarono un'occhiata sopra il tavolo.

«Non è detto che significhi qualcosa» disse infine Oliver.

«L'uomo che ha tentato di spararmi in treno significa qualcosa» obiettò Xenia.

«Ma non deve essere per forza collegato ad allora» disse Oliver.

Rimasero in silenzio. Entrambi erano consapevoli che molto probabilmente, invece, aveva proprio a che fare con *allora*.

«Vorrei...» disse Xenia, ma in quel momento il citofono suonò. Lei si interruppe. «Aspetta qualcuno?»

Oliver si alzò. «No. In realtà non viene a trovarmi mai nessuno. Forse è il postino.»

Andò verso la porta. Lei lo osservò, la sua andatura strascicata. Era spaventosamente invecchiato, si capiva da tutti i suoi movimenti. Il peso lo opprimeva, gli curvava le spalle. Era schiacciato da ciò che era accaduto nella sua vita. Non se ne sarebbe mai liberato.

Lo sentì chiedere al citofono chi fosse. Non riuscì a cogliere la risposta dell'altro, ma sentì lo scatto del pulsante di apertura.

«Un corriere» disse Oliver. Sembrava stupito.

In seguito Xenia avrebbe ricordato lo stupore nella sua voce. E si sarebbe chiesta perché non gli avesse dato più importanza.

Oliver sembrava sinceramente confuso. Questo avrebbe dovuto accendere la luce rossa di allarme in lei? Una voce interiore avrebbe dovuto intimarle *prudenza*? Avrebbe dovuto trarre qualche conclusione dal fatto che Oliver non aspettava un corriere e che subito prima le aveva parlato di un misterioso sconosciuto che sostava spesso davanti a casa sua? Almeno le sarebbe dovuto venire un presentimento? Avrebbe dovuto gridargli di chiudere a chiave la porta di casa, di non far entrare nessuno? Invece rimase a fissare la tazza di caffè, lasciando vagare la mente, finché non udì un forte rumore dall'ingresso. Solo allora alzò la testa e vide Oliver barcollare all'indietro spaventato e andare a sbattere contro la parete del corridoio. Davanti a lui c'era un uomo. Era armato.

«Oliver» disse costui. Poi sussultò, quando sentì il rumore di Xenia che era balzata in piedi. Non si aspettava la presenza di nessun altro in casa e pareva spaventato a morte. Rivolse l'arma su di lei, poi sgranò gli occhi. «Xenia!» esclamò quasi con raccapriccio.

Lei lo riconobbe. Nonostante gli anni trascorsi e nonostante che oramai fosse un uomo adulto.

«Sacha» disse scioccata.

4

Geoffrey Lewis reagì in maniera amichevole ma sconcertata alla visita a sorpresa di Kate e dell'ispettore Stewart.

«Sono stata qui da lei recentemente, Mr. Lewis» disse Kate e lui le sorrise annuendo, ma lei aveva l'impressione che non la riconoscesse. Nel minuscolo appartamento l'aria era pesante, come se le finestre non fossero state più aperte da mesi. Sui fornelli bolliva qualcosa di indefinibile. Passandoci davanti Kate spense la fiamma senza farsi notare.

Stavolta non offrì loro un caffè, bensì dell'acqua, da bicchieri che non erano stati lavati affatto oppure in maniera approssimativa. Kate e Robert declinarono ringraziando.

«Mr. Lewis, mi aveva parlato di un ragazzino vostro vicino di casa quando Sophia era bambina» disse Kate. «Se lo ricorda? Sophia aveva paura di lui.»

Geoffrey ci pensò su. «Sì. È vero» disse infine.

«Ricorda per caso come si chiamava?»

Geoffrey aggrottò la fronte. «Chi?»

«Il ragazzo che abitava nella vostra via. Quello di cui Sophia aveva paura.»

Robert lanciò un'occhiata spazientita a Kate. *L'avevo detto io*, stava a indicare.

«Tutti avevano paura di lui» disse Geoffrey. «Non è stato lui che poi rapì quella bambina?»

Kate si sporse in avanti. «Ha rapito una bambina?»

«Sì. In un box.»

«Quanti anni aveva all'epoca?»

Geoffrey ci pensò un attimo. «Undici. O dodici.»

«Perciò anche lui era ancora quasi un bambino.»

Geoffrey scosse la testa. «Non è mai stato un bambino. È sempre stato un mostro.»

«Aveva nascosto la bambina in un box?» intervenne Robert.

«Anche noi avevamo un box una volta» disse Geoffrey. «Lo avevamo affittato. Ma poi lo abbiamo lasciato, dopo aver venduto la macchina.» Assunse un'espressione mesta. «Avevo perso il lavoro. Non avevamo più soldi.»

«Che cosa ne è stato della bambina?» chiese Kate, controllando di nascosto il cellulare. Helen non le aveva ancora risposto.

«Non saprei» disse Geoffrey. «Di sicuro ormai è un'adulta.»

«Lui quindi non l'ha uccisa?» chiese Robert.

Geoffrey scosse la testa. «No. Non l'ha uccisa. La polizia è arrivata in tempo.»

«Sono stati i genitori della bambina a chiamare la polizia?»

Lui li guardò confuso. «Non lo so.»

«La polizia però stava cercando la bambina?»

«Non lo so.»

Non dovevano perdere il contatto con lui e le domande insistenti di Robert sembravano avere proprio quest'effetto. Kate si affrettò a intervenire.

«A me interessa questo box, Mr. Lewis. Oppure posso chiamarla Geoffrey?»

«Geoffrey.» Sorrise e il viso contratto si rilassò.

È così che si fa, avrebbe voluto dire Kate a Robert.

«Mi dica, Geoffrey, il box si trovava nella via dove abitavate all'epoca voi e questo ragazzo?»

«No. Era piuttosto lontano, vicino a una vecchia fabbrica. C'era una serie di box. Prima si potevano affittare, ma poi sono stati abbandonati ed erano mezzi in rovina. Anche la fabbrica era diroccata.»

«Sophia conosceva questi garage abbandonati?»

«Sì. Ci andava sempre a correre. Tutte le sere.»

«Il suo percorso passava davanti a quella fabbrica dismessa e ai box?»

«Sì.»

«Capisco. Ricorda per caso il nome del ragazzo? Il vostro vicino di casa?»

«Non riesco a ricordarlo» disse Geoffrey quasi disperato. Poi la sua espressione si illuminò, lui si alzò e si trascinò fino a uno scaffale, rovistò tra un mucchio di carte, quaderni, giornali. Poi tornò indietro con una grossa busta e l'aprì. «Ecco. Questa è una foto di una manifestazione sportiva dell'istituto comprensivo. Partecipavano ragazzi di tutte le classi. Sophia era in prima media. Il bambino in prima elementare.»

Kate osservò la foto. Ritraeva una cinquantina di bambini di diverse età e qualche insegnante. I bambini guardavano l'obiettivo disinvolti o a disagio, sorridenti o seri, a seconda della loro indole. C'era chi faticava a stare fermo. Tutti avevano calzoncini corti, magliette e scarpe da ginnastica. Kate pensò alle foto simili della sua infanzia. In seguito era rimasta un po' sconcertata nel notare quanto fosse sembrata introversa. Completamente chiusa in se stessa. A volte le era capitato di pensare, guardando la propria versione bambina: era già evidente. Come sarebbe stata la mia vita. La solitudine. La mancanza di amici. Di un compagno. Era già scritto fin dalla scuola elementare.

Quelle riflessioni l'avevano sempre rattristata. Gli sforzi inutili. La speranza di trovare una persona a cui legarsi. A distanza di non molto tempo dalla disastrosa storia con David, un uomo di cui si era perdutamente innamorata, lo aveva capito: il sogno del grande amore sarebbe rimasto sempre un sogno per lei.

Il momento di *quella* scoperta era stato il più triste in un periodo in cui il pianto aveva comunque prevalso sul riso.

Si riscosse. Non era il momento di pensare alla sua disastrata vita privata.

«La bambina in prima fila a destra» indicò Geoffrey. «È la mia Sophia.» Lo disse con orgoglio e felicità.

Kate osservò la faccia sorridente di una bambina di dieci o undici anni. Folti capelli scuri, occhi chiari. Da sola non l'avrebbe riconosciuta, ma pensandoci il contrasto tra gli occhi chiarissimi e i capelli scuri era molto evidente e lo aveva già notato in altre foto della Sophia più grande. Era stata una bambina graziosa e successivamente una donna interessante.

«E c'è anche quel bambino?» chiese.

Geoffrey annuì. Con dita tremanti scorse le file di bambini. «Eccolo. È lui.»

Era un bambino dall'aria anonima, pensò Kate mentre lo osservava socchiudendo gli occhi. Se all'epoca della foto frequentava la prima elementare, doveva avere cinque o sei anni. Aveva forse un che di fisso nell'espressione, ma era comune anche ad altri bambini. A quell'età i bambini reagivano con timidezza a una situazione insolita, come essere messi in posa, farsi fotografare, guardare nell'obiettivo. Aveva occhi e capelli scuri. Non appariva necessariamente simpatico. Ma non le sembrava neppure uno psicopatico. In tutta sincerità la foto non le diceva assolutamente niente. Solo un bambino di cinque anni. Che sei anni più tardi avrebbe rapito una bambina tenendola prigioniera in garage? Pensò al caso *James Bulger*, uno degli episodi più atroci della storia criminale britannica, che si era impresso nella memoria collettiva della nazione: il piccolo James Bulger di due anni era stato prelevato in pieno giorno in un centro commerciale da due ragazzini di dieci anni che lo avevano torturato a morte. Il paese intero, i media, tutti avevano levato un grido di profondo orrore. All'epoca dei fatti Kate doveva avere diciannove o vent'anni. Ricordava la cosa che l'aveva scossa maggiormente: i visi dei colpevoli. Visi infantili. Giovanissimi. Un po' impauriti. Innocui. Non si riconosceva assolutamente niente in loro.

«È da tanto tempo che Sophia non viene più a trovarmi» disse Geoffrey triste.

«Sophia è stata rapita» rispose Robert. «È per questo che siamo qui.»

Geoffrey lo guardò sgomento. «Rapita? E da chi?»

«Speravamo di ottenere qualche indizio da lei» rispose Robert. «Forse ha idea di chi potrebbe avere un motivo per rapire sua figlia?»

«Hanno chiesto dei soldi?» chiese Geoffrey. «Io non ne ho, sapete. Ho una pensione bassissima. Mi basta appena per vivere.»

«Non si tratta di denaro» lo tranquillizzò Kate.

«Io non ho soldi» ripeté Geoffrey. «Ho solo una piccola pensione.» La bocca cominciò a tremargli.

Il cellulare di Kate squillò. Si alzò e uscì nel corridoio del minuscolo appartamento.

Era Helen.

«Sergente, ho scoperto qualcosa» le disse. «Il caso non ebbe particolare risonanza perché alla fine si concluse in maniera positiva, ma per un po' fu sulla bocca di tutti a West Bromwich. Il ragazzino si chiamava Ian Slade. All'epoca aveva dodici anni. Nel tardo pomeriggio del 3 novembre 2006 aveva attirato Patricia Baldwin, di tre anni, fuori dal giardino della casa dei genitori e l'aveva portata via. La bambina giocava sul prato ma lo seguì quando lui le disse che voleva mostrarle una gatta con i suoi cuccioli. La portò in un box alla periferia del paese. In quella zona c'erano molti edifici abbandonati.»

«Sì, lo so» disse Kate. «E poi?»

«Non si è mai capito che cosa avesse in mente di fare con la bambina. Durante l'interrogatorio, ovviamente, dichiarò di non avere cattive intenzioni. Aveva voluto soltanto spaventare un po' i genitori. Patricia però era scoppiata a piangere quando l'avevano ritrovata e continuava a chiamare la mamma.»

«Aveva subito abusi sessuali?»

«No. Nessuna traccia. Il che non significa che lui non volesse violentarla. Era stato interrotto dalla polizia.»

«Come era arrivata a quel garage la polizia?» chiese Kate impaziente.

«È un aspetto piuttosto misterioso» rispose Helen. Kate sentì un fruscio di fogli mentre la collega consultava gli appunti. «Alle 17:02 arrivò una telefonata anonima alla polizia di West Bromwich. Da una cabina pubblica, all'epoca ce n'erano molte più di adesso. Una voce femminile molto giovane disse che in uno dei garage era tenuta prigioniera una bambina. Poi riagganciò. I genitori di Patricia Baldwin, nel frattempo, ne avevano già denunciato la scomparsa. La polizia rispose subito alla segnalazione e riuscì a evitare il peggio.»

«Sophia Lewis» disse Kate. «Potrebbe essere stata lei a telefonare.»

«È possibile» concordò Helen.

«Che cosa ne fu del ragazzo? Di Ian Slade?»

«Ci fu un patteggiamento con il tribunale giovanile. Fu mandato in un istituto per bambini e ragazzi difficili.»

«Ecco il punto di contatto!» esclamò Kate. Il cuore aveva cominciato a batterle più forte. Era convinta che avessero trovato finalmente il bandolo della matassa. Non brancolavano più nel buio. Era un punto di partenza, sempre più nitido nella fitta nebbia. Dai contorni sempre più precisi.

«Non avevamo sbagliato pensando a un istituto di detenzione. Solo che si trattava di un riformatorio. Due ragazzi chiusi lì dentro insieme. Cresciuti e diventati uomini. Che meditano vendetta.»

«Sembra plausibile» concordò Helen.

«Come si chiama l'istituto?»

«Istituto statale per ragazzi problematici» disse Helen. «Non ha nessun altro nome. A Birmingham. Accoglie i casi particolarmente difficili.»

«L'ispettore Stewart e io ci recheremo subito sul posto» disse Kate. «Siamo già in zona. Ci occorrono informazioni su Ian Slade. E sulle amicizie che ha fatto durante l'internamento.»

«D'accordo» disse Helen.

«Grazie, Helen» aggiunse Kate, «ci è stata di grande aiuto. La prego di mettersi in contatto con i colleghi della West Midlands Police. Devono mandare qualcuno al garage che fu teatro della vicenda. E a casa della famiglia Slade, o almeno al domicilio precedente, casomai non viva più nessuno della famiglia lì.»

«Che cosa devono fare?»

«Dare un'occhiata in giro» disse Kate. «L'ambulanza deve essere nascosta da qualche parte. E Slade deve essere da qualche parte con Sophia. Meglio controllare.»

«D'accordo» disse Helen.

5

Sophia sapeva che la sua vita non valeva più nemmeno un centesimo. Lui non l'avrebbe risparmiata, non poteva permetterselo. Lei lo conosceva. Avrebbe potuto farlo finire in galera a vita. Non era previsto che sopravvivesse all'incidente e quindi sarebbe morta con un po' di ritardo. Si augurava solo che accadesse in fretta. Ficcandole una pallottola in testa, punto e basta. Per lui sarebbe stato un rischio decisamente inferiore che stare nascosto lì con lei. Ma lo conosceva. Era un sadico, un uomo che traeva gioia, piacere e soddisfazione dal torturare gli altri. Era astuto e sicuramente aveva valutato il rischio che correva lasciandola temporaneamente in vita e sua prigioniera, ma il piacere era maggiore. Per il momento.

Lei continuava a non poter muovere niente, né braccia, né gambe, neppure le dita. Un tentativo di fuga era escluso. Per questo non l'aveva legata. Era sdraiata lì, come un guscio inerte, il suo rapitore non doveva preoccuparsi minimamente. Se chiudeva a chiave la porta, era più che altro per una specie di abitudine. Era normale chiudere a chiave la stanza dove si teneva nascosto un ostaggio, giusto? Ma poteva anche trattarsi di una misura precauzionale per impedire che qualcuno entrasse e la vedesse. Significava che in casa c'erano altre persone o che almeno ci passavano occasionalmente? Improbabile. Tuttavia, casomai sentisse delle voci fuori, cercava di recuperare la facoltà di parlare. Il dottor Dane era stato molto ottimista al riguardo.

«Molte persone colpite da ictus hanno recuperato moltissimo» le aveva detto. «Tornerà a parlare, Sophia. Ne sono sicuro.»

Ricordava che all'epoca le sue parole le erano sembrate contraddittorie e non ne aveva gioito fino in fondo. Perché più a lungo il dottore si soffermava sulla possibilità di riacquistare la parola, più era lampante che evitava accuratamente il tema del recupero in tutti gli altri ambiti. Non poteva chiederglielo, riusciva solo a guardarlo in maniera implorante, ma la domanda era: *E il resto? Quando tornerò a camminare? Ad andare in bicicletta? Quando riavrò una vita normale?*

Lui aveva un viso intelligente e sensibile. Era quasi sicura che fosse in grado di indovinare le sue domande. Non era buon segno che fingesse di non capire.

Anzi, era un pessimo segnale.

Tuttavia, in quella maledetta situazione tanto disperata e catastrofica, si aggrappava nuovamente alle sue parole. Al fatto che le avesse detto che sarebbe tornata a parlare. Provava a formare delle parole, senza mai arrendersi. Arrivò ad articolare dei suoni. All'inizio era stato solo una specie di lieve brontolio, quasi impercettibile, che la lasciava così spossata da farla addormentare. Nel frattempo resisteva più a lungo, e anche le forze non l'abbandonavano subito. Ma, nonostante questo, il risultato era sempre quel brontolio, nemmeno troppo forte. Non sarebbe riuscita ad attirare l'attenzione di nessuno. Figurarsi poi pronunciare la parola *aiuto*. Continuava a provare a emettere lettere, ma senza successo. Forse non era possibile farlo da soli. Avrebbe avuto bisogno di un logopedista. Che di sicuro non le avrebbe procurato nessuno lì. Doveva cavarsela da sola. In un modo o nell'altro.

Ma, anche se ci fosse riuscita, le sue possibilità di tornare libera erano pari a zero. Perché probabilmente non c'era nessuno nei paraggi. A parte il suo rapitore.

Tutte le volte che con il pensiero tornava a questo punto, si sentiva salire le lacrime agli occhi e doveva ricacciarle indietro con tutte le forze. Piangere non le sarebbe servito a niente. Avrebbe solo dato soddisfazione al suo aguzzino, se avesse scoperto una scia di lacrime sulle sue guance. Quella mattina, quando le aveva portato la colazione – tè, una disgustosa verdura frullata e come dolce uno yogurt alla banana – si era messo a ridere vedendo i suoi occhi gonfi e il viso bagnato. Aveva passato gran parte della notte a piangere. Disperata e affranta.

«Ma tu guarda, la piccola Sophia!» aveva detto sogghignando. «Che piange a dirotto. Non serve a granché, vero? A volte si deve pensare un po' di più prima e non bisogna fare brutte cose. Come rovinare la vita al prossimo e distruggergli la giovinezza. Hai agito senza riflettere, cara Sophia, e adesso ne paghi le conseguenze.» Con un fazzoletto decisamente lercio le aveva asciugato le lacrime, in un gesto quasi tenero che le aveva provocato un impeto di disprezzo ancora maggiore. «Si paga sempre nella vita. È una legge ferrea. Prima o poi arriva il conto. Che peccato, vero? Di sicuro pensavi di farla franca!»

Poi le aveva svuotato la sacca del catetere e le aveva chiesto se le servisse un pannolino nuovo, ma lei aveva scosso la testa. Non aveva niente da espellere e nella sua situazione era una fortuna. Avvertiva un lieve fastidio non meglio localizzato al basso ventre e sperava che non peggiorasse. Se non altro *provava* dolore e questo forse rappresentava un barlume di speranza nel suo corpo per altro morto. O lo sarebbe stato in altre circostanze. Perché sarebbe morta.

Forse era persino meglio che essere paralizzata.

La domanda era quando l'avrebbe uccisa. E come. E se prima di allora l'avrebbero ritrovata.

C'era qualche possibilità?

Non era arrivata all'istituto di riabilitazione, l'ambulanza era sparita. Nessun contatto con il paramedico e l'autista. Non sapeva se il corpo dell'autista fosse già stato rinvenuto.

In ogni caso doveva essere ormai chiaro a tutti quello che era successo, ma chi sarebbe risalito a *quel colpevole*? Dove potevano prendere le informazioni? Si lambiccava nel tentativo di ricordare a chi avesse raccontato delle proprie paure. In tempi recenti a nessuno. Suo padre sapeva che all'epoca della scuola e anche in seguito aveva avuto paura di Ian, ma il padre oramai aveva la mente confusa e difficilmente riusciva a fare collegamenti tra le cose. Ammesso che le ricordasse.

Suo padre. Ecco che le tornavano le lacrime. Era così vecchio. Così solo. Non aveva nessuno al mondo, a parte sua figlia. Non poteva morire, se non altro per lui. Aveva bisogno di lei.

Scacciò quel pensiero. Faceva troppo male e non aveva senso abbandonarsi al dolore. La indeboliva.

Doveva esercitarsi nel parlare. Sebbene non credesse neppure lei che le sarebbe servito a sopravvivere, era l'unica cosa che poteva fare. L'unica remota possibilità.

Fece appello a tutte le proprie forze.

A-i-u-t-o.

La parola le riecheggiava nella testa. Vedeva le lettere davanti agli occhi. Cercava di catturarle. Rimbalzavano come palline. Tutte le volte che pensava di averne afferrata una, le sfuggiva.

Niente da fare. Non ci riusciva.

Cominciò a piangere senza poter fare niente.

6

Erano seduti di fronte al direttore dell'istituto per bambini e ragazzi difficili, nel suo studio spoglio. Sean Hedges era un uomo alto, massiccio, con le spalle curve e i movimenti lenti. Aveva un'aria stanca e l'espressione sfinita non sembrava legata solo a quel giorno in particolare, bensì oramai radicata in lui come uno stato permanente. Non era stanco perché aveva passato una notte insonne. La sua era una spossatezza cronica.

Lavoro duro, pensò Kate.

L'istituto si trovava ai margini di Birmingham, vicino alla zona industriale. Più oltre cominciavano i prati, all'orizzonte si stagliava la linea ondulata delle colline grigio azzurre. Ma erano molto lontane. A loro modo sembravano irraggiungibili. Come se appartenessero a un altro mondo che non aveva niente a che fare con quel luogo.

Un edificio simile a una caserma. Un cortile circondato da mura. Panchine, alberi, anche spazi verdi all'interno della recinzione. Ci si era impegnati per dare un aspetto meno desolato all'istituto, senza riuscirci fino in fondo. Sapeva di forzato, non autentico. Le tante finestrelle. I lunghi corridoi bui. L'odore antisettico di un detersivo aromatizzato al limone. Un misto di ospedale e prigione. Se non altro si sentivano voci nelle stanze del pianterreno, da qualche parte c'era una televisione accesa e, a giudicare dai rumori, qualcuno giocava a ping-pong. Sul retro dell'edificio risuonavano passi affrettati, fischi striduli.

«Un torneo di calcio» disse Sean Hedges. «Lo organizziamo tutti i sabato pomeriggio. Cerchiamo di far fare ai ragazzi tanto sport. Non c'è niente di meglio per canalizzare l'aggressività. E aiuta anche contro la depressione. Sono fenomeni molto collegati.»

«Avete solo maschi nell'istituto?» s'informò Robert Stewart.

Hedges annuì. «Sì. Tutti ragazzi tra i sette e i venticinque anni.»

«Fino a venticinque anni?» domandò Kate. «Ovvero oltre il limite della maggiore età?»

«Alcuni arrivano per delibera del tribunale e devono rimanere per un dato periodo. In altri casi il nostro consulente psicologico ritiene che a diciott'anni siano ancora un pericolo per la società e richiede un prolungamento della permanenza. Per la maggior parte dei ragazzi sarebbe un problema cambiare struttura. Per via dei terapeuti, dei capigruppo, degli insegnanti di fiducia. Degli amici. Per questo abbiamo aumentato il limite d'età.»

«Capisco» disse Kate.

«Per quanto riguarda Ian Slade...» lo incalzò impaziente Robert.

Sean Hedges annuì. «Sì. Ian. Un caso difficile. È tornato a piede libero da quasi un anno e mezzo.»

«Come mai?»

«Era stato assegnato qui da un tribunale. Per undici anni e qualche mese. Fino al suo ventitreesimo compleanno. Il suo avvocato ha cercato più volte di ottenere la scarcerazione anticipata, ma è stato smentito dalle valutazioni. Sia le nostre, sia quelle di soggetti esterni, interpellati dal legale. In alternativa Slade avrebbe potuto essere trasferito in un riformatorio per il resto della pena, ma ha preferito rimanere qui da noi.»

«Quindi al momento del rilascio aveva ventitré anni?»

«Appena compiuti.»

«Adesso ne ha ventiquattro.»

«Esatto.»

«È ancora molto giovane» osservò Kate.

Ammesso che fosse possibile, l'espressione di Sean si fece ancora più esausta da un momento all'altro. «Giovane. Sì. Ma...»

«Sì?»

«Mi capita raramente di dirlo dei nostri ospiti» disse Sean. «Vedete, io credo in questi ragazzi. Altrimenti non potrei fare questo mestiere. Ma Ian...»

«Sì?»

«Nella mia carriera non ho mai visto un altro depravato come lui. E ne ho visti tanti. Tanti giovani, che avevano commesso gesti inauditi, le cui prospettive future erano tutt'altro che rosee. Ma in ogni caso c'era sempre un barlume di speranza. Un lumicino acceso nell'oscurità. Un seme di bontà. Magari non era destinato a germogliare, però c'era. Qualcosa a cui aggrapparsi, in cui credere, una volta consegnati i ragazzi alla vita. In Ian invece non c'è niente. Solo nero. Tenebra totale.»

Kate vide Robert aggrottare la fronte. A suo parere Sean Hedges aveva un modo di esprimersi troppo enfatico, troppo vago.

«Uno psicopatico?» chiese con una nota di impazienza nella voce. «Sta dicendo che Ian Slade è uno psicopatico?»

Sean annuì. «Sì, e anche della specie peggiore.»

«Eppure lo hanno fatto uscire più di un anno fa!»

Sean fece un sorriso stanco. «Che cosa avremmo dovuto fare? Non era successo niente che giustificasse una richiesta di custodia di sicurezza. Cosa che prima o poi accadrà, di questo sono certo.»

«La storia con la bambina tanti anni fa...»

«Siete informati?»

«Sì» confermò Kate. «Aveva portato una bambina di tre anni in un box isolato.»

«Ha mai dichiarato quali fossero le sue intenzioni verso di lei?» chiese Robert.

«Ha detto che voleva spaventare i genitori» disse Sean. «Perché avevano lasciato una bambina così piccola a giocare incustodita in giardino. Era un comportamento irresponsabile e lui aveva voluto mostrargli quali potessero essere le conseguenze. Poi ovviamente avrebbe riportato indietro la bambina senza torcerle un capello.»

«Un gesto di altruismo con fini educativi!» esclamò Robert con una smorfia disgustata. «Una scusa più idiota non gli è venuta in mente?»

«Ovviamente nessuno gli ha creduto. Ed è stato riconosciuto responsabile di rapimento. Nient'altro. A parte questo non era successo nient'altro di concreto.»

«Perché c'era stata una telefonata anonima alla polizia.»

«Sì. Di una donna che non volle dire il proprio nome. La polizia disse che doveva essere molto giovane, a giudicare dalla voce.»

«Purtroppo non abbiamo ancora avuto tempo di parlare con i colleghi delle West Midlands, né di consultare gli atti» disse Kate. «Lei sa che cosa disse esattamente la donna?»

Sean ci pensò. «Ho letto il protocollo quando Ian è stato portato qui. Non so più esattamente quali furono le parole esatte della donna, ma aveva descritto con precisione il luogo e in sostanza aveva detto che un giovane pericoloso si trovava lì con una bambina che forse aveva rapito. Era necessario un intervento immediato. Intanto la polizia aveva già ricevuto una denuncia di scomparsa da parte dei genitori della bambina. Una pattuglia si recò immediatamente nel luogo indicato.»

«E come trovò i due? In che situazione?»

«Erano già usciti dal garage e si accingevano a tornare indietro. Ian cercava di portare in braccio la bambina che però si dimenava gridando. A piedi non aveva fatto molta strada, però. Si erano allontanati di pochi passi dal box. Ian dichiarò che aveva intenzione di riportare a casa la bambina. Era incolume.»

«Secondo lei la sua intenzione iniziale non sarebbe stata quella di riportarla a casa?»

Sean scosse la testa. «Nessuno gli credette, nemmeno il suo avvocato, se volete saperlo. Con ogni probabilità Ian si era accorto che qualcuno lo aveva visto. Che qualcuno era passato vicino ai box. La donna, appunto, che poi fece la telefonata anonima. Per questo aveva preferito rinunciare alla sua folle impresa. Inoltre doveva essere convinto che lo avrebbero riconosciuto, perché altrimenti sarebbe potuto scappare da solo e abbandonare la bambina a se stessa. Invece aveva dovuto inventarsi la storia che la stava riportando a casa. Bisogna ammettere che è furbo.»

«Secondo lei che cosa avrebbe fatto alla bambina?» chiese Robert.

Sean alzò le braccia rassegnato. «L'avrebbe violentata? Torturata? Uccisa? Ian è noto fin da piccolo alle autorità. Ha fatto cose terribili agli animali. Gatti, conigli, rospi... Tutto quello che gli capitava tra le mani. Terrorizzava gli altri bambini. A scuola, ma già all'asilo, tutti avevano paura di lui. Ci sono state tantissime denunce contro di lui e i suoi genitori. Ovviamente era ancora piccolo. I servizi sociali tenevano d'occhio costantemente lui e la famiglia. A tutti era chiaro che era una vera e propria bomba a orologeria.»

«I genitori» disse Kate, «la famiglia... che cosa sa di loro?»

Sean fece un sorriso mesto. «I genitori non erano cattive persone. Totalmente sopraffatte dal figlio. Non so perché sia diventato così. In famiglia non c'era né alcol, né violenza, né altri elementi ricorrenti in questi casi. Forse non c'era abbastanza amore. Il padre lavorava in fabbrica, la madre faceva le pulizie. Non si occupavano con particolare attenzione di Ian, ma non lo maltrattavano neppure. Semplicemente non riuscivano a capirlo e per questo si erano allontanati da lui.»

«A volte le persone come Ian nascono così» disse Robert. «Ho letto qualcosa al riguardo proprio di recente. A volte non c'è una spiegazione.»

Kate annuì. Era così. Il padre violento, la madre alcolizzata, quelli erano i cliché. In certi casi, però, non potevano essere applicati. Come diceva Stewart: a volte non c'era una spiegazione.

E spesso era l'aspetto più agghiacciante.

«I genitori sono ancora vivi?» s'informò.

«Non glielo so dire» rispose Sean. «All'epoca se ne andarono da West Bromwich, perché non sopportavano i discorsi dei vicini. Qui all'istituto non si sono mai fatti vedere. Probabilmente si sono trasferiti dall'altra parte del paese.» Fece una pausa, poi aggiunse: «Che cosa è accaduto precisamente?»

«Dobbiamo rintracciare Ian Slade» disse Kate. «Sospettiamo che abbia rapito una donna. Versa in gravi condizioni a causa di un incidente che con ogni probabilità è stato causato da lui stesso. Potrebbe trattarsi della donna che all'epoca fece la telefonata anonima che portò al suo arresto.»

Sean sgranò gli occhi. «Una vendetta? Ian allora conosceva la donna?»

«È possibile» rispose Kate. «Come ha detto lei poco fa, all'epoca doveva essersi reso conto che qualcuno lo aveva visto e lo aveva riconosciuto, e se questa donna sapeva chi era è plausibile che anche lui a sua volta la conoscesse. Non ha mai fatto dichiarazioni a tale riguardo?»

«No. Aveva colloqui regolari con un terapeuta. Se avesse manifestato intenzioni di vendetta mi sarebbe stato riferito. Ma Ian è troppo furbo. Voleva andarsene da qui, il prima possibile, a qualunque costo. Non ha lasciato trapelare niente che potesse offrirci qualche appiglio per trattenerlo ulteriormente.»

«Possiamo parlare con il suo terapeuta?» domandò Kate.

«Purtroppo è in ferie. È agosto, periodo di vacanze, e questo non vi facilita certo il lavoro, vero? A quanto ne so è nel sud della Francia con la famiglia. Tornerà tra due settimane.»

Kate sospirò. Tutta l'indagine era accompagnata da una continua scalogna.

«Il nome *Sophia Lewis* le dice qualcosa?» domandò.

Sean ci pensò su, poi scosse la testa. «No. Mai sentito.»

«Ian Slade non ha mai fatto questo nome?»

«No. Almeno non con me.»

Forse ne aveva parlato al terapeuta. Che sarebbe tornato solo di lì a due settimane. Kate però prevedeva già che non avrebbero ottenuto informazioni interessanti nemmeno da lui. Ian Slade era effettivamente troppo furbo per lasciare tracce da qualche parte e di sicuro aveva gioito sapendo che tutti avrebbero voluto tenerlo rinchiuso molto più a lungo mentre lui non aveva offerto loro niente che potessero utilizzare a questo scopo.

«Mr. Hedges, avrei un'altra domanda importante» disse Kate. «Abbiamo indizi decisivi che ci portano a pensare che Ian Slade non abbia agito da solo. È coinvolto un secondo soggetto e, a quanto pare, anch'egli insegue un disegno di vendetta.»

Sean la guardò sconcertato. «Due uomini? Due vendette?»

«Esatto» confermò Robert. «Chiaramente due uomini e due vittime. E la stessa arma. Tra le vittime non c'è alcun punto di collegamento, a parte il fatto che in entrambi i casi il movente pare essere la rappresaglia. Questo ci ha indotto a pensare che i due soggetti abbiano unito le forze per sostenersi a vicenda nella propria *spedizione punitiva*. Inizialmente siamo partiti dall'idea che potessero essersi conosciuti in carcere e che volessero vendicarsi di chi in qualche modo era stato coinvolto nella loro condanna.»

«Capisco» disse Hedges. «E ora presumete che non sia successo in una prigione, ma in questo istituto?»

«Esatto» disse Kate. «La telefonata anonima di una donna ha portato Ian Slade a essere rinchiuso qui per quasi dodici anni. Se tale donna era Sophia Lewis, la vendetta è il movente. Ma chi è l'altro soggetto? Ian aveva degli amici qui? O un amico in particolare?»

Hedges ci pensò su. «Poco probabile» rispose. «Ian era uno di quei ragazzi di cui tutti avevano paura. Per questo cercavano di ingraziarselo. Aveva molti seguaci che lo adulavano. Ma un amico particolare... Non che io sappia.»

«Qualcuno con cui passava più tempo che con tutti gli altri?» chiese Robert.

«Non mi pare. Ma io dirigo questo istituto e quindi resto sempre troppo lontano dagli avvenimenti quotidiani. Tuttavia *l'amicizia* è un tema importante, certe cose mi vengono segnalate, perché la capacità di fare amicizia è tenuta in grande considerazione da noi. Non ricordo di aver sentito niente di particolare in proposito rispetto a Ian. Come ho detto, adulatori, tanti. Ma nessun amico. Il suo terapeuta potrebbe darvi più informazioni, ma come sapete...»

«... è in ferie» concluse la frase Robert, rassegnato. «Immagino tuttavia che abbia il suo numero di cellulare. Vorremmo cercare di contattarlo.»

«Non sarà facile raggiungerlo» disse Hedges. «Voleva staccare completamente, ma in ogni caso vi do il numero.»

«Ha mai sentito il nome *Xenia Paget*?» chiese Kate. «O *Xenia Sidorowa*?»

«No.»

«Conosce per caso un luogo dove Ian Slade potrebbe essersi rifugiato? Per rimanere nascosto?»

«Purtroppo no. Nel suo dossier ho trovato solo il vecchio indirizzo della famiglia Slade, ma...»

«Degli agenti si sono già recati sul posto» disse Kate. «Se fosse stato lì, lo avremmo saputo.»

Il viso perennemente crucciato di Hedges era ancora più in ansia. «Lo sapevo» disse. «Quando Ian è stato rilasciato, sapevo che la polizia sarebbe venuta ben presto da me a causa sua. Ne ero consapevole. Ma non potevo fare niente. Proprio niente.»

Kate si alzò. «Conosco perfettamente questa sensazione, Mr. Hedges. Anche noi spesso abbiamo le mani legate. Se le venisse in mente qualcosa riguardo a Ian Slade, anche se le sembra banale, la prego di informarci.»

«Lo farò» promise Hedges.

7

Xenia si domandava come fosse stato possibile che lei e Oliver si fossero fatti sorprendere da Sacha. Era armato e quasi più terrorizzato di loro. Si capiva che si era aspettato di trovare soltanto Oliver nell'appartamento e si era spaventato a morte quando aveva visto Xenia in cucina. Con un po' di risolutezza avrebbero potuto disarmarlo, ma c'era il rischio che partisse un colpo per sbaglio. Inoltre erano stati colti di sorpresa e non avevano avuto il tempo di accordarsi tra di loro.

Dopo qualche secondo di silenzio impietrito, Sacha aveva ordinato a Oliver: «In bagno!»

Oliver lo aveva preceduto, terreo in viso e con le mani alzate, un gesto spontaneo di resa per non provocare una reazione inconsulta nel suo avversario. Sacha non sembrava ansioso di sparare, quanto piuttosto sopraffatto dalla situazione, ed era proprio questa circostanza a impensierire Oliver. Sacha non doveva perdere per nessun motivo quel poco autocontrollo che gli restava.

Il bagno era una stanza senza finestre. Sacha non poteva saperlo, ma probabilmente ci aveva sperato.

«Bene» disse, dopo aver dato un'occhiata nell'oscurità. «Entra.»

Tolse la chiave, la infilò all'esterno e chiuse la porta. Oliver era intrappolato senza la possibilità di chiamare aiuto. Xenia lo sapeva, perché lui aveva lasciato il cellulare sul davanzale in cucina. Sacha non aveva controllato. Il suo era stato solo un colpo di fortuna.

Era tornato in cucina e le aveva detto: «Siediti!»

Xenia, che per lo spavento si era alzata, tornò a sedere. Il cellulare lo aveva lasciato nella camera degli ospiti. Quello di Oliver era più a portata di mano, ma finché Sacha rimaneva lì, con una pistola in pugno, era irraggiungibile come se fosse sulla Luna.

«Sacha» disse. «Che cosa fai? Perché hai rinchiuso Oliver?»

Lui prese una sedia e le si mise di fronte.

«Non posso sorvegliare entrambi» dichiarò. Parlava correttamente, ma con grande lentezza e sembrava faticare a trovare le parole giuste. «Non posso!»

«Sacha...»

«Zitta. Devo pensare.»

Era sprofondato in un rimuginare assorto. Nel frattempo Xenia lo osservava attentamente. Se lo avesse incontrato per strada, non lo avrebbe riconosciuto, ma adesso coglieva i lineamenti e i tratti distintivi. Aveva ancora una testa troppo piccola in confronto al corpo. Un collo lungo e sottile. Era diventato molto più alto di quanto fosse stato presumibile da bambino. Ma era sproporzionato: le gambe corte, il busto troppo lungo. I piedi eccessivamente grandi. Aveva mani molto delicate. Sembrava oltremodo nervoso.

«Perché sei qui?» chiese infine. «Ian ha detto che c'era solo Oliver.»

«Chi è Ian?»

«Perché sei qui? Oliver è da solo. La donna delle pulizie viene il martedì.»

«Sono arrivata ieri per una visita a sorpresa. È la prima volta dopo tanti anni.»

Lui tornò assorto. Xenia aveva l'impressione che impiegasse del tempo a elaborare quanto gli veniva detto e a trovare la risposta giusta. Era sempre stato ritardato e tale era rimasto. Aveva grosse difficoltà ad afferrare le cose e dare loro un significato.

«Perché?» ripeté.

«Perché sono venuta a trovare Oliver? Così, senza un motivo.»

«Hm.»

Lei si sporse in avanti. «E tu perché sei qui, Sacha? Che cosa vuoi fare?»

Lui la guardò con un sorriso. «Sono libero.»

«Libero?»

«Mi hanno rinchiuso. Adesso sono libero.»

Anche lei cercò di sorridere. «Questo è molto bello, Sacha.»

«Sì.»

«Ma quello che stai facendo ora...» Indicò la pistola che stringeva nella mano tremante. «Non va bene. Rovinerai di nuovo tutto.»

Lui si concentrò spasmodicamente.

«Zitta» disse infine. «Devi stare zitta, va bene?»

«D'accordo.»

Rimasero seduti in silenzio. A Xenia Sacha sembrava tutt'altro che determinato, di sicuro non era un killer che persegue spietato il suo piano mortale. Era evidente che era venuto a pareggiare i conti con Oliver, in un modo o nell'altro, ma adesso era spuntata anche lei. Sapeva che la sua mente semplice faticava ad accettare il fatto che fosse subentrata una variazione nelle circostanze che aveva dato per scontate. Era stato convinto di trovare Oliver e basta. Era al corrente della sua vita solitaria, persino che la donna delle pulizie andava da lui il martedì. Era lui l'uomo che Oliver aveva notato sull'altro lato della via? Di certo non era l'aggressore del treno.

Forse erano in due?

«Sacha» disse dopo un po' sottovoce. «Quello che stai facendo non è bello. Ti causerà altri problemi. Chi ti ha detto di farlo? Questo... Ian?»

Lui ci pensò un attimo. «Sì» rispose poi.

«È un tuo amico?»

Sacha annuì fiero. «Mio amico!»

«È bello che tu abbia un amico. Sicuramente vuole il tuo bene. Ma questa qui non è una buona idea, sai? Che ne diresti di posare la pistola? Mi rende nervosa.» Xenia fece una risatina, ma suonò del tutto falsa. «Mettila via, per favore. Preparo un tè. E parliamo.»

Lui ci pensò, poi scosse la testa. «No. Tengo la pistola. Finché non arriva Ian.»

Lei sussultò. «Ian sta per arrivare? Il tuo amico viene qui?»

Sul viso di Sacha tornò quell'espressione orgogliosa. Aveva un amico. Partecipava a un piano. Era importante. «Sì. Presto.»

Xenia si sentì ancora più abbattuta. Se il misterioso Ian era l'uomo del treno, erano perduti. *Lui* era davvero un killer, spietato e senza scrupoli. Era lui l'ideatore del piano. Sacha era un mero strumento, non aveva alcun vero potere su quanto stava succedendo.

«Sacha, devi lasciarci liberi!» lo implorò con urgenza. «Me e Oliver. Ti prego. Non rovinarti la vita. Non so che cosa abbiate intenzione di farci, ma ti distruggerà la vita. Credimi, non permettere che succeda!»

Lui la guardò. Nei suoi occhi scuri c'era una tristezza che le straziò quasi il cuore.

«Voi mi avete già distrutto la vita» disse. «Lo avete già fatto.»

8

Durante il viaggio di ritorno da Birmingham a Scarborough Kate fu informata da Helen che gli agenti della West Midlands Police non avevano trovato traccia di Ian e Sophia né nel box indicato o nei dintorni, né nella vecchia casa della famiglia Slade, e che non c'era alcun indizio che indicasse un loro precedente soggiorno lì.

«La casa degli Slade è occupata da un'altra famiglia» riferì a Robert al termine della telefonata. «Persone del tutto estranee.»

«Sarebbe stato comunque improbabile» osservò Robert. «Slade è molto intelligente. Non si sarebbe fatto beccare così facilmente.»

«È probabile» concordò Kate. Guardò fuori il paesaggio estivo, i campi già mietuti sotto il cielo d'agosto rannuvolato. «Ma non è semplice, giusto? Deve nascondere un'ambulanza e una donna paralizzata. Che non può muoversi autonomamente. È qualcosa che dà molto nell'occhio. Non può trovarsi in una città. In un appartamento. Sarebbe troppo rischioso.»

«Ci sono tantissime case isolate. Casolari e fattorie.»

«Come fa a pagare l'affitto per un'abitazione del genere? Non credo che abbia un lavoro fisso.»

«Magari si è rifugiato in una casa abbandonata. Un rudere diroccato in mezzo al nulla. È estate. Ce la può fare.»

«Oppure il suo complice ha una casa» ipotizzò Kate.

«Se anche lui proviene da quell'istituto, come fa ad avere una casa?»

«Magari l'ha ereditata?»

Robert borbottò qualcosa. Tutte le volte che discutevano del caso, finivano immancabilmente per dover ammettere di sapere troppo poco. Anche quando facevano un passo avanti, dovevano aspettare impotenti. Conoscevano il nome e l'identità del probabile rapitore di Sophia Lewis. Si erano persino fatti un'idea del suo movente.

Ma questo non li portava da nessuna parte.

«Slade è uscito da un anno» sintetizzò Robert. «Come campa, maledizione?»

Kate si strinse nelle spalle. «Lavoretti saltuari. Che non richiedono registrazioni da nessuna parte.»

Robert non rispose.

Proseguirono il viaggio in silenzio. Kate stava valutando quali fossero i passi più sensati da intraprendere quando il suo telefono squillò. Si aspettava che fosse Helen, ma sul display comparve un numero che non conosceva. Si presentò. «Sergente investigativo Kate Linville.»

«Kate? Oddio, Kate!» sentì esclamare dall'altra parte.

Si drizzò a sedere elettrizzata. «Colin?»

«Kate, santo cielo, finalmente riesco a parlarti!» sospirò Colin.

Avrebbe tanto voluto fargli una ramanzina, spiegargli quanto trovasse irresponsabile, avventato e sleale il suo comportamento, ma qualcosa le fece capire che non era il momento.

«Dove sei?» chiese invece.

Lui soffocò un singhiozzo. «Da qualche parte nelle Yorkshire Dales. Oddio. Xenia mi ha rubato la macchina e se n'è andata.»

«Come?»

«Sì, mi ha lasciato in mezzo al nulla. È scappata. Con la mia macchina, il mio cellulare, tutto quanto.»

«E perché mai?»

«Credo che voglia lasciare il paese. *Deve* lasciarlo. È coinvolta in una storia davvero brutta. Mi ha raccontato tutto. Kate, puoi venire a prendermi? Ti prego!»

«Di chi è il telefono da cui stai chiamando?»

«Ho trovato una fattoria isolata. La padrona di casa deve avermi preso per un pericoloso delinquente. Ma alla fine se non altro mi ha passato il suo telefono dalla porta. Kate, io...»

«Ascolta, sto andando da Birmingham a Scarborough, quindi sono piuttosto lontana. Ti mando una macchina di servizio, ok? Magari puoi chiedere un indirizzo o comunque delle indicazioni stradali. Ma per prima cosa adesso mi racconti la faccenda di Xenia. In che genere di storia è coinvolta? E perché vuole andarsene dal paese?»

«Non so se voglia farlo. È solo una mia opinione, visto che…»

«Una cosa alla volta» lo interruppe Kate. «Per favore, Colin. Che cosa è successo?»

«È inconcepibile» disse Colin. «Inconcepibile!»

Poi cominciò a raccontare.

Sono seduto al buio nel bagno del mio appartamento, maledizione. L'interruttore della luce è fuori, la porta è chiusa a chiave. Mi sono lasciato chiudere qui dentro senza opporre resistenza, paralizzato dal terrore della pistola che Sacha mi puntava addosso. Adesso penso di aver commesso un errore, avrei dovuto ribellarmi, oppure parlare con Sacha. Convincerlo a togliere di mezzo quella stupida pistola... A pensarci bene, non era affatto pronto a sparare. Sembrava titubante, stressato e non all'altezza della situazione, come se interpretasse un ruolo non adatto a lui. Sembrava comandato a distanza. Non era autentico. Ma me ne rendo conto solo adesso. Nella solitudine e nell'oscurità totale del bagno. Nella calma... Be', chiamarla calma forse è sbagliato. Non sono calmo, sarebbe alquanto strano in questa situazione. Ma non sono nemmeno più così confuso e scioccato come prima.

Quando è entrato.

Sacha.

Non avrei dovuto aprire. Un corriere... Mi è sembrato subito strano. Non avevo ordinato niente e in genere non ricevo pacchi. Da un'eternità almeno. Sono rimasto stupito. Ma mi sono fidato.

Non mi aspettavo di rivedere Xenia dopo tutti questi anni.

E neppure Sacha.

Credo che il loro arrivo qui a un giorno di distanza l'una dall'altro sia puramente casuale. Nel senso che non lo avevano concordato tra di loro. Viceversa, non si può certo parlare di coincidenza, dato che la rete che aleggiava da tempo sopra di noi è scesa e comincia a stringersi, pronta a intrappolarci. I segni premonitori sono stati gli spari contro Xenia. L'uomo che teneva d'occhio casa mia.

Ci eravamo davvero illusi di cavarcela senza conseguenze?

È un'ironia della sorte che mi ritrovi seduto in bagno. Perché anche tanto tempo fa la scena decisiva si è svolta in un bagno. Anche se quello aveva la finestra. E la luce. Una luce addirittura accecante. Quanto meno quella era la mia impressione. Forse perché ciò che era illuminato era inconcepibile.

Spaventoso.

Agosto 2004

«Com'è potuto accadere?» chiese Xenia sgomenta.

Nonostante lo sconcerto, nonostante il raccapriccio, il mio cervello lavorava febbrilmente.

Alice aveva commesso un omicidio. Sarebbe finita in prigione. La nostra famiglia sarebbe stata distrutta.

Non poteva succedere. Alice e io avevamo perso nostra figlia. Eravamo rimasti solo noi due.

Il problema era Xenia. Lei sapeva la verità. Per un attimo, mentre guardavo il suo viso pallido, ebbi l'agghiacciante sensazione che potesse voltarsi, prendere il telefono e chiamare la polizia. Ma poi capii che non l'avrebbe fatto. Viveva in un paese straniero. Lavorava in condizioni non del tutto chiare. Non avrebbe fatto niente di avventato.

«Non la smetteva di piangere» spiegò Alice alla domanda di Xenia.

Xenia era scioccata, e non potevo certo biasimarla.

Alice si riscosse lentamente dalla paralisi. Dopo aver preteso che non dicessimo niente a nessuno, ora sembrava rendersi conto che avevo ragione io: non era possibile nascondere la morte di una bambina. Non era possibile fare come se non fosse successo niente.

«Dobbiamo avvisare la polizia» disse.

«Sì» concordò Xenia. Entrambe sembravano determinate.

«Un momento» obiettai, «ti rendi conto di quello che stai facendo, Alice? Finirai in prigione!»

Lei annuì. «Sì.»

In preda alla disperazione mi premetti i pugni sugli occhi, poi sulle tempie doloranti. Alice non si rendeva conto di quello che diceva. Era sotto shock, non capiva che stava per compiere un gesto che avrebbe segnato il corso della sua vita futura. E della mia. E di tutto ciò che avevo costruito. Io consigliavo le persone su questioni finanziarie. Ma ero il marito di una infanticida, che aveva annegato la sua bambina e per questo era finita in prigione. Nessuno si sarebbe mai più rivolto a me. Il gesto di Alice mi sarebbe rimasto attaccato per tutta la vita come un cattivo odore, come un'aura sinistra. Per me era la fine. Dal punto di vista personale e professionale.

La rabbia verso Alice tornò ad accendersi violenta dentro di me, tanto che avrei voluto aggredirla e colpire il suo viso pallido, minuto, malato, disturbato. Però mi dominai. Non sarebbe servito a niente, assolutamente a niente. Non sarebbe servito neppure chiudermi in me stesso, permettere al mio shock di allargarsi e di proteggermi dalla pazzia. Era chiaro che doveva succedere qualcosa entro il successivo quarto d'ora.

Non avevamo altro tempo.

Un pensiero cominciò a formarsi nella mia testa. In realtà era stato lì fin dal principio, ma non avevo osato affrontarlo.

Perché per un verso era impensabile.

Per l'altro era l'unica soluzione.

Guardai da una donna all'altra, nella speranza che almeno a una di loro venisse la stessa idea e non fossi io a doverla formulare. Ma non mi sembrava di poter ottenere aiuto da parte loro. Alice fissava il corpicino di Lena sul pavimento, lo sguardo carico di sofferenza, sconcerto, raccapriccio. Non sembrava affatto presente. Xenia aveva l'aria scioccata ma controllata. Aveva ormai deciso che fosse necessario chiamare la polizia. Alice doveva affrontare le proprie responsabilità. Per lei non c'era alternativa. Ma non era la sua la vita che sarebbe stata distrutta.

Pertanto spettava a me farlo.

«La prigione significherà la fine per Alice» dissi. «Non può andarci.»

Lei alzò la testa, guardandomi con occhi carichi di dolore. «Sono già finita.»

«Non è vero. Supereremo tutto questo. Lo supereremo.»

Lei emise un gemito fioco.

«Dobbiamo chiamare la polizia, signore» mi incalzò Xenia.

«Certo che dobbiamo farlo. Naturale. Ma la cosa non deve essere attribuita ad Alice. In nessun caso.»

«Signore... Mr. Walsh...»

Era così ottusa. Xenia.

«È stato qualcun altro a farlo» dissi. «Mi capite?»

Alice non capiva assolutamente niente, me ne rendevo conto, ma negli occhi di Xenia si accese un lampo di comprensione. E di raccapriccio.

«Per amor del cielo» disse scioccata.

Parlai in fretta. Per convincerle e per convincermi. «È l'unica possibilità. Sacha non finirà in prigione. È un bambino. Un bambino mentalmente ritardato. Non si rende conto delle proprie azioni.»

«Non può... Non può attribuire un omicidio a un bambino» disse Xenia.

Continuava a non capire fino in fondo. «Ma non sarebbe un omicidio» dissi. «Tra quattro settimane compirà sette anni. Un bambino di appena sette anni non può commettere un omicidio in senso stretto. Men che meno un bambino disabile.»

«Ma sicuramente non lasceranno che continui a vivere qui, giusto? Sarà considerato un pericolo. Per altri bambini.»

«Probabilmente sarà trasferito in un istituto» dissi.

«Sarà la sua fine» disse Xenia. Mi fissò come se fossi un mostro. O un'altra creatura degenerata. «Non può strapparlo alla famiglia. Non può lasciarlo vegetare in qualche struttura chiusa...»

«Siamo in Gran Bretagna, qui, non in Russia» dissi più bruscamente di quanto volessi. «Le strutture che forse ha in mente lei qui non esistono. Qui ci sono centri dove i bambini sono accuditi da personale specializzato e competente. Probabilmente starà meglio che qui. Sono persone preparate per casi come lui.»

«Casi come lui? Piccoli assassini? Lui non è così.»

«Ha già tentato una volta di annegare una bambina» dissi.

Alice si riscosse dal suo stato di torpore. «Non è vero. L'hai sempre detto anche tu, Oliver. Sacha non ha fatto niente di male.»

Aveva ragione, era quello che avevo sempre detto. E che avevo sempre pensato. Ma non era il momento di analizzare obiettivamente certe cose. Avevamo bisogno di un piano, in fretta, e doveva essere credibile.

«Xenia, è un pensiero nobile non voler sradicare Sacha dalla sua famiglia» dissi, «ma dimentica che questa famiglia non ci sarà più. Lena è morta. Alice finirà in cella per molti anni. Io devo lavorare. A quale famiglia si riferisce?»

Lei mi guardò, intuendo in qualche modo che avevo ragione. «Ma...» provò a dire lo stesso.

Alice parlò. «Non possiamo farlo, Oliver.» Ma non sembrava più del tutto convinta.

«Tanto finirà comunque in istituto» dissi. «Perché io non posso più occuparmi di lui. Dato che probabilmente perderò i clienti e dovrò ricominciare daccapo, non sarò in grado di pagare neppure Xenia. Lui è ritardato e lo resterà sempre. Ha bisogno di assistenza costante. Dove sta la differenza?»

«La differenza è che per tutta la sua vita gli altri lo considereranno un individuo che ha ucciso sua sorella» disse Xenia.

«È mentalmente ritardato. Non gliene faranno una colpa.»

Rimasero entrambe in silenzio. Ciò che avevo detto aveva un senso.

«Non c'è più tempo» annunciai nervoso.

«E se Sacha non volesse collaborare?» domandò Xenia. Feci un profondo respiro. Se non altro non rifiutava a priori il mio piano.

Risposi senza guardare nessuna delle due. «Non capirà fino in fondo.»

«Sarà visitato da degli psicologi» disse Xenia. «Sapranno come comportarsi con un bambino ritardato.»

Sì, sì, sì. Mi rendevo conto del problema, certo. Era un rischio tremendo, questo era sicuro, ma la nostra testimonianza, mia e di Alice, sarebbe stata contro quella di Sacha, un bambino che riusciva a esprimersi solo con difficoltà e probabilmente non capiva ciò di cui era accusato.

«È la nostra unica possibilità» dissi. «E lei, Xenia, non dovrà comparire nel quadro. La sua situazione lavorativa è un po' delicata...» Probabilmente non era così, ma non la volevo tra i piedi. Xenia era il punto debole del piano. Se non altro perché era quella che aveva meno da perdere. E perché aveva sviluppato un forte legame con Sacha.

«Sacha potrebbe parlare di me» obiettò.

Lo avrebbe fatto quasi certamente. Ma Sacha faceva sempre confusione con i tempi.

«Lei è stata da noi» risposi, «come ragazza alla pari. Ma è tornata in Russia già da molte settimane.»

Il suo sguardo iniziò a luccicare. «Dove devo andare adesso?»

«Faccia subito i bagagli» dissi. «Prenda la nostra bicicletta con il rimorchio. È pesante, ma le permetterà di arrivare fino a Nottingham. Lì prenderà un taxi e troverà un hotel. Le darò dei soldi. Sufficienti per un paio di notti e il volo di ritorno a Mosca. È d'accordo?»

«Io...»

«Subito» mormorai. «Non c'è più tempo.»

Scomparve in camera sua. Muta e confusa.

«Adesso parlo con Sacha» dissi. «E poi chiamo la polizia. Alice, tu stavi facendo il bagnetto a Lena. Sei uscita dal bagno perché l'acqua in cucina bolliva. Al tuo ritorno ti sei accorta che Sacha teneva Lena sott'acqua. Lo hai allontanato. Hai tirato fuori Lena dalla vasca. Era troppo tardi. Poi sei rimasta seduta qui con lei tra le braccia. Io ti ho trovata così, il che dopotutto è vero. Capito?»

Lei annuì. Sembrava pronta a seguirmi. Ero riuscito a convincere sia lei sia Xenia che non ci fosse altra soluzione. Dio solo sapeva se avrebbero portato avanti quella versione.

Lasciai Alice in bagno con Lena. Un'occhiata fugace nella camera di Xenia mi confermò che stava facendo i bagagli. Per fortuna non possedeva molte cose. Ben presto non ci sarebbe più stata traccia di lei in casa.

Entrai in salotto. Sacha era sempre seduto sotto il tavolino del bovindo. Tremava. Constatai che dava proprio l'impressione che ci sarebbe tornata utile: era scioccato, spaventato, del tutto smarrito. Nei suoi occhi neri si rifletteva la paura. Doveva aver capito che era successo qualcosa di brutto, che la sua sorellina era morta.

Gli avrei spiegato che era stato lui a ucciderla.

9

Oliver fu strappato dai suoi ricordi quando sentì suonare al citofono. Si rialzò, si mise in ascolto, attento. Chi poteva essere? Forse un rappresentante, forse l'inquilina dell'appartamento sotto di lui, che spesso dimenticava le chiavi. Qualcuno. Ma era assai probabile che Sacha non avrebbe fatto entrare nessuno, l'avrebbe cacciato dal citofono. Chissà se chi aveva suonato si sarebbe accorto di qualcosa? Una voce sconosciuta, per di più maschile, che parlava incerta e a scatti? Ma come avrebbe potuto trarre la conclusione che nell'appartamento c'erano due persone in pericolo trattenute contro la loro volontà?

Se si trattava della vicina, non avrebbe lasciato perdere tanto in fretta, perché aveva bisogno delle sue chiavi. Sacha le avrebbe aperto alla fine? E lui, Oliver, avrebbe dovuto chiamarla? Gridare? O così facendo l'avrebbe messa in pericolo? Era una persona ignara e Sacha era armato. Chi poteva dire che cosa sarebbe stato capace di fare preso dal panico?

Sentì Sacha andare alla porta. Lo sentì schiacciare il pulsante portone del citofono.

Sacha non aveva nemmeno chiesto chi fosse.

C'era una sola possibilità: lo sapeva già. Aspettava qualcuno.

Dei rinforzi?

Oliver cominciò a sudare copiosamente. Con Sacha era preoccupato che potesse fare del male a qualcuno per la situazione di stress in cui si trovava, ma era assolutamente convinto di non avere a che fare con un assassino a sangue freddo. In sostanza Sacha non era in grado di fare del male neppure a una mosca. Con lui era possibile parlare. Mentre era rinchiuso in quel bagno buio senza poter agire, Oliver aveva sperato per tutto il tempo che Xenia avesse fatto proprio questo: parlare con Sacha. Aveva sempre avuto un rapporto speciale con lui. Poteva convincerlo che stava commettendo un terribile sbaglio, che avrebbero dovuto parlare tutti insieme, per chiarire ciò che era accaduto tanti anni prima.

Ma se c'era un altro... Probabilmente di calibro diverso... Il tipo che aveva sparato a Xenia in treno. Al quale lei era sfuggita per un soffio. Avrebbe portato a termine ciò che era rimasto incompiuto?

Si avvicinò in silenzio alla porta, urtò dolorosamente la testa contro il lavandino ma trattenne un grido. Premette l'orecchio contro il legno. Doveva capire che cosa stava succedendo.

La porta d'ingresso si aprì e una voce maschile sconosciuta disse: «Allora? Tutto secondo i piani?»

Sentì Sacha che rispondeva: «No. Nemmeno un po'...»

«Come mai? Che è successo?»

«Due...» disse Sacha balbettando leggermente. «Due... persone.»

«Come... due?»

«Tu... hai detto... che... è solo...»

Lo sconosciuto doveva essersi guardato in giro e aver scoperto Xenia, perché Oliver lo sentì dire: «Ma guarda chi abbiamo qui? Che piacevole sorpresa. Xenia Paget. Ti stavo cercando. E adesso mi vieni consegnata su un vassoio d'argento. La fortuna mi sorride».

Xenia rispose qualcosa che Oliver non comprese. Lo sconosciuto scoppiò a ridere. «Mi diverte la caccia, pensa un po'. Per questo non mi è dispiaciuto che sia durata di più. Sarebbe stato bello liquidarti in treno. Ma così mi sono divertito ancora di più.» Il suo tono poi cambiò, evidentemente stava parlando di nuovo con Sacha. «E Oliver dov'è?»

«In... in... bagno» balbettò Sacha.

«Bene. Prima di occuparci di lui, vediamo di bloccare Xenia. Mi dà l'impressione di volersela filare da un momento all'altro. Non è così, Xenia? A chi piace affrontare le proprie responsabilità? È giunto il giorno della resa dei conti, tesorino. Ci sarà da divertirsi. Sarà uno spasso per entrambi!»

Poi si udì un rumore di cassetti aperti e chiusi con forza.

«Questo può andare» disse lo sconosciuto. E poi: «Scusa, mia cara, adesso ti farò male. Ma voglio stare tranquillo».

Xenia lanciò un grido di dolore. Oliver immaginò che l'uomo la stesse legando con lo spago che aveva trovato nel cassetto della cucina.

«No» disse Sacha a disagio. «Così non respira, Ian!»

«È necessario» spiegò lo sconosciuto che doveva chiamarsi Ian. «Altrimenti si metterà a gridare e allora che cosa penseranno i vicini?»

Doveva averle infilato un bavaglio in bocca. Oddio, povera Xenia. Oliver si sentì male al pensiero che soffrisse e faticasse a respirare. E la cosa non faceva presagire niente di buono nemmeno per lui. Questo Ian era brutale e determinato. Che cosa lo spingeva?

Ian.

Oliver frugò disperatamente nella memoria, ma non gli venne in mente nessuno con questo nome. Nessuno che conoscesse o con il quale avesse avuto a che fare in qualche modo. Uno dei suoi clienti? No, non ce n'era nessuno con questo nome. Almeno tra quelli che ricordava. E se lo sarebbe ricordato, se ad anni di distanza avesse condotto a una storia del genere, giusto?

Passi rapidi si avvicinarono al bagno e Oliver si affrettò ad allontanarsi dalla porta, battendo un'altra volta la testa. La chiave fu girata, la porta si spalancò. Una luce accecante e improvvisa costrinse Oliver a socchiudere gli occhi. Un'ombra alta e scura si stagliò sulla porta.

«Oliver, verme» disse l'ombra, «finalmente ti conosco di persona.»

Gli occhi di Oliver si abituarono lentamente alla luce. A poco a poco riuscì a distinguere sempre più particolari. Una figura alta e tozza. Jeans sformati. Una felpa grigia con macchie di uovo sul davanti. Capelli neri spettinati. Un viso che... Sì, Oliver non avrebbe potuto dire con precisione perché quel viso gli provocasse un brivido di terrore lungo la schiena. Era per la perfidia con cui lo fissava? La gioia indiscussa di essere in una posizione di dominio? Il ghigno agghiacciante? Oppure era l'assoluta freddezza dei suoi occhi? Si capiva che godeva della situazione, ma la gioia non arrivava fino ai suoi occhi. Sembravano morti. Bui. Senza una luce, un bagliore, una scintilla. Spenti e senza vita.

Non aveva mai visto occhi del genere prima. Così completamente privi di qualunque emozione. Che cosa dicevano di quell'uomo?

Si sentì rabbrividire. Dal profondo del suo essere.

Ian lo studiava con un certo interesse. «Non ti avevo mai visto così da vicino. So molte cose della tua vita. Ho passato parecchio tempo ad aspettare là sotto...» Indicò verso la cucina per intendere la strada. «Pensavo di sapere tutto sulle tue abitudini. Sulla tua vita vuota. Non succede mai niente. Ma proprio mai.»

Oliver non sapeva se Ian si aspettasse una risposta. Per prudenza preferì non dire niente.

«Non viene a trovarti mai nessuno. Mai! E invece proprio adesso spunta la bambinaia di allora. Che coincidenza inaspettata, vero? Anche per me. Ma Sacha ha reagito nella maniera migliore. E in un certo senso adesso possiamo prendere due piccioni con una fava.» Scoppiò in una risata brutale, malvagia.

Che cosa vuole da me? si chiese Oliver. *Che cos'ha contro di me?*

«A quanto ne so sei stato tu l'ideatore di quella lurida storia» disse Ian. «Eri tu a tenerne i fili. Gli altri ti hanno seguito, il che non significa che non abbiano delle colpe. Ma tutto era stato tramato da te. Era stata tua l'idea di accusare Sacha. Di ciò che aveva fatto tua moglie.»

Lo fa per Sacha. Ma non certo perché abbia un innato senso della giustizia. Quel tipo era uno psicopatico, un sadico. Non gli fregava niente che Sacha avesse pagato al posto di altri. Oliver ne era convinto. Questo Ian amava avere una vittima o meglio più d'una. A lui interessava solo sfogare i suoi istinti perversi. Il suo odio, la sua inclinazione alla violenza, alla tortura.

«Sacha è stato costretto a sopravvivere per anni nel peggior istituto correttivo di tutto il paese» disse. «Per colpa vostra.»

Oliver non osava controbattere. In realtà non avrebbe potuto obiettare niente, ma il suo silenzio sembrava provocare Ian, perché all'improvviso fece un balzo in avanti, e con la gamba destra gli assestò un calcio fortissimo allo stomaco. Nonostante il clima estivo portava pesanti scarponi di cuoio. L'intensità del dolore che si propagò in tutto il corpo di Oliver lo fece stramazzare in avanti con un grido e raggomitolarsi in posizione fetale. Fu assalito dalla nausea, per un attimo pensò di dover vomitare. Un fiotto di caffè misto a bile gli risalì in gola. Lo ricacciò indietro, emettendo una specie di conato. Ian scoppiò a ridere.

«Fa male, vero? Ed è solo l'inizio, Oliver. Una piccola, fiacca variante di ciò che ti aspetta. Pagherai per quello che hai fatto a Sacha. Nella vita si finisce sempre per pagare, lo sapevi?»

Quel tizio era completamente pazzo. Aveva il cervello bacato.

«Ti ho chiesto se lo sapevi» ripeté minaccioso.

Oliver riuscì a pronunciare solo un flebile «sì». Si sentiva ancora male.

Ian sogghignò. «Così va bene.» Spostò la gamba di scatto, come se volesse colpirlo di nuovo e Oliver rotolò di lato con un grido, cercando di proteggersi lo stomaco e la testa. Ian, intanto, si era già fermato. Si stava scompisciando dalle risate. «Questo vecchio coglione ha proprio paura! È così che succede quando non sei il più forte!»

Oliver sbatté gli occhi e azzardò un'occhiata verso Sacha, che era in piedi alle spalle di Ian. Era pallido e aveva l'aria tesa. Quello che stava succedendo non corrispondeva alle sue aspettative. Si domandò che cosa gli avesse raccontato Ian a proposito dell'esito di quella spedizione punitiva. Probabilmente non gli aveva parlato di tortura e omicidio. Ma forse Sacha non aveva capito niente. Aveva un atteggiamento succube e sottomesso nei confronti di Ian e sembrava pronto a seguirlo anche dove non sarebbe voluto andare.

Era solo. Abbandonato. Ian forse gli era sembrato il suo unico amico, il suo unico appiglio in un mondo del quale da solo non capiva il senso.

«Togliti un calzino» ordinò Ian a Oliver.

Oliver lo guardò impaurito. «Cosa?»

«Il calzino! Toglilo!»

Con mani tremanti Oliver sfilò la scarpa destra e arrotolò il calzino blu. Poi lo porse a Ian. Lui lo appallottolò, poi si chinò su Oliver e glielo ficcò in bocca. Oliver mugugnò in preda al panico. La spessa stoffa di lana gli premeva in gola, provocandogli un incontenibile urto di vomito. Cercò disperatamente di spostare quel corpo estraneo con la lingua, ma non riusciva a muoverla perché era premuta contro il palato.

«Nastro adesivo» disse Ian a Sacha.

Oliver vide Sacha porgergli il rotolo marrone che teneva in un cassetto della cucina. Lanciò grida disperate di ribellione. Si sentiva soffocare.

Ian non ci badò. Strappò un pezzo di nastro adesivo e glielo appiccicò di traverso sulla bocca e sul viso, poi per sicurezza ce ne mise sopra un altro.

«Ecco. Così te ne starai zitto.»

Con un lungo pezzo di spago legò in maniera rapida ed esperta le mani e i piedi di Oliver. Poi lo lasciò sdraiato come un pacco annodato.

Oliver era tormentato dall'impulso di vomitare. Tentò di farlo notare a Ian, di fargli intendere che non poteva lasciarlo lì così. Ian non lo degnò di un altro sguardo. Andò alla porta, la chiuse dietro di sé e girò la chiave. Poi spense la luce da fuori.

Oliver piombò nel buio completo, rantolando, ansimando, assalito da un micidiale terrore.

10

Non si era più fatto vivo da quel mattino presto e Sophia cominciava ad avere paura.

Le ore passavano inesorabili, tenaci, vischiose, e senza niente che scandisse lo scorrere del tempo.

Di solito Ian arrivava verso metà giornata con qualcosa da mangiare, ma quel giorno non si fece vedere neppure una volta. Oppure non era ancora ora di pranzo? Possibile che i minuti si dilatassero più del solito?

Sophia si domandò se fosse possibile morire di solitudine e di noia. Aveva letto delle carceri negli Stati totalitari, dove i detenuti in isolamento rimanevano per mesi al buio senza poter scambiare una parola con nessuno. Molti erano impazziti. Sophia poteva comprenderlo bene. Dapprima si perdeva ogni cognizione del tempo, poi se stessi. In quell'incubo buio di eternità, di giorni, ore, minuti che si succedevano senza cesure, in un silenzio che si faceva assordante ma dove nel contempo regnava l'assoluta assenza di suono, era lì che cominciava la morte.

Ed era questo il pensiero che la dominava mentre era sdraiata inerte al buio.

Morirò. Ho già iniziato.

Solo una persona in tutto il mondo sapeva dove si trovava ed era Ian, il che significava: solo il diavolo sapeva dove si trovava e aveva il potere di vita e di morte su di lei, ovvero la sua vita non valeva più niente.

L'unica sua speranza era che la morte fosse veloce. Ma Ian non sembrava intenzionato ad accontentarla. Lei gli era finita tra le mani e non avrebbe rinunciato al piacere di fargliela pagare.

I dolori al basso ventre, che aveva già avvertito la mattina, erano sempre più forti. Oramai era abbastanza sicura che fosse una cistite, e, pur non disponendo di conoscenze mediche, intuiva che la causa fosse il catetere. Nessuno glielo aveva più cambiato da dopo il rapimento. Rappresentava una continua fonte di batteri. Se il dolore fosse aumentato, sarebbe stato un altro problema per lei.

Il suo rapitore non si faceva vedere, ma, anche se fosse comparso, lei non sapeva come fargli presente che soffriva. Di certo la cosa non lo avrebbe disturbato granché. Forse però avrebbe capito che l'infezione rischiava di… Sì, che cosa? Rischiava di farle venire la febbre? Una setticemia? Qualcosa di ancora peggio?

Cercò di soffocare l'angoscia crescente. Se c'era una cosa che non poteva permettersi nelle sue condizioni era di abbandonarsi al panico. Come l'avrebbe gestito se non riusciva a muovere nemmeno un mignolo, come avrebbe potuto canalizzarlo da qualche parte, in quale forma di movimento, se il movimento era proprio ciò che il corpo non era più in grado di fare?

Si rese conto che stava per mettersi di nuovo a piangere. Era prigioniera, completamente prigioniera. In quella stanza. Nel suo corpo. Anche se, ipotesi assai improbabile, fosse stata liberata dalle grinfie di Ian, sarebbe rimasta prigioniera per tutta la vita.

La disperazione calò su di lei schiacciandole il petto con un peso micidiale. Faticava a respirare. L'oscurità la circondava e lei vi era immersa dentro. La notte sarebbe durata per sempre, qualunque cosa fosse accaduta. In quel momento riconobbe con assoluta lucidità quanto fosse stata ingenua a credere di poter tornare alla sua vita di un tempo. Il dottor Dane non aveva detto niente della sua paralisi, perché non c'era niente da dire che potesse infonderle speranza. Avrebbe ritrovato la parola. Ma non sarebbe mai più riuscita a camminare, correre, pedalare. Nuotare. Ballare. Abbracciare un uomo. Avvertire il palpito della vita nel proprio corpo.

Tutto questo non c'era più.

Chiuse gli occhi spossata.

Un rumore la fece trasalire interiormente. Riaprì gli occhi. Lui era tornato?

Non era la prima volta, quel giorno e anche il giorno precedente, che le era sembrato di sentire un movimento dentro la casa, sebbene lui l'avesse informata che si sarebbe assentato per qualche ora. Erano suoni lievissimi, molto lontani, e spesso subito dopo si era domandata se non se li fosse immaginati.

Anche stavolta fu subito assalita dal dubbio che non fosse stato reale. La probabilità che stesse perdendo lentamente il senno era elevata e forse udiva cose che avvenivano solo nella sua testa e da nessun'altra parte. Oppure lui non se ne andava per davvero. Forse glielo faceva credere e invece rimaneva in casa. Per controllare se lei tentava di liberarsi, se cercava di fuggire? Era ridicolo. Non aveva la minima possibilità di movimento. Non c'era niente da fare. Lui avrebbe potuto lasciarla sdraiata lì, senza chiudere né porte né finestre, e sparire per giorni. Al ritorno l'avrebbe trovata nella stessa posizione in cui l'aveva lasciata.

Si mise in ascolto tesa, ma intorno a lei era tornato il silenzio. Non si sentiva niente e nessuno. Probabilmente si era sbagliata.

I dolori si fecero più intensi. Il catetere andava sostituito con urgenza, e aveva bisogno di un antibiotico.

Nella sua bocca si formò un grido. Per la millesima volta negli ultimi giorni e ore.

Riecheggiò silenzioso all'interno della sua testa.

11

Un incidente sulla M1 aveva rallentato il viaggio da Birmingham verso nord. Robert aveva imprecato, mentre erano bloccati nel traffico, e Kate aveva cercato ripetutamente di telefonare al terapeuta di Ian Slade in vacanza in Francia, senza riuscirci. Nel frattempo aveva parlato con Colin, che era stato prelevato da una pattuglia e così liberato dalla sua incresciosa situazione in mezzo alle Yorkshire Dales. Le aveva raccontato l'incredibile storia di Oliver e Xenia. E di Alice Walsh. La madre che aveva annegato nella vasca da bagno la sua bambina di quindici mesi.

«Voleva che smettesse di piangere» le aveva detto, e il suo sgomento era tangibile anche per telefono. «Prova a immaginare, Kate!»

Kate condivideva il suo raccapriccio, ma come investigatrice esperta sapeva che i motivi di un gesto così inconcepibile erano molteplici. Spesso la causa era lo stress, la mancanza di sonno, la spossatezza e la sensazione che la propria vita si disfacesse nei pianti e nelle esigenze di un neonato completamente dipendente. A questo si aggiungeva lo sforzo di nascondere la propria condizione di disagio all'esterno, perché una giovane madre doveva essere felice, fuori di sé dalla gioia per il dono di un figlio, pronta a morire piuttosto che permettere che capitasse una disgrazia a quell'esserino indifeso. Era normale mostrare molta comprensione per i tormenti di un essere umano, ma mai verso una madre che non amava suo figlio. Kate pensò a Maya Price, l'amica di Xenia di Southend-on-Sea. Gli incessanti vagiti del neonato e la donna completamente esausta, la casa in disordine, la televisione accesa su trasmissioni che non le interessavano ma che le servivano per superare in qualche modo la giornata. Maya non avrebbe ucciso suo figlio. Ma non aveva dato a Kate l'impressione di essere una madre felice, e proprio per questo si era scusata ripetutamente. Perché era la violazione di un tabù.

«E poi hanno dato la colpa al figlio adottivo» aveva proseguito Colin. «Sacha. Un bambino leggermente ritardato. All'epoca aveva quasi sette anni. Probabilmente non capiva del tutto quanto era successo. Dopo un precedente episodio alla scuola materna, dove, a quanto dicevano, aveva cercato di affogare una compagna nella piscina gonfiabile, nessuno dubitava che potesse essere responsabile della morte della sorellina. Anche perché non negò i fatti. Al contrario rispose annuendo a tutte le domande.»

«Xenia era presente?» chiese Kate.

«No. Se ne andò prima che Oliver Walsh chiamasse i soccorsi. Fornita di un po' di denaro. Walsh si rendeva conto che lei rappresentava un rischio, che non avrebbe superato un interrogatorio. Era disgustata dal suo piano, ma non osava opporsi. Fece sparire le proprie tracce. Non ha più visto i Walsh da allora, ma ha saputo che a un certo punto se ne erano andati da Nottingham dove abitavano. Forse per trasferirsi al Nord. Le altre informazioni le ha ottenute dai giornali.»

«Sacha fu messo in un istituto» disse Kate. Pian piano emergeva un collegamento.

«Sì. Non era imputabile. Ma rappresentava un pericolo e secondo l'opinione della polizia e dei servizi sociali non era possibile pretendere dai familiari che continuasse a farlo vivere insieme a loro.»

«L'istituto era a Birmingham?»

Colin questo non lo sapeva. Kate però ne aveva la certezza quasi assoluta. Cercò più volte di parlare con il direttore, ma non rispondeva al cellulare. Non trovò nessuno nemmeno al numero della segreteria.

«Dobbiamo sbrigarci!» disse rabbiosa a Robert.

«Non posso farci niente» replicò lui, altrettanto furibondo con la colonna di auto che avanzava a passo d'uomo.

Kate telefonò a Helen, che nel frattempo doveva aver accantonato l'idea di trascorrere un weekend tranquillo.

L'aggiornò delle ultime novità che avevano raccolto. «Se ci riesce, cerchi di scoprire in quale istituto fu portato il bambino all'epoca. Sacha Walsh. Presumo a Birmingham, ma dobbiamo avere la conferma.»

«Bene» disse Helen che prendeva appunti solerte. Al telefono Kate sentiva il fruscio della matita sulla carta.

«È assai probabile che Sacha Walsh sia il complice di Ian Slade. Siccome entrambi lavorano fianco a fianco, bisogna mandare degli agenti al vecchio indirizzo della famiglia Walsh. È improbabile che Slade si sia nascosto lì con Sophia, ma bisogna escludere questa eventualità, per quanto remota. Non abbiamo l'indirizzo, deve trovarlo lei. Inoltre ho bisogno dell'attuale indirizzo dei Walsh. Lo cerchi per primo, perché l'ispettore Stewart e io ci recheremo direttamente lì.»

Helen sospirò. «Mi metto subito al lavoro.»

Chiuse la conversazione. Robert gettò un'occhiata a Kate. «Non sapevo che stessimo per andare dai Walsh.»

«Sarebbe ragionevole, non trova? Potrebbero avere informazioni sul figlio adottivo. E inoltre sono in pericolo. Probabilmente dovrebbero andarsene dal loro appartamento in qualche luogo sicuro sotto la nostra sorveglianza. La spedizione punitiva di certo non è ancora terminata.»

Robert avanzò di qualche metro, prima che la coda si fermasse di nuovo. «Non sappiamo nemmeno se siamo sulla strada giusta. Siamo bloccati da ore nel traffico e magari alla fine scopriamo che i Walsh vivono da qualche parte lungo la costa meridionale.»

«Secondo Xenia si sono trasferiti al Nord. Speriamo che sia vero.»

Almeno da questo punto di vista, furono fortunati: mezz'ora più tardi Helen fornì loro un indirizzo di Leeds. «È quello di Oliver Walsh. Sono anche riuscita a scoprire che nel frattempo hanno divorziato. Ma non ho ancora stabilito dove abiti attualmente Alice Walsh.»

«Molto bene, Helen. Continui a cercare, per favore. Noi andiamo direttamente a casa di Oliver Walsh. Ma anche la sua ex moglie è in pericolo. È necessario rintracciarla il prima possibile.»

«Farò del mio meglio» promise Helen.

Finalmente superarono il punto dell'incidente, un tamponamento fra tre vetture dove erano già giunti i soccorsi e la polizia. Subito dopo il traffico ricominciò a scorrere.

«Dovremmo arrivare a Leeds fra tre quarti d'ora» disse Robert a un certo punto.

Kate gli lanciò un'occhiata di lato. Aveva l'aria sfinita, depressa. Si rendeva conto che era Kate a condurre le indagini e che lui si limitava ad assecondarla. Era consapevole che non si stava dimostrando all'altezza del suo ruolo e che Kate non diceva niente solo per educazione e per rispetto della sua posizione. Ma alla lunga le cose non sarebbero potute andare avanti così. Era chiaro a entrambi.

Erano passate le sei del pomeriggio quando finalmente raggiunsero l'indirizzo che Helen aveva indicato loro. Un quartiere tranquillo alla periferia di Leeds, una strada poco trafficata. Palazzine con piccoli giardini su entrambi i lati. Non c'erano bambini a giocare fuori, sebbene ci fosse ancora luce in quella serata d'agosto. Forse era una zona dove vivevano prevalentemente persone anziane. Oppure le famiglie con bambini erano in vacanza.

Kate riconobbe subito la macchina di Colin parcheggiata sul ciglio della strada.

«Xenia è qui» disse. «Quella è la macchina che ha rubato al mio amico Colin.»

«Che cosa ci fa qui?» chiese Robert, poi scese a sgranchire le gambe anchilosate dopo il lungo viaggio.

«È perseguitata. Presume che dietro la storia ci sia Sacha. È chiaro che voglia parlare con l'uomo che all'epoca organizzò tutto.»

«E che deve spiegare parecchie cose anche a noi» disse Robert truce. «Mio Dio, che storia, vero? Sua moglie uccide la loro bambina e lui incolpa il figlio adottivo ritardato. Questo scompare per anni in un istituto di recupero. In un certo senso posso capire che voglia vendicarsi dei responsabili.»

«Anch'io lo capisco, ma non è lecito. Per fortuna.»

Robert borbottò qualcosa e seguì Kate fino al cancello del giardino.

Suonarono il citofono, senza ottenere risposta. Kate ritentò, poi provò a spingere il cancello. Cedette subito. Si incamminarono sul viottolo lastricato che portava alla palazzina.

«Forse non sono in casa» disse Robert guardando la facciata. «Qualcuno si è appena mosso dietro una delle finestre. Ma ovviamente non so se si tratta dell'appartamento di Walsh.»

Kate aggrottò la fronte. «In ogni caso, dove potrebbero essere andati? Devono parlare con urgenza di cose che nessun altro deve sentire. E sono in pericolo.»

«Forse è per questo che sono andati via. In un posto sicuro.»

«Senza la macchina di Colin?»

Raggiunsero il portone. Davanti c'era una giovane donna che frugava nella borsetta.

Alzò gli occhi. «Non trovo la chiave...» Poi sospirò sollevata. «No, eccola qui.»

Kate le mostrò il distintivo. «Sergente Kate Linville, North Yorkshire Police. Il mio collega, ispettore Stewart. Conosce Oliver Walsh?»

La donna li guardò allarmata. «Sì. Abita sopra di me. Un signore molto gentile. Ha una chiave di riserva del mio appartamento, perché mi capita spesso di chiudermi fuori.»

Robert fece un passo indietro e indicò verso l'alto. «Quella è la finestra dell'appartamento di Walsh?»

La donna annuì. «Sì.» Poi aggiunse impaurita: «È accaduto qualcosa?»

«Dobbiamo solo parlare con lui» la tranquillizzò Kate. Poi si mise a pensare. Se Robert non si era sbagliato, Walsh era in casa. Con lui c'era Xenia. Perché non avevano aperto?

Perché avevano paura. Nella loro posizione era comprensibile.

Suonò di nuovo il citofono, ma senza risultato.

«Posso farvi entrare io» si offrì la giovane donna. «Almeno sulle scale.»

Kate annuì. Aveva uno strano presentimento, la faccenda non le piaceva. Era comprensibile che Oliver fosse diffidente nei confronti di due perfetti sconosciuti che, a quanto pareva, aveva visto dalla finestra. Tuttavia una vocina interiore la esortava a essere prudente.

«Non sarebbe il caso di chiedere rinforzi?» bisbigliò a Robert.

Lui scosse la testa. «Rinforzi? Per interrogare due persone?»

La vicina di casa intanto aveva aperto il portone. «Ecco fatto, prego. Abita sopra di me.»

«Lei sta al pianterreno?»

«Sì.»

«Allora la prego di entrare subito in casa, di chiudere a chiave la porta e di non aprire a nessuno per il momento. Capito?»

«Allora è successo qualcosa, vero?»

«È solo una misura precauzionale» la tranquillizzò Kate.

La donna aprì la porta del suo appartamento ed entrò. La sentirono girare due volte la chiave nella toppa.

Robert aggrottò la fronte. «Le ha messo paura!»

«La situazione non mi piace» rispose Kate. Erano in fondo alle scale e rimasero in ascolto verso l'alto.

«Ora saliamo» ordinò Robert. «Magari possono vedere i nostri distintivi dallo spioncino. Alla polizia apriranno di sicuro.»

«Xenia teme la polizia quasi quanto i suoi persecutori» mormorò Kate. Seguì Robert su per le scale. C'era un pianerottolo con una antiquata panca di legno sotto la finestra e accanto un grande vaso di terracotta con una pianta non meglio riconoscibile piuttosto avvizzita. La scala tornava indietro e un'altra rampa saliva direttamente all'appartamento superiore.

«Quella deve essere la porta dell'appartamento di Walsh» disse Robert, mettendo il piede sul primo scalino.

La porta si aprì e immediatamente risuonarono degli spari. Robert cadde come un albero abbattuto. Rimase riverso sui gradini con le membra grottescamente contorte.

Kate sussultò spaventata a morte, fece un salto indietro e si mise al riparo sul pianerottolo. Il cellulare che aveva tenuto stretto in mano – sempre con la sensazione di dover fare una chiamata di emergenza – le scivolò dalle dita tremanti precipitando dalla tromba delle scale in un pozzo buio, probabilmente la cantina. Kate lo sentì andare in frantumi molto più in basso.

Imprecò mentalmente. Lo aveva saputo, maledizione. Lo aveva saputo. Quando avrebbe imparato a dare ascolto all'istinto?

Ci furono altri spari. Uno dei colpi trapassò nuovamente l'ispettore Stewart, che ebbe un breve sussulto. Kate provò ad avanzare cauta, scivolando con l'addome a terra. Se fosse riuscita a prenderlo per una gamba, lo avrebbe portato fuori dalla linea di tiro. Forse era rischioso muoverlo, ma senza dubbio sarebbe stato ancora più rischioso lasciarlo dov'era. Inoltre Robert aveva addosso il cellulare. Da qualche parte. Doveva chiamare subito i rinforzi, una squadra di pronto intervento armata. Lassù c'era qualcuno che sparava senza preavviso a chiunque si avvicinasse all'appartamento, e inoltre aveva degli ostaggi. Bisognava evacuare l'edificio.

Aveva quasi raggiunto Robert, quando ci furono altri spari. Kate riuscì a mettersi al riparo appena in tempo. La sua mente lavorava febbrile. Non aveva senso cercare di spostare Robert dalla linea di tiro, tutte le volte che provava ad avanzare, il pazzo di sopra si metteva a sparare, aumentando il rischio che il suo capo fosse colpito di nuovo. Chissà se era ancora vivo. Kate non era in grado di dirlo. Era riverso sulle scale come un grosso sacco di sabbia, un bersaglio perfetto, immobile.

Qual era la mossa migliore? Lei non era armata, non aveva un cellulare, non poteva fare altro che battere in ritirata. Poteva cercare di telefonare dall'appartamento della giovane al pianterreno, ma la regola ferrea imponeva che in situazioni del genere non bisognava mettere a repentaglio in nessun modo dei civili, soprattutto se erano già stati messi al sicuro dietro una porta chiusa. L'altra possibilità era di raggiungere la macchina e guidare fino al posto di polizia più vicino. Kate ripensò al vialetto di accesso. Per il primo tratto poteva procedere rasente al muro, poi si sarebbe dovuta muovere allo scoperto. Per Ian

Slade – oramai era quasi certa che il cecchino fosse lui – non sarebbe stato un problema spararle dalla finestra. Non c'erano né alberi né cespugli, solo vegetazione bassa, che non offriva riparo. L'alternativa era passare dal giardino posteriore. In quel caso avrebbe dovuto cercare di raggiungere la strada da una delle case vicine.

Una enorme perdita di tempo.

Ma era una perdita di tempo ancora maggiore se fosse rimasta rannicchiata lì sulla scala a pensare, mentre l'ispettore Stewart lottava contro la morte, ammesso che non fosse già troppo tardi. E poi c'era sempre il rischio che altri inquilini potessero entrare dal portone o uscire dai loro appartamenti in qualsiasi momento.

Doveva agire in maniera rapida e mirata. Il sudore le imperlava la fronte.

Ci fu un altro sparo. Stavolta non sulle scale, bensì nell'appartamento.

Aveva iniziato a eliminare gli ostaggi?

Kate si raddrizzò e si lanciò verso l'alto. Nel contempo udì dei passi che scendevano le scale. Qualcuno superò con un solo balzo il corpo dell'ispettore Stewart che bloccava gli ultimi gradini. Portava pesanti scarponi, che rimbombarono sul pavimento. Una figura alta oscurò la finestra che illuminava il pianerottolo.

Kate vide un'arma puntata contro di lei.

Si domandò che cosa avrebbe provato a morire.

12

Alle sette meno un quarto di quel sabato pomeriggio la polizia di Leeds ricevette la chiamata di emergenza. Era una voce femminile, così impaurita e flebile che l'agente di turno faticava a capirla.

«Ho sentito degli spari» pigolò. «Qui in casa. Dopo che ho fatto entrare i due poliziotti.»

«C'è già la polizia sul posto?»

«Sì. Ma poi ci sono stati degli spari e adesso è tutto silenzioso. Già da dieci minuti almeno.»

«Può darmi il suo indirizzo?»

La donna lo fornì. Era terrorizzata.

«Si tratta di una palazzina plurifamiliare?» chiese la poliziotta.

«Sì. I due agenti volevano andare da Mr. Walsh. Abita proprio sopra di me. Al primo piano.»

«I poliziotti le hanno mostrato il distintivo?»

«Sì.»

«Ci sono dei feriti?»

«Non lo so. Sono rimasta per tutto il tempo chiusa nel mio appartamento.»

«C'è una pattuglia a poca distanza, arriverà subito. Lei rimanga dentro casa. Non si avvicini alle finestre e non apra la porta a nessuno. Capito?»

«Capito.» Probabilmente non c'era nemmeno bisogno di dirglielo. Anche al telefono la donna era sembrata paralizzata dalla paura.

La coppia di agenti, un uomo e una donna, che arrivarono poco dopo si avvicinarono cauti alla casa, pronti a reagire se qualcuno avesse sparato. Il portone d'ingresso a prima vista sembrava chiuso, ma poi scoprirono che bastava spingerlo. Era solo accostato. Qualcuno doveva aver lasciato l'edificio in gran fretta.

Fuori non era ancora buio, il vano scale era ben visibile. Non c'era nessun movimento. Non c'erano rumori di nessun genere.

I due salirono le scale. Raggiunsero il pianerottolo. Videro un uomo riverso sui gradini della rampa successiva. La poliziotta tirò fuori il cellulare.

«Serve un'ambulanza. Presto. E una squadra armata. Finora abbiamo un ferito.»

Intanto il collega si era chinato per tastare il polso a Robert Stewart.

«Un morto» corresse la partner. «Quest'uomo è morto.» Con le dita tastò la giacca di Robert mentre la poliziotta teneva sotto tiro l'appartamento al piano di sopra. Tirò fuori il distintivo di Robert.

«Ispettore investigativo Robert Stewart. Del CID di Scarborough. Un collega.»

Si scambiarono un'occhiata.

«Merda» mormorò il poliziotto.

Nel giro di meno di un quarto d'ora l'edificio pullulava di agenti. I paramedici accorsi con l'ambulanza constatarono la morte dell'ispettore

Stewart. Agenti armati entrarono nell'appartamento dove trovarono l'agghiacciante spettacolo di un altro uomo riverso sul pavimento della cucina. Sotto il suo viso si era formata una pozza di sangue. Era stato ucciso da un colpo di pistola alla testa sparato a bruciapelo.

In cucina era seduta una donna legata e imbavagliata che rantolava. Nel bagno c'era un uomo, immobilizzato con gli arti spaventosamente contorti, legati come un pacco postale. In bocca gli era stato cacciato a forza un bavaglio che poi era stato fissato con del nastro adesivo. L'uomo era prossimo al soffocamento. Fu subito portato in ospedale.

Un uomo moribondo e altri due morti, dei quali uno un poliziotto d'alto rango.

L'agente che era arrivata per prima sulla scena del crimine, nel frattempo, aveva telefonato più volte alla centrale operativa, dove venivano freneticamente raccolte le drammatiche informazioni.

«Il CID di Scarborough conferma l'operazione» riferì. «L'ispettore Robert Stewart e il sergente Kate Linville erano venuti qui per interrogare Oliver Walsh, il proprietario dell'appartamento.»

«È l'uomo che abbiamo trovato nel bagno» le comunicò un poliziotto. «Lo ha dichiarato la donna legata in cucina. Xenia Paget. Il morto dentro l'appartamento è il figlio adottivo. Sacha Walsh. Ucciso da un altro uomo, di cui la signora Paget conosce solo il nome di battesimo: Ian. È fuggito dopo aver sparato un colpo in testa a Sacha Walsh.»

Ci fu uno scambio di occhiate attonite.

«Un omicida in fuga» disse l'agente che aveva parlato con la centrale, «un omicida in fuga e un sergente investigativo scomparso. Dove diavolo è finita questa Kate Linville?»

«Setacceremo tutta la palazzina e i giardini e le strade circostanti» ordinò il capo della squadra armata. «Forse si è rifugiata da qualche parte al sicuro.»

«Qui in cantina c'è un cellulare rotto!» esclamò qualcuno. «Forse appartiene al sergente Linville?» Nessuno lo disse, ma tutti avevano l'atroce presentimento che Kate Linville non fosse né in casa né da qualche parte là fuori.

Era scomparsa senza lasciare tracce.

Insieme a un killer spietato che non aveva più niente da perdere.

Non ho mai sofferto così tanto. Non mi sono mai sentito così vicino alla morte. Queste ore in bagno, legato e imbavagliato, con l'incessante impulso di vomitare… Ero convinto che non ce l'avrei fatta. Che sarei morto, prima che quel tipo potesse spararmi. Ero disperato e perduto, al buio, in preda ai dolori e alla paura. Un vero e proprio inferno.

E poi ho sentito degli spari, ma non sapevo a chi fossero rivolti, e a un certo punto è arrivata la polizia e mi ha liberato. C'è mancato poco che baciassi l'agente che mi ha tolto il bavaglio, perché non ero mai stato così riconoscente in vita mia.

Ora sono in ospedale. Credo che ci sia anche Xenia, a scopo preventivo e per degli esami. Non so se le nostre camere siano piantonate e in tal caso forse è per proteggerci o per sorvegliarci, o entrambe le cose. Ci interrogheranno, a proposito della vicenda di tanti anni fa; cercare di confutarla ora non avrebbe senso, e sono anche troppo sfinito per farlo. Non ho idea se esista una prescrizione. Dobbiamo affrontare ciò che abbiamo fatto.

In un certo senso è una liberazione.

All'epoca fu incredibile la facilità con cui credettero alla nostra storia.

Sacha rispose di sì alle domande della polizia e più tardi a quelle degli psicologi, che gli chiesero se avesse spinto sott'acqua la sua sorellina. Sapevo che rispondeva sempre in maniera affermativa alle accuse, il che dipendeva dal fatto che riconosceva subito la superiorità e l'autorità dell'interlocutore e si sottometteva. Per lui era impossibile che la sua versione dei fatti potesse essere quella giusta, per questo non la esprimeva neppure. Lui era il piccolo idiota e tutti gli altri erano intelligenti e forti, pertanto ciò che dicevano doveva essere vero, anche se lui aveva un altro ricordo degli avvenimenti.

Nessuno sospettò di Alice. Fu rimproverata di essere uscita dal bagno e di aver lasciato la figlia di un anno sotto la custodia del fratello adottivo gravemente ritardato, dopo che si era già reso protagonista di un episodio analogo in passato, ma, dal momento che come madre stava già vivendo una tragedia inconcepibile quale la perdita della propria figlia, nessuno la trattò con eccessiva durezza, ma tutti agirono con tatto e sensibilità. Madre di un bambino problematico e di una poppante: era facile immaginare a quale stress fosse sottoposta. Aveva commesso un terribile errore. Ne pagava le amare conseguenze.

Il tribunale, su consiglio dei servizi sociali, ordinò che Sacha fosse affidato a un istituto. Io mi sentivo terribilmente in colpa, ma avevo paura di risultare sospetto se avessi protestato. Come avremmo sopportato di vivere con lui sotto lo stesso tetto in quelle circostanze? Entrò in una struttura di rieducazione di Birmingham, l'istituto di quel genere più vicino a noi. Avvenne tutto piuttosto in fretta. La sera stessa della tragedia un assistente sociale venne a prenderlo, mentre Alice era seduta in un angolo del soggiorno affidata alle cure di uno psicologo. Anche a me ne era stato offerto uno, ma avevo rifiutato. Preferivo stare accanto ad Alice e cercavo di cogliere brandelli di conversazione. Ero preoccupato che potesse crollare e confessare tutto, o che cadesse in contraddizione. Non avevamo avuto il tempo di ripetere più volte la nostra versione dei fatti, per memorizzarla bene. Affrontavamo la polizia, gli psicologi, i servizi sociali e ovviamente i media arrivati quasi subito con la nostra storia rattoppata che adesso avrebbe dovuto reggere a tutte le domande. Nel contempo eravamo stremati, scioccati e traumatizzati. Ben lontani dall'agire con lucidità. Viceversa questo era anche un vantaggio: era logico che fossimo prostrati, tutto il resto sarebbe sembrato singolare. E probabilmente molte incongruenze nelle nostre dichiarazioni furono trascurate. Tutti capivano la nostra profonda confusione.

Xenia era scomparsa, come concordato, ma stavo con il fiato sospeso anche nei suoi confronti: aveva fatto ciò che le avevo chiesto, ma mi ero reso conto che era sotto shock. Per ciò che aveva fatto Alice, ma forse ancora di più per la soluzione che avevo ideato e messo in atto. Poteva arrivare a spiegarsi l'inconcepibile gesto di Alice con la depressione, lo stress, la cronica disperazione. Non lo giustificava, ma riusciva a comprendere come fosse potuto accadere. Quello che avevo fatto io, al contrario, la riempiva di grande sgomento. E anche di disprezzo. La domanda era se la sua coscienza avrebbe retto il colpo. Potevo solo sperare e pregare.

Sacha rimase per qualche giorno sotto la custodia dei servizi sociali, presso una famiglia affidataria, prima di andare a Birmingham. Ci fu detto che potevamo vederlo ancora una volta, perché a Birmingham i regolamenti e gli orari di visita sarebbero stati molto severi. Alice non volle venire, ma io andai, perché mi sentivo già quasi sommerso dai sensi di colpa. L'incontro avvenne in una stanza decisamente squallida negli uffici dei servizi sociali: pavimento di linoleum giallo, un lavandino in un angolo, una scrivania. Alle pareti dei cartelloni di non so più quale manifestazione.

Sacha era su una sedia, pallido ed esile. Il suo viso si illuminò letteralmente quando mi vide, lui balzò in piedi e si gettò su di me. Io lo presi in braccio. Deglutii con forza. Avevo salvato Alice dalla prigione, che avrebbe segnato la sua condanna a morte mentale, ma a quale prezzo?

«Torniamo a casa?» chiese Sacha con quella sua parlata mozza, faticosa.

Scossi la testa. «Purtroppo no, ragazzo mio. Sai perché non possiamo?»

Mi guardò, i grandi occhi scuri pieni di profonda tristezza.

«Lena» disse.

«Sì. Lo sai che cosa hai fatto a Lena?»

Lui annuì. Lo aveva interiorizzato. «Una cosa molto brutta» disse sottovoce.

«Sì, molto brutta» ripetei.

Era innocente, ma interpretava il suo ruolo alla perfezione. Perché ci credeva? Oppure pensava di ottenere il nostro amore se ci avesse assecondato? Forse era un insieme di entrambe le cose. Guardò verso la porta, dove c'era l'assistente sociale. «Dov'è Alice?»

Sospirai. «Non è potuta venire. Sta molto male. È molto triste a causa di Lena.»

Lui ci pensò un po' su. «Non vedrò mai più Alice?»

«Ha bisogno di tempo» dissi.

«Tempo» ripeté.

«Dove andrai adesso, ti troverai bene. Ci sono molti altri bambini...»

Ovviamente era la frase sbagliata. Sacha non aveva mai avuto esperienze positive con gli altri bambini, al contrario. Mi guardò spaventato. «Bambini?»

«Bambini molto simpatici. E adulti molto simpatici. Ti piacerà. Ne sono sicuro.»

Lui sembrava tutt'altro che convinto.

«Alice» ripeté.

Era incredibile quanto le fosse affezionato. Ovviamente aveva trascorso la maggior parte del tempo in sua compagnia. Ma lei non aveva mai legato del tutto con lui, fin dal principio. Era stata una prova eccessiva e lei aveva tentato invano di accettare il suo disturbo. Da allora l'aveva sempre trattato con un certo distacco.

Non riuscivo a capire come mai fosse diventata il centro dei suoi sentimenti, della sua vita. Lui le voleva bene, a prescindere. Ma in ultima analisi l'amore sfugge a qualsiasi tentativo di spiegazione.

«Quando si sentirà meglio, verrà a trovarti» gli promisi.

Non dimenticherò mai la sua figura quando uscì dalla stanza tenendo per mano l'assistente sociale. Se ne andò senza fare storie. Appariva disperato, ma nel contempo completamente rassegnato al suo destino. Che cosa avrebbe potuto fare? Aveva sette anni, ed era stato cacciato dalla nostra vita. Per il momento non aveva altro che la mano della sconosciuta che stringeva la sua.

Io invece tornai da Alice.

Cercai di salvare noi due, ciò che ancora restava della nostra vita condivisa.

Ben presto mi resi conto che non c'era rimasto più niente.

Domenica, 4 agosto

La giornata era trascorsa con una lentezza esasperante, come se qualcuno da qualche parte avesse deciso di fermare il tempo almeno per un po'. Caleb Hale fissava le pareti del salotto di casa sua, chiedendosi se gli fosse mai successo di passare una giornata così tormentosa e interminabile. Da quando era stato sospeso gli era capitato spesso di annoiarsi, le sue giornate non erano più strutturate, non aveva importanza a che ora si alzasse o se lo facesse. Non aveva importanza che mangiasse o bevesse, quando andasse a dormire, se facesse la doccia, la barba, se si vestisse, oppure se rimanesse da mattina a sera in mutande e canottiera seduto al tavolo da pranzo a fissare il vuoto. A volte, quando trasmettevano partite di calcio o corse di automobilismo, accendeva la tivù. In quei momenti se non altro c'erano delle voci intorno a lui. Ma non lo facevano certo sentire meglio.

Quel giorno era tutto diverso.

Aveva ancora ottimi contatti alla North Yorkshire Police, era sempre stato molto popolare e non pochi ritenevano che la sua sospensione fosse stata una decisione scorretta. Caleb aveva saputo che nel frattempo alcuni poliziotti presenti alla tragica operazione nella baia di Scarborough si erano persino recati in privato dal soprintendente capo per protestare contro il provvedimento. Due di loro erano stati abbastanza vicini da sentire la telefonata con Jayden White e avevano testimoniato in maniera concorde che il loro capo si era attenuto ai regolamenti e non aveva commesso alcun errore. Era stata una situazione disperata e Caleb non aveva responsabilità. Non era servito a niente: contro uno 0,7 per mille c'era poco da obiettare.

La sera precedente quegli stessi colleghi gli avevano telefonato per informarlo della morte di Robert Stewart, vittima di un pericoloso omicida che si era dato alla fuga, e della sparizione di Kate Linville che stava insieme all'ispettore.

Caleb non aveva chiuso occhio per tutta la notte.

Robert Stewart era morto.

Si era sentito tradito da lui, attaccato in maniera del tutto inaspettata e scaricato e ricordava fin troppo bene il momento in cui aveva compreso *chi* lo avesse denunciato. Una persona da cui non se lo sarebbe mai aspettato. Quasi due decenni di stretta collaborazione, in un lavoro in cui l'incondizionata fiducia reciproca è il presupposto fondamentale. La sua sicurezza, la sua incolumità erano dipese anche da Robert e quelle di Robert da lui. Senza fiducia non sarebbe stato possibile esercitare la professione.

Robert aveva distrutto tale fiducia quando lo aveva denunciato al soprintendente capo.

Ma c'erano comunque stati gli anni di affiatamento precedenti, la gestione di situazioni difficili e pericolose, i momenti in cui era bastato scambiarsi un'occhiata per sapere che cosa pensasse l'altro, in una comprensione e sintonia assolute. La totale consapevolezza che l'altro c'era, anche nei frangenti più critici.

Caleb Hale era addolorato. Nonostante quello che era successo alla fine. Piangeva il suo collega, e nel contempo aveva la sensazione di trovarsi in un brutto sogno. Avevano sparato a Robert Stewart. Lo avevano abbattuto, sulle scale di un palazzo alla periferia di Leeds. Era inconcepibile. Non poteva essere vero. Eppure sapeva che non era un sogno.

A questo si aggiungeva il fatto che non poteva permettersi di piangere in silenzio, di rinchiudersi nel proprio dolore. I pensieri si rincorrevano nella sua testa: che cosa era accaduto a Kate?

Era sparita. Senza lasciare tracce. Poco prima aveva telefonato alla centrale per informare che lei e Robert erano di ritorno da Birmingham e si sarebbero fermati a Leeds per un interrogatorio.

Tutta la casa era stata perquisita, ogni singolo appartamento, nella speranza che Kate si fosse rifugiata al sicuro da qualche parte quando erano stati sparati i primi colpi. Ma non era stata trovata. Né in cantina, dove era stato rinvenuto il suo cellulare rotto, né in soffitta, neppure in giardino o in quelli adiacenti. L'unica alternativa possibile andava cristallizzandosi sempre di più: l'omicida in fuga – un certo Ian Slade – l'aveva portata con sé.

Ciò significava che Kate si trovava nelle mani di uno psicopatico, un assassino pazzo per il quale la vita umana non aveva alcun valore. Era lo scenario peggiore immaginabile, a cui si aggiungeva una tragica impotenza. Kate e il suo rapitore potevano essere dovunque. Chissà dove nella notte. Chissà dove alle prime luci del giorno. Chissà dove nelle ore di quella interminabile domenica.

Caleb si sentiva quasi dilaniare per l'impossibilità di intervenire. Per il fatto di *starsene seduto* lì. Di non essere più in servizio. Qualunque cosa fosse successa, lui non ci sarebbe stato. Non avrebbe saputo che cosa accadeva. Se fosse la cosa giusta. Il responsabile dell'indagine era morto, perciò era venuto a mancare chi tirava le fila del caso. Non con grande perizia, come gli aveva lasciato intendere Kate. Ma sempre meglio di niente. Caleb intuiva che alla centrale tutti si aggiravano smarriti e nel contempo dovevano individuare una linea di condotta.

Un incubo. Il tempo per Kate stringeva. Implacabile.

Caleb resistette per tutto il giorno alla bottiglia. L'aveva piazzata sul tavolo di fronte a sé e fissava il liquido dorato. Era una promessa di salvezza, quando le cose si fossero fatte insostenibili, era una promessa di annebbiamento, di oblio, la possibilità di andare alla deriva in un luogo dove il mondo diventava più sfumato e meno spaventoso. Ma l'avrebbe utilizzata solo in caso di emergenza. Per la prima volta da lungo tempo, sentiva di nuovo la necessità di avere la mente lucida.

Doveva essere presente, vigile, nitido nel pensiero. Doveva aiutare Kate. Peccato che non sapesse come fare.

Molto probabilmente stare seduto ventiquattro ore di fila al tavolo da pranzo a osservare una bottiglia non era il modo migliore.

Si alzò quando scese il tramonto. Vide la propria immagine nello specchio appeso di fronte al tavolo da pranzo e trasalì. Doveva avere quell'aspetto ormai da molti giorni, ma per la prima volta si osservava con totale sobrietà. Aveva di fronte un uomo con le guance incavate e gli occhi arrossati, i capelli ispidi e troppo lunghi, le guance coperte di barba. Portava una maglietta macchiata con aloni di sudore sotto le ascelle.

Aveva un'aria devastata. E appariva vecchio. Tutt'altro che l'eroe che avrebbe salvato Kate Linville.

Ebbe un violento sussulto quando sentì suonare alla porta.

Gli sarebbe piaciuto fingere di non essere in casa, ma forse si sarebbe perso qualche informazione importante.

Si trascinò fino all'ingresso – per qualche motivo aveva le articolazioni arrugginite – e aprì la porta. Di fronte a lui c'era il sergente Helen Bennet. Aveva l'aria sfinita e angosciata.

«Buonasera, capo» disse. «Ho bisogno di parlare con qualcuno. È libero?»

«Si accomodi.» Lo precedette in salotto. Era imbarazzato dallo stato in cui si faceva vedere da Helen. Sporco e trasandato. Se non altro era sobrio. Era pronto a scommettere che fosse stato questo il più grande timore della collega, che ora poteva tirare un sospiro di sollievo. Lui non biascicava e non traballava. Forse lei sarebbe stata disposta a chiudere un occhio sul suo aspetto improponibile.

«Qualche traccia di Kate?» le chiese.

Erano in piedi l'uno di fronte all'altra. «No» rispose Helen. «È tutto... Non ci sono novità. Ho paura.»

Lui indicò il tavolo da pranzo. «Si sieda. Purtroppo non ho niente da offrirle. Ho finito persino il caffè. Mi rincresce molto.»

«Non c'è problema» lo rassicurò Helen sedendosi a tavola. Lui si accorse che evitava in tutti i modi di guardare la bottiglia di whisky, fingendo che non ci fosse. Intanto si tormentava le mani intrecciate.

«Sa che l'ispettore Stewart è morto?» chiese sottovoce.

Caleb annuì. La frase gli rimbombò in testa. *L'ispettore Stewart è morto.*

L'indicibile era stato detto.

«È inconcepibile» disse.

Lo sguardo di Helen traboccava sofferenza. «Anche per me. È assurdo.»

Caleb si mise seduto a sua volta. «Qual è lo stato delle cose?» domandò sforzandosi di assumere un tono pragmatico. «Conosco il caso a grandi linee. E sono al corrente di quanto accaduto a Leeds. E che abbiamo a che fare con due soggetti. Uno è morto. L'altro in fuga.»

Helen annuì. «Ian Slade, con ogni probabilità l'assassino dell'ispettore Stewart, ha sparato al suo complice Sacha Walsh prima di darsi alla fuga. Quasi sicuramente per evitare che quest'ultimo rendesse una testimonianza alla polizia. Sacha Walsh soffriva di un ritardo mentale. Lo ha confermato Xenia Paget, che in passato era stata la sua bambinaia, e anche il direttore di un istituto rieducativo statale dove Walsh è rimasto per più di tredici anni. È ipotizzabile che fosse lo strumento di Slade e non volesse veramente che le cose andassero così.»

«Quindi Walsh e Slade si sono conosciuti nell'istituto» dedusse Caleb. Parlando con Kate aveva ipotizzato una conoscenza in carcere. Non c'era andato tanto lontano.

Helen annuì. «Ho parlato al telefono giusto ieri con il direttore della struttura. Kate e l'ispettore Stewart erano stati da lui per parlare di Ian Slade, ma solo in un secondo tempo sono venuti a sapere di Sacha Walsh. In effetti facevano parte entrambi dello stesso gruppo. Nessuno si è accorto che tra di loro ci fosse un'amicizia particolare, ma del resto Ian Slade era un tipo che attirava molte persone. Per paura. Era importante andarci d'accordo.»

«Capisco. E qual era il movente di Slade?»

Helen riferì la storia della bambina e della supposizione di Kate che la telefonata anonima all'epoca fosse stata fatta da Sophia Lewis. «Era responsabile della condanna di Ian a un centro rieducativo.»

«Lui sapeva che era lei l'autrice della telefonata?»

Helen si strinse nelle spalle. «Se la nostra teoria è valida, è così.»

«E Walsh?»

«Sacha Walsh era il figlio adottivo della famiglia Walsh. Oliver e Alice. Lo adottarono in Russia perché non riuscivano ad avere figli.»

Helen tratteggiò in maniera concisa e dettagliata i tragici eventi accaduti alla famiglia Walsh dopo l'adozione, fino alla morte della piccola Lena.

«Il gesto fu attribuito a Sacha» concluse Helen. «Al momento dei fatti era un bambino di sette anni. Aveva un evidente ritardo nello sviluppo, se non addirittura un leggero handicap. Ovviamente non era perseguibile.»

Caleb la fissò attonito. «Ma è...»

«Sì. Lui era del tutto indifeso. Gli si poteva dire di tutto e lui ci credeva. La polizia, il tribunale e i servizi sociali non dubitarono della ricostruzione dei fatti. È addirittura possibile che Sacha l'abbia confermata, devo ancora controllare. In ogni caso finì all'istituto.»

«Entrambi i giovani hanno agito per vendetta» disse Caleb.

«Ho parlato a lungo con Xenia Paget» riferì Helen. «Ritiene escluso che Sacha fosse animato da un'autentica volontà di vendetta. Ancora una volta è stato usato. Da Ian Slade. Gli serviva un complice, per poter agire meglio e per confondere le acque. Ha convinto Sacha che fosse giusto vendicarsi di tutte le persone implicate. Ma in realtà ha agito di persona. Era lui il cecchino del treno. Xenia lo ha riconosciuto.»

«Le persone implicate all'epoca erano Xenia Paget, Oliver Walsh e sua moglie Alice?» chiese Caleb.

«Sì. Oliver Walsh e Xenia sono ricoverati in ospedale a Leeds. Piantonati dalla polizia. Oliver e Alice hanno divorziato molti anni fa. Stiamo cercando di rintracciarla.»

«Anche lei è in pericolo.»

«Sì, certo.»

«E Ian Slade ha nelle sue mani Sophia. E ora anche Kate.»

«Sì.»

«Maledizione» imprecò Caleb. Dopo un attimo aggiunse: «Deve avere una macchina, no? Altrimenti non sarebbe riuscito a fuggire da Leeds».

«Ian Slade ha assunto l'identità di un certo *Jack Gregory*. Uno studente di Manchester scomparso da un anno senza lasciare tracce. Insieme alla sua macchina. È quindi presumibile che...»

«Slade usi la macchina di Gregory.»

«È stato emanato un ordine di ricerca per il veicolo. Un Ford Transit.»

Caleb si massaggiò le tempie doloranti. «Deve avere un nascondiglio. Da qualche parte, dove ha portato Sophia Lewis. E dove adesso porterà Kate. Ammesso che...»

«... siano ancora vive entrambe» concluse Helen con espressione cupa.

Si scambiarono un'occhiata. «È inconcepibile» mormorò Caleb. «È inconcepibile che Kate...»

«Dobbiamo partire dall'ipotesi che sia viva» disse Helen. «Per forza. Solo così faremo la cosa giusta per salvarla.»

Fare la cosa giusta. Fare qualcosa. Ma da dove partire?

«Dei colleghi sono stati nella vecchia casa della famiglia Slade a Bromwich» spiegò Helen, «e in quella della famiglia Walsh nei pressi di Nottingham. In fondo c'era la remota possibilità che si trattasse di edifici abbandonati, da utilizzare come rifugio. Purtroppo non è stato così. A casa Slade vive una coppia di anziani che non ha mai sentito il nome Slade. I genitori di Ian si sono trasferiti molti anni fa, nessuno sa dove. E dai Walsh vive una donna sola con due figli, che non sa niente dei precedenti inquilini. Gli agenti hanno riferito che in entrambi i casi le persone hanno mostrato una credibile inconsapevolezza e la lieve inquietudine sempre legata all'improvvisa comparsa delle autorità. Di sicuro le due case non sono un luogo appropriato per Slade.»

«Deve esserci un posto» disse Caleb stringendo il pugno destro. «Maledizione, non è possibile che vaghi per la regione con *due* ostaggi a bordo di un furgone, dei quali uno in gravi condizioni di salute. Deve esserci un posto. Sacha Walsh lo conosceva ed è per questo che è stato ucciso.»

«L'aspetto peggiore è che il nostro dipartimento ora è decimato» disse Helen. «Lei è sospeso. Il suo sostituto è morto. La sua diretta collaboratrice è sparita. Ovviamente verrà istituita una squadra speciale, ma si tratta di colleghi che non conoscono ancora a fondo il caso. Mi sento così impotente. E inoltre ho la sensazione che il tempo stringa. Forse Kate e Sophia sono ancora vive. Ma lui non le lascerà vivere a lungo. Non può permetterselo.»

«Helen, io non posso fare molto. Non sono autorizzato a fare niente.» Mentre pronunciava queste parole, Caleb pensò a Kate. In due casi precedenti lì a Scarborough lei aveva indagato di propria iniziativa, senza autorizzazione, e non le era importato niente. La prima volta si era trattato di suo padre, che era stato aggredito e ucciso con particolare efferatezza in casa sua una notte. Se ne era fregata alla grande di irritare un sacco di persone, primo fra tutti lui, Caleb. Qualcuno aveva ucciso suo padre. Avrebbero dovuto incatenarla e rinchiuderla, per impedirle di cercare e arrestare il colpevole.

Caleb adesso si trovava in una situazione analoga e pensava seriamente di rispettare la prassi con la coda tra le gambe? Se lui e Kate si fossero mai incontrati di nuovo: che cosa avrebbe pensato di lui?

Helen si alzò. I suoi gesti erano stanchi, il suo viso tradiva ansia e smarrimento. L'incerto destino di Kate la opprimeva, ma non la conosceva da molto tempo. Di sicuro era la morte di Robert Stewart a sconvolgerla maggiormente. Anche lei aveva lavorato con lui per molti anni. Non riusciva ancora a rassegnarsi a quanto successo, proprio come Caleb.

«Mi spiace, capo» disse, «so che lei non può fare niente. Non è autorizzato a fare niente. Ma avevo bisogno di parlare con qualcuno, perché altrimenti sarei impazzita.»

Anche Caleb si alzò e l'accompagnò alla porta. «Siamo nella stessa barca» disse. «Non so ancora come, ma ci sono anch'io. In un modo o nell'altro.»

Lei gli rivolse un'occhiata interrogativa. Lui si strinse nelle spalle. «Non ho ancora un piano. Ma mi verrà in mente qualcosa.»

Per la prima volta nel corso della serata sul viso di Helen apparve l'ombra di un sorriso. «Lo so» mormorò. «Del resto le è sempre venuto in mente qualcosa.»

Era una manifestazione di incondizionata fiducia che rischiò di sopraffare Caleb. Tuttavia replicò serio: «Sì, è così. Perciò lo farò anche in questo caso».

Una volta che Helen se ne fu andata, Caleb fece un paio di cose che, sebbene non aiutassero direttamente Kate, erano molto importanti. Si fece una lunga doccia. Si tagliò la barba. Si mise vestiti puliti, e infilò in lavatrice quelli sporchi. Per quella sera non avrebbe potuto fare altro, ma trasformarsi di nuovo in una persona gli diede un senso di forza e di autostima. Non era più un guscio che vegetava.

Scese in salotto, prese la bottiglia che era sul tavolo e ne versò il contenuto nel lavandino. L'odore di alcol gli diede un capogiro. Dio, quanto gli mancava. Sulla pelle profumata di sapone si formò un copioso velo di sudore. Guardò il liquido dorato scomparire gorgogliando.

Fece un profondo respiro.

Kate adesso aveva bisogno di lui sobrio. Aveva bisogno del cento percento della sua mente e della sua intraprendenza.

E si meritava che lui non rimanesse neppure un millimetro al di sotto delle sue capacità.

Lunedì, 5 agosto

1

Dal giorno prima aveva la certezza di non essere da sola in casa. Le era addirittura sembrato di sentire il motore di una macchina qualche tempo prima, ma non avrebbe potuto giurarlo. Si era anche addormentata, ma era stato un sonno leggero e inquieto a causa dei dolori troppo forti. La cistite si aggravava, sempre di più, ma nessuno veniva ad aiutarla. Inoltre aveva fame e una sete ardente. Secondo i suoi calcoli erano passate quarantotto ore dall'ultima volta che Ian era stato da lei e le aveva dato qualcosa da mangiare e da bere. Non avrebbe resistito ancora a lungo.

Non sapeva più quale giorno della settimana e quale data fosse, ma, a giudicare dal chiarore ai margini della tapparella, presumeva che fosse iniziata una nuova giornata, quale che fosse. E, a parte l'impressione che il giorno prima fosse arrivata una macchina, le era appena sembrato di sentire dei passi di sopra in casa. Un'asse del pavimento aveva scricchiolato. Forse era stato solo il vento sul tetto, ma, no, non poteva sbagliarsi così tanto. Ian era tornato. Aveva sentito la sua macchina e i suoi passi.

Allora perché non si faceva vedere?

Forse era per il suo sadismo. Un motivo del tutto plausibile, a conoscerlo bene. Sapeva benissimo che lei doveva avere fame e una sete tremende. Sapeva benissimo che aveva paura.

Per lui era una situazione da cui traeva una gioia incommensurabile.

La domanda era fino a che punto si sarebbe spinto.

Nel frattempo le era salita la febbre, lo percepiva, e ciò significava che l'infezione era diventata seria. Inoltre aveva l'agghiacciante impressione che dal catetere non defluisse più niente. O si era otturato, oppure la vescica era così contratta da non funzionare più normalmente. Provò a ricordare che cosa avesse mai letto o sentito sull'apparato urinario, ma non le venne in mente niente, però intuiva che non fosse una cosa da poco. I dolori sarebbero stati più forti, no? Erano intensi, ma sopportabili. Tuttavia erano aumentati costantemente e, se non avessero smesso, entro breve tempo sarebbero diventati lancinanti.

Con la forza della disperazione provava sempre ad articolare delle parole. Per la precisione le formava già, si libravano nitide nella sua testa, ma non riusciva a trasferirle all'esterno. Non le uscivano dalle labbra. C'era comunque da chiedersi se Ian avrebbe reagito qualora avesse sentito le sue grida di aiuto. Era probabile che si sarebbe divertito enormemente a ignorarle.

Era più perduta di quanto potesse esserlo un essere umano.

Nessuna speranza di salvezza.

L'unica speranza era una morte rapida, e anche quella era esigua. Aveva subito gravi lesioni, ma in fondo era una persona sana, forte e allenata. Questo si stava rivelando uno svantaggio. Il suo corpo non avrebbe ceduto tanto facilmente, possedeva molte riserve. Sufficienti per un'interminabile agonia.

Non sapeva che cosa fosse peggio: la sete o i dolori. Presi insieme erano una vera tortura.

Per non parlare della paura. E dell'impotenza.

La cosa peggiore era l'impotenza. Se si trattava di un brutto sogno, era il momento di svegliarsi.

Se non era un brutto sogno, era il momento che la febbre salisse così tanto da farle almeno credere che fosse un sogno.

2

Caleb era partito alle prime luci dell'alba e raggiunse Birmingham in tarda mattinata. Non aveva un appuntamento con il direttore dell'istituto, ma niente avrebbe potuto impedirgli di parlare con lui. Per fortuna aveva tenuto il distintivo, anche se in realtà avrebbe dovuto consegnarlo. Nella concitazione generale di quei giorni, nessuno ci aveva fatto caso e Caleb si era ben guardato dal farlo notare. Quello che stava facendo era inaudito e lo avrebbe fatto sprofondare ancora di più nella rovina, ma non aveva importanza. Si trattava di Kate. Era l'unica cosa che contava.

Caleb sapeva che un tempo Kate era stata molto innamorata di lui, ma non era in grado di dire se nutrisse ancora dei sentimenti. Lui non l'aveva incoraggiata perché non era il suo tipo di donna. Ai suoi occhi Kate non era particolarmente attraente, nonostante l'ammirazione che nutriva per lei. Era una persona insignificante, quasi invisibile e anonima, e si vestiva in maniera spaventosa. Lui era stato sposato per qualche anno e prima e dopo – e a volte anche durante – aveva avuto diverse relazioni appassionate. Donne molto belle, molto sicure di sé, molto sexy. Donne che gli permettevano di estraniarsi dalla realtà proprio come faceva l'alcol, donne che gli davano spensieratezza e sesso appassionato, che scacciavano dalla testa tutti i pensieri molesti. In certi momenti Caleb non avrebbe saputo dire che cosa lo anestetizzasse di più tra il sesso e l'alcol. La combinazione di entrambi era invincibile.

Se Kate non corrispondeva al suo modello già per l'aspetto esteriore, ancora più decisivo per lui era il fatto che avesse un livello di autostima del tutto insufficiente e la tendenza a rifugiarsi in un atteggiamento aggressivo di autodifesa, anche quando nessuno l'attaccava. Immaginava avversari dove non ce n'erano. Non avrebbe mai capito perché fosse così insicura, dato che possedeva un intuito altamente sviluppato quando si trattava di risolvere i casi. Era intelligente, aveva una mente acuta, analitica, che si accompagnava alla capacità di cogliere suggestioni vaghe e solo accennate. A volte avvertiva qualcosa senza che fosse in grado di spiegarlo logicamente. Era in grado di percepire le vibrazioni meglio di chiunque altra persona conoscesse Caleb. Ne era sempre stato profondamente affascinato.

Ora che lei era in pericolo, riconobbe di nutrire per lei qualcosa di più dell'ammirazione verso una collega dotata. Non era la donna che desiderava o avrebbe mai desiderato. Ma era una persona che non voleva perdere per nessun motivo. E, non solo, l'idea che potesse non esserci più era intollerabile. Era un'emozione che non aveva mai provato per nessun'altra donna: la sensazione di impoverirsi interiormente se non ci fosse più stata.

Rischiava di farsi sopraffare dal panico. Doveva trovare Kate. Doveva salvarla. Liberarla. Fare in modo che restasse in vita. Nella *sua* vita.

Era sconcertato dalle proprie emozioni e dal loro impeto, ma si disse che quello non era il momento per analizzarle. Magari lo avrebbe fatto in seguito.

Sean Hedges, il direttore dell'Istituto statale per ragazzi problematici di Birmingham, non rimase sorpreso di veder arrivare un altro poliziotto, perché dopo la telefonata con Helen era stato informato dei drammatici sviluppi e si era aspettato che qualcuno andasse di nuovo a interrogarlo. Gettò solo un'occhiata distratta al distintivo di Caleb.

«Sono allibito e spaventato» disse. In effetti aveva tutta l'aria di non aver chiuso occhio le notti precedenti. «Sacha è morto. Un poliziotto è morto. È... terribile. Semplicemente terribile».

«Inoltre è scomparsa una collega» concluse Caleb. «Probabilmente rapita da Ian Slade.»

«Nessuna traccia di lei ancora?»

«No. Devo assolutamente parlare con lo psicoterapeuta che aveva in cura Ian Slade. E con l'insegnante fiduciario, il capogruppo o chiunque fosse la sua figura di riferimento quotidiana.»

«Nel caso di Ian Slade è la stessa persona. L'insegnante fiduciario era anche il suo terapeuta. Ma è in vacanza nel sud della Francia.»

«Ho bisogno del suo numero di cellulare. Devo contattarlo.»

Hedges sospirò. «Io stesso ci sto provando invano da sabato scorso. Voleva tenere spento il cellulare. Per una vacanza...»

«Della sua vacanza non m'importa niente» lo interruppe Caleb. «Qui si tratta di salvare la vita di due donne che si trovano nelle mani di uno psicopatico. Provi di nuovo a telefonare. A questo... terapeuta. Il quale non è riuscito neanche lontanamente di curare Ian Slade, quanto meno per renderlo inoffensivo per il suo prossimo!»

Sean Hedges arrossì. «Mi scusi, sa, ma con uno psicopatico è praticamente impossibile...»

«In ogni caso lo avete fatto uscire.»

«Non c'era niente contro di lui, con quale pretesto avremmo dovuto trattenerlo?»

Caleb si rese conto di essere ingiusto. «Va bene. Non le muovo rimproveri. Ma adesso devo parlare con quest'uomo, in qualunque parte del mondo si trovi a prendere il sole!»

Caleb non ci aveva sperato, ma stavolta Sean Hedges riuscì a raggiungere il suo collaboratore, probabilmente perché il fine settimana era passato e l'uomo aveva allentato il suo isolamento. Si chiamava Kamil Abrowsky e in quel momento era a bordo piscina nella casa che aveva affittato per le vacanze alla periferia di Sanary-sur-Mer, una località della Francia meridionale. Non aveva ancora controllato il cellulare, quindi non sapeva niente delle telefonate e dei messaggi che gli aveva lasciato Kate. Reagì scioccato quando il suo capo gli fornì un riassunto degli avvenimenti e poi gli passò Caleb. In sottofondo Caleb sentiva il frinire assordante delle cicale che faceva vibrare l'aria.

«Parla l'ispettore capo Caleb Hale» si presentò, «del CID di Scarborough. Ha già sentito. Dobbiamo rintracciare con molta urgenza e molta rapidità il suo ex paziente Ian Slade. Tiene due donne in suo possesso.»

«Buon Dio» mormorò Kamil Abrowsky. Nel giro di pochi minuti l'idillio feriale di cielo azzurro, cicale, profumo di resina e caldo si era dissolto.

«Il tempo gioca contro di noi, Mr. Abrowsky. Riteniamo che entrambe le donne siano in pericolo.»

«È probabile» concordò Abrowsky rassegnato. Non sembrava farsi molte illusioni sullo stato psichico del suo ex paziente.

«Mr. Abrowsky, lei aveva in cura anche Sacha Walsh?»

«Sì. Ma non può aver commesso nessun reato. Quel ragazzo non è in grado di fare del male neppure a una mosca.»

«Ha mai nutrito dubbi sull'accusa formulata contro di lui di aver annegato la sorellina nella vasca da bagno?»

Abrowsky esitò. «In realtà lo aveva ammesso lui stesso. Tuttavia questa storia è uno dei misteri irrisolti nella mia carriera di psicologo. Non si adatta alla sua personalità. Non è plausibile, ma...» Lasciò la frase in sospeso.

«Non fu lui» disse sbrigativo Caleb. «Nel frattempo lo abbiamo appurato. Fu la madre adottiva a uccidere la piccola. Poi hanno dato la colpa a lui.»

Abrowsky trattenne rumorosamente il fiato. «No!»

«Invece sì. Ma ora torniamo a Ian Slade. Ha mai parlato di un posto, un possibile nascondiglio, dove potrebbe aver portato le due donne? La prego di pensarci. Un qualche alloggio? L'appartamento di un conoscente... Un... un vecchio capanno dove giocava da bambino... Non so. *Qualcosa.* Ha mai parlato di qualcosa del genere? So che deve rispettare il segreto professionale, ma è davvero questione di vita o di morte.»

Siccome Abrowsky conosceva Ian Slade, quel modo di dire non gli parve esagerato. Si concentrò così intensamente che a Caleb sembrava di sentire il ronzio dei suoi pensieri. «Non saprei. Maledizione, non mi viene in mente niente. C'era quel garage, dove aveva trascinato la bambina e...»

«Già controllato» lo interruppe Caleb. «Non è lì. Ci siamo recati anche nelle vecchie abitazioni della famiglia Slade e della famiglia Walsh. Ci risiedono altre persone. Nessuna traccia di Ian Slade.»

«Vorrei davvero poterla aiutare. Ma Ian aveva dodici anni quando venne da noi. Ovviamente aveva abitato solo con i genitori. Non c'era nient'altro.»

«E Sacha? Hanno agito di concerto, con Slade che era la forza trainante e Sacha un complice riluttante. Sacha è stato ucciso da Slade prima della fuga, probabilmente perché conosceva il suo nascondiglio.»

«Un unico grande incubo» disse Abrowsky scosso.

«Proprio così. Sacha ha mai parlato di qualche posto particolare?»

«Mi rincresce moltissimo, ispettore Hale. Vorrei davvero aiutarla. Ma non so niente. Proprio niente.»

«D'accordo. Le do il mio numero di cellulare. Mi chiami subito se le venisse in mente qualcosa, va bene?»

«Certo. Santo cielo! Non sapevo che Ian e Sacha... Che ci fosse un legame tra i due. Ian non aveva fatto amicizia con nessuno, sa? Tutti avevano paura di lui.»

«Sono stati rilasciati nello stesso periodo?»

«Ian sei mesi prima.»

«A quanto pare Sacha doveva aver raccontato quanto meno a *lui* di non aver ucciso la sorella e di essere stato sacrificato dalla famiglia.»

«Già» concordò Abrowsky mestamente. Per lui era un colpo tremendo come terapeuta curante. In tanti anni non era stato in grado di conquistarsi la fiducia di Sacha. Cosa che invece era riuscita a Ian Slade, uno psicopatico fuori di testa.

Abrowsky fece un profondo sospiro. Le sue vacanze erano decisamente rovinate.

Si annotò il numero di Caleb e promise di farsi vivo. Caleb si augurava che per il resto della giornata continuasse a lambiccarsi il cervello alla ricerca di un'informazione utile.

Si congedò da Hedges, rivolgendo anche a lui la richiesta di farsi vivo se gli fosse venuto in mente qualcosa di importante, poi uscì in strada, inspirò l'aria fresca di quella giornata di agosto. Due giorni prima in quel punto esatto c'era stata Kate. Accanto a Robert Stewart.

«Dove sei, Kate?» bisbigliò. «E che cosa devo fare adesso?»

La conversazione con Kamil Abrowsky non era servita a niente. Anche se gli fosse venuto in mente qualcosa di decisivo, Caleb non aveva il tempo di aspettare. Kate ancora meno. E Sophia Lewis probabilmente meno di tutti.

«Che cosa faresti adesso, Kate?» Rimase in ascolto delle proprie parole, sperando di ottenere una risposta. *Che cosa avrebbe fatto Kate al suo posto?*

Sapeva che era puntigliosa e metodica quando indagava e che a volte aveva problemi a delegare. Preferiva convincersi di persona di tutto e tutti. Non perché dubitasse dei resoconti e delle osservazioni dei colleghi. Bensì perché era in grado di sviluppare un'intuizione, un sesto senso per le persone, le situazioni, le variabili, solo se ci si trovava davanti di persona. Doveva vedere, sentire, respirare, percepire. Solo allora arrivava a cogliere ciò che restava non detto, che era inafferrabile, che si nascondeva tra le righe.

Caleb decise di recarsi nella vecchia abitazione della famiglia Slade a Bromwich e poi in quella dei Walsh a Nottingham. In realtà non sperava di ottenere nuove informazioni, soprattutto perché gli mancavano le doti di Kate. Il suo istinto era al massimo la metà di quello della collega. Probabilmente lo faceva solo per un bisogno di agire. Restare con le mani in mano lo avrebbe fatto impazzire.

Si era fatto dare gli indirizzi da Helen, li inserì nel navigatore e partì. West Bromwich non era molto lontano da Birmingham, ci arrivò nel giro di mezz'ora. La casa sorgeva in fondo a una lunga strada desolata fiancheggiata da costruzioni misere e cadenti, delle quali molte sembravano disabitate o a stento abitabili, come dimostravano le finestre rotte o in due casi la mancanza di porte esterne. La casa della famiglia Slade non faceva parte di un complesso, bensì sorgeva isolata e un po' arretrata rispetto alla via. Per questo era circondata su quattro lati da un giardino, invece di avere solo un minuscolo spazio anteriore e una striscia d'erba sul retro. Il giardino era abbandonato, pieno di rovi contro i quali i nuovi inquilini avevano smesso di combattere. La staccionata era in piedi solo in alcuni punti. C'era uno spiazzo destinato a una macchina, almeno a giudicare dal quadrato di asfalto proprio accanto al vialetto di ingresso. Ma era vuoto. Forse la macchina era nel capanno che sorgeva seminascosto nella parte posteriore del giardino. Caleb lo esaminò diffidente. Sarebbe stato abbastanza grande per contenere un'ambulanza?

Non c'era campanello, perciò andò alla porta e bussò. Dopo qualche tempo sentì dei passi. Un uomo aprì la porta. Alle sue spalle c'era una donna. Non erano veramente anziani, ma la povertà, la mancanza di prospettive e l'apatia si erano impressi sui loro visi dando loro un'espressione decrepita che probabilmente superava l'età anagrafica. Guardarono entrambi Caleb con diffidenza. «Sì?»

Gli mostrò loro il distintivo. «Ispettore capo Hale, CID di Scarborough. Sono qui perché un tempo in questa casa abitava la famiglia Slade.» Si sentiva piuttosto stupido. I suoi colleghi si erano già presentati adducendo la stessa motivazione e non era servito a niente.

«È già venuto qualcuno prima di lei» disse l'uomo. «Un poliziotto. Non abbiamo saputo aiutarlo.»

«Volevo farmi un'idea personale. È molto importante metterci in contatto con la famiglia Slade.»

«Non sappiamo dove stiano» disse l'uomo. «Siamo qui in affitto.»

«Voi siete…?»

«Mr. e Mrs. Dales.»

«E chi è il padrone di casa?» chiese Caleb.

«Il comune. Ci hanno assegnato questa casa come alloggio popolare. Paghiamo un affitto bassissimo. Io ho perso il lavoro da molto tempo.» Mr. Dales aveva l'aria preoccupata. «C'è qualcosa di sbagliato? L'ho già detto al suo collega.»

«No, no, è tutto a posto.» Caleb rimase a pensare. Le informazioni corrispondevano a ciò che gli era stato riferito. I genitori di Ian

Slade erano spariti senza lasciare traccia, la casa era diventata di proprietà del comune che l'aveva affittata una volta stabilito che nessuno della famiglia si sarebbe ripresentato.

«Una domanda» disse Caleb. «Che cosa c'è dentro il capanno dietro la casa?»

«Niente» disse Dales. «È vuoto.»

«Potrei dare giusto un'occhiata?» Caleb sapeva di non avere il diritto di guardare dentro il capanno, se gli inquilini glielo vietavano, soprattutto perché non era neppure in servizio. Quell'intera conversazione stava avvenendo senza alcuna giustificazione ufficiale, esattamente come il dialogo con Kamil Abrowsky, perciò certe finezze procedurali erano superate.

«Ma certo» si affrettò a rispondere Dales. Evidentemente non sapeva che avrebbe potuto rifiutare. «Entri pure. La porta è aperta.»

Caleb andò al capanno e aprì il pesante portone di legno. Dentro era molto buio, a parte il chiarore che filtrava tra le fessure delle assi del tetto. In effetti il capanno era vuoto. Completamente vuoto. Però ci sarebbe stato spazio per un mezzo grande quanto un'ambulanza. Caleb scrutò il pavimento di terra battuta. Non trovò impronte di pneumatici, ma forse era troppo duro.

Era comunque una situazione del tutto assurda. Quegli sprovveduti non potevano essere complici di un pericoloso criminale. Gli erano sembrati confusi, ma non gli avevano dato l'impressione di nascondere qualcosa. La polizia si era presentata a casa loro per la seconda volta, ed era evidente che temevano che ci fosse un problema riguardo all'alloggio che gli aveva concesso lo Stato.

Brancolo nel buio, pensò Caleb.

Rivolse un saluto ai Dales, che lo guardavano impauriti dalla porta di casa, e tornò in auto.

C'era però qualcosa che non lo convinceva. O, meglio: qualcosa che gli risultava strano. Non sapeva ancora che cosa fosse. Forse se lo immaginava soltanto.

E adesso Nottingham. Probabilmente con lo stesso risultato.

La vecchia residenza della famiglia Walsh era un po' fuori città, ai margini di un villaggio. Una ex fattoria, ristrutturata con finestre e tetto nuovi. C'era un piccolo locale annesso, che un tempo poteva essere stato un fienile, ma che ormai, privo delle pareti laterali, somigliava più che altro a una tettoia per le macchine. Però non c'era nessun'auto. Forse non in quel momento. Magari di solito c'era parcheggiata una macchina.

Caleb si fermò e andò alla porta. Anche qui il giardino era trascurato, ma dato che era una casa di campagna e non c'era una recinzione l'effetto non era altrettanto incolto e fatiscente come a Bromwich. La natura arrivava fino alla porta di casa, ma con un effetto decisamente idilliaco.

Se non altro qui c'era un campanello dal suono stridulo e acuto. Caleb aspettò. Dopo un po' venne ad aprire una donna. Lo guardò con diffidenza. «Sì?»

Lui le mostrò il distintivo. «Ispettore capo Caleb Hale, CID di Scarborough. Avrei un paio di domande da farle.»

La donna sospirò. «Sono già venuti i suoi colleghi!»

«Lo so. Il mio è solo un sopralluogo di routine.» Caleb si rendeva conto di quanto dovesse sembrare strana la sua spiegazione. In realtà non aveva in mano proprio niente. «Lei è...?»

«Mrs. Callaghan. Maud Callaghan.»

«Mrs. Callaghan, può dirmi da chi ha affittato la casa?»

«L'ho acquistata. Più precisamente l'ha acquistata il mio ex marito. Come residenza per me e i bambini.» La sua voce trasudava cinismo e amarezza. «Doveva trovare il modo di mettere a tacere la coscienza, quando mi ha lasciato per quella sgualdrina che avrebbe potuto essere sua figlia.»

«Capisco. E lei abita qui con i suoi figli?»

«Sì, due maschi. Di tredici e quindici anni.»

«Ora sono in casa?»

«No. A un campo estivo. Al mare. A Bournemouth.»

Erano tutti in vacanza. Caleb capì che era andato lì per niente. Guardò verso la tettoia. «Lei non possiede una macchina?»

«Non ho abbastanza soldi.»

«Ma come fa? Vive piuttosto isolata.»

Maud Callaghan indicò verso il retro della casa con un cenno del capo. «Ho la bicicletta. Devo arrangiarmi.»

«Già.» Non c'era niente. Nessun indizio. Ma questo era naturale. Sia la famiglia Slade sia la famiglia Walsh non esistevano da tempo nella loro forma originaria, le tragedie che le avevano colpite non avevano lasciato intatto niente. I vari membri si erano dispersi ai quattro venti. Le case erano passate ad altri.

Si congedò da Maud Callaghan e tornò alla macchina, si mise al volante e rimase a pensare.

Ian Slade sembrava sparito dalla faccia della terra, sebbene avesse rapito due donne, viaggiasse su un furgone rubato e si fosse sbarazzato di un'ambulanza. Magari l'aveva spinta nel lago di qualche cava. Era un mezzo troppo grosso e vistoso da sistemare nelle vicinanze del suo nascondiglio, Caleb era pronto a scommetterci. Non aveva senso cercare garage di grandi dimensioni. L'ambulanza potevano cancellarla dall'elenco, non c'era più.

Al contrario il mezzo dello studente di Manchester, probabilmente morto, doveva esserci ancora, ma, anche se si trattava di un furgoncino, era relativamente facile da nascondere. Bastava lasciarlo a qualche isolato di distanza, o in un parcheggio, o in un viottolo di campagna. Restava un rischio, ma Slade doveva aver capito che gli investigatori ormai avevano scoperto la sua falsa identità e che anche il veicolo era ricercato, perciò agiva sicuramente con furbizia e senza commettere imprudenze. A parte questo, magari nel frattempo si era procurato un'altra targa e la polizia era a mani vuote.

La cosa peggiore era che Ian Slade era un criminale così incallito che avrebbe potuto commettere qualsiasi reato. Poteva aver forzato la porta di una qualche casa di vacanza isolata sulla costa meridionale per rinchiuderci le sue vittime, ma poteva anche aver aggredito e magari ucciso i proprietari e averne occupato le stanze, senza che qualcuno si fosse accorto di niente. Oltre a Sacha poteva aver avuto altri complici nell'istituto, pronti a dargli ospitalità. Ma era inutile cercare altre amicizie, dato che nella struttura nessuno si era mai accorto nemmeno di un particolare legame tra lui e Sacha. Tutti lo avevano temuto e per questo avevano cercato di assecondarlo. Con ogni probabilità anche adesso poteva contare sulla disponibilità di qualche suo vecchio compagno: di sicuro incuteva ancora timore.

Poteva essere quello un punto di partenza? Chiedere i nomi degli ex residenti dell'istituto, trovare i loro indirizzi, fare dei sopralluoghi?

Laborioso e complicato, avrebbe richiesto più tempo di quello che avevano a disposizione Kate e Sophia. Inoltre Caleb non aveva l'autorità per mettere in moto un'impresa del genere. Al massimo poteva dare il suggerimento a Helen e lei avrebbe dovuto convincere i colleghi ad agire. Prese il cellulare. L'avrebbe informata, ma dubitava che quell'iniziativa potesse avere successo. Non in *così poco tempo.*

Doveva farsi venire un'idea. Un'idea geniale.

Kate, tu che cosa faresti? si chiese mentalmente, in attesa che Helen rispondesse al telefono. Che cosa faresti?

Alla fine Helen rispose.

Kate continuò a tacere.

3

Era rannicchiata per terra, in uno spazio angusto, in un luogo a lei sconosciuto. Non riusciva a parlare. Faticava a respirare. Si era dovuta togliere un calzino e Ian lo aveva appallottolato e glielo aveva cacciato in bocca, bloccandolo poi con del nastro adesivo. La cosa lo aveva divertito, si capiva.

«Lo faccio sempre» aveva detto. «Uso il calzino della persona e glielo ficco giù in gola. Dà una bella sensazione, vero?»

Lei non aveva potuto rispondere. Inoltre doveva tenere a bada i conati. Emise solo un rantolo soffocato.

«All'istituto c'erano un paio di ragazzi più grandi. Lo facevano con noi piccoli. Se la spassavano un sacco. A volte ci cacciavano la testa nella tazza del cesso e ci costringevano a leccare l'acqua. Oppure ci spingevano il calzino giù in gola e ci lasciavano per qualche ora dentro il gabinetto. Gli educatori non si accorgevano di niente, oppure fingevano di non accorgersene. E guai se uno avesse parlato, non gli sarebbe passata per tutta la vita!» Guardò Kate con un ghigno. «Avevo dodici anni quando mi hanno messo in istituto. Non ho dovuto soffrire molto a lungo. Sono cresciuto e sono diventato forte in fretta. E allora ho fatto le stesse cose agli altri. Era ganzo. Mi divertivo un sacco.»

Kate cercò di spostare la lingua in una posizione che le permettesse di muovere il calzino in avanti. Sarebbero bastati pochi millimetri per alleviare la sofferenza. Ma la lingua era schiacciata verso il basso, prosciugata dalla lana, secca e ruvida.

Si chiedeva per quanto tempo avrebbe resistito. La risposta era semplice: finché quel tizio avesse voluto. E finché non fosse soffocata.

«Sacha soffriva molto. Aveva giusto sette anni quando arrivò ed era ancora mingherlino. E non ci stava del tutto con la testa. I grandi con lui facevano ciò che volevano. Lo tartassavano proprio. Ogni volta che riuscivano a beccarlo. Dicevano che avesse annegato la sua sorellina nella vasca da bagno. Non che quelli più grandi non avessero commesso la loro bella dose di atrocità, chi finiva in quella struttura era tutt'altro che un angelo. Però si consideravano moralmente superiori. Sacha era *l'infanticida.* Occupava il gradino più basso della scala.» La guardò di nuovo con un ghigno. «Qualcuno deve pur starci. Più in basso degli altri. A buscarsi tutto. Gli altri devono sentirsi superiori e deve esserci un motivo perché qualcuno stia così in basso. Be', chi ha annegato una bambina di un anno...»

Lei sussultò. Non a causa delle sue parole, ma perché l'urto di vomito era più intenso.

Lui le si inginocchiò davanti con quel ghigno inquietante in faccia. Era malvagio. Pazzo. Malato. Ma nel contempo anche molto astuto. Ian Slade era uno psicopatico, ma gli psicopatici erano tutt'altro che stupidi, come Kate sapeva bene. Era assai improbabile che avesse commesso un errore, una qualche svista che avrebbe condotto la polizia al suo nascondiglio. Era sveglio e molto sicuro di sé. Si capiva che aveva il pieno controllo della situazione. Anche nell'appartamento di Oliver Walsh, quando due persone avevano suonato inaspettatamente alla porta, non si era fatto prendere dal panico. Non sapeva che si trattasse di due poliziotti, ma aveva sparato prima che le cose potessero sfuggirgli di mano. Poi si era dato alla fuga. Kate non capiva bene perché l'avesse portata con sé, invece di eliminarla direttamente. In fondo lei rappresentava un peso per lui. Ma forse dipendeva dal fatto che lei si era presentata come agente di polizia. Quando era spuntato sulle scale all'improvviso, come un'ombra gigantesca, nera e minacciosa, oscurando del tutto il chiarore dell'unica finestra, lei, immobile e disarmata due gradini sotto di lui, aveva detto: «Sono il sergente Kate Linville del CID di Scarborough. Abbassi subito l'arma!»

Lui l'aveva guardata confuso e probabilmente non aveva sparato perché la sua sfrontatezza l'aveva colto del tutto di sorpresa, ma poi sul suo viso era comparso quel ghigno, quella smorfia disgustosa che Kate trovava insopportabile e lui aveva mormorato: «Ma tu guarda. Una poliziotta...»

Per qualche motivo Kate era convinta che in quel preciso istante lui avesse deciso di risparmiarla, almeno per l'immediato futuro. Forse pensava che una poliziotta in ostaggio sarebbe potuta tornargli utile. Oppure era esaltato all'idea di averla in suo potere.

Torturare una poliziotta. Kate sapeva che alcuni criminali ne traevano un senso di potere inebriante.

Minacciandola con la pistola l'aveva costretta a salire in macchina. Era un vecchissimo furgone malandato, quasi certamente appartenuto allo sfortunato Jack Gregory. Kate si era mossa con la massima lentezza, nella speranza di guadagnare tempo e di dare la possibilità agli occupanti delle case circostanti di accorgersi della situazione e chiamare la polizia. Ma purtroppo in quei minuti nessuno sembrava essere affacciato alle finestre. Sul pianale era disteso un materasso. Grandi contenitori di plastica erano allineati contro le fiancate. A Kate tornò in mente che Jack Gregory aveva usato il suo Transit come camper. Probabilmente le scatole contenevano posate e stoviglie e altri utensili quotidiani. Purtroppo questo non le era di alcuna utilità. Slade le aveva legato mani e piedi. Impossibile procurarsi un oggetto qualunque da utilizzare come arma. Se non altro a quel punto non l'aveva ancora imbavagliata.

Si domandava quali fossero le sue intenzioni. E si domandava come stesse Robert Stewart. Lo aveva visto immobile, come un grosso bambolotto di pezza che qualcuno aveva buttato distrattamente sui gradini. Pregava che fosse solo privo di sensi e ancora vivo. Pregava che fosse soccorso in fretta.

Pregava che anche lei riuscisse a sopravvivere a tutto quanto, ma si rendeva conto di avere scarse possibilità di farcela.

Secondo i suoi calcoli, il viaggio durò un paio d'ore.

Era notte quando si fermarono e lui aprì il portellone posteriore. La bendò con il nastro da pacchi e le liberò le gambe, poi la esortò a scendere. All'inizio le gambe non la ressero. Era dovuta rimanere a lungo nella stessa posizione e aveva i muscoli anchilosati. Lanciò un grido di dolore, ma Ian Slade continuò a premerle un oggetto duro tra le scapole, probabilmente una pistola, sospingendola implacabile.

«Avanti! Niente finte!»

Lei non rispose e avanzò cauta a piccoli passi. Ian a un certo punto fece un passo davanti a lei e aprì una porta. Entrarono in una casa. Il pavimento era di pietra. Con i gomiti sfiorò l'intonaco grezzo alle pareti. Non c'era un buon odore. Un po' umido, marcio. Una casa dove nessuno viveva da tempo. Kate perse le speranze. Durante tutto il viaggio aveva cercato di capire dove potesse essere il nascondiglio, la tana di Ian Slade, e ora supponeva che si fosse introdotto in una casa disabitata nei pressi del litorale, magari, dove nessuno sarebbe andato per parecchio tempo, né avrebbe scoperto che cosa stesse accadendo. Slade doveva aver controllato che fosse un posto sicuro.

Nessuno li avrebbe trovati.

La domanda era se Sacha Walsh conoscesse quel luogo. Rappresentava l'unico barlume di speranza all'orizzonte, perché probabilmente sarebbe stato possibile farlo parlare. Ma era attanagliata da un dubbio atroce: Ian non aveva portato Sacha con sé. Lo aveva lasciato nell'appartamento di Walsh. Un rischio incalcolabile e non era da lui.

Forse Sacha era all'oscuro di quel luogo? Per questo non rappresentava un pericolo per Ian? Né una speranza per Kate?

O per Sophia. Kate si chiese se anche Sophia fosse in quella casa. Si azzardò a fare quella domanda. «Anche Sophia è prigioniera qui? È ancora viva?»

Invece di risponderle, la colpì con tanta forza in faccia da farle sbattere la testa contro il muro. Il dolore le fece salire le lacrime agli occhi.

«Tu non puoi fare domande» sibilò. «Capito? Solo io posso farle!»

Erano così giunti nella stanza dove si trovava adesso Kate, un ambiente angusto, come aveva visto dopo che Ian le aveva strappato via il nastro adesivo dagli occhi. Con tale brutalità che doveva averle strappato anche le ciglia. Non riuscì a trattenere un grido di dolore. Lui rise. «Nessuno ti ha mai trattata così, vero? Era ora, stupida troietta.»

Doveva essere una specie di dispensa. Lo dimostravano dei ripiani vuoti lungo una parete. La finestra posta in alto era schermata da una tapparella. L'unica luce proveniva da una lampadina appesa al soffitto. Ian aveva fatto in modo che Kate non sapesse dove si trovavano, ma non si era dato la minima pena di nascondere la propria identità. Si faceva vedere in faccia, le aveva raccontato dell'istituto. Evidentemente immaginava che lei sapesse chi era e questo non sembrava destabilizzarlo affatto.

Al contrario era molto inquietante per Kate.

Poi c'era stato il brutale imbavagliamento. Lui l'aveva costretta a togliersi un calzino e glielo aveva ficcato in bocca, poi le aveva bloccato di nuovo le gambe e aveva stretto anche i polsi. Ben presto il sangue avrebbe smesso di circolare nelle mani. Per il momento era sopportabile, ma Kate sapeva che quel genere di legatura le avrebbe provocato ben presto dolori tremendi. Il continuo urto di vomito era comunque peggio. Come pure la secchezza della bocca causata dalla lana del calzino. Kate non immaginava che la bocca potesse asciugarsi così in fretta e che questo provocasse una tale sofferenza alle mucose.

Per finire lui la tastò in tutto il corpo, frugò in tutte le tasche, infilò le mani addirittura sotto i vestiti, le prese il distintivo.

«È necessario» spiegò. «La prudenza non è mai troppa. Non vorrei che tu avessi addosso un'arma o un cellulare.»

Dopo essersi convinto che Kate non rappresentava in alcun modo un pericolo per lui, si accovacciò di fronte a lei e le raccontò ciò che aveva passato all'istituto e quanto avessero sofferto lui e soprattutto Sacha. Quindi accarezzò quasi teneramente la pistola.

«Me l'ha procurata un ex compagno all'istituto. È uscito tre anni fa. È importante avere buoni contatti, vero?» disse. «Avrei sempre voluto ammazzare uno sbirro. Oggi l'ho fatto. Credo che il tuo collega sia morto. Sembrava parecchio morto, lì sulle scale. Peccato che non sapessi che era uno sbirro quando ho sparato. Sarebbe stato più ganzo. Ma anche dopo non è niente male!»

Kate sperava che si sbagliasse. Che Robert Stewart fosse vivo.

«Ho eliminato anche Sacha. Un colpo in testa.» Sospirò, ma non sembrava sincero. «Poveretto. Ma è stato necessario.»

Sacha era morto. Il colpo riservato a lui doveva essersi confuso tra quelli sparati a Robert Stewart. Adesso però Kate aveva la sua risposta: Sacha conosceva il nascondiglio, ma non poteva più aiutarla. Ian non aveva voluto correre rischi. Un uomo morto non parlava.

«Purtroppo Sacha era inutile» disse Ian. «Avrebbe dovuto eliminare Sophia, la donna che mi ha fatto rinchiudere in quel manicomio di Birmingham. Non dovevo essere sospettato di un omicidio per cui avrei avuto un movente. Lo stesso valeva per Sacha. Io mi sarei occupato dei suoi. Entrambi avevamo un alibi per l'ora del delitto, eravamo in un bar con tanta gente. Qualcuno si sarebbe ricordato... Sacha doveva semplicemente sparare a Sophia quando usciva di casa al mattino. Ma poi mi sono reso conto che non l'avrebbe colpita e le cose si sarebbero complicate. Così mi è venuta l'idea del fil di ferro. Avevo studiato le sue abitudini e mi sembrava un piano geniale. Se tutto andava bene, si sarebbe rotta il collo nella caduta, ma per sicurezza Sacha doveva comunque spararle un colpo in testa. Era un facile bersaglio, immobile per terra. Ma non è riuscito a fare nemmeno quello, ha sparato a caso e poi si è dato alla fuga.»

La falla nel piano di Ian. La sensibilità di Sacha. Non aveva neppure un briciolo di impeto criminale.

«Quando ho letto sul giornale che Sophia sarebbe rimasta paralizzata a vita, ho avuto la tentazione di lasciare le cose così» proseguì Ian. «Quanto sarebbe stato gratificante? Non c'era castigo migliore per quella stronza. Poi però mi sono reso conto del rischio che correvo. Lei di sicuro avrebbe capito chi era il colpevole. Avrebbe parlato. Ogni giorno era pericoloso. Dovevo renderla inoffensiva.»

Sogghignò di nuovo. «E ci sono riuscito. A me riesce sempre tutto. Il suo rapimento è stato un colpo da maestro, vero? Grazie ai miei contatti non è stato difficile procurarmi dei documenti falsi di una scuola per infermieri. Poi ho messo fuori uso il sistema di localizzazione dell'ambulanza e alla fine me ne sono liberato spingendola in un lago. L'avete cercata dappertutto, vero? Ma non sono mica tanto stupido da lasciarla vicino a me.»

Era assolutamente compiaciuto di se stesso. Dal suo punto di vista ne aveva tutti i motivi.

«Sai una cosa, Kate» aveva imparato anche il suo nome, «il fatto è che sono più furbo della media. Ho semplicemente più cervello. Per esempio in quello stupido istituto... Ci sono entrato due anni dopo Sacha. Ho capito subito che quel poveretto non aveva niente a che fare con la morte della sorella. Era evidente. Non era il tipo. Non era in grado di annegare nessuno. Dopo un temporale Sacha è il genere di persona che gira per strada a raccogliere lombrichi e li rimette in mezzo all'erba. E fa sempre attenzione a dove mette i piedi, casomai ci fosse qualche insetto o un bruco o che so io. È fatto così. Sapevo che non sarebbe mai riuscito *ad annegare la sorella*. Ma i terapeuti e gli educatori e quell'idiota del direttore ci credevano tutti ed erano preoccupati e... Stronzate! Io al contrario ho sempre pensato che non dovevano attribuire tanta intraprendenza al povero Sacha. Piuttosto si dovevano chiedere chi era stato veramente. Voglio dire, qualcuno ha annegato una bambina e se ne va in giro libero e bello. Pazzesco, no?»

Kate rimase in silenzio. Non voleva dargli la soddisfazione di emettere neppure un rantolo. E inoltre l'impulso di vomitare era sempre più forte.

«A un certo punto sono riuscito a cavarglielo fuori. Di me si fidava più che degli adulti e per questo alla fine mi ha raccontato tutto. Era stata quella pazza svitata della sua madre adottiva. E il padre adottivo aveva ideato il piano di dare la colpa a quell'idiota di Sacha. Anche la bambinaia lo aveva appoggiato. Allora mi è venuta l'idea di vendicarci. Sacha ha progettato la cosa insieme a me, ma capivo che non ci credeva veramente. Voleva compiacermi e inoltre io lo proteggevo. Se la passava meglio, finché faceva come dicevo io, i più grandi non si azzardavano a toccarlo e probabilmente dentro di sé era convinto che non avremmo mai messo in pratica il piano. Ma non conosceva Ian Slade. Io non faccio solo discorsi. Io sono uno che agisce.»

Era di nuovo assolutamente soddisfatto di sé. A volte era questo grado di autocompiacimento che spingeva i criminali a commettere degli errori. Kate lo aveva visto succedere spesso. Nella situazione attuale, però, Ian non poteva più sbagliare molto. Aveva tutto sotto controllo.

«Ho studiato per mesi tutti. Sophia. Oliver. Alice. Xenia. Ho scoperto dove abitavano. Ho indagato le loro abitudini. Ho avuto il mio bel daffare. Ma a un certo punto avevo tutte le informazioni necessarie. Ho seguito Xenia a Londra. In treno. E ritorno. Volevo solo innervosirla un po', sedendomi di fronte a lei e fissandola. Ma poi... L'idea mi è sembrata irresistibile. Ammazzarla e basta.»

Rischioso. Si capiva che gli piaceva giocare con il fuoco. Forse era questo il suo punto debole.

Lui la osservava, come se fosse un soggetto interessante sul tavolo anatomico. «Che cosa devo fare con voi due? Te e Sophia?»

Se non altro Sophia era ancora viva. Doveva trovarsi in quella stessa casa. Ma questo a che cosa le serviva? Per quanto Kate pensasse febbrilmente, non riusciva a trovare un'idea risolutiva. Non c'era via d'uscita. In sostanza poteva confidare solo nei suoi colleghi, ma intuiva che in quel momento dovevano essere allo sbando.

«Sophia mi ha distrutto la vita» disse Ian. «Quando ti rinchiudono in un posto come quello, qualcosa dentro di te muore. Tu forse non riesci nemmeno a immaginarlo. Di certo sei cresciuta in un ambiente protetto, sempre al sicuro con mamma e papà. Ho pensato di seppellire Sophia. In una cassa. Che te ne pare?»

Stavolta Kate non riuscì a trattenere un'esclamazione. Ne uscì un suono strano, che non corrispondeva minimamente a ciò che provava: orrore assoluto. Perché ormai credeva di aver compreso abbastanza la natura di quell'uomo da sapere che non bleffava. Era brutale, amava la crudeltà, era il suo pane. Ne era letteralmente dipendente. E per quanto riguardava Sophia a questo si aggiungeva l'odio personale verso di lei. Un odio abissale. Come era tipico di un individuo con la sua personalità, estremamente narcisista, non si rendeva conto che con il suo comportamento, con il rapimento di una bambina piccola aveva infranto la legge ed era finito nell'istituto correttivo. Attribuiva la colpa esclusivamente a Sophia. E ribolliva di collera. La rabbia era cresciuta in tutti quegli anni, si era stratificata, aveva acquisito forza. Ora che non c'era più niente a trattenerla, divampava con un impeto impossibile da contenere. Anche se fosse stata in grado di parlare, Kate sapeva che non sarebbe servito a niente appellarsi al senso morale. Ian Slade era privo di qualsiasi morale. E anche se da qualche parte ce ne fosse stata una scintilla, cosa di cui Kate dubitava, era stata spenta dalla forza della violenza.

«Forse» proseguì lui lentamente, «potrei fare la stessa cosa con te. Che ne dici? Così nessuno vi troverà mai più.»

Sghignazzò.

Con assoluto sgomento Kate si rese conto che il suo odio per i poliziotti era altrettanto profondo di quello per Sophia.

Sarebbe morta, e sarebbe stata una morte lenta e dolorosa.

4

Caleb era indeciso sul da farsi e alla fine valutò che avrebbe avuto senso parlare con Xenia Paget e Oliver Walsh. Forse potevano avere un'idea di dove si nascondesse Slade con i suoi ostaggi. Anche in questo caso era solo una vaga speranza. Di sicuro erano stati già interrogati, e quasi certamente non avevano rivelato niente di decisivo. Ma spesso Caleb aveva sperimentato che era utile procedere a più interrogatori, magari condotti da individui diversi. Il problema era che il più delle volte le persone sapevano qualcosa di cui non riconoscevano l'importanza e per questo tenevano involontariamente per sé indizi rilevanti. Bastava la domanda giusta, posta nel modo giusto, per acquisire nuove informazioni. Molto spesso, nelle domande così come nelle risposte, il caso aveva un ruolo decisivo.

Si rimise in viaggio per Leeds, dove erano ricoverati Walsh e Xenia Paget stando alle informazioni di Helen. Non sarebbe stato facile, sicuramente erano tenuti sotto sorveglianza. E Caleb in qualche modo doveva superare i controlli.

Avrebbe risolto il problema una volta arrivato sul luogo.

Viaggiava sulla M1, assorto nei pensieri, e trasalì quando improvvisamente fu superato da un'auto della polizia che poco prima aveva visto ferma in una piazzola di servizio e che teneva accesa l'insegna luminosa sul tettuccio per invitarlo a seguirla. Caleb imprecò tra sé. In centrale avevano già scoperto che indagava senza autorizzazione? Forse i Dales a Bromwich o Maud Callaghan a Nottingham avevano telefonato furibondi al commissariato più vicino perché erano stati importunati una seconda volta da un agente che aveva fatto loro le stesse domande della prima?

Ma in questo caso perché farlo inseguire da un'autopattuglia?

Accostò sul ciglio della strada. Un agente in uniforme scese dalla macchina di servizio e si avvicinò. Caleb abbassò il finestrino.

«Buongiorno, signore. Mi spiace, ma poco fa ha attraversato due abitati a velocità sostenuta. Per favore mi mostri i documenti.»

Caleb tirò un sospiro di sollievo. Certo, era stato uno stupido a guidare troppo veloce, ma per fortuna la cosa non aveva niente a che fare con le sue indagini.

Dal finestrino consegnò all'agente la patente e il libretto di circolazione e infine il distintivo. Il poliziotto si mise subito sull'attenti.

«Oh. Ispettore capo Hale. Non sapevo...»

Caleb fece un cenno vago. «Nessun problema. Probabilmente andavo troppo veloce.»

«Signore, se si tratta di un'indagine, allora...»

«Un rapimento.»

L'agente gli restituì i documenti e si portò una mano al berretto. «Tutto a posto. Nient'altro da controllare. Mi spiace di averla fermata. Da fuori non si vede con chi si ha a che fare.»

Salutò con un cenno, poi tornò verso la sua macchina.

Caleb lo seguì con lo sguardo. Nella sua mente era scattato qualcosa, un pensiero... Legato a ciò che aveva appena detto il poliziotto.

Da fuori non si vede con chi si ha a che fare.

Qualcosa lo aveva disturbato quel giorno. In una determinata circostanza aveva avuto la sensazione che ci fosse qualcosa di strano, ma non era riuscito a capire che cosa.

Quella coppia che abitava a West Bromwich. Mr. e Mrs. Dales.

Dales.

Slade.

Le stesse lettere. Anagrammate. Slade e Dales.

Esaminò le informazioni che aveva: Ian Slade era finito nell'istituto di Nottingham nel 2006. Subito dopo i genitori se n'erano andati, nessuno sapeva dove.

Con ogni probabilità non erano state fatte ricerche sugli Slade. Le persone erano libere di sparire, a patto di non lasciare debiti o altri obblighi. Nessuno si era meravigliato che gli Slade si fossero dileguati. Il figlio, praticamente ancora un bambino, ma disadattato fin dal primo giorno di vita, aveva rapito una bambina con l'intenzione, per come era conosciuto e valutato, di abusare di lei. Ed era stato rinchiuso in una delle famigerate strutture di rieducazione dove si raccoglievano i peggiori casi di tutto il paese. Vivere a Bromwich doveva essere stato un quotidiano calvario per gli Slade.

E se invece fossero tornati?

Quali prove c'erano che il comune avesse destinato la casa a soggetti bisognosi? A quanto ne sapeva Caleb c'era solo la dichiarazione della coppia. Di sicuro nessuno aveva controllato. E chi aveva chiesto i loro documenti? Lui sicuramente no. Con ogni probabilità nemmeno i colleghi. Era un sopralluogo di routine, nessuno aveva creduto sul serio di trovare indizi su Slade. Dopo tutti quegli anni.

E se invece quelli erano i genitori? Che avevano fatto ritorno nella loro vecchia casa e l'avevano affittata di nuovo? Oppure non avevano mai cancellato il contratto originario, cosa che gli sarebbe costata parecchi soldi, ma non si poteva escludere niente a priori.

Possibile però che la notizia del loro ritorno non si fosse sparsa nel quartiere? Gli agenti avevano interrogato i vicini di casa?

Forse i Dales non si facevano vedere fuori. Forse erano accuditi dal figlio.

Ian.

Era plausibile? I vicini non avrebbero riconosciuto Ian?

Era stato portato via quando aveva dodici anni. Adesso ne aveva ventiquattro. No, senz'altro non sarebbe stato facile riconoscerlo. Oppure si muoveva solo con il favore delle tenebre. Faceva la spesa in posti lontani. Parcheggiava la macchina a qualche isolato di distanza.

Era ammissibile.

Questo stava a significare che Kate si trovava nella casa di Bromwich. E lui era arrivato sulla soglia. Forse a pochi passi da lei.

I Dales gli erano sembrati molto tesi. Anche Maud Callaghan aveva reagito con un certo stupore, trovandosi davanti per la seconda volta un poliziotto che chiedeva informazioni sulla stessa faccenda, ma non era stata nervosa. L'inquietudine dei Dales al contrario era stata palpabile.

Dales. Slade. Caleb non riusciva a toglierselo dalla mente.

Chiamò Helen, pregando che fosse raggiungibile. Per fortuna gli rispose subito.

«Sergente, mi sa dire per caso come sono stati controllati i Dales a Bromwich?» chiese senza preamboli. «Le loro dichiarazioni sono state sottoposte a verifica? Sono stati sentiti anche i vicini?»

Helen reagì sorpresa. «A quanto ne so si è trattato di un breve dialogo sulla porta di casa. Perché? È sorto qualche sospetto? E lei dove si trova ora?»

«Sono appena ripartito da Nottingham. Sono stato al vecchio indirizzo della famiglia Walsh, e prima a quello degli Slade. Nessuno ha notato qualche stranezza nel cognome degli attuali inquilini? *Dales?*»

Helen ci pensò un attimo poi esclamò sorpresa: «Accidenti!»

«Nemmeno io ci ho fatto caso subito» ammise Caleb. «Chissà se i colleghi si sono fatti mostrare i documenti?»

«Non saprei, ma non credo. Non si trattava di due sospettati, il sopralluogo serviva a dare un'occhiata al posto ed eventualmente a ottenere informazioni sugli Slade, ma pare senza risultato.»

«I Dales erano nervosi. In maniera esagerata.»

«Signore, pensa che...?»

«Potrebbero essere gli Slade, no? I genitori di Ian Slade misteriosamente scomparsi.»

«Che sono tornati?»

«Perché no?»

«Ma i vicini li avrebbero riconosciuti» obiettò Helen.

«Nessuno li ha interpellati. Può darsi che in parte gli abitanti del vicinato siano cambiati nel corso degli anni. E inoltre... Magari i Dales non escono quasi mai di casa?»

«Devono pur andare a fare la spesa.»

«Forse ci pensa Ian.»

Helen rimase in silenzio qualche minuto, a rielaborare le informazioni e le ipotesi appena formulate.

«Di certo non si può escludere a priori» disse poi esitante. «Per il momento però è solo un'ipotesi teorica. Cosa dobbiamo fare? Se ora vado dal capo e... »

«Chi dirige le indagini?» la interruppe Caleb.

«Il soprintendente capo in persona.»

Il grande amico di Caleb. L'uomo che aveva firmato la sua sospensione. Caleb immaginava la sua reazione se avesse saputo che l'ex collaboratore alcolizzato cercava Kate Linville agendo di sua iniziativa e utilizzando il distintivo che in realtà avrebbe dovuto restituire da tempo.

Ci pensò su un attimo. «Mi ascolti, sergente, adesso torno dai Dales. Voglio vedere se riesco a scoprire qualcosa. Nel frattempo magari lei potrebbe cercare di capire a chi era stata assegnata la casa. Sarebbe un bel passo avanti.»

«Certo, posso farlo. Non preferisce aspettare che abbia portato a termine la verifica? Prima di agire in qualsiasi modo?» Helen sembrava nervosa e stressata. Se adesso Caleb avesse messo in moto le cose e alla fine la sua ipotesi si fosse rivelata priva di sostanza, avrebbe sollevato un gran polverone e sarebbe emerso anche che lei, Helen, aveva aiutato il suo ex capo sospeso.

Caleb indovinò il suo pensiero.

«Sarò molto prudente. Non farò niente di concreto prima di avere nuove informazioni da lei. Ma voglio tornare in quella casa. Può darsi che i Dales si siano spaventati per una seconda visita della polizia. Però, se Kate e Sophia sono in quella casa, non possiamo permetterci di aspettare che vengano trasferite altrove.»

«Mi farò viva appena scopro qualcosa» promise Helen e riattaccò.

Caleb continuò il viaggio. La giornata si andava rasserenando, squarci di cielo azzurro spuntavano tra le nuvole che erano disperse da un vento leggero. Quando arrivò a Bromwich, splendeva il sole. L'estate finalmente aveva ripreso slancio. Caleb però non era nello stato d'animo giusto per apprezzarlo.

Parcheggiò di fronte alla casa dei Dales. Non c'era anima viva. Il giardino incolto, le finestre chiuse, il silenzio: sembrava una casa vuota e abbandonata. Anche prima aveva avuto lo stesso aspetto, e tuttavia i Dales erano stati all'interno. Quelle persone conducevano un'esistenza estremamente appartata. Per qualche buon motivo?

Scese dalla macchina. Faceva decisamente più caldo. Si tolse la giacca, la gettò distrattamente sul sedile del passeggero e inforcò gli occhiali. L'idea che Kate potesse essere tenuta prigioniera da qualche parte dietro quelle finestre buie lo faceva fremere. Pensare che fosse già stata portata via gli provocava angoscia. Avevano avuto il tempo sufficiente per farlo? Lui era stato via più di due ore. Forse potevano esserci riusciti.

Attraversò la strada, entrò nel giardino. Non sapeva ancora che cosa avrebbe detto quando fosse stato di nuovo di fronte ai Dales. Contava sull'improvvisazione. Sperava che gli venisse in mente qualcosa per convincerli a farlo entrare in casa.

Doveva entrare a tutti i costi.

Quando bussò nessuno reagì. Il silenzio rimase assoluto. Aspettò, bussò di nuovo, e un'altra volta ancora. Niente. I Dales non erano in casa oppure non volevano aprire.

Caleb fece il giro dell'edificio a passo lento e cauto. La decadenza che emanava lo deprimeva e lo spaventava. Il tetto non sembrava in grado di reggere la pioggia, le finestre, con gli infissi deformati da decenni di umidità, d'inverno non riparavano di certo dal freddo. La casa non era mai stata sottoposta ad alcun intervento di ristrutturazione e ora poteva solo essere abbattuta.

Intanto era arrivato sul retro. C'era un altro giardino, pieno di erba alta e ingiallita e rovi intricati. Un muro di mattoni rossi in parte diroccato delimitava la proprietà. Al di là iniziava un altro giardino.

L'insieme dava un'impressione di abbandono e nel contempo di assoluta anonimità.

Ciò che elettrizzò Caleb, però, furono le finestre sul retro della casa. Erano inchiodate con assi di legno.

Forse perché i vetri erano rotti o gli infissi non tenevano più? Oppure perché si voleva evitare che qualcuno sbirciasse nelle stanze? Sarebbe stato comunque difficile. Siccome il terreno degradava leggermente, le finestre erano più alte che sul davanti. Un uomo della statura di Caleb riusciva giusto a sbirciare all'interno mettendosi in punta di piedi, una persona più bassa non avrebbe visto niente. Tuttavia qualcuno aveva tappato completamente le aperture. Perché?

Caleb sentì il cuore accelerargli. C'era qualcosa che non andava, ne era sicuro. La casa appariva del tutto abbandonata, per qualche motivo non gli sembrava che i Dales fossero seduti in salotto e non reagissero. Se n'erano andati. Dopo che lui era stato a trovarli. Una coincidenza?

Oppure avevano portato via Kate e Sophia?

Da soli non ce l'avrebbero fatta. Non erano molto anziani, ma la vita li aveva logorati, fiaccati. Si capiva che mangiavano male e facevano troppo poco movimento. Erano stremati e prostrati. Non sarebbero riusciti a trasportare fino alla macchina una donna paralizzata. Per di più in pieno giorno. Li avrebbero visti dalle case vicine.

Tuttavia doveva entrare. Doveva sapere chi erano quelle persone. E forse avrebbe trovato degli indizi che indicavano che qualcuno era stato imprigionato lì dentro.

Caleb provò a scuotere una delle assi che bloccavano una finestra e se la ritrovò in mano. Era un rinforzo inutile oppure si era allentato con il tempo. Il legno era completamente marcio. Non sembrava un lavoro recente, il che confutava l'ipotesi... Non aveva importanza.

Staccò anche le altre assi e si ritrovò davanti una finestra aperta. Il vetro era rotto ma c'erano ancora delle schegge affilate sul telaio. Caleb si issò sul davanzale e lo scavalcò con la massima prudenza. Provò una fitta alla spalla e capì di essersi tagliato con uno dei frammenti. Faceva un male bestiale, ma strinse i denti. Con un salto atterrò sul pavimento di una stanzetta. Si tolse gli occhiali da sole. Un letto matrimoniale con un copriletto steso con cura. Un armadio che sembrava sul punto di cedere appena fossero state aperte le ante. In un angolo una cesta per il bucato che traboccava di biancheria sporca. Doveva essere la camera da letto dei Dales.

La porta verso il corridoio era aperta. Caleb sbirciò all'esterno. Un guardaroba a muro con un paio di cappotti. Nient'altro.

Ora aveva la certezza quasi assoluta che in casa non ci fosse nessuno. Non era stato proprio silenzioso quando aveva staccato le assi, se ci fosse stato qualcuno lo avrebbe sentito. Invece era tutto immobile. Da qualche parte si sentiva gocciolare un rubinetto.

C'erano altre tre porte sul corridoio, di cui una era aperta. Caleb diede un'occhiata all'interno. Una cucina, incredibilmente malandata. Muffa negli angoli. Una cucina a gas antiquata. Un rubinetto arrugginito che perdeva, probabilmente non chiudeva più bene. Un tavolo e due sedie, qualche pensile rivestito di plastica. Sotto la finestra un divano grigio sfondato. Su uno scaffale un enorme televisore. C'era puzzo di cibo avariato e umidità.

La miseria in mezzo a cui era cresciuto Ian Slade era visibile dappertutto in quella casa. Tangibile. Ciò nonostante, non era né una scusa né una giustificazione per quello che era diventato e che era stato manifesto in lui fin da piccolo. Molti crescevano in condizioni disagiate. Pochissimi diventavano psicopatici.

Caleb uscì dalla cucina e aprì una alla volta le altre due porte. La prima stanza era una specie di sgabuzzino stipato di tutto ciò che era inutilizzato: mobili rotti, scatoloni di cartone, teli di plastica, vasi vuoti, vasellame scheggiato. Il ciarpame arrivava quasi fino al soffitto. Non c'era spazio per una persona lì dentro.

Dietro l'altra porta c'era il bagno. Era buio, perché la finestra era un'altra di quelle tappate con le assi. Caleb accese la luce. Gli venne quasi da vomitare alla vista della quantità di muffa che cresceva dappertutto. Era abbastanza scontato, visto che la finestra non poteva più essere aperta. C'era una vasca con una tenda per la doccia di plastica ingiallita, un gabinetto, un lavandino con sopra uno specchio con una crepa nel mezzo. Caleb ebbe l'impressione che il tappetino a pelo lungo si muovesse da solo, ma forse lo aveva solo immaginato.

Quella casa era un unico immondezzaio. Ma non era un posto dove tenere rinchiuse le vittime di un rapimento.

A meno che non ci fosse una soffitta. Una cantina.

Caleb guardò in alto e in basso. Non c'erano botole, né nel soffitto, né sul pavimento.

Non sembrava che qui fosse mai stato rinchiuso qualcuno.

Eppure ne era sicuro, maledizione, sicurissimo! C'era qualcosa che puzzava lì.

Valutò il da farsi: le opzioni erano scarse, in pratica inesistenti. Mentre era davanti alla porta del bagno, sentì una chiave girare nella toppa. Mr. e Mrs. Dales entrarono e lo guardarono sbigottiti. Erano carichi di borse della spesa e avevano l'aria spossata e sudata. Per qualche secondo nessuno parlò. Poi Mrs. Dales si mise a urlare.

«Un ladro!» strillò. «Aiuto! Un ladro! Oddio, aiuto!»

Il marito guardò meglio l'intruso e riconobbe Caleb. «Lei?» domandò stupito. «Ma è un poliziotto.»

«Sì» confermò Caleb.

«Non può fare così» disse Mr. Dales. «Non può entrare in casa altrui senza permesso.»

La moglie pescò un cellulare dalla borsa. Caleb si sorprese a pensare, non per la prima volta, a quanto fosse singolare che le persone, per quanto povere, disponessero sempre dei modelli più nuovi di cellulari e televisori a schermo piatto.

Senza perderlo di vista, la donna compose freneticamente un numero.

«Sì, sono la signora Dales. Dovete venire al più presto. C'è un intruso in casa nostra. Sì, prego!» Dette il proprio indirizzo.

«La polizia arriverà subito» disse.

Caleb sospirò. Lo aspettava una bella seccatura. E poi fece un'altra constatazione: era su una falsa pista. La donna non avrebbe chiamato la polizia se fosse stata coinvolta in un rapimento.

L'intuito, che aveva sperato potesse reggere almeno in parte il confronto con quello di Kate, lo aveva tradito su tutta la linea.

5

L'agente fuori si godeva la giornata di sole e lei era seduta nella desolata mensa dell'ospedale. Non le era capitato quasi mai di anelare con tanta forza a uscire da una stanza e a muoversi all'aperto, percepire il calore dei raggi del sole sulla pelle e inspirare il profumo dell'estate. Sarebbe stato molto meglio dei tavoli e delle sedie di plastica in quello stanzone dove ristagnava un odore di cibo caldo che le faceva venire la nausea, meglio del brusio, del tintinnio di tazze, piatti e posate e della vista dei malati in accappatoio, tuta e pantofole. Qualcuno si portava dietro anche l'asta della flebo. Era deprimente.

Xenia e Oliver erano seduti l'uno di fronte all'altra, ciascuno con una tazza di caffè davanti. Xenia aveva preso anche un muffin al cioccolato, ma non lo aveva ancora toccato. Se voleva mettersi a dieta, tanto valeva cominciare fin da subito.

L'ospedale aveva un piccolo giardino, ma nessuno dei due sapeva se avessero il permesso di uscire. Il poliziotto che piantonava le loro due camere adiacenti e che li aveva seguiti alla mensa doveva proteggerli finché Ian Slade era a piede libero, ma doveva anche impedire che se la filassero. Avrebbero dovuto rispondere delle proprie azioni in tribunale. Avevano commesso un reato, avevano aiutato a mascherare l'omicidio di una bambina e avevano accusato ingiustamente un'altra persona, un bambino mentalmente ritardato. Erano passati quindici anni da allora. Xenia non conosceva i tempi di prescrizione, sperava che gli anni trascorsi da allora giocassero a loro favore. Presumeva che Alice avrebbe portato il peso maggiore, ma né lei né Oliver erano innocenti. Le avrebbero riconosciuto l'attenuante che all'epoca era una straniera in Inghilterra e si trovava in un rapporto di sudditanza rispetto ai suoi datori di lavoro? In ogni caso le serviva un avvocato.

«Com'è stato possibile che abbia sposato un uomo con cui è così infelice?» chiese Oliver.

Gliene aveva parlato quella mattina. Mentre camminavano lentamente su e giù per i corridoi dell'ospedale. Aveva deciso di non nascondersi più dietro la facciata piccolo borghese e ordinata della pacifica esistenza in una villetta a schiera di Bramhope. Gli aveva confidato quanto fosse infelice. A quel punto che senso aveva mantenere le apparenze, a che scopo fingere?

Ricordava con sgomento l'epoca successiva alla morte di Lena. Non era voluta tornare in Russia per nessun motivo. Ed era sempre vissuta nel terrore di essere scoperta dalla polizia. Il suo visto era scaduto e sapeva che sarebbe dovuta andare via. Inoltre aveva paura che l'accaduto venisse alla luce e che lei fosse chiamata a risponderne. Per mesi si era rifugiata tremante negli androni o nei cortili, non appena vedeva un agente o una macchina della polizia anche da lontano. Per più di un anno si era mantenuta con lavoretti saltuari, in genere come cameriera o lavapiatti o donna delle pulizie. Viveva in alloggi economici e fatiscenti il cui unico vantaggio era che i padroni di casa non controllavano con troppa attenzione i documenti. Non rimaneva mai più di otto o dieci settimane nello stesso posto. Era complice di un reato mostruoso. Non doveva farsi notare.

Si era allontanata sempre di più da Nottingham e alla fine si era ritrovata a Leeds, una città di cui non aveva mai sentito parlare prima e che le sembrava abbastanza lontana dalla scena del crimine. Era inverno, il secondo inverno dalla morte di Lena, e aveva trovato un lavoro come sguattera nella cucina di una casa di riposo, ma non era riuscita a procurarsi una stanza, quanto meno nessuna dove potesse presentarsi senza rischi con il visto scaduto. In preda alla disperazione si era sistemata nello scantinato di un condominio nuovo ancora disabitato, un edificio freddo e umido dove c'era odore di calce fresca e le porte non avevano le maniglie ed erano solo accostate. Non era certo un posto dove si poteva vivere a febbraio, ma se non altro aveva un tetto sopra la testa ed era protetta quando cominciò a nevicare forte. Usava un fornellino a gas per riscaldare cibi in scatola e si rintanava in un sacco a pelo che aveva comperato nonostante le sue magre finanze, perché altrimenti sarebbe morta di freddo.

«Jacob mi trovò lì un mattino» raccontò. «Lavora per una società immobiliare e gli era stato assegnato quel complesso residenziale. Arrivò con un paio di addetti dell'impresa edile, per un'ispezione generale. Io ero lì nel mio sacco a pelo e avevo un'aria disfatta. Mi scambiarono per una tossica. In quel momento Jacob fu la mia salvezza, perché gli altri volevano chiamare la polizia. Lui li fermò e disse che si sarebbe occupato di me. Mi portò a casa sua, mi diede da mangiare e da bere, mi permise di fare una doccia e il bucato.» Fece una pausa. «All'epoca pensai che finalmente la fortuna avesse girato dalla mia parte.»

«Invece lui non agiva per altruismo» dichiarò Oliver.

Lei scrollò il capo. «Era da tempo alla ricerca di una moglie. Senza successo, perché nessuna donna sopportava di stare con lui. E adesso se ne trovava davanti una che aveva bisogno del suo aiuto e che per questo gli sarebbe stata riconoscente. E io fui tanto stupida...»

«Sì?»

«All'inizio si dimostrò abbastanza alla mano, e in un momento di debolezza gli raccontai tutto.»

«Tutto?» esclamò Oliver sgomento. «Di Alice? Di Lena? Di Sacha? E di me?»

Lei annuì, lo sguardo fisso sulla tazza di caffè mentre pensava a quella fredda giornata nel salotto di Jacob, alla disperazione, ai sensi di colpa, alla paura. «Avevo bisogno di raccontarlo a qualcuno. Mi sentivo soffocare. Non ce la facevo più a tenermi tutto dentro.»

«Sì» disse Oliver, «capisco.» Lui se non altro aveva avuto Alice. Il loro matrimonio era andato a rotoli, ma per un po' avevano continuato a parlare della tragedia. Xenia era stata completamente sola.

«Speravo nel suo conforto. Che alleggerisse almeno in parte i miei sensi di colpa. Avevo bisogno di qualcuno che mi dicesse che non era stata colpa mia e che non avrei potuto agire altrimenti. Non conoscevo Jacob abbastanza bene da sapere che era la persona più sbagliata al mondo alla quale rendere una tale confessione. Jacob gioisce delle sofferenze altrui. Credo che in vita sua non abbia mai offerto una parola di consolazione a nessuno.»

«E ovviamente nemmeno a lei.»

«Già. Al contrario, ingigantì enormemente la cosa. Mi spiegò con grande soddisfazione che cosa mi sarebbe successo se fossi stata scoperta. Stando alle sue parole, rischiavo di trascorrere il resto della vita in una cella della Torre di Londra. Viceversa mi rendevo conto che in fondo aveva ragione lui: non me la sarei cavata senza conseguenze. Niente affatto.»

Oliver le rivolse un'occhiata triste. «Non avremmo dovuto coinvolgerla.»

No, pensò Xenia, e per un attimo provò un'ondata di rabbia per l'uomo sconvolto e infelice che le sedeva davanti.

«Non sarebbe dovuto accadere» disse. «Alice avrebbe dovuto affrontare le conseguenze del suo gesto. Sarebbe stata l'unica cosa giusta da fare.»

«Non sarebbe sopravvissuta al carcere.»

«Ma così è stato Sacha a non sopravvivere.»

Oliver tacque. Che cosa avrebbe dovuto dire? Il suo comportamento non aveva giustificazioni.

«In ogni caso» proseguì Xenia spiccia, «da quando Jacob venne a sapere la verità, mostrò il suo vero volto. Mi teneva in pugno. Minacciò apertamente che sarebbe andato alla polizia se non avessi fatto come voleva lui. È stato così che mi ha costretto a sposarlo. Mi ha costretto a restare in casa sua. Ero una donna di servizio senza paga. Pulivo e cucinavo e mi occupavo del giardino. Lui mi comandava a bacchetta e aveva sempre da ridire su tutto. In particolare su di me. Mi diceva che ero brutta e grassa. Che ero una completa perdente che poteva ritenersi fortunata di aver trovato lui. A un certo punto ho cominciato a crederci anch'io. Stavo malissimo e mi sentivo inferiore. Spesso avevo la sensazione di non poter sopportare quell'uomo neppure un giorno di più. Ma che cosa avrei potuto fare? Sarebbe corso alla polizia.»

«Forse» ipotizzò Oliver, «da un certo punto in poi, sarebbe stato lui stesso punibile. Era al corrente della storia ma per anni non la denunciò...»

«Avrebbe sempre potuto dichiarare di averla appena scoperta. La sua parola contro la mia. Troppo rischioso. Non osavo farlo.»

«Ora può lasciarlo» disse Oliver.

«Già» replicò Xenia. «Strano, vero? Forse finirò anch'io in galera. Ma non mi sono mai sentita tanto libera come adesso.»

Oliver bevve un sorso di caffè. «Per me non è così. La storia non è ancora finita. La poliziotta che è stata rapita...»

Era un pensiero agghiacciante. Avevano avuto a che fare con Ian Slade, potevano immaginare quale fosse il destino di Kate. Certo, la spedizione punitiva di Ian non era colpa loro. Ma le vicende si erano intrecciate ed era loro responsabilità se Sacha era finito tra le grinfie di uno psicopatico diventandone lo strumento. A causa del loro comportamento aveva trascorso l'infanzia e la giovinezza in un istituto dove c'erano anche individui come Ian Slade. L'annoso problema di carceri, istituti correttivi e simili: c'era chi finiva nel gorgo della delinquenza proprio lì.

Sacha ci aveva rimesso la vita. Tutti erano colpevoli nei suoi confronti, e non avrebbero più potuto rimediare.

Due poliziotti avevano parlato con loro. Stavano cercando un possibile nascondiglio dove si era rifugiato Ian con le sue vittime. Si erano lambiccati il cervello disperatamente. Senza arrivare a niente.

«Penso che domani potremo lasciare l'ospedale» disse Oliver. «Mi domando se ci permetteranno di tornare a casa.»

«Non credo che ci ritengano a rischio di fuga» dichiarò Xenia. «Il problema è che io non ho una casa. Non tornerò mai, per nessun motivo, da Jacob.»

«È buffo che non si sia fatto vedere.»

«Il nostro piantone non lo fa passare» disse Xenia facendo un cenno del capo verso il poliziotto appoggiato alla parete accanto alla porta con aria annoiata. «Gli ho detto che non voglio vederlo.»

«Capisco. Vuole venire a casa mia?»

«Grazie dell'offerta.» Xenia rimase assorta per un istante. «Ma se ho la possibilità di muovermi liberamente per prima cosa andrò a trovare Colin Blair. L'uomo a cui ho rubato la macchina. Devo chiarire le cose con lui. È necessario.»

«D'accordo. Comunque sappia che la mia porta è aperta, se ne avesse bisogno.»

Lei abbozzò un sorriso. Per la prima volta da anni vedeva un barlume di speranza nella propria vita. A dispetto delle conseguenze legali che avrebbe dovuto affrontare. Finalmente riconosceva la responsabilità del proprio gesto e si sentiva liberata.

Ma restava ancora una cosa: Kate Linville. Il suo incerto destino.

Se Kate non fosse tornata a casa, Xenia non si sarebbe mai sentita libera.

6

«Il soprintendente capo è fuori di sé» disse Helen preoccupata. «Forse dovrebbe venire qui a spiegargli tutto.»

Caleb intuiva che sarebbe stato opportuno per salvaguardare la sua carriera futura, tuttavia era proprio ciò che non avrebbe fatto. Dopo aver parlato con il capo non avrebbe potuto continuare a cercare Kate e, anche se era un suicidio professionale, sapeva che non poteva rimanersene a casa senza fare niente. Tuttavia, rendersi irreperibile era forse ancora più irragionevole. Sul cellulare gli erano arrivate diverse chiamate del soprintendente a cui non aveva risposto. Meglio cercare fin da subito un lavoro come guardiano notturno o portiere.

«Sergente, continuo sulla mia strada» dichiarò. Era un'affermazione piuttosto comica. Su *quale* strada voleva continuare? Non aveva niente tra le mani, assolutamente niente.

«Signore, i nuovi interrogatori di Oliver Walsh e Xenia Paget purtroppo non hanno dato risultati. E le mie verifiche al comune di Bromwich hanno evidenziato che l'ex domicilio della famiglia Slade è stato assegnato ai Dales. È tutto perfettamente legale.»

«Lo so» disse Caleb stanco. Guardò fuori dal finestrino dell'auto. La giornata era sempre più limpida e soleggiata, al contrario del suo umore, che era sempre più tetro. Parcheggiò davanti a un pub in un villaggio che non conosceva. Voleva mangiare qualcosa, ma in realtà non aveva fame ed era rimasto seduto in macchina a parlare al telefono con Helen. La polizia, chiamata da Mrs. Dales, su sua richiesta aveva controllato i documenti della coppia che si erano rivelati autentici. Quelle persone erano chi sostenevano di essere. Non erano i genitori scomparsi di un pericoloso psicopatico coinvolti nei suoi piani criminosi.

La scena nella squallida casa era stata penosa e imbarazzante. Caleb si era qualificato come ispettore capo ai poliziotti appena arrivati, ma ben presto era stato chiaro a tutti che stava seguendo una falsa pista e che si era introdotto indebitamente in una casa privata. Caleb aveva addotto come giustificazione l'urgenza della situazione, ma, alla luce del fatto che la coppia era del tutto innocua e non sapeva neppure lontanamente di che cosa si trattasse, era sembrato poco plausibile. Lo avevano lasciato andare, dopo tutto era funzionario di alto rango, ma intanto dovevano aver informato il commissariato più vicino.

Era andata come succedeva di solito in questi casi: se Kate e Sophia fossero state trovate nella casa, il comportamento di Caleb, sebbene punibile, sarebbe stato liquidato con l'esortazione a una maggiore cautela, ma gli sarebbe stato riconosciuto il merito di aver compiuto il passo decisivo per le indagini. Così invece era finito in un bel ginepraio. Aveva puntato tutto su una carta e aveva perso.

«Tuttavia ci sono delle novità dalla Cornovaglia» proseguì Helen. «Ho parlato con una poliziotta di Camborne. Alice Walsh, che dopo il divorzio ha ripreso il suo cognome da ragazza e ora è Alice Coleman, è scomparsa dal 24 luglio.»

«Ah!» Caleb si raddrizzò sul sedile. «Che cos'altro sa in proposito?»

«Dopo il divorzio da Oliver Walsh Alice Coleman si è trasferita a Redruth. La sua compagna ne ha denunciato la scomparsa, dopo che non era mai arrivata a un seminario a Barnstaple dove aveva dichiarato di voler andare. Alcuni bambini hanno notato la sua macchina sul ciglio di una strada di campagna nei pressi di Taunton e hanno chiamato la polizia. La macchina non era chiusa e la chiave era infilata nel cruscotto. Mancavano bagaglio e borsetta. Da allora si sono perse le tracce della donna.»

«È una scoperta preoccupante» mormorò Caleb. «È chiaro che Alice Coleman è sulla lista di Slade. Si sperava di poterla proteggere, invece…»

«Probabilmente è stata la prima vittima» concluse Helen. «Senza che fosse possibile stabilire un collegamento.»

«Perché fino a due giorni fa non sapevamo con chi avevamo a che fare. Maledizione. Chissà se anche lei è stata rapita.»

«In questo caso Slade avrebbe con sé tre donne» disse Helen.

«Oppure il suo cadavere potrebbe trovarsi dietro un cespuglio da qualche parte.»

«La ritengo un'ipotesi più plausibile» osservò Helen.

Entrambi tacquero oppressi. Alice Coleman era una donna che aveva soppresso sua figlia, ma sia Caleb sia Helen si rendevano perfettamente conto che non era un'assassina spinta da istinti criminali, bensì una madre che non riusciva più a gestire la propria vita e aveva avuto un esaurimento nervoso a causa del continuo stress. Il suo era stato un gesto impulsivo, compiuto in uno stato di grande turbamento e disperazione interiore. Non si meritava di essere giustiziata da un uomo come Ian Slade.

«D'accordo» disse infine Caleb, «lui ci precede sempre di un passo. Slade. È sempre in vantaggio.»

«Cosa vuole fare, signore?» chiese Helen.

«Non lo so» rispose Caleb stanco. Di rado gli era successo di sentirsi così impotente. Per un paio d'ore era stato elettrizzato, ma la sua intraprendenza si era rivelata un enorme equivoco. Ora si domandava come avesse potuto essere così stupido: figuriamoci se Ian Slade sceglieva come nascondiglio proprio la vecchia casa dei genitori. Era troppo astuto, troppo scaltro, troppo prudente.

Caleb era in preda a un profondo sconforto e decise di andare a mangiare un boccone.

Forse le calorie avrebbero dato impulso al suo cervello.

«Vado a mangiare qualcosa» disse. «Sono sempre raggiungibile. Mi informi su eventuali novità, d'accordo?»

Helen esitò, poi rispose affermativamente.

Lui sapeva di chiederle molto. «La ringrazio. So che non è scontato. Non me ne dimenticherò, sergente.»

Nel silenzio che seguì aleggiava nitido il pensiero di Helen: che Caleb non sarebbe mai tornato, almeno professionalmente, in una posizione da permettergli di ricompensarla per ciò che stava facendo.

Si salutarono e Caleb scese dalla macchina. Nonostante il caldo indossò la giacca per nascondere il sangue sulla camicia nel punto in cui si era tagliato con il vetro della finestra a casa dei Dales. Annusò il profumo di erba appena mietuta. Era una meravigliosa giornata d'agosto.

Una giornata che avrebbe potuto segnare da un momento all'altro la morte di Kate.

Il pub aveva un piccolo giardino sul retro e Caleb si mise seduto al tavolo sotto un albero. A parte lui c'era una giovane coppia che si teneva per mano, completamente isolata da tutto ciò che accadeva intorno. E un uomo anziano che beveva un caffè leggendo l'*Observer*.

Caleb studiò il menu, poi ordinò una fetta di quiche, un'insalata verde e un'acqua minerale. Cercò di rilassarsi almeno in parte, di assaporare la quiete e il tepore della giornata. Sapeva che tormentarsi a rimuginare non portava a niente. In questo caso non serviva neppure lasciare che i pensieri fluissero liberi. Perché non c'era niente, assolutamente niente a cui potessero ancorarsi.

Il telefono vibrò. Un messaggio di Helen. Vi si aggrappò come un naufrago, ma quello che lesse fece crollare definitivamente le sue poche speranze.

Niente di nuovo, purtroppo. Solo la denuncia di scomparsa di Alice Coleman. Ho pensato che le interessasse. Secondo me però non apre nuove strade.

Seguivano i dati di Alice Coleman, con un breve resoconto delle dichiarazioni rese alla polizia dalla sua compagna, e il rapporto dell'agente che aveva trovato la macchina vuota e aperta sul ciglio di una strada di campagna del Somerset.

Niente che Caleb non sapesse già.

Da ultima c'era la fotografia di Alice Coleman. Era stata scattata su una spiaggia, presumibilmente in Cornovaglia. Aveva i capelli scompigliati dal vento. Sorrideva, ma si capiva che le costava fatica. Dava l'impressione di una donna profondamente triste che si sforzava di avere un aspetto allegro.

Caleb fissò la foto.

«Non è possibile» esclamò. I due giovani al tavolo vicino lo guardarono perplessi.

Balzò in piedi.

7

Aveva dolori e febbre, fame e sete. Questo la meravigliava. In precedenza, quando si ammalava e le veniva la febbre, il pensiero del cibo la nauseava. Ma a quei tempi non era stata così malnutrita. Doveva essere quello il motivo. Nel frattempo si era convinta che Ian volesse farla morire di fame. Forse ci sarebbe riuscito. Ma forse la setticemia se la sarebbe portata via prima.

Lei non voleva morire. Nonostante la quasi certezza che non avrebbe potuto muoversi mai più, e che prima o poi una vita completamente immobile forse non sarebbe più stata accettabile. Allora avrebbe pensato alla morte. Una morte autodeterminata. Di sicuro però non voleva morire *così*, in quella stanza. In quella casa. Lentamente e soffrendo.

E non perché lo voleva Ian Slade.

Peccato che avesse pessime carte.

In ogni caso non doveva più piangere. Si era resa conto che il pianto la debilitava. Non sapeva se evitare di piangere sarebbe servito a qualcosa. A pensarci bene non c'era una strategia che potesse aiutarla.

Sentì dei passi che si avvicinavano alla porta della sua camera e contrasse involontariamente i muscoli. Almeno quelli che ancora erano in grado di muoversi.

La porta si aprì. Fuori la luce era accesa, ma lei aveva constatato che era sempre così, anche di giorno.

Un corridoio buio senza finestre. Una delle tante informazioni che non le servivano a niente.

La figura alta e massiccia di Ian Slade si chinò su di lei. Sophia si sforzò di guardarlo, anche se avrebbe voluto chiudere gli occhi.

Lui sogghignò. «Ciao, Sophia. Come stai?»

Fottiti avrebbe voluto rispondergli. Ma non era ancora in grado di parlare.

«Sicuramente hai fame e sete» disse, fingendo un tono di voce preoccupato. Le avvicinò alle labbra una tazza d'acqua. Lei avrebbe voluto rovesciargliela in faccia, ma per farlo si sarebbe dovuta muovere e inoltre sarebbe stato poco sensato. Era quasi completamente disidratata. Non poteva permettersi di sprecare dell'acqua.

Lui la fece bere per un po', poi le diede da mangiare un purè di patate e verdure. Salato ed energetico, lei lo avvertì subito. Ma non c'era niente di più disgustoso di farsi imboccare da lui come una neonata. I morsi della fame e la ragione la fecero collaborare.

«Per il resto mi sembra tutto a posto» disse lui una volta che il piatto fu vuoto.

Non c'era niente che fosse a posto, ma come avrebbe potuto spiegarglielo? E l'idea di farsi cambiare il catetere da lui… dubitava che ne fosse capace. E poi il pensiero delle sue mani tra le cosce la nauseava.

Lui le sfiorò la guancia. «Scotti. Hai la febbre?»

Quando avrebbe capito che non poteva rispondere alle sue domande? Ma forse non gli importava affatto.

«Devi esserti presa qualcosa» disse. «Sei veramente bollente. Ti darò del paracetamolo. Per farti tirare avanti più a lungo.»

Paracetamolo e *tirare avanti più a lungo* dalla bocca di Ian non avevano un effetto incoraggiante. Tutt'altro.

«Anche se» aggiunse «probabilmente ti auguri che finisca presto.»

Ma di che parli, stronzo?

Le scostò una ciocca di capelli dalla fronte. «La polizia mi sta addosso. Devo sbarazzarmi di te. Per quanto mi dispiaccia.»

Su, spara. La paura le attanagliava la gola.

Slade si chinò ancora di più su di lei. «Ti seppellirò, tesoro mio. Nessuno ti troverà mai.»

Mi ucciderai e mi seppellirai?

Lui non poteva sentire le sue parole, ma probabilmente le intuiva.

«Ho pensato a lungo a come eliminarti» disse con un sorriso. «Ma non mi è venuto in mente niente. Voglio dire, a chi piace sporcarsi le mani con un pezzo di merda?» Il suo sorriso era candido come quello di un angelo, e insieme al vuoto nero dei suoi occhi gli dava un aspetto agghiacciante. Sophia non aveva mai visto niente del genere. «Quale sarebbe il castigo giusto per chi ha strappato un bambino alla sua famiglia e lo ha costretto a crescere in una delle strutture peggiori della Gran Bretagna? Insomma, è parecchio difficile.»

In quel momento lei comprese quali fossero le sue intenzioni. Il respiro le si bloccò. Nonostante la febbre fu assalita dai brividi. Neppure… neppure uno come lui poteva fare una cosa del genere.

«Una bella cassa comoda» disse. «E una bella fossa. Farà freddo e sarà buio, Sophia. Come è stata la mia giovinezza. Fredda e buia e senza speranza.»

Lei tratteneva sempre il respiro.

«Nessuno ti troverà. È un posto remoto. Molto, molto remoto. Non ci passano neppure gli escursionisti. E anche se fosse… Purtroppo non puoi chiamare aiuto.»

Lei lo fissò.

Lui rise. «Non fare quella faccia! Credevi davvero di potertela cavare? Dopo tutto quello che mi hai fatto? Non lo sai che si paga sempre il conto? Sempre?»

Le infilò le braccia sotto il corpo e la sollevò. «Andiamo» disse.

Un grido riecheggiò nella testa di Sophia.

Un grido di paura, di disperazione, di dolore. Più assordante di qualunque grido Sophia avesse mai sentito.

Ma rimase silenzioso.

8

Era sera ma c'era ancora luce, anche se il buio non avrebbe tardato ad arrivare in quella giornata d'agosto. La passeggiata al caldo era stata faticosa, ma sempre meglio che restare a fissare i muri.

E domandarsi se stesse facendo la cosa giusta.

All'inizio le era sembrato giusto, ma adesso aveva dei dubbi. Parecchi dubbi. Le cose non andavano come previsto. Niente di ciò che le era stato promesso si era avverato. Invece c'era quella povera donna paralizzata, rinchiusa inerme nella stanzetta sul retro e bisognosa con urgenza di cure mediche. E poi si era aggiunta anche la poliziotta... Che ruolo aveva, perché Ian l'aveva rapita e trascinata lì? E perché Sacha non si faceva più vedere?

Si fermò a pochi passi dalla porta di casa, si scostò i capelli dalla fronte. Si domandava se fosse il caso di mollare tutto. Di sparire. Chiamare la polizia? Intuiva che sarebbe stata perseguitata per sempre da Ian Slade e dalla sua sete di vendetta.

Aveva paura.

Tirò fuori la chiave di casa dalla tasca dei jeans.

In quello stesso istante due braccia la afferrarono da dietro, bloccandola in vita e al collo, e una voce maschile le disse all'orecchio «Non provi a gridare! Zitta!»

In effetti era troppo terrorizzata. Non emise neppure un fiato.

«Mrs. Coleman? O Mrs. Callaghan? Oppure dovrei dire Mrs. Walsh? Come preferisce essere chiamata?»

Lei rimase immobile.

L'aggressore le allargò le dita in cui stringeva convulsamente la chiave e gliela prese. Lei non oppose la minima resistenza.

Lui allentò la presa e la fece voltare verso di sé.

«Oh» esclamò sorpresa. Il poliziotto che era già stato da lei a mezzogiorno. Non ne ricordava il nome. Ma era la seconda volta nel giro di tre giorni che la polizia si presentava da lei, e quando lo aveva riferito a Ian era andato su tutte le furie. «Cazzo. Questo posto non è più sicuro. Dobbiamo andarcene da qui il prima possibile.»

«E le due prigioniere?» aveva osato chiedere, con l'impressione di recitare in un brutto film. Prigioniere... Non avrebbe mai immaginato che ci sarebbero state due prigioniere.

«Ho già un piano. Tu non devi impicciarti. Penso a tutto io.»

E adesso era tornato quel poliziotto.

Provò un senso di sollievo.

«Ispettore capo Caleb Hale» si presentò lui di nuovo. «Si ricorda di me?»

Lei annuì. «Sì.»

«Lei è Alice Coleman. Da sposata Walsh. L'ho riconosciuta dalla foto segnaletica che la sua compagna ha consegnato alla polizia.»

Lei sospirò. Non avrebbe avuto senso negare tutto, e perché farlo poi? Oramai era la fine, ed era meglio così.

«Sophia Lewis è trattenuta in questa casa? E Kate Linville?»

«Sì. Sophia Lewis. E una poliziotta. Non ne conosco il nome.»

«Dov'è Ian Slade al momento?»

«Non lo so.»

«Potrebbe essere in casa?»

«Sì. Sono stata a camminare due ore. Non so proprio dove si trovi.»

«Presumo che sia sempre armato, giusto?»

«Sì.»

«D'accordo. Lei rimanga fuori. Meglio ancora al di là del giardino, al sicuro dietro un albero o un cespuglio. Capito?»

«Sì.»

Lei attraversò il giardino e si nascose dietro un gruppetto di alberi. Da lì osservò Caleb Hale aprire la porta e scomparire all'interno. Pregò che Ian non fosse in casa. Questo Hale non avrebbe avuto chances contro di lui.

Perché Ian era armato.

E probabilmente anche perché agiva senza il minimo scrupolo.

Quello sarebbe stato il momento di chiamare i rinforzi se la situazione fosse stata normale, ma Caleb non poteva farsi vivo, non dopo tutto quello che aveva già combinato durante la giornata. E comunque non gli sarebbero stati forniti. Al soprintendente capo sarebbe venuto un colpo se avesse saputo in questo modo che Caleb continuava imperterrito a indagare.

Controllò tutte le stanze della casa, che per fortuna si sviluppava su un piano solo. Salotto, due camerette con un divano letto ciascuna, il bagno, un'altra stanza… In una delle stanze posteriori trovò una lettiga, di quelle usate sulle ambulanze. Era vuota.

Una voce interiore gli diceva che Ian Slade non era in casa e il fatto che la lettiga sulla quale era stata sdraiata Sophia Lewis dopo il rapimento fosse vuota non era buon segno per lei. Superò la cucina, aprì la porta successiva tenendosi al riparo del muro.

E vide Kate.

Alla luce di una lampadina solitaria appesa al soffitto, stava rannicchiata in un angolo, mani e piedi legati e un pezzo di nastro adesivo marrone sulla bocca. Emise rantoli e ansiti quando si accorse di lui.

Lui la raggiunse con un balzo. Sapeva di farle male, ma gli sembrava prossima al soffocamento, perciò le strappò dal viso il nastro adesivo con un colpo secco. Il dolore le fece salire le lacrime agli occhi. Lui le tirò fuori dalla bocca uno spesso calzino e rabbrividì, pensando a quanto dovesse aver sofferto.

«Acqua» riuscì a dire lei.

«Subito.» Con l'aiuto del temperino le tagliò le fascette di nylon con cui quel farabutto l'aveva legata. Vide che Kate aveva le mani cianotiche e fu assalito da un impeto di rabbia quasi incontrollabile. Quel criminale era un sadico di merda e ne avrebbe viste delle belle quando Caleb gli avrebbe messo le mani addosso.

Lasciò Kate da sola per un istante, corse in cucina e vide due bottiglie di plastica piene d'acqua sul davanzale. Ne prese una e tornò da Kate che la bevve avidamente. Poi domandò, con una voce che ancora non era quella solita: «Dov'è Sophia Lewis?»

«Non c'è. Ma presumo che fosse qui. La lettiga dell'ambulanza è in un'altra stanza.»

Kate cercò di alzarsi, ma le gambe le cedettero. La circolazione sanguigna doveva ancora ripristinarsi. Caleb la sostenne. La strinse tra le braccia e comprese quanto lei fosse tentata di rimanere lì, sorretta da lui, gli occhi chiusi. Era spossata, a pezzi. Non ne poteva più.

Ma Kate non sarebbe stata Kate se si fosse lasciata andare in una situazione come quella. Non era il momento di riposare.

Si staccò da lui e si sorresse in piedi ancora malferma e tremante. «Ha minacciato di seppellirla viva. Vuole fare la stessa cosa con me.»

«Cosa?» Caleb la fissò. «Secondo lei ha già messo in pratica...»

«È probabile.»

Un rumore alla porta li fece trasalire. Alice era lì, ferrea in viso.

«Non è qui, vero?» chiese. «Ma tornerà.»

«È Alice Walsh» la presentò Caleb. «O meglio Alice Coleman, come si fa chiamare ora.»

«Alice Walsh» ripeté Kate.

«Presumo che questa sia ancora sua?» chiese Caleb. «La casa dove abitava un tempo con la famiglia?»

Alice annuì. «Non l'ho mai venduta. Ma non c'ero più tornata. Fino a un paio di settimane fa.»

«Si può sapere perché è complice di Ian Slade?» chiese Kate.

Non era il momento per ottenere delle risposte, ma non riusciva, non ci riusciva proprio, a capire come fosse possibile che *qualcuno* potesse collaborare con un folle...

«Sacha si è fatto vivo con me» spiegò Alice, «dopo essere uscito dall'istituto l'anno scorso. Io avevo mantenuto i contatti con lui nel corso degli anni, perciò aveva il mio numero di cellulare. Non avevo raccontato niente di tutto ciò álla mia compagna, era all'oscuro di Sacha, di Lena. Non sapevo nemmeno come spiegarle tutto quanto.»

«L'auto abbandonata nel Somerset...» disse Caleb e Alice annuì. «La mia fuga. Ci ho pensato a lungo, ma poi ho deciso che volevo una nuova vita. Una vita con Sacha. Dovevo rimediare facendo qualcosa di buono.»

Caleb non sapeva molto di Alice Coleman, ma le informazioni che aveva erano coerenti con tale comportamento. Non era una persona cattiva, per quanto potesse sembrare strano dire una cosa del genere di un'infanticida. Ma era stata completamente in balia dei suoi umori e delle sue emozioni, delle sue paure e dei suoi timori. I suoi drammi interiori la portavano a non avere più il minimo riguardo verso gli altri. Con la fuga aveva evitato il problema di dover spiegare alla sua compagna le spiacevoli circostanze della sua vita. Se n'era andata, senza pensare minimamente al fatto che l'auto abbandonata lasciava presagire il peggio: un evento delittuoso. Le notti insonni, le lacrime della donna con cui aveva vissuto non le interessavano, probabilmente non si rendeva neppure conto che l'altra stava passando l'inferno. Alice vedeva sempre e solo se stessa. Anche quando aveva deciso di accogliere Sacha per *fare qualcosa di buono*. In sostanza era un altro modo di curare se stessa.

«Eravamo rimasti d'accordo che un amico di Sacha sarebbe venuto a prendermi in quella strada nei pressi di Taunton. Ian Slade. Non mi piacque nemmeno un po', ma a quel punto le cose avevano già iniziato a prendere una loro direzione.» Si strinse nelle spalle rassegnata. Ciò che era successo era chiaro: all'improvviso si era ritrovata coinvolta nell'orgia vendicativa di Ian Slade e non aveva più saputo come allontanarsene.

«Quando lui ha iniziato a depositare qui da lei le sue vittime» Caleb usò di proposito una formulazione cinica, «la donna paralizzata, poi Kate, una poliziotta... lei ha continuato a non avere la sensazione che sarebbe stato meglio andare alla polizia?»

«Avevo paura» rispose con semplicità Alice e Caleb in realtà non poteva biasimarla. Non avere paura di Ian Slade sarebbe stato sconsiderato. Alice si guardò intorno con espressione allarmata. «Potrebbe tornare da un momento all'altro. Oddio, sono così preoccupata per Sacha!»

Caleb decise che non era il momento di informarla che Sacha era morto, ucciso con un colpo alla testa dall'uomo che aveva definito *amico* e che probabilmente considerava davvero tale. Ma, se Alice ora fosse crollata, la situazione si sarebbe complicata ancora di più.

Le strinse brevemente il braccio in un gesto che poteva essere interpretato come di incoraggiamento o consolazione.

«Non dovremmo chiamare i rinforzi?» chiese Kate. «Posso farlo subito, sono... » Lasciò la frase a metà. *In servizio* avrebbe voluto dire. «Mi basterebbe il suo cellulare, Caleb» disse invece.

«Il problema è...» osservò Caleb.

Lei capì subito che cosa voleva dire. «Se Ian torna e trova la polizia ad aspettarlo, potrebbe non dirci dove si trova Sophia.»

«Esatto, non ci metterei la mano sul fuoco» rispose Caleb. «Neppure se in fase di giudizio la sua collaborazione potrebbe essere considerata favorevolmente.»

«Farebbe qualche differenza?» Kate lo guardò impaurita. «L'ispettore Stewart ce l'ha fatta?»

«No» rispose Caleb.

Kate lanciò un gemito. Non era andata d'accordo con Stewart, ma sapere che era morto, abbattuto sulle scale di una palazzina a Leeds, era inconcepibile. A questo si aggiungeva il fatto che Ian aveva sulla coscienza l'omicidio di un poliziotto, oltre a quello di Jack Gregory e dell'autista dell'ambulanza. E aveva eliminato anche Sacha... in ogni caso sarebbe rimasto a lungo in carcere. E questo non lo spronava certo a collaborare con gli inquirenti.

«Forse però potrebbe essere disposto a fare un accordo» osservò Caleb, come se le avesse letto nel pensiero. «Una riduzione di pena se ci rivela il nascondiglio di Sophia Lewis.»

«Dobbiamo sbrigarci» esortò Alice spaventata.

Caleb e Kate si scambiarono un'occhiata.

«Troppo rischioso» disse Kate.

Ian era un pazzo. Sapere di avere in pugno gli investigatori perché non rivelava loro dove avesse sepolto Sophia gli avrebbe dato una tale soddisfazione da spingerlo a rimanere in prigione più a lungo. Tra l'altro comunque sarebbe stato condannato all'ergastolo.

«Fate qualcosa» gemette Alice. Continuava a guardarsi intorno terrorizzata, come se si aspettasse di veder spuntare Ian Slade alle proprie spalle da un momento all'altro.

«C'è solo un modo» dichiarò Kate.

Caleb comprese immediatamente. «No, è fuori discussione.»

«Vuole fare la stessa cosa con me. Se lei ci segue...»

«Potrebbe scegliere un luogo del tutto diverso.»

«Dobbiamo correre questo rischio.»

«Per la miseria, no» disse Caleb. «È troppo pericoloso. E se perdessi di vista la sua macchina? E se si accorgesse di me e cambiasse idea? Non ci pensi nemmeno, Kate.»

«Vede forse un'altra possibilità per salvare Sophia?»

Lui tacque.

«Il tempo stringe» lo incalzò Kate. Erano già rimasti troppo a lungo in quella casa. Ian poteva tornare da un momento all'altro.

«Dove ha lasciato la macchina, Caleb?»

«A una certa distanza. Non la vedrà quando torna.»

«Non l'ho vista nemmeno io» confermò Alice.

«Se vi perdessi di vista...» ripeté Caleb, ma Kate agitò la mano decisa. «Saprà la direzione che prendiamo. Ho memorizzato la targa quando mi ha fatto salire sul furgone a Leeds, ora gliela scrivo. Poi allerterà tutte le forze di polizia della regione.»

Lui la guardò. «Le cose potrebbero finire male comunque, Kate.»

«Lo so» disse.

«Ciò di cui stiamo parlando è una pazzia, e va contro tutti i regolamenti, se ne rende conto?»

«Già la sua presenza qui infrange i regolamenti, Caleb.»

«Non ho più molto da perdere.»

«Se ora avvisiamo i colleghi» argomentò Kate, «Ian Slade non dirà più una parola. Ci scommetto. E quelli non mi permetteranno di fare da esca. O agiamo adesso di nostra iniziativa, e in fretta, oppure Sophia è perduta. Non ci sono altre possibilità.»

«E va bene» disse Caleb. «Lei non ha più il cellulare, vero, Kate?»

«No. Mi è caduto a casa di Oliver Walsh.»

«Allora le do il mio. Così potrà restare in contatto e riusciremo a localizzarla.»

«E lei?»

«Io ho un cellulare prepagato» disse Alice. «Può utilizzare quello.»

«Ho un brutto presentimento» disse Caleb.

«Sbrighiamoci, ora» lo esortò Kate. «Quello che ci manca di sicuro è il tempo!»

9

Ian Slade aveva la vaga sensazione che qualcosa non andasse, ma, a parte l'istinto che gli comunicava questo senso di allarme, non c'erano indizi concreti.

In casa regnava il silenzio. Alice non c'era, ma questo non era insolito. Andava spesso a fare lunghe camminate solitarie. Si era immaginata che le cose andassero diversamente e si capiva che era profondamente sconvolta. Prima Sophia, ora Kate. Alice non aveva capito che cosa stesse accadendo, ma ovviamente si era resa conto di essere coinvolta in una bruttissima storia. Un paio di volte Ian aveva valutato l'idea di metterla a tacere. Tanto era sulla sua lista. Forse rappresentava un rischio? Era paralizzata dalla paura. Paura di lui. Paura per se stessa e per Sacha. Dubitava che avrebbe preso qualche iniziativa, ma non si era mai fidato di lei. Era una donna imprevedibile. Profondamente depressa. Del tutto fusa. Lui non era un tipo delicato, ma giudicava inaudito annegare la propria figlia nella vasca da bagno. E anche quello che aveva fatto a Sacha era stato notevole. Andava detto, però, che in quel caso la forza trainante era stato quel pezzo di merda del marito. Ma uno poteva partecipare, oppure no. E Alice non si era mai opposta. Era rimasta a guardare mentre portavano via Sacha. Dio, quanta merda aveva combinato nella sua vita quella donna.

Alla fine lui non l'aveva eliminata per non fare un torto a Sacha. Quanto meno per il momento. Per qualche motivo Sacha era legato a lei e, finché aveva avuto bisogno di lui, non aveva voluto rischiare che finisse in preda a una crisi di nervi o andasse completamente fuori di testa. In effetti Alice era anche stata utile, quando la polizia si era presentata a casa sua. Ian lo aveva previsto, dopo aver capito che avevano scoperto l'identità di Sacha e la sua e il collegamento tra di loro. Le aveva inculcato di dare un nome diverso e raccontare qualche particolare credibile di un'altra vita – divorziata, mamma single, i figli in vacanza, amareggiata, sola – e Alice aveva recitato in maniera convincente. Forse dipendeva anche dal fatto che alcuni attributi coincidevano con la sua personalità: era sola e amareggiata. Completamente frustrata.

Lo sarebbe stato anche Ian al suo posto.

Aveva eliminato Sacha perché altrimenti avrebbe rivelato il luogo del nascondiglio. Si rendeva conto che Alice lo avrebbe tradito non appena lo avesse saputo. Poteva eliminarla prima, senza problemi, ma nel frattempo la polizia era stata lì due volte e la seconda volta lui si era allarmato. Che cosa sapevano? Avevano già iniziato a mettere insieme i pezzi? Non gli restava più molto tempo. Doveva trasferire le due donne, e poi doveva fare in modo di andarsene dal paese. Provocare una morte lenta e dolorosa a Sophia Lewis per lui era particolarmente importante – ed essere rinchiusa in una cassa un metro sottoterra in un bosco a casa del diavolo era *maledettamente* straziante – ma Kate Linville in realtà non gli aveva fatto niente. Sì, aveva indagato su di lui, ma era il suo lavoro. Anche se ai suoi occhi fare il poliziotto non era un mestiere, bensì una tara caratteriale.

Era quasi tentato di lasciarla lì, legata e imbavagliata, a casa di Alice per non correre altri rischi: non aveva la certezza che Alice nel frattempo non fosse impazzita, forse avrebbe fatto meglio a darsi alla fuga il prima possibile dopo aver seppellito Sophia. Ma poi pensò che un ostaggio poteva tornargli utile. Avere in suo potere una poliziotta gli avrebbe lasciato un enorme spazio di manovra. I colleghi non avrebbero potuto aprire il fuoco contro di lui, se lo avessero intercettato. Avrebbe minacciato di spararle un colpo in testa se non lo avessero lasciato passare. Il suo piano era di raggiungere la Francia insieme a lei, e da lì arrivare in qualche modo nei Balcani. Far perdere le sue tracce a quel punto non sarebbe stato difficile. Allora avrebbe eliminato Kate. Peggio per lei. Dopotutto avrebbe potuto anche imparare un lavoro decente.

Se solo non avesse avuto quella strana sensazione. La sensazione di una minaccia non meglio definita.

Attraversò cauto la casa, sempre guardingo, controllò ogni stanza. Alice non c'era. Aveva trovato la porta d'ingresso chiusa a chiave. Che testa di cazzo. Avrebbe dovuto immaginare che lui doveva mangiare. Che cosa le sarebbe costato cucinargli qualcosa? Invece sui fornelli non c'era niente, e dall'odore non sembrava che qualcuno avesse cucinato. Probabilmente non aveva nemmeno fatto la spesa, e in casa non c'era neppure pane e formaggio o roba simile. Ma di cosa si nutriva? Era magra come un chiodo. Probabilmente la sua contorta forma di autopunizione prevedeva di diventare pelle e ossa.

Era completamente pazza.

Trovò Kate nella posizione esatta in cui l'aveva lasciata, nella stanzetta accanto alla cucina. Gli venne da sorridere, alla vista delle sue membra contratte. Aveva stretto parecchio le fascette. Chissà come soffriva. Di sicuro il peggio era il bavaglio in bocca.

Le strappò il nastro adesivo dal viso e le tolse il calzino dalla bocca. Per la miseria, ma chi portava calzini di lana ad agosto? Tipico di una donna poco frivola come quella Kate. Comode scarpe basse marroni. Calzini di lana.

«Acqua» ansimò Kate.

«Dopo» disse Ian. «Adesso dobbiamo andarcene da qui.»

Con un coltello a serramanico tagliò le fascette ai piedi. «Ecco. Così puoi camminare.»

«Potrebbe slegarmi anche le mani? Non sento più le dita.»

«Mi spiace. Troppo pericoloso.» Col cavolo che le avrebbe liberato le braccia. Anche se era armato e lei no, come poliziotta probabilmente era addestrata nelle tecniche di autodifesa e sarebbe riuscita a sopraffarlo. Doveva stare in guardia. Lei era tenace e astuta. Non si sarebbe mai rassegnata al proprio destino senza combattere.

Non sarebbe stato affatto facile come con Sophia, che era completamente immobilizzata.

«Alzati» le ordinò.

Lei ubbidì barcollando. Impiegò qualche istante prima di ritrovare l'equilibrio.

«Posso avere dell'acqua per favore?» ripeté.

«Quando saremo in macchina. Ora cammina.»

Voleva andarsene da lì, a qualunque costo. L'afferrò brusco per un braccio e la trascinò in corridoio. La lunga immobilità le aveva anchilosato gli arti e per due volte rischiò di cadere.

«Non riesco a camminare bene.»

«Poche storie! Maledizione, guarda che non ho tutto il tempo del mondo!»

«Anche Sophia Lewis viene con noi?»

Lui sogghignò. «Lei l'ho già sistemata.»

«Dov'è?»

«Te l'ho detto.»

Lei si bloccò. «Non lo avrà fatto davvero!»

«Certo che l'ho fatto. Faccio sempre ciò che dico.»

«Mr. Slade, con questo suo gesto ha compromesso gravemente la sua posizione. Qualunque cosa abbia fatto prima, questo si colloca in una dimensione del tutto diversa. Se mi dice dov'è Sophia, se si costituisce, chiederò al procuratore...»

«Chiudi la bocca! Ma che accordo del cazzo sarebbe? Due anni in meno di galera o cosa?» Avvicinò la faccia alla sua e registrò con soddisfazione il suo lieve moto di paura. «Lasciatelo dire. Noi due, insieme, ce ne andremo dall'Inghilterra. E poi farò perdere le mie tracce sul continente. Tu sarai il mio scudo, maledizione, casomai ai tuoi colleghi venisse in mente di fare qualche stupidaggine durante il viaggio. Le cose stanno così, perciò smettila di rompermi le scatole con le tue chiacchiere di merda.»

«Mr. Slade, se ha veramente sepolto Sophia...»

«Puoi scommetterci che l'ho fatto.»

«Mi stia a sentire, un reato così mostruoso la farà finire in prigione per il resto della vita. Le offro di poter lasciare l'Inghilterra senza che nessuno la fermi al confine se ora mi dice dov'è Sophia.»

«Non sono mica scemo. Naturale che mi fermeranno al confine!»

«Verrà dato ordine di non trattenerla.»

Lui sogghignò. Dio, quanto era stupida quella. E, cosa peggiore, prendeva anche lui per un mentecatto.

«Insomma, *Kate Linville*» pronunciò il suo nome in maniera leziosa e sprezzante. «Non sei mica un pezzo così grosso. Me ne intendo un pochino. *Sergente investigativo.* Non hai l'autorità per promettermi una cosa del genere. I tuoi superiori ti faranno a pezzi e cambieranno subito idea. E, a parte questo, non ho nessuna voglia di salvare quella troia di Sophia. Non ne ho proprio la minima voglia. Avrà quello che si merita. Questo è assodato.»

«Le daranno la caccia, e la troveranno.»

«Ma non mi dire, sergente!»

«Mr. Slade... Ian...»

«*Mr. Slade... Ian...*» La sbeffeggiò lui con voce stridula. «Chiudi la bocca, altrimenti ti sparo qui. Subito. Capito?»

Lei aprì la bocca per ribattere e lui allora decise che sarebbe stato il caso di rimetterle il bavaglio, era l'unico modo per far tacere quella insopportabile poliziotta. Ma in quel momento udì un ronzio. Una specie di vibrazione.

Si bloccò.

Quella troia aveva addosso qualcosa che vibrava e lui era stato convinto che non avesse un cellulare. Ma il rumore *era* quello di un cellulare.

L'intuito non lo tradiva mai. Aveva saputo che c'era qualcosa di sospetto.

10

Sentì il rumore del motore e subito dopo il Ford Transit arrugginito sfrecciò lungo la strada sterrata sollevando una nuvola di polvere. Nonostante lo stato di massima allerta, Caleb sussultò, sorpreso dalla inaspettata svolta negli eventi.

Perché Ian Slade scappava come se fosse inseguito dal demonio?

«Che gli prende?» domandò anche Alice, rannicchiata sul sedile di fianco a lui.

«Lei ora scenda e si barrichi in casa» le ordinò Caleb. «Come concordato. Presto!»

Qualunque cosa fosse successa, non voleva che Alice fosse sulla linea di tiro.

Alice scese di corsa e chiuse la portiera. Caleb partì all'istante. Aveva già perso di vista il mezzo di Ian, il che per il momento andava bene, dato che non voleva che Ian lo vedesse spuntare dai cespugli nello specchietto retrovisore. Sapeva che Slade doveva imboccare la via principale del paese, non c'era un altro modo ragionevole per arrivare alla provinciale e dirigersi verso Nottingham. Da lì però avrebbe potuto prendere qualunque direzione. Caleb doveva assolutamente rintracciarlo prima di allora. Il suo piano era di accodarsi a lui in paese. Slade non avrebbe potuto capire da dove fosse sbucato, non lo aveva mai visto prima, era abbastanza sicuro che non si sarebbe insospettito. Sempre ammesso che il concetto di *sicurezza* fosse applicabile in quelle circostanze. Quello che stavano facendo in realtà era del tutto folle. Il pensiero che nel furgone che lo aveva appena superato a tutta velocità c'era Kate, legata e imbavagliata e in balia di uno psicopatico che ammazzava chiunque lo intralciasse, gli faceva venire i sudori freddi. Non avrebbe mai dovuto accettare la proposta, ne era sempre più convinto ogni secondo che passava, ma oramai era troppo tardi. Capiva l'assoluta volontà di Kate di salvare Sophia Lewis e, sì, con ogni probabilità aveva ragione lei e per Sophia non c'era nessun'altra possibilità se non il piano che avevano escogitato. Ma il salvataggio di una persona non doveva metterne in pericolo un'altra, questo era uno dei fondamenti del lavoro di polizia. E il rischio che Kate stava correndo era troppo grande.

Esagerato.

Intanto era arrivato sulla strada principale del paese che lo attraversava con un lungo rettilineo. Era deserta e muta. A destra e a sinistra erano parcheggiate alcune auto. La scena era ammantata da una quiete sonnolenta. Agosto e vacanze. Non c'era nemmeno un pendolare che tornava a casa dal lavoro. Dove diavolo si era cacciato Slade? Non poteva guidare troppo veloce, se non voleva attirare l'attenzione su di sé. Avrebbe dovuto essere ancora nei paraggi.

«Maledizione» imprecò Caleb.

Continuò a guidare, accelerando. Perché Slade aveva avuto tutta quella fretta? Doveva sentirsi abbastanza tranquillo, allora perché rischiare di farsi notare dalla polizia per eccesso di velocità? Sembrava quasi che avesse voluto seminare possibili inseguitori... Ma non poteva saperlo. Non poteva saperlo, per la miseria!

Caleb aveva legato Kate esattamente come l'aveva trovata. Era stata una sofferenza fisica per lui stringerle polsi e caviglie, sapendo quanti dolori le avrebbero provocato le fascette di plastica nel giro di breve tempo. Ma lei aveva insistito.

«Se si accorge che qualcosa è cambiato, sarà stato tutto inutile.»

Si era fatta mettere di nuovo in bocca quel disgustoso calzino e Caleb l'aveva fissato con il nastro adesivo, poi avevano fatto sparire la bottiglia e risistemato tutto come prima. Per tutto il tempo Caleb aveva avuto la sensazione di dover interrompere l'impresa. Ma la determinazione di Kate gli aveva impedito di farla desistere.

Caleb aveva silenziato il cellulare e glielo aveva nascosto addosso. Avevano valutato brevemente se fosse meglio spegnerlo del tutto. In quel caso Kate avrebbe dovuto riaccenderlo e inserire il pin e l'operazione sarebbe durata diversi secondi, troppi in una situazione critica. Per questo avevano preferito non farlo. Kate si era nascosta il cellulare nelle mutandine.

«Speriamo che non lo cerchi lì» aveva detto.

Caleb aveva sospirato. «È tutta una...»

«È indispensabile» lo aveva interrotto Kate.

Caleb aveva tirato fuori il coltellino con cui aveva tagliato le fascette che tenevano bloccata Kate. «Lo prenda lei. Non sarà molto utile contro un uomo armato, ma è sempre meglio di niente.»

«Dove lo metto?»

Alla fine Kate lo aveva nascosto in una scarpa. Le provocava un certo fastidio, ma era sicura che non avrebbe dovuto camminare a lungo.

Kate aveva a disposizione un cellulare e un coltello a serramanico. Per Caleb comunque restava una dotazione a dir poco *insufficiente*.

E adesso percorreva quella maledetta strada senza la minima traccia del furgone malandato e non riusciva a capire che cosa fosse successo. Perché Ian era partito a razzo? E perché, come sembrava, aveva proseguito a folle velocità? In caso contrario, infatti, Caleb avrebbe dovuto vederlo. Aveva una visuale molto ampia. Il Transit avrebbe dovuto essere da qualche parte.

Il suo cellulare, o più precisamente quello di Alice, squillò. Sul display comparve il suo stesso numero di telefono. Lo avevano memorizzato prima, in modo che lui sapesse subito quando Kate lo chiamava.

Si portò il telefono all'orecchio. «Kate?»

«No. Sono Alice.»

«Alice?» *Com'era possibile?*

«Il cellulare era qui in casa. All'ingresso. Insieme al coltello.»

«*Cosa?*»

«Deve averli trovati entrambi.»

«Non è possibile, l'ha perquisita di nuovo?» Caleb si sentì quasi sopraffare dal panico, un'emozione che non aveva provato quasi mai in vita sua. Non era una persona che perdeva facilmente la lucidità. Ma ora...

«Qui risulta una chiamata» disse Alice. «Una ventina di minuti fa.»

«Ma il cellulare era in silenzioso.»

«La vibrazione però non era stata tolta» disse Alice. «Ho appena controllato.»

«Merda! Come abbiamo fatto a non pensarci? Come ha potuto sentire la vibrazione?»

«Perché si sente quando c'è silenzio intorno» disse Alice in tono disperato.

«Dannazione, ecco perché è partito così in fretta. Sapeva che c'era qualcuno. Ha fatto in modo di seminarci.» Caleb diede un pugno al volante. «E ci è riuscito.» Accostò al ciglio della strada e si fermò. Non aveva senso proseguire sulla provinciale, Ian non era lì. Era la strada che avrebbe dovuto prendere se si fosse sentito al sicuro. Invece quasi certamente doveva aver svoltato a destra o a sinistra mentre era ancora in paese e si era allontanato su una stradina secondaria. Aveva fatto perdere le proprie tracce. Chissà da che parte era andato.

Caleb avrebbe avuto voglia di piangere. E anche questa era una sensazione pressoché sconosciuta per lui.

Cerca di controllarti, ordinò a se stesso, cerca di controllarti, tutto il resto non serve a niente.

«Chi ha chiamato? Riesce a vederlo? C'è un nome?»

«No, però c'è un messaggio in segreteria.»

«Può recuperarlo e farmelo sentire?» Non che la cosa avesse molto senso.

Alice impiegò qualche istante per raccapezzarsi con il cellulare che non conosceva, poi Caleb sentì una voce sconosciuta che parlava alla segreteria.

«Buongiorno, ispettore Hale. Ci siamo sentiti prima per telefono. Sono Kamil Abrowsky.»

Caleb sbuffò. Il terapeuta. Al quale doveva essere venuto in mente qualcosa e che lo aveva chiamato nel momento più sbagliato di tutti.

«Ho riflettuto e mi è venuta in mente una cosa» proseguì Abrowsky. «Sacha mi aveva accennato un paio di volte che sua madre è ancora proprietaria della casa nei pressi di Nottingham. Dopo qualche anno aveva ripreso i contatti con lei e sperava che un giorno potessero andare a vivere insieme lì. Non so se la cosa le può servire. Ma mi aveva chiesto se ci fosse un posto dove Sacha e Slade potevano essersi rifugiati.» Fece una pausa. «Ecco, magari la può aiutare» concluse. «Arrivederci.»

«Idiota!» imprecò Caleb. «Se gli fosse venuto in mente stamattina, avremmo potuto salvarle entrambe. Sophia sarebbe stata ancora lì.»

Non serviva a niente arrabbiarsi. Bisognava guardare avanti. Salvare il salvabile. *Ammesso che fosse ancora possibile.*

Chiuse la comunicazione. Non aveva voglia di sentire un eventuale parere di Alice su tutta la faccenda. Lei era stata complice di Ian Slade già abbastanza a lungo. Avrebbe dovuto chiamare la polizia al più tardi quando lui le aveva portato in casa Sophia Lewis. Anche se aveva paura.

Cosa aveva detto Kate? *Ha il numero di targa e la zona approssimativa. Se qualcosa va storto, deve mettere in moto tutto l'apparato di polizia.*

Qualcosa è andato storto. Decisamente.

Fece il numero di Helen. Per fortuna rispose subito. Cominciava ad amare quella donna. Senza di lei tutto avrebbe smesso di funzionare.

«Helen, ho urgente bisogno del suo aiuto» le disse. «Mi ascolti bene. È successo questo...»

11

Era partito a tutta velocità e ogni curva era stata una scommessa con la morte, poi aveva cominciato a guidare a velocità relativamente normale. Doveva evitare di essere fermato da una pattuglia. In quel caso sarebbe stata comunque la fine per lui: nel frattempo la polizia conosceva il suo numero di targa, gli agenti di tutto il paese avevano l'ordine di fermarlo o quantomeno di tallonarlo. Aveva con sé un ostaggio. Il suo unico asso nella manica.

Con ogni probabilità era riuscito a seminare i poliziotti che dovevano essere appostati intorno alla casa. Non aveva imboccato la via principale del paese, ma era sfrecciato per una strada secondaria e infine era uscito dall'abitato usando una stradina sterrata. Nessuno lo aveva seguito.

Quando aveva sentito vibrare il cellulare, si era bloccato, poi si era guardato intorno nella stanza, impugnando la pistola senza sicura, pronto a sparare al primo agente che si fosse fatto vedere. Ma si era subito reso conto di che cosa significasse aver trovato Kate imbavagliata e legata come prima. Sicuramente la polizia era appostata nei paraggi, ma non si sarebbe mostrata. Volevano trovare Sophia Lewis ancora viva. Ce li avrebbe dovuti portare lui, il che significava che lo avrebbero seguito, ma dovevano essere cauti, in modo che non si accorgesse di niente. Sarebbe dovuto partire a razzo... Sperava che non lo aspettassero anche in paese e sulle strade limitrofe. In realtà c'era solo una strada vera e propria, il resto erano viottoli che attraversavano pascoli e campi.

Rimpiangeva di essere tornato indietro. Aveva provato quel lieve senso di disagio e ora si rendeva conto che avrebbe dovuto dargli ascolto. Aveva sempre avuto un ottimo sistema radar interiore e tutte le volte si era rivelato un errore non assecondarlo.

Ma ormai era successo. E doveva trovare il modo di uscire da quella situazione. Non aveva nessuna voglia di finire in galera. Nemmeno per sogno!

Aveva tastato il corpo di Kate con una violenza che l'aveva fatta mugugnare di dolore più di una volta, e aveva trovato il cellulare nascosto sotto le mutandine. Gli sarebbe tanto piaciuto farla soffrire in maniera adeguata per questo, ma il tempo stringeva. Forse, in seguito, ci sarebbe stata la possibilità di fargliela pagare.

«Quanti sbirri ci sono nascosti intorno alla casa?» le domandò.

«Qui non c'è nessuno» disse lei. Aveva la spudoratezza di negare l'evidenza anche di fronte a quella prova lampante. Per tutta risposta l'aveva colpita in faccia, facendole rimbalzare la testa di lato come una pallina da tennis. Lei aveva lanciato un grido. Purtroppo non aveva potuto usare tutte le sue forze, perché altrimenti l'avrebbe fatta svenire e questo avrebbe complicato le cose.

Nella scarpa destra le aveva trovato un coltellino a serramanico. In preda alla rabbia lo aveva buttato per terra. Avevano creduto, avevano creduto *davvero* di poterlo ingannare, quelli.

Ora che viaggiavano nella limpida notte d'agosto, cominciò a sentirsi un po' più tranquillo. Kate era sdraiata dietro, legata e imbavagliata con il calzino, sul materasso che lo sfortunato Jack Gregory aveva utilizzato per il campeggio e che adesso puzzava in maniera indefinibile. Di tutti i fluidi corporei e soprattutto del sudore della paura di Sophia Lewis. Era stata consapevole di ciò che l'aspettava, quando Ian era partito per l'ultimo viaggio insieme a lei. Era stata sul punto di impazzire per il terrore, si capiva dal suo sguardo. Ma non era riuscita ad ammorbidirlo. Lui aveva sempre saputo che era stata lei a tradirlo tanti anni prima. La sua dannata abitudine di correre tutte le sere l'aveva portata a passare davanti al box vuoto dove lui avrebbe voluto fare cose meravigliose con quella bambina, tanto sciocca da seguirlo fuori dal giardino di casa. Aveva riconosciuto il viso di Sophia che guardava dentro il garage. Poi si era allontanata di corsa a tutta velocità, probabilmente con la speranza che lui non la riconoscesse. Aveva capito subito che avrebbe chiamato gli sbirri.

Dopo essere uscito dall'istituto, aveva faticosamente rintracciato il suo indirizzo. Impaurita com'era stata per tutti quegli anni, non si era registrata in nessun elenco telefonico. Ma attraverso vecchi conoscenti di West Bromwich aveva scoperto che insegnava in una scuola di Manchester e allora le aveva passate tutte al setaccio finché l'aveva trovata. Le aveva inviato una lettera anonima, in cui la informava che Ian Slade era tornato a piede libero. Era stato divertente osservare come poco dopo si era trasferita in un'altra scuola. Aveva una paura micidiale, quella stupida, e faceva bene. Dove si trovava adesso poteva riflettere con tutta calma sugli errori che aveva commesso. Precisamente si era trattato di un errore soltanto: non avrebbe dovuto denunciarlo alla polizia quella volta.

Davanti a lui si allungava la strada buia e deserta. Viaggiavano in direzione della costa sudorientale, ma su percorsi secondari. Lui cambiava continuamente strada. Non aveva incrociato quasi nessuno. Nel retrovisore non c'erano fari già da più di un'ora. Nessuno era riuscito a stargli dietro. Ottimo! Chissà come gli rodeva il culo a quelli. Nel furgone con sé aveva la loro collega, l'esca, ma, invece di essere finito in trappola, era lei a trovarsi inguaiata. Chi aveva ideato quel piano idiota sarebbe stato fatto a pezzi. Una prospettiva fin troppo bella. Ian avrebbe voluto fischiettare, da quanto si sentiva esaltato e sicuro di sé. Nessuno lo poteva eguagliare. Aveva fatto tutto in maniera così perfetta, dannazione. Li aveva spiati tutti: Sophia. Xenia. Oliver. Alice. Non era stato facile, ma era un tipo tenace, era furbo, aveva un sacco di doti vincenti. Era riuscito a scoprire dove vivevano tutti quanti. Ovviamente c'era riuscito perché si era organizzato per tempo con un mezzo di trasporto, che gli permettesse anche di pernottare e di muoversi liberamente. Quel poveraccio, Jack Gregory, lo aveva caricato a bordo quando lui, sul ciglio della strada, aveva tirato fuori il pollice tutte le volte che gli passava davanti un furgone, un camper o un camioncino. Gregory si era fermato e lo aveva fatto salire. Il vecchio Ford Transit non era certo il massimo, ma sempre meglio di niente. In seguito aveva comunque scoperto che era già stato allestito come camper: un materasso, un fornelletto a gas, posate e stoviglie… Si era sbarazzato di Gregory in una piazzola di sosta isolata nelle Yorkshire Dales, un taglio pulito alla gola, e poi giù per un dirupo. Era improbabile che qualcuno lo ritrovasse.

Il Transit era stato un ottimo alloggio per lui e Sacha, finché Sacha aveva convinto Alice a trasferirsi insieme a lui nella casa vicino a Nottingham. Era decisamente più comoda e più grande. Ma era stato allora che erano iniziati i problemi: lui non si era fidato di Alice, e la casa gli era sempre sembrata una trappola. E alla fine si era rivelata tale. *Si sarebbe* rivelata, si corresse mentalmente. Se non fosse stato più furbo di tutti.

Doveva tuttavia ammettere di essere stato a tanto così da finire nella loro rete. Era stato il cellulare a salvarlo. Ovvero il caso.

La voglia di fischiare gli morì sulle labbra. C'era davvero mancato pochissimo. Non poteva distrarsi. Ancora non era al sicuro.

Ora doveva capire quale fosse la mossa successiva. Non aveva rinunciato al suo piano originario di scappare sul continente con Kate come ostaggio, ma la situazione era decisamente più scottante. Tutte le navi passeggeri in partenza da un porto qualunque dell'Inghilterra nei giorni successivi sarebbero state piene di poliziotti. Come pure l'accesso all'Eurotunnel a Dover. La cosa sarebbe potuta andare avanti settimane, perché avrebbero messo in campo tutte le risorse disponibili per liberare Kate. Non avrebbero sparato perché lui gli serviva vivo se volevano avere la remota possibilità di scoprire il nascondiglio di Sophia Lewis. Questo gli dava una certa sicurezza, ma solo per quanto riguardava la sua incolumità fisica. Volevano catturarlo, e ci sarebbero potuti riuscire. Non si faceva illusioni in proposito. Nonostante l'ostaggio. Era solo e prima o poi le forze gli sarebbero venute meno. Ora aveva in corpo ancora l'adrenalina, ma da troppe ore ormai non chiudeva occhio e non avrebbe resistito più di uno o due giorni. Se si fosse addormentato, per lui era la fine.

Dallo specchietto retrovisore gettò un'occhiata all'interno del furgone. C'era una parete divisoria fin quasi al tettuccio, che tuttavia lasciava liberi due palmi in alto. In realtà non vedeva niente, perché la parte posteriore del furgone era priva di finestrini, e comunque essendo notte non sarebbero serviti granché. Ma, sebbene non riuscisse a vedere chiaramente, non era troppo preoccupato. Kate era saldamente legata ed era immobile, come un fagotto gettato distrattamente sul materasso. Non poteva parlare a causa del bavaglio, ma era pronto a scommettere che fosse sveglia. Più che sveglia.

Di sicuro stava pensando a come scappare. Lui le aveva detto chiaramente che non l'avrebbe portata da Sophia, e adesso per lei era questione di salvare se stessa.

Ma non ci sarebbe riuscita. Poverina.

«Penso che rimanderemo il nostro viaggio in Francia» disse a voce alta. Girò la testa di lato e parlò abbastanza forte perché lei lo capisse. Il vecchio furgone cigolava in maniera spaventosa e il suo rumore assordante copriva tutti gli altri. «Abbiamo tutto il tempo che vogliamo, giusto?»

Non era assolutamente vero, soprattutto perché non avevano soldi. Viceversa lui era sempre stato intraprendente per certe cose.

«Avrei voglia di fermarmi in una casa di villeggiatura nell'Inghilterra meridionale. Che ne pensi della Cornovaglia? Un bel posto. È lì che ho trovato Alice. Mi è piaciuto.»

Lei non rispose. D'altronde non poteva.

«La cosa migliore sarebbe una coppia di pensionati» proseguì lui. «In casa. Con provviste, contanti e una carta di credito. Sarebbe facile metterli fuori gioco. Basta chiuderli in cantina. Oppure si possono anche eliminare direttamente. Bisogna vedere. Dipende.»

Non era così semplice come voleva far credere. Anche le persone anziane avevano una rete di conoscenti. Avevano figli e nipoti, vicini, amici. Lui non aveva tempo di cercare qualcuno completamente solo al mondo. Aveva sottratto qualche banconota nell'appartamento di Oliver Walsh, ma non ci sarebbe andato molto lontano. Sarebbe potuto diventare pericoloso entrare in un supermercato, fermarsi a un distributore… Per sicurezza guardò l'indicatore della benzina. ¼ di serbatoio. Non sarebbe durato in eterno.

Si accorse che stava sudando. Fino a un attimo prima si era sentito invincibile, ma era bastato riflettere meglio sulla sua situazione per capire che non aveva motivo di essere euforico. Non sarebbe dovuto tornare indietro. Si sarebbe dovuto liberare di Sophia e darsi alla fuga il più in fretta possibile. Il piano di usare Kate come scudo protettivo era una stupidaggine, ma non lo aveva progettato fino in fondo e soprattutto aveva perso fin troppo tempo con tutta quella manovra. Adesso era bloccato sull'isola, a bordo di un furgone che era segnalato dappertutto, con una faccia che il giorno successivo sarebbe stata stampata su tutti i giornali e avrebbe circolato anche su Internet. Con una poliziotta rapita…

Non devi perdere la calma, si ordinò. Ti verrà in mente qualcosa. Ti viene sempre in mente qualcosa.

Gettò un'altra occhiata allo specchietto. Buio completo. Avrebbe voluto almeno sentirla respirare. Non sapeva perché, ma lo avrebbe tranquillizzato.

Martedì, 6 agosto

1

Mezzonotte era passata. Almeno così le sembrava. Aveva la sensazione che fossero in viaggio da molte ore e che quel furgone non si sarebbe fermato mai più. Ian non la stava portando da Sophia. E ovviamente Caleb aveva perso i contatti da tempo, probabilmente fin dal principio. Il suo piano si era basato sul fatto che Ian fosse ignaro, solo così avrebbe potuto funzionare. Dopo che lui aveva scoperto la trappola, aveva fatto perdere le proprie tracce con una partenza precipitosa e procedendo a zig-zag per le vie del paese.

Kate era abbandonata a se stessa.

Per il momento non si trattava più di trovare Sophia, bensì di salvarsi la vita. Ian voleva utilizzarla temporaneamente come scudo umano. Quando non avesse più avuto bisogno di lei, non sarebbe rimasta viva a lungo.

Il materasso su cui era sdraiata a faccia in giù emanava un puzzo micidiale. Di avanzi di cibo, sperma, urina e centinaia di altre cose che Kate non sapeva riconoscere. Dopo qualche tempo le era riuscito di girarsi su un fianco. Il puzzo era sempre forte, ma se non altro non ci stava più con il naso premuto dentro. E riusciva a respirare un po' meglio. Avrebbe voluto girarsi di schiena, ma così facendo si sarebbe schiacciata le mani con il proprio peso e il dolore alle spalle sarebbe diventato insopportabile.

Se sollevava leggermente la testa, vedeva, dalla fessura nella parete divisoria, il cielo notturno al di là del parabrezza insieme alla sommità della testa di Ian Slade. Da seduto Ian era alto, la testa sfiorava il tettuccio. Aveva spalle larghe, braccia muscolose. Lei non poteva competere con la sua forza fisica. E a parte questo era armato.

L'unica sua possibilità era di coglierlo di sorpresa.

I suoi occhi si erano abituati in fretta all'oscurità dentro il furgone e riusciva a distinguere vagamente i contenitori collocati lungo la fiancata, che aveva già visto in occasione del primo viaggio. Immaginava che il defunto Jack Gregory ci tenesse gli utensili da campeggio: posate, stoviglie, articoli da bagno, coperte e asciugamani. Di tutte quelle cose le interessavano in particolare le posate. Perché per mangiare si usavano forchetta e coltello. E si utilizzavano anche coltelli più grandi, per esempio per tagliare il pane. Questo stava a significare che nelle sue immediate vicinanze c'erano oggetti che potevano essere utilizzati come armi. Purtroppo, a causa della sua completa immobilità, le erano irraggiungibili.

L'importante era non arrendersi troppo presto. E non era facile, alla luce di tutte le informazioni che aveva sull'uomo che l'aveva rapita. Aveva sparato a tradimento all'ispettore Stewart e aveva eliminato a sangue freddo il suo complice Sacha quando era diventato un problema per lui. Aveva ucciso anche lo studente a cui apparteneva quel furgone malandato, perché ne aveva bisogno. Aveva cercato di sparare a Xenia in treno. Per non parlare di Sophia...

I pensieri che le vorticavano in testa si bloccarono per un istante. Sophia. C'era qualcosa... Qualcosa legato a Sophia...

L'aveva sepolta viva. In una cassa da qualche parte. Se Kate metteva da parte il raccapriccio che l'assaliva istintivamente pensando alla situazione di Sophia, rimaneva una domanda pratica: dov'era la vanga?

Si girò di schiena, senza badare al dolore. Lui le aveva strattonato le braccia all'indietro con inaudita violenza. Aveva l'impressione che le spalle fossero sul punto di slogarsi.

Per fortuna Ian non aveva nessun sentore di ciò che accadeva sul retro del furgone. Il rombo del motore e il cigolio della carrozzeria a ogni minima asperità del terreno superavano ogni altro rumore. Inoltre era assai probabile che dallo specchietto Slade vedesse solo il buio totale. Quasi sicuramente non scorgeva neppure la sua sagoma.

Con un po' di slancio Kate riuscì a mettersi sul fianco sinistro e ad avere così la visuale sulla parete di fronte al portellone scorrevole. I soliti contenitori di plastica. E poi lei.

La vanga.

Sentiva ancora l'odore di terra che le era rimasto attaccato. Quasi benefico a paragone del puzzo che sprigionava il materasso. Era l'aroma di una fresca giornata di inizio primavera.

Lentamente – nelle sue condizioni tutto avveniva con straziante lentezza – strisciò verso la pala, poi si fece coraggio e si girò di nuovo sulla schiena, quindi sull'altro fianco. Fece in modo che i polsi si trovassero a contatto con lo spigolo vivo della pala. Nella posizione in cui si trovava era complicato e doloroso strofinare su e giù contro il metallo la fascetta di plastica che le bloccava le braccia. Sforzò muscoli di cui ignorava l'esistenza. Nel giro di breve tempo avrebbe voluto piangere per i dolori alle braccia e alle spalle. Ma non si arrese. Se fosse riuscita a liberare le braccia e a impugnare la vanga, avrebbe avuto una chance di sopraffare persino un gigante come Ian Slade.

Il filo di nylon si spezzò esattamente nel momento in cui Ian lasciò la strada e, a giudicare dalle buche, imboccò un viottolo dove si fermò subito dopo.

Kate si strappò dal viso il nastro adesivo e si tolse di bocca il calzino. Respirò a grandi boccate, cercando di restare in perfetto silenzio. Aveva i piedi ancora bloccati e pochissima libertà di movimento. Se lui avesse aperto il portellone posteriore adesso per controllare la situazione, sarebbe stato tutto inutile.

2

Fece la pipì in un campo di grano mietuto e si sentì sollevato, almeno fisicamente. Alzando la testa vedeva le stelle in cielo. Una notte d'agosto da manuale. Di velluto nero. Si cominciava a percepire già un sentore d'autunno. Si portò un dito alla tempia. Come se non avesse nient'altro da fare che mettersi a pensare alle stagioni o al colore di un cielo notturno.

Il tempo stringeva. Doveva rimettersi in viaggio. Possibilmente prima che facesse giorno. Era ricercato in tutto il paese, era pronto a scommetterci.

A naso riteneva che dovessero essere nel Kent. Conosceva così poco l'Inghilterra. Era stato rinchiuso in quel maledetto istituto all'età di dodici anni e c'era rimasto fino a venti e oltre. Le lezioni di geografia le aveva sempre saltate. Aveva giusto pochi rudimenti sulla posizione delle varie contee. Ma il Kent gli pareva l'opzione corretta.

Avrebbe cercato una casa isolata e ci sarebbe entrato, cogliendo i proprietari di sorpresa e facendoli fuori. Oppure, cosa ancora migliore, avrebbe trovato una casa vuota dove nascondersi. Aveva un assoluto bisogno di dormire, altrimenti si sarebbe appisolato al volante. Doveva escogitare un piano. Doveva rendersi introvabile. Per il momento almeno.

Salì di nuovo al volante e accese il motore. Un cottage qualunque… Di notte ovviamente era difficile individuarlo. Ma non poteva aspettare che venisse giorno. L'orologio sul cruscotto segnava le due del mattino. Per fortuna ad agosto non faceva chiaro così presto come a maggio o a giugno. Tuttavia non gli rimaneva più molto tempo. Tornò sulla strada provinciale. Era così stretta e tortuosa che sarebbe stato un problema se avesse incrociato qualcuno. Se fosse incappato in un posto di blocco su una strada del genere, sarebbe stato finito. Non c'era spazio di manovra per tornare indietro, né per andare avanti. Sui percorsi secondari molte strade erano così. Un altro motivo per trovare al più presto un nascondiglio.

Guidava veloce. Troppo veloce. Ma chi se ne importava. Erano immersi nella più totale oscurità. Avvertiva un panico latente. Non andava bene. Non derivava soltanto dalla sua situazione contingente, ma anche dalla consapevolezza di aver commesso un errore madornale tornando a casa per prendere Kate. Da ore non faceva altro che rinfacciarsi questo sbaglio, e ne era sconvolto. Perché lui in realtà non commetteva errori, soprattutto così stupidi. Lui no! Il fatto che invece fosse successo incrinava l'immagine che aveva di se stesso. E la sua autostima. E se la sua autostima cominciava a sbriciolarsi avrebbe commesso altri errori, e poi… Si vietò di pensare oltre. Era solo una spirale distruttiva.

Purtroppo la radio di quel catorcio era rotta. Altrimenti si sarebbe potuto distrarre con della musica. Magari allora si sarebbe sentito meglio. Chissà…

Inchiodò bruscamente quando il cancello della recinzione di un pascolo gli bloccò la strada. Il cellulare e la pistola, che erano sul sedile di fianco a lui, rotolarono sul pavimento, ma non ci fece caso. La strada che aveva imboccato per ultima, e che non era neppure una strada vera e propria, terminava in un pascolo. Al di là del cancello non gli sembrava di scorgere niente, a meno che non volesse cercare di avanzare sul terreno fangoso, e sarebbe stata la cosa più stupida che potesse fare.

Diede un pugno rabbioso al volante. Tutto sembrava muoversi contro di lui. Quelle stupide strade di campagna, quei maledetti villaggi inglesi. Si era sempre domandato come facesse la gente a vivere in campagna. Solo mucche e pecore e maledetti steccati.

Si rese conto che non gli restava altro da fare che girare il furgone, ma la strada era così stretta che in pratica avrebbe dovuto manovrare quasi restando fermo.

Nel cassetto del cruscotto c'era una pila, la prese, scese e illuminò i dintorni. A destra e a sinistra della strada si aprivano campi di granturco già mietuti. I piccoli canali laterali per far defluire l'acqua piovana rappresentavano un problema: se ci fosse finito con le ruote sarebbe rimasto bloccato. I fossi rendevano ancora più stretto lo spazio di manovra.

Imprecò a lungo, con foga, poi risalì a bordo e iniziò l'inversione. Avanti e indietro, in maniera millimetrica, girando leggermente il volante, più e più volte... Quel rottame non aveva nemmeno il servosterzo, ben presto aveva le braccia doloranti. Il retro convertito in camper non facilitava le cose, dato che poteva vedere qualcosa solo attraverso gli specchietti laterali; con il buio che faceva era veramente poco. In sostanza procedeva a istinto. Avanti, indietro, avanti, indietro...

Il posteriore si inclinò.

«Merda!» esclamò.

Doveva essere finito in un fosso con una delle ruote. Provò ad accelerare inutilmente un paio di volte, ma, a parte il rombo selvaggio del motore, non successe niente. Quello stupido ferro vecchio aveva la trazione posteriore, perciò non c'era più niente da fare.

Scese di nuovo. Era tutto sudato, non solo per lo sforzo della manovra, bensì anche per la rabbia e la frustrazione e perché il tempo giocava a suo sfavore. Prima che facesse chiaro doveva trovare un nascondiglio, ma invece di cercarlo era bloccato nel fossato di un pascolo. Non temeva certo che un'auto della polizia potesse passare da quelle parti, ma sicuramente lo avrebbe fatto qualche contadino e con molta probabilità aveva visto la sua faccia al telegiornale del mattino, insieme al furgone...

Prese a calci la ruota anteriore con il battistrada completamente consumato. Le condizioni di quella carretta non rendevano certo più semplici le cose.

In effetti il furgone era finito in un fosso con la ruota posteriore destra e l'unica possibilità di tirarla fuori era riuscire a puntellarla in qualche modo, il che implicava che avrebbe dovuto gettare terra e detriti nel fosso sperando che lo pneumatico in qualche modo facesse presa. Guardò verso il cielo. Non era più il velluto nero dell'ultima sosta. Stava già virando verso un grigio antracite. L'alba non era più tanto distante.

«Sì, sì, devo riflettere» disse a se stesso. Non serviva a niente continuare a prendere a calci le ruote in preda alla collera. Doveva agire, e in fretta.

Gli venne in mente la vanga che aveva a bordo. L'idea di vedere quella stupida poliziotta proprio in quel momento non lo esaltava, dato che era stata lei a cacciarlo in quella situazione, ma per fortuna non avrebbe potuto mettersi a blaterare, altrimenti non avrebbe risposto di se stesso. Spinse il portellone laterale che per fortuna aveva oliato qualche settimana prima e che si mosse senza fare rumore. Dentro il furgone era buio e c'era puzza. La sagoma di Kate era indistinta. Sembrava sdraiata su un fianco, esattamente come l'aveva messa.

Se non ricordava male la vanga era contro la parete di fronte, davanti ai contenitori di plastica, ma, quando illuminò da quella parte con la torcia, non la vide. Non si meravigliò, vista la sua guida spericolata. Probabilmente era scivolata sul fondo del furgone. Niente da fare, doveva salire. Si arrampicò, e avanzando in ginocchio raggiunse la parte posteriore, illuminando gli angoli con la torcia. Maledizione, ma dov'era finita quella dannata vanga? Non poteva certo essere svanita nel nulla, no?

Quando percepì, più che vederlo, un movimento in diagonale dietro di sé, il suo primo istinto fu di voltarsi, ma era già troppo tardi. Qualcosa sibilò nell'aria in una frazione di secondo e subito dopo avvertì un dolore lancinante al tallone destro, così forte da fargli lanciare un urlo e dargli la sensazione di essere sul punto di svenire. La fitta gli risalì sulla gamba, nei fianchi, raggiunse il petto, gli attanagliò il cuore, i polmoni, gli tolse il respiro... Maledizione, che cosa era successo? *Che cosa era successo?*

Era paralizzato dal dolore e riuscì a girarsi solo con grande fatica. La torcia gli era caduta di mano e rischiarava il pavimento di metallo davanti a lui. Vide Kate saltare giù dal furgone agile come uno scoiattolo. Stringeva in mano la vanga. Comprese che lo aveva colpito con quella al tendine d'Achille, probabilmente glielo aveva reciso, forse gli aveva persino spezzato l'osso. Fu assalito da un conato e vomitò in un angolo. Nel frattempo le fitte di dolore gli erano arrivate fino alla testa. Gli sembrava di essere vittima di una graduale paralisi e provò a muovere le dita delle mani, prima la destra e poi la sinistra. Funzionavano ancora. Non era paralizzato. Il dolore lo aveva messo del tutto fuori combattimento.

Non poteva permetterselo. Non poteva starsene lì a piagnucolare in attesa che arrivasse la polizia e lo arrestasse.

Il portellone laterale si richiuse.

Strinse i denti. Lacrime di dolore gli rigavano le guance quando strisciò fino al portellone. Avrebbe ucciso Kate. Fosse stata anche l'ultima cosa che faceva in vita sua.

In pratica era già morta.

3

Kate aveva le gambe completamente anchilosate dopo la lunga inattività, ma non badò ai crampi, saltò giù dal Transit e richiuse il portellone. Stringeva sempre in mano la vanga. La situazione sul furgone era stata particolarmente complessa, non aveva potuto colpire alla cieca, per paura di ferire Ian a morte con il pesante attrezzo di ferro. Con una vanga del genere avrebbe potuto spaccargli la testa, ma lui le serviva vivo, altrimenti Sophia sarebbe stata perduta. Aveva avuto solo pochi secondi a disposizione, per colpirlo in maniera mirata, in modo da metterlo fuori combattimento. Per qualche istante non doveva essere in grado di reagire, ma non poteva morire. E doveva ottenere questo risultato nello spazio angusto e fiocamente illuminato del vano di carico. Quando lo aveva visto salire, aveva temuto che il battito del suo cuore la tradisse, ma Ian non si era accorto di niente, aveva cercato in giro trafelato. Sudava copiosamente, lei ne aveva riconosciuto l'odore. Si era alzata di scatto, aveva mirato alle gambe e aveva colpito. Il suo urlo omicida le aveva fatto capire di aver colto nel segno.

Adesso era fuori, su una stradina sterrata e si guardava intorno ansimando come dopo una maratona. Registrò immediatamente la situazione: una delle ruote posteriori del furgone era finita in un fosso, il mezzo era di traverso sulla strada. Davanti c'era un cancello. Ian doveva aver cercato di far manovra ed era rimasto bloccato. Capì perché fosse salito dietro: era andato a cercare proprio la vanga, perché l'unica possibilità di liberare il furgone era di mettere della terra sotto la ruota. Lei però era stata semisdraiata sopra l'attrezzo, fingendo di avere le mani legate dietro la schiena, e i piedi bloccati. In realtà era libera. In attesa di un'occasione, con la consapevolezza che ne avrebbe avuta una soltanto.

La speranza che la chiave fosse nel blocchetto di accensione fu esaudita, come constatò gettando un'occhiata nell'abitacolo, ma non le serviva a niente, perché non poteva andarsene. Aveva pensato di ripartire subito, mentre Ian era nel vano posteriore senza potersi muovere, se non a rischio di farsi molto male. Non si sarebbe fermata prima di raggiungere un posto di polizia.

Ma questo piano era irrealizzabile.

Si guardò intorno. Niente di niente. Né paesi, né casolari, soltanto campi, pascoli e prati a perdita d'occhio. All'orizzonte si intravedeva un boschetto, che si stagliava sullo sfondo liquido della notte. L'aurora si avvicinava in fretta. Un uccellino cinguettava allegro da qualche parte.

Un idillio meraviglioso, ma nelle sue condizioni avrebbe preferito di gran lunga la vicinanza di altri esseri umani. Ian avrebbe cercato di scendere dal furgone. Il portellone scorrevole non aveva serratura.

Kate gettò la vanga poco lontano da sé, in modo da poterla recuperare se ne avesse avuto ancora bisogno, ma a una distanza sufficiente per impedire che finisse nelle mani di Ian. Si allungò sul sedile del guidatore, cercando freneticamente sul cruscotto qualcosa che somigliasse a una chiusura centralizzata, ma il furgone era un modello antiquato. Provò ad accenderlo e cominciò a pigiare tutti i pulsanti che avrebbero potuto far scattare le serrature, ma senza risultato.

Non poteva chiudere il mezzo e non poteva scappare. Ian aveva un cellulare e una pistola. Se non li aveva su di sé, come Kate sperava ardentemente, dovevano essere da qualche parte lì davanti.

Kate non aveva una torcia e faceva ancora troppo buio per vedere qualcosa. Girò l'interruttore della luce di cortesia sopra il parabrezza, ma non accadde niente. Si accorse che mancava la lampadina.

Poi notò qualcosa sul pavimento dalla parte del passeggero. Era troppo buio per capire di che cosa si trattasse, ma *poteva* essere il cellulare. La pistola. O entrambi.

Si sporse ulteriormente oltre il sedile del guidatore cercando di raggiungere l'oggetto con il braccio teso. Un attimo dopo avvertì una presa micidiale alla caviglia destra e subito dopo fu strattonata all'indietro con forza brutale e fatta rigirare, così che andò a sbattere con il viso contro il volante. Per un attimo le si annebbiò la vista.

«Io ti ammazzo!» ansimò Ian Slade. «Ti ammazzo!»

Kate tornò subito in sé. Forse si era rotta il naso, ma al momento era il suo ultimo problema. Era sdraiata di schiena sul sedile di guida, le gambe sporgevano fuori dall'abitacolo, Ian ne teneva stretta una. Svettava su di lei come una torre imponente. Nel chiarore grigiastro dell'aurora vide che aveva la faccia madida di sudore e terrea. Era tutto sbilanciato dalla parte sinistra, perché probabilmente l'altra gamba era fuori uso. Doveva soffrire in maniera pazzesca, ma era riuscito a scendere dal furgone e ad aggredirla e nei suoi occhi stava scritto che l'avrebbe fatto, l'avrebbe uccisa, l'avrebbe strangolata a mani nude.

Lei cercò di liberare la gamba, ma lui la stringeva implacabile. Si sarebbe gettato su di lei, ma la lesione alla caviglia lo ostacolava seriamente, facendolo barcollare e stringere i denti. Kate piegò la gamba libera e lo colpì al fianco con tutta la forza che aveva nella sua scomoda posizione. Un marcantonio come lui normalmente non avrebbe accusato il colpo, invece ondeggiò e involontariamente appoggiò il peso per un attimo sul piede offeso. Un grido assordante lacerò l'aria, il dolore doveva essere insopportabile. Nel frattempo allentò la presa sulla caviglia di Kate. Lei liberò la gamba, si rannicchiò fulminea sul sedile del passeggero, allungò il braccio per terra, recuperò la pistola e si rialzò. Si appostò sul sedile, Ian era in piedi fuori. Nei suoi occhi ardeva la pazzia. La pazzia della sofferenza, la pazzia della collera.

«Non si muova» gli ordinò Kate puntandogli addosso la pistola senza la sicura. «Resti fermo!»

Lui la squadrò circospetto. Intuiva che lei non avrebbe sparato, ma siccome si trovava in una situazione di grave pericolo non poteva averne la certezza. Aspettava il momento giusto per strapparle di mano la pistola. Lei lo aveva capito. Non si sarebbe arreso, per nessun motivo.

Lui all'improvviso fece un salto in avanti e lei non esitò neppure un istante e sparò.

Stramazzò in avanti, cercò di sorreggersi alla portiera, ma poi scivolò e finì a terra. Mormorò qualcosa che Kate non comprese. Stringendo sempre in pugno la pistola, lei strisciò cauta sul sedile del guidatore verso di lui. Vide che la stoffa dei calzoni si tingeva di scuro all'altezza della coscia. Lo aveva colpito alla gamba, il che significava che non sarebbe morto subito, ma aveva bisogno di soccorsi immediati altrimenti si sarebbe dissanguato.

Aveva gli occhi chiusi e il respiro superficiale. Kate dedusse che non rappresentava più un pericolo, ma continuò a tenerlo d'occhio puntandogli contro la pistola, mentre tastava sotto il sedile alla ricerca del cellulare. Lo trovò. Di sicuro un apparecchio usa e getta senza connessione dati.

Compose a memoria il numero di Caleb, sperando che fosse tornato in possesso del suo cellulare. Lui rispose subito. «Pronto!»

«Caleb? Sono Kate!»

«Kate?» Lui gridò il suo nome. «Kate?»

«Sì, sono io.»

«Per amor del cielo, dove si trova? La stiamo cercando in lungo e in largo. Sta bene?»

«Sì.» Le faceva male il naso e faticava a respirare, ma non erano particolari degni di essere indicati. «Io sto bene. Ma non so dove ci troviamo.»

«Che ne è di Slade?»

«È qui ferito. Ha urgente bisogno di un medico, Caleb. Perde molto sangue.»

«Riesce a capire dove vi trovate?»

Lei guardò oltre il parabrezza. Il cielo, nel frattempo, si era fatto più chiaro, ma non serviva granché. Campi, prati, pascoli. Boschi.

«È una zona piuttosto pianeggiante» disse, «quindi presumo che non siamo andati verso nord. Altrimenti a quest'ora avremmo dovuto essere già in Scozia. Lì il paesaggio è più montuoso.»

«Non necessariamente» disse Caleb.

«Propenderei per il Kent o il Sussex. Caleb, non posso andarmene da qui. Il furgone è finito in un fosso.»

«Non riesce a tirarlo fuori?»

«Non saprei...» Guardò la vanga che giaceva nel campo. «Forse sì. Ma non riuscirò a caricare a bordo Slade. Da sola non ce la faccio a muoverlo. Dovrei lasciarlo sdraiato qui e...»

«Non è una buona idea. Deve occuparsi di lui. Non deve morire.»

«Lo so. Proverò a parlargli.» Si staccò il telefono dall'orecchio e si girò verso Slade. «Ian? Ian, mi sente?»

Lui strizzò un occhio. Grazie al cielo. Aveva un colorito così pallido che per un attimo Kate aveva creduto che fosse morto.

«Ian, ha bisogno subito di un medico. Perde molto sangue. Mi dica dove siamo. Come si chiamava l'ultimo paese che abbiamo attraversato?»

Lui aprì entrambi gli occhi e la guardò. Sollevò il labbro superiore in quello che avrebbe dovuto essere un ghigno beffardo. *Fottiti,* diceva la sua espressione. Poi chiuse di nuovo gli occhi.

«Kate?» chiese Caleb.

Lei si premette il cellulare all'orecchio. «Inghilterra meridionale, ne sono abbastanza sicura. Da qualche parte nel nulla più totale.»

Lo sentì sospirare. «Cercheremo di localizzarvi. Abbiamo provato senza riuscirci di risalire al numero di cellulare di Slade, ma non abbiamo individuato nessuno a cui avesse telefonato. Adesso però ho il suo numero sul display. Pensa di riuscire a mantenerlo in vita?»

«Farò il possibile.»

«Cercheremo di sbrigarci.»

Chiuse la comunicazione. Kate scese cauta dal furgone, aspettandosi che Slade le afferrasse di nuovo la gamba da un momento all'altro. In realtà non sembrava avere la forza di attaccarla. Aveva il respiro ancora più lieve e l'incarnato oramai grigio pallido. La chiazza di sangue sulla coscia era arrivata al ginocchio e aveva formato una pozza sul terreno. Stava perdendo troppo sangue troppo in fretta.

Alla vista del suo piede destro Kate trattenne un conato di vomito. Il piede era quasi del tutto staccato. Con la vanga glielo aveva quasi amputato. Non sapeva dire quanto sangue avesse perso da lì. Ciò di cui si rendeva conto anche senza essere un medico era che a Ian Slade non restava più molto tempo. Senza un intervento immediato era spacciato.

Salì sul retro del furgone, rovistò nelle scatole e trovò un piccolo asciugamano. Lo prese, tornò fuori, si inginocchiò accanto a Ian, ripiegò l'asciugamano a quadrato e lo premette con tutte le forze contro la ferita alla coscia. Era il metodo più efficace per fermare l'emorragia. Anche se vista l'entità... Il sangue non voleva smettere di uscire. Probabilmente la pallottola aveva reciso un'arteria.

«Slade, per favore. Non ce la farà. Mi dica dove siamo.»

Nessuna reazione.

«Per favore, mi dica dov'è Sophia!»

Di nuovo niente.

Tolse l'asciugamano dalla ferita, dato che comunque non serviva a niente, e lo usò per legare la gamba al di sopra di essa. Probabilmente era un'altra manovra inutile, ma non le veniva in mente nient'altro da fare. Prese la bottiglia d'acqua che Ian aveva infilato nella portiera e gliene versò qualche goccia sulle labbra. Lui bevve con difficoltà. Faticava anche a respirare. Le sue condizioni apparivano disperate.

Kate bevve a sua volta qualche sorso d'acqua, poi prese cellulare e pistola. «Torno subito» disse. Dubitava che l'avesse sentita.

Risalì di corsa la stradina malamente asfaltata in mezzo ai campi. Era possibile che sbucasse su una strada più grande e magari più trafficata. Oppure avrebbe trovato il cartello di una località, o di un incrocio, o qualche altra indicazione. Corse a perdifiato, nonostante il naso gonfio le rendesse faticoso respirare.

In fondo al viottolo c'era una strada di campagna, molto stretta, che tuttavia doveva collegare diversi paesi. Kate decise di proseguire a sinistra, ma avrebbe potuto benissimo lanciare una moneta e tirare a sorte. Non c'era modo di verificare se fosse la direzione giusta.

Riprese a correre, e si stava giusto domandando se stesse andando dalla parte giusta o se non fosse meglio tornare indietro e provare nella direzione opposta, quando da lontano vide arrivare una macchina. Si infilò la pistola sotto la maglietta insanguinata. Dubitava che qualcuno si sarebbe fermato alla vista di una donna stravolta e con i vestiti laceri che si aggirava alle prime luci dell'alba sul ciglio di una strada in mezzo al nulla, ma era sicura che nessuno lo avrebbe fatto se quella donna per di più avesse impugnato una pistola.

L'auto si avvicinò. Una Fiat azzurra. Al volante una donna. Kate si augurò che avesse il coraggio di fermarsi. Peccato che non avesse con sé il distintivo. L'avrebbe fatta sembrare più affidabile.

L'auto rallentò. Kate si sbracciò. La macchina si fermò. La donna abbassò il finestrino e guardò diffidente Kate. «Cosa è successo?»

«Ho avuto un incidente» disse Kate. «Un po' più avanti.»

«Sanguina!» esclamò la donna.

«La persona che era con me è ferita. L'ho medicata in maniera provvisoria. Devo chiamare la polizia e i soccorsi, ma non so dove mi trovo.»

«Non sa dove si trova?»

«Guidava lui, io dormivo. Non so come si chiamasse l'ultimo paese da cui siamo passati.»

«Il paese più vicino è Charing. A sei chilometri da qui. Questa è una strada provinciale che costeggia la M20 verso Folkestone.»

«La ringrazio. Adesso mi sono orientata.»

«Bene» disse la donna, osservando la maglietta insanguinata di Kate con espressione diffidente. Le risultava tutto molto sospetto.

«Potrebbe darmi un passaggio fino al punto dell'incidente?» domandò Kate.

Invece di rispondere, la donna alzò al finestrino, accelerò e ripartì in tutta fretta. Kate non poteva certo biasimarla. Lei stessa sconsigliava sempre a tutti di dare passaggi in auto agli sconosciuti.

Mentre tornava indietro, richiamò Caleb e gli fornì le indicazioni che le erano state date.

«La cosa più importante adesso è far arrivare i soccorsi» ansimò mentre correva. «Slade è in condizioni davvero critiche. Senza aiuto non sopravviverà ancora a lungo.»

«I soccorsi sono stati già avvisati dai colleghi» disse Caleb. «In attesa del loro arrivo può fare qualcosa per lui?»

«Gli ho legato la gamba, ma...» Faticava a respirare mentre correva, telefonava e il naso le si gonfiava sempre di più. «Sbrigatevi!» riuscì a dire, poi chiuse la telefonata e ricominciò a correre il più in fretta che poteva.

Quando imboccò il viottolo che portava al cancello del pascolo, si trovò davanti una scena spettrale: il sole tingeva di rosa l'orizzonte, l'aria vibrava del cinguettio degli uccelli. Le pecore, che di notte erano state invisibili, pascolavano placide sull'erba.

In primo piano il furgone messo di traverso. Davanti l'uomo ferito riverso a terra.

L'unico uomo al mondo che sapeva dove si trovasse Sophia Lewis in quei minuti.

Si inginocchiò accanto a lui, boccheggiando. Gli tastò il polso con dita tremanti. Era appena percettibile, come pure il battito del cuore. L'emorragia non si era fermata. In Ian Slade restava solo un alito di vita. Si rese conto che non avrebbe resistito fino all'arrivo dei soccorsi.

Gli toccò il viso. «Ian! Ian, mi sente?»

Le sue palpebre ebbero un fremito.

«Ian! Per favore!»

Lui aprì gli occhi. Aveva lo sguardo vitreo. Era moribondo. Kate si sentì salire in gola un singhiozzo disperato. Pensò a Sophia. Avrebbe avuto voglia di piangere.

«Ian, mi ascolti, morirà tra pochi minuti. Quando arriveranno i soccorsi, per lei sarà troppo tardi. Mi capisce?»

Ian mormorò qualcosa di indecifrabile che Kate non riuscì a capire.

«Ian, mi dica dov'è Sophia. Non se ne vada con questa colpa sulla coscienza. Magari dovrà risponderne.»

Dubitava che Ian Slade credesse in Dio, ma anche le persone come lui a volte si domandavano che cosa li aspettasse oltre la soglia che si varcava con l'ultimo passo.

«Ian, non se ne vada così. La prego. Mi dica dov'è.»

Lui la fissò. Il suo sguardo era più limpido. Contrasse la bocca in quello che sembrava un ghigno.

Poi la testa gli ricadde di lato.

Ian Slade era morto.

Ero stato a trovare Sacha all'istituto di Birmingham soltanto due volte. Non ci andavo volentieri, a causa dei miei sensi di colpa, ma per due volte trovai la forza di farlo. La prima aveva dodici anni, la seconda quindici.

Non stava bene, lo capii chiaramente. Era stato sempre... bizzarro, ma anche allegro, soprattutto negli ultimi tempi con Xenia. Sembrava essersi ripiegato su se stesso. Pallido e smunto, intimidito, turbato. Vidi un paio degli altri ragazzi con cui viveva lì e capii che non gli rendevano facile la vita. Era il genere di persona destinato con agghiacciante certezza a essere sempre e comunque una vittima, e più l'ambiente circostante era ostile più era dura la sua esistenza.

Mi raccontò che Alice ogni tanto gli scriveva. Ne fui sorpreso. Avevo sempre avuto l'impressione che Alice si fosse allontanata da lui fin da quando vivevamo ancora tutti insieme, che non fosse riuscita a superare le difficoltà che lui aveva creato nella nostra vita. Adesso invece aveva ristabilito un rapporto al quale in precedenza si era sempre sottratta.

Ma forse le risultava più facile da lontano. Senza le limitazioni quotidiane. Senza il fardello della responsabilità.

E forse si trattava solo del rimorso. Come me. In sostanza era addirittura peggio.

Quando tornai a trovarlo tre anni più tardi e mi trovai davanti un quindicenne, sempre troppo piccolo, troppo magro, troppo pallido, notai però che sembrava un po' più disteso. Mi auguravo che non fosse più tiranneggiato come prima, anche se non sapevo spiegarmi il perché, dato che, pur essendo cresciuto, aveva sempre un aspetto gracile e sembrava incapace di opporsi a qualunque genere di aggressione, verbale o di natura fisica. Continuava a essere la classica vittima, esattamente come prima.

Gli domandai come stesse e mi rispose che le cose erano migliorate.

«Ti sei fatto degli amici?» gli chiesi ottimista.

Lui non rispose subito. «Ho trovato qualcuno che si prende cura di me» disse poi.

«Si prende cura di te?»

Lui annuì. «Gli altri non possono farmi niente. Altrimenti devono vedersela con lui.»

Non mi sembrava per niente una classica amicizia, e mi chiesi vagamente turbato quale fosse il motivo di quel rapporto di dipendenza. Un protettore non lo fa sempre con lo spirito altruista. Che cosa ci ricavava l'altro?

«Perché non me lo presenti?» proposi, mascherando la mia preoccupazione.

Sacha si innervosì all'istante. «Devo vedere se... ha tempo... Lui...» Il resto della frase si perse in un mormorio indistinto.

Compresi che Sacha dipendeva dal suo protettore. E che ne aveva anche paura.

«Per quale motivo si trova qui il tuo... amico?» chiesi. In quell'istituto non finiva chi fuori da lì aveva avuto una vita normale e tranquilla.

«Ha rapito una bambina.»

«Ha rapito una bambina?» ripetei scioccato. «Ma non è poco più che un bambino anche lui?»

«È successo quando aveva dodici anni.»

«E che cosa ha fatto a quella bambina?»

Sacha si strinse nelle spalle. «Niente. Lo hanno beccato.»

«Ho capito.»

Ci guardammo in silenzio. Stavo malissimo al pensiero che l'altro ragazzo chiuso nell'istituto avesse rapito una bambina, mentre Sacha non aveva commesso alcun reato. Lì dentro entrava in contatto con criminali precoci senza esserlo a sua volta.

Non avremmo dovuto farlo. Ma quali alternative avremmo avuto?

Quel giorno non ebbi modo di conoscere il suo compagno. Non si fece vedere e Sacha era troppo timido per andare a cercarlo. Intuiva anche che a me non sarebbe piaciuto.

Nel pomeriggio uscimmo dall'istituto, perché volevo offrire a Sacha un gelato. Vedendolo seduto davanti a me al tavolino, che assaporava il suo gelato al limone con trasporto e un'espressione di felicità sul viso delicato, mangiandone poco alla volta per farselo durare più a lungo, fui sopraffatto da un senso di affetto nei suoi confronti e per un attimo mi sentii soffocare dai rimorsi. Era una creatura tenera e di buon cuore. Doveva affermarsi in un ambiente per il quale non era tagliato. Doveva sottomettersi a un sedicente protettore perché altrimenti non sarebbe sopravvissuto. Tutto questo senza la benché minima colpa.

Con un gesto impulsivo posai la mano sulla sua. Lui abbassò il cucchiaino e mi guardò con aria interrogativa. «Sì?»

«Mi spiace, Sacha» dissi a bassa voce, «per tutto quello che è successo.»

Lui abbozzò un sorriso. Era carico di una straziante tristezza.

«Lo so» disse, «ma non deve dispiacerti. Lo faccio per Alice.»

Il cucchiaino rischiò di cadermi dalla mano. Non so che cosa avessi creduto veramente. Quando pensavo a Sacha, non andavo mai troppo a fondo, perché era una tortura, ma mi ero convinto che per qualche motivo lui alla fine credesse di aver causato la morte della sorellina. O che quantomeno ritenesse che avessimo ragione, pur avendo rimosso la cosa... Aveva avuto solo sette anni e soffriva di un evidente ritardo nello sviluppo mentale.

Quanto meno avevo sperato che nella sua testa conservasse un'immagine indefinita e vaga di quanto accaduto all'epoca.

«Lo fai per Alice?» ripetei con un filo di voce.

«Sì» disse lui. «Così non deve andare in prigione.»

Lui sapeva. Aveva compreso. Forse era diverso da noi, ma non per questo più stupido. Aveva sempre saputo quello che era successo. Probabilmente anche nel momento in cui aveva confessato di fronte all'assistente sociale e alla polizia.

Amava Alice. E nel suo amore dimostrava una grandezza e un'abnegazione che andavano molto al di là di qualunque cosa fossimo in grado di fare Alice o io o tutte le altre persone che conoscevo.

Non tornai più a trovarlo.

Non lo sopportavo.

Venerdì, 9 agosto

«Arrivano» disse Xenia. Era accanto alla finestra del salotto a casa di Kate e guardava fuori la giornata di sole. «Penso che ci sia anche l'ispettore capo.»

«Preparo subito un caffè» disse Colin. Accese la macchina per il caffè in cucina. Messy era sdraiata sul pavimento. Faceva troppo caldo per lei fuori.

Colin tornò in soggiorno e raggiunse Xenia. Kate e Caleb stavano percorrendo il vialetto del giardino verso la porta d'ingresso. Caleb con un completo nero, Kate con un abito nero che come la maggior parte del suo abbigliamento le cadeva dalle spalle piuttosto informe, troppo pesante per la giornata estiva e privo di qualsiasi stile. Colin era intenerito da questo aspetto di Kate, chiaramente incorreggibile nonostante gli sforzi: la sua incapacità di vestirsi in maniera anche solo vagamente elegante.

Erano stati al funerale di Robert Stewart. Colin immaginava bene che cosa dovessero provare.

Andò ad aprire la porta. «Entrate. Com'è andata? Volete un caffè?»

Entrambi avevano l'aria sudata e depressa.

«Un caffè sarebbe un'ottima idea» disse Kate togliendosi le scarpe. Andò in cucina a piedi scalzi. Caleb si liberò della giacca e la seguì.

Colin posò due tazze di cappuccino e due bicchieri d'acqua sul tavolo. Xenia portò una ciotola di crumble alle ciliegie.

«L'ho appena fatto» disse. «Pensavo che poteste avere fame.»

Lei e Colin osservavano Kate e Caleb come genitori preoccupati desiderosi di aiutare i figli senza sapere che cosa fosse meglio fare.

«È stata molto gentile, grazie, Xenia» disse Kate. Aveva il naso gonfio, la pelle arrossata. Sembrava spossata e tutti sapevano che non era solo per colpa del funerale.

Colin sfiorò cauto il braccio di Xenia. «Vieni, lasciamoli soli» disse.

Xenia annuì. Uscirono dalla cucina richiudendosi la porta alle spalle con delicatezza.

Il caffè le riaccese energie che Kate credeva esaurite del tutto. Si abbandonò grata all'effetto rinvigorente della caffeina. Il funerale era stato così tremendo che aveva temuto di non riuscire a superarlo e aveva evitato di piangere solo perché avrebbe fatto ancora più fatica a respirare. L'intimità della piccola cucina, il giardino fuori, Messy che si era alzata e le si strusciava contro le gambe – tutto questo le fece ritrovare un po' di pace.

Caleb posò la tazza sul tavolo. Aveva una traccia di schiuma bianca sul labbro superiore. «Adesso vivono qui?» chiese muovendo la testa verso la porta. «Xenia e Colin?»

Kate si strinse nelle spalle. «Sono contenta che siano qui con me. Xenia non vuole assolutamente tornare dal marito, e rimarrà qui finché non saranno chiarite le ripercussioni giuridiche di quanto avvenuto tanti anni fa con la famiglia Walsh. E Colin ha preso le ferie e penso che si tratterrà a sua volta per il momento.» Fece una breve pausa. «Credo che stia nascendo qualcosa tra di loro. Tra Xenia e Colin. Ne sarei contenta.»

«Vuol dire che non ce l'ha con lei perché lo ha abbandonato in mezzo al nulla ed è fuggita con la sua macchina?»

«Credo di no. Hanno parlato molto. Lui sa che era una situazione di emergenza.»

«Bene» disse Caleb. Poi aggiunse sottovoce: «Se non altro un raggio di luce, no? Alla fine di questa immane tragedia».

Kate annuì. Erano ancora profondamente turbati. Per Caleb seppellire Robert Stewart era stato molto peggio che per Kate. Per lui significava separarsi definitivamente da un'intera epoca, dire addio a una affiatata collaborazione durata più di due decenni. Anche se nelle ultime settimane tra di loro c'era stata una frattura, il ricordo dei bei tempi prevaleva.

Kate aveva perduto il suo superiore. Non erano andati particolarmente d'accordo, e non si conoscevano da molto tempo. Ma lei gli era vicina quando gli avevano sparato. Non avrebbe mai dimenticato quell'evento, quell'immagine.

Ma la cosa peggiore, più angosciante di tutte, era la tragedia di Sophia.

Il suo destino incerto.

O meglio, da un altro punto di vista, il suo destino più che certo.

Erano passati quattro giorni da quando Ian Slade l'aveva portata via dalla fattoria di Nottingham. Nessuno sapeva se l'avesse veramente sepolta viva o prima le avesse sparato. Le ricerche proseguivano senza sosta. Era stato misurato il tempo dell'assenza di Ian Slade il lunedì precedente, era stata calcolata la distanza che avrebbe potuto percorrere, tenendo presente il tragitto di andata e ritorno, il tipo di veicolo, lo stile di guida e il fatto che avesse dovuto sbarazzarsi di Sophia da qualche parte. L'area delle ricerche che ne era derivata era assai vasta e veniva perlustrata giorno e notte da centinaia di poliziotti con i cani. Nel frattempo c'era stato un violento temporale che aveva cancellato gran parte delle tracce e degli odori. Inoltre tutti erano consapevoli che sarebbe bastato un minimo errore di calcolo o nella valutazione delle altre componenti per dare come risultato una zona ancora più ampia che per il momento era esclusa dalle ricerche. Ma bisognava porre un limite da qualche parte. In tutto questo nessuno sapeva se Sophia Lewis fosse ancora viva. A ogni ora che passava, la situazione si faceva più critica. Chissà se, dovunque si trovasse, aveva la possibilità di nutrirsi o assumere liquidi in qualche modo? Alla luce della personalità di Slade, non era escluso che lui avesse voluto protrarre la sua agonia utilizzando gli strumenti adatti.

Questo però accendeva un barlume di speranza e nessuno ancora era disposto a sospendere le ricerche.

Tutta la Gran Bretagna seguiva il suo destino. I media parlavano ininterrottamente della storia. Sophia Lewis aveva addirittura scalzato Boris Johnson e la sua campagna per il *Leave* dai titoli di testa. E questo rappresentava una possibilità per lei: l'intero paese partecipava alle ricerche. Tutti gli escursionisti, i proprietari di cani, chiunque andasse a passeggiare nei boschi teneva gli occhi aperti. C'erano centinaia di segnalazioni, di persone che al momento del fatto si trovavano all'interno della zona delle ricerche e avevano visto qualcosa di sospetto, soprattutto tracce del furgone, avvistato per caso in luoghi isolati. Ogni indizio veniva subito analizzato.

Kate versò un secondo cucchiaino di zucchero nell'avanzo di caffè. Non era salutare, ma aveva bisogno di dolce.

«Kate» disse Caleb.

Lei alzò gli occhi, turbata dall'urgenza della sua voce. «Sì?»

«Io smetto.»

«Smette? In che senso?»

Lui giocherellò con il cucchiaino da caffè. Aveva l'aria tormentata, ma allo stesso tempo decisa. «Nel senso che avevo deciso già da un po' di fare un passo indietro nella mia professione. Come sa ero in totale burnout, ma inconsciamente l'ho sempre ritenuta una fase di passaggio. Un periodo terribile, dal quale sarei uscito per tornare a lavorare come ispettore capo.»

Lei lo fissò allarmata. «E adesso non è più così?»

«No. Jayden White, che ha segnato definitivamente la mia rovina, ma anche la storia di Sophia Lewis mi hanno dimostrato che, se rimango a svolgere questa professione, non riuscirò mai a liberarmi dalla mia dipendenza. Mai. Non sopporto più eventi di questo genere, probabilmente non li ho mai sopportati. C'è un motivo se bevo. È il confronto incessante con il male del mondo. Con gli abissi della natura umana. E la consapevolezza della nostra fondamentale impotenza al riguardo.»

«Non siamo sempre impotenti.»

«Spesso però sì, Kate. Per me troppo spesso.»

«Ma che cosa vuol fare allora?»

«Non ne ho idea. Staremo a vedere.»

Lei si appoggiò all'indietro. Aveva un sesto senso per le situazioni disperate e in quel momento ebbe la certezza: la decisione di Caleb era irrevocabile. Non sarebbe mai tornato sui suoi passi.

«Io sono venuta a Scarborough per lei» disse.

Lui annuì. «Lo so. Ci eravamo immaginati una situazione del tutto diversa. Però deve rimanere lo stesso, Kate.»

«Non è per niente scontato, e lei lo sa.» Per il momento Kate era in ferie, che non era la stessa cosa di essere sospesi, ma erano ferie che non aveva chiesto. Il soprintendente capo, in preda alla collera, l'aveva invitata a *riposarsi* per almeno dieci giorni dagli *strapazzi* – aveva pronunciato quella parola in tono molto sarcastico – degli ultimi giorni. Poi avrebbero valutato la cosa. Era chiaro che l'azione condotta di propria iniziativa da Kate e Caleb, che per di più si era conclusa in maniera disastrosa, avrebbe avuto delle ripercussioni. Il soprintendente aveva parlato di un *fallimento totale* e aveva fatto capire che le cose per Sophia Lewis sarebbero finite bene se Kate, dopo essere stata liberata da Caleb – gesto per il quale Caleb finora non aveva ricevuto complimenti –, avesse avvisato i colleghi perché arrestassero Ian Slade al suo ritorno a casa di Alice Walsh. Kate sapeva che sbagliava. Sapeva che Ian non avrebbe mai rivelato il luogo del nascondiglio e che l'unica possibilità di trovarlo era stata proprio nel piano ideato da lei e Caleb. Il fatto che fosse finito in maniera così drammatica non cambiava le cose.

«Non la sospenderà, Kate» disse Caleb. «Adesso deve fare la voce grossa, ma se la caverà con un richiamo. Al dipartimento non hanno tante persone in gamba. Io non ci sono. Robert Stewart è morto. Il capo non può permettersi di perdere anche lei. Nei prossimi anni dovrà essere prudente, ma la cosa finirà lì.»

I prossimi anni... Era un lasso di tempo spaventosamente lungo. Un periodo di assoluta desolazione: senza di lui.

«Ma io volevo lavorare *con lei*!»

«Io non sono più in grado, Kate» mormorò. «Ho fallito. Su tutta la linea.»

«No!»

«Invece sì. Ho sbagliato con Jayden White. E anche ora. Non avrei dovuto usarla come esca. Avrei dovuto impedire quel folle piano. Slade è morto. Sophia Lewis è perduta. Avremmo dovuto arrestarlo e interrogarlo.»

Era esattamente la stessa idea del soprintendente. Ciò nonostante, era sbagliata.

«Avevamo dei buoni motivi per non farlo. Caleb, non ci siamo certo spianati la strada. Eravamo convinti che non avrebbe parlato. Io continuo a crederlo. Non avrebbe collaborato. Forse tra otto settimane. Ci avrebbe condotto di gusto al suo cadavere. Prima non avrebbe detto niente.»

«Come fa a esserne tanto sicura?»

«Ero sua prigioniera. Gli sono stata vicina. Non ho mai percepito una malvagità, una ferocia, una perversione così totali e assolute. Non avrebbe parlato. Sarei pronta a giurarlo.»

«Va bene, va bene» disse Caleb. Aveva l'aria di chi è distrutto dentro. Lei avrebbe voluto allungare il braccio, accarezzargli la guancia, ma non osava.

«La cosa peggiore di tutte» proseguì «è che ha rischiato di morire, Kate. È questo pensiero a non darmi pace. Di aver messo a repentaglio la sua vita.»

Lei annuì. Anche il fatto di aver ignorato la regola fondamentale più importante avrebbe avuto gravi ripercussioni su di loro.

«Mi sono reso conto...» riprese, poi si bloccò e disse invece di slancio: «Non se ne vada, Kate. La prego. Qualunque cosa succeda, non vada via.»

«Andarmene? Da Scarborough?»

«Dalla mia vita. Da me. Non voglio che se ne vada.»

«Non lo farò» disse Kate.

«Me lo promette?»

«Lo prometto.»

Guardarono entrambi lo splendore della giornata estiva fuori dalla finestra. Pensarono a Sophia. A quanto tempo ci sarebbe voluto per perdonarsi quella cocente sconfitta, se Sophia fosse stata rinvenuta priva di vita.

Kate pensò al termine usato da Caleb: impotenza.

Quella parola lo schiacciava a terra. Invece in Kate risvegliava la capacità di resistere. Anche in momenti come quello.

Lo fece. Gli prese la mano sul tavolo. Era gelida e pesante.

Rimasero così, aggrappati l'uno all'altra. Non c'era nient'altro che potessero fare.

Doveva bastare, per quel giorno, per quelle ore.

Indice

Charlotte Link
La notte di Kate

In una gelida notte di dicembre, una giovane donna attraversa in auto le North York Moors inglesi, una splendida area naturalistica affascinante quanto solitaria. La mattina il suo corpo viene trovato all'interno della vettura sul ciglio innevato di un viottolo fra i campi. Una testimone ha visto la sagoma di una persona incappucciata salire in macchina con lei lungo la strada. Chi è questa persona? La conosceva? È l'omicida? A sorpresa, un cold case archiviato nove anni prima dall'ispettore capo Caleb Hale getta una nuova luce sulle indagini, e Kate Linville, sergente investigativo della North Yorkshire Police, si ritrova a scavare all'ombra nera di vecchi peccati, dove allignano violenza e disperazione. Scostante, poco malleabile, sempre piena di dubbi, spesso oppressa dal senso di solitudine di chi non cerca di apparire diversa da come è, l'investigatrice Kate Linville, nata dalla penna di Charlotte Link, si afferma, indagine dopo indagine, come uno dei protagonisti più amati del thriller contemporaneo. E, anche questa volta, in un drammatico inseguimento nella neve, troverà il fil rouge di vicende apparentemente lontanissime fra loro. Ma forse potrà solo godere di una tregua: c'è chi non si è arreso e ha scommesso che la discesa agli inferi non è ancora conclusa...

CORBACCIO